BPM
프로세스 경영과
정보기술의 미래

Business Process Management: The Third Wave
Copyright ⓒ 2003 by Howard Smith and Peter Fingar
All Rights reserved

Korean translation edition ⓒ 2004 by Sigma Insight Com
Published by arrangement with Meghan-Kiffer Press, Florida, USA
via Bestun Korea Agency, Korea
All rights reserved

이 책의 한국어 판권은 베스툰 코리아 에이전시를 통하여
저작권자와 독점 계약한 시그마인사이트컴에 있습니다.
저작권법에 의해 한국 내에서 보호를 받는 저작물이므로
어떠한 형태로든 무단 전재와 무단 복제를 금합니다.

BPM

프로세스 경영과 정보기술의 미래

Howard Smith & Peter Fingar 공저
류명재 · 양철호 · 전희철 · 정태수 공역

책소개

프로세스 경영이라는 비전은 결코 새로운 것이 아니다. 기존 이론과 시스템은 그런데도 아직 비즈니스 프로세스의 현실을 다루지 못하고 있다. 이를 극복하기 위해서는 비즈니스 프로세스를 무대의 중앙으로 가져와야 하며, 그래야만 기업이 혁신적이며 활기찬 성과를 구현하고, 오늘날 시장에서 요구하는 가치 창출에 필요한 능력을 갖게 된다. 이 책이 전달하려는 사상은 프로세스 사고(process thinking)를 통해서 비즈니스와 IT 사이의 간격을 없애겠다는, 일종의 사고의 도약이다. 이 도약은 오늘날의 정보시스템을 변화시키고, 그 결과 경영층의 전략과 그 전략을 실행하는 운영과의 거리를 좁혀 줄 것이다.

프로세스 중심 기업은 민첩한 방향 수정이 가능하며, 6시그마 품질 수준을 내재화하고, 가치사슬 전체에 걸친 비효율을 포함한 모든 비용을 감소시킨다. 이런 기업은 확신을 갖고 인수, 합병, 통합, 제휴, 아웃소싱, 글로벌화와 같은 전략적 이니셔티브들을 추진한다. 또한 프로세스 경영은 투명성과 명확한 책임소재 그리고 통제 아래, 이런 노력들이 목표를 달성할 수 있게 하는 유일한 길이다. 리엔지니어링 시대였던 1990년대에는, 다른 기업들의 사례 이야기들로 채워진 경영 예언자들의 저서들만이 기업이 자기 혁신을 위해 참고할 수 있는 모든 것이었다. 그 예언자들의 모든 이론들은 누구나 갖고 있는 일반상식과 50년 전에 이미 제기된 일반 시스템 이론(general system theory)에 기초를 두고 있다. 그러나 실행을 위한 방안은 어느 이론도 제시하지 못하였다. 이와 비교할 때 프로세스 경영을 구현한 기업은 내부 프로세스를 통제하는 동시에 공통의 프로세스 언어로 협력사와 의사소통함으로써 상대방의 상세한 운영방법을 이해하고, 프로세스를 함께 설계하며, 비즈니스 개선 노력의 전체 라이프사이클 관리를 통해서 공유된 비전의 달성을 추구할 수 있다.

프로세스 경영은 경영이론의 새로운 유행이거나, 갑자기 나타난 혁신적 응용(killer app)이거나, 또 하나의 자동화 방식이 아니다. 프로세스 경영은 일이 수행되는 바를 명확히 하고, 이를 실제 운영 상태로 직접 전환하며, 개선과 최적화의 전체 라이프사이클을 관리하는 것이다. 베스트 프랙티스로 효율 향상을 이루려 하거나 아니면 차별화된 전략을 추구하거나, 모두가 프로세스 경영을 필요로 한다. BPM(Business Process Management)은 견고한 수학적 근거에 기초하고, 목표는 사고의 도약이며, 그 도약은 결국 현업 비즈니스 담당자를 위한 것이다. 기업 전략에서 출발하는 하향식(top-down) 변화 추구에서 나타나는 기존 IT 시스템의 제약을 이제 프로세스를 통해 극복할 수 있다. 다른 경영서적과 달리, 사례보다는 통찰력과 실행방법에 초점을 둔 이 책은 독자들이 스스로 사례를 만들 수 있도록 이끌 것이다. 이 책은 BPM의 의미와 그로 인한 비즈니스 세계의 변화에 대한 최초의 권위 있는 분석을 제공한다. 완전히 디지털화된 모습을 가질 미래 기업의 세계 ― 즉 프로세스 경영 기업의 세계 ― 로 들어 오신 것을 환영합니다. 여러분을 비즈니스와 IT의 다가오는 50년으로 안내합니다.

추천의 글

　최근 글로벌 기업경쟁 환경은 우리나라 기업들의 시급한 경쟁력 향상을 요구하고 있습니다. 경쟁우위 유지를 지속적으로 추구하고 있는 선진 초우량 기업들과의 경쟁뿐만 아니라, 풍부한 자원을 배경으로 하여 급속히 성장하고 있는 중국 등 신흥 경제권 기업들과의 예상되는 경쟁은 우리 기업들의 입지를 더욱 어렵게 만들고 있기 때문입니다.
　지금 우리 기업의 경쟁력 강화를 위해서 해야 할 일들 가운데 특히 시급한 과제는, 현재 미국의 절반 수준이며 홍콩이나 싱가포르에도 상당히 뒤떨어져 있는 우리 기업들의 생산성을 향상시키는 일입니다. 이런 점에서 볼 때, 지식·정보화 사회에서 생산성 향상의 핵심 수단인 정보기술을 경쟁 국가의 기업들보다 우월하게 활용하는 일은 우리 기업들에게 큰 기회가 될 수 있을 것입니다.
　이 책은 가까운 미래에 나타날 정보기술의 새로운 모습과 그 배경을 상세히 제시함으로써 이를 이해하고 대비할 수 있도록 해 주고 있습니다. 그 중에서도 중요하다고 생각하는 것은 정보기술 활용에 있어서 현업 담당자들의 역할이 더욱 증가하고 있는 이유와 앞으로의 과제를 구체적으로 제시하고 있다는 사실입니다. 과거 정보기술이 전산 부서의 전유물이었던 때가 있었으나, 지금은 경영 현장 어디에서나 활용되고 있습니다. 이 책은 이런 현상이 더욱 확대되어야 할 필요성을 주장하면서, 그 이유와 함께 변화의 방향을 제시하고 있습니다.

이 외에도 이 책의 많은 내용들은 우리나라 기업들의 경쟁력 향상을 위한 노력과 관련해 시사하는 바가 적지 않습니다. 이런 점에서, 우리 회사 구성원들이 참여하여 번역된 이 책이 국내 기업들의 경쟁력 향상에 기여하리라는 기대를 가지면서, 관심 있는 분들에게 일독을 추천합니다.

LG칼텍스정유주식회사
대표이사 회장   허 동 수

저자 머리말

　　최근 비즈니스 프로세스 경영(BPM : Business Process Management)이 많은 사람들 사이에서 논의가 제기되고 의미가 전달되며 또 증폭되고 있다. 이 책도 비슷한 과정을 겪으며 탄생했다. 이러한 논의와 의미 증폭의 배경에는 차세대 프로세스 경영에 대한 기업들의 이해가 존재한다. 즉 21세기 경쟁 환경의 혼란스러움을 극복하려는 기업들의 노력을 BPM으로 이해하려는 움직임이 있다.
　　이 책은 IT와 관련 없는 기업의 임직원들 즉 비즈니스 전문가들을 주 대상으로 하였다. 그러나 기술에 대한 설명이 요구되는 부분에서는 IT 분야의 주제도 충분히 다루려고 노력하였다. 혹자는 한 권의 책에서 비기술 분야 독자들과 기술 분야 독자들을 동시에 만족시키려는 것은 달성하기가 매우 어려운 시도라고 생각할 것이다. 그럼에도 불구하고, 원래 기업에서의 프로세스 경영이 비즈니스와 기술 어느 한 쪽으로 나눌 수 없는 성격이기 때문에 오히려 이 시도는 당연하다고 생각한다. 이미 오래 전부터 많은 IT 프로젝트들의 실패 원인으로서 "비즈니스-IT 분리현상(Business-IT Divide)"을 자주 지목하고 있는 바, 이 책은 바로 이 분리현상을 극복하고 업무 혁신과 변화에 이르는 실용적인 접근 방법과 대안 이론을 제시하고자 한다.
　　우리가 이 책 전체에 걸쳐서 강조하는 바는 지난 10여 년 간의 리엔지니어링 신드롬으로 인해 비즈니스 세계에서 회자되던, "자동화하지 말고, 폐기하라"는 슬로건의 자리에 새로이 등장한 메시지, 즉 이미 소유하고 있는 비즈니스 자산과 기술 자산이 비즈니스의 효과적 수단으로서 갖는 가치를 인식하고, 그것들의 활용을 추구해야 한다는 메시지이다. 이 메시지가 지금에 와서야 비로소 중요한 기회로서 나타난 배경은, 이 책에서 정의하는 — 우리가 BPM 제3의 물결이라고 명명한―프로세스 경영을 전반적으로 가능하게 하는 바탕 기술과 방법이 최근에 이르러서야 개발되고 구현되었기 때문이다. 오늘날 대다수 비즈니스용 소프트웨어의 기본 요소로 크게 성공하여 자리를 잡은 데이터베이스 관리시스템을 목적지까지 이동하게 해 주는 탈것에 비유한다면, 비즈니스 프로세스 경영 제3의 물결은 목적지까지 이동하는 그 자체라고 말할 수 있다. 그 차이는 좋은 자동차가 목적지까지 가는 과정을 도와주는 것은 사실이지만 목적지 도달 그 자체는 아니라는 사실에 있다. 목적지에 도달하기 위해서는 자동차에 시동을 걸고 액셀을 밟고 핸들을 조작하는 것과 같이 운영(operation)을 하여야 하며, 때로는 다른 탈것으로 바꾸어 타거나 걸어서 이동하는 과정도 밟아야 하는 것처럼 데이터베이스 관리시스템은 비즈니스 프로세스 경영의 한 가지 부분적 수단으로 보아야 한다.

많은 경영혁신 방법이나 IT 활용 추세를 보면 모두가 이러한 비즈니스 프로세스 경영 제3의 물결로 수렴되는 것을 알 수 있다. 그들 가운데 일부를 본다면 워크플로우 관리, 비즈니스 프로세스 모델링, 품질관리, 비즈니스 리엔지니어링, 변화관리, 분산 컴퓨팅 등이 그것들이다. 그러나 최근까지도 거기에는 한 가지 중요한 요소가 누락되어 있었다. 이 책은 그 누락된 요소의 성격 그리고 그 요소가 IT 산업은 물론 다른 모든 기술 사용자 기업들에게 시사하는 바를 설명하려고 한다. 저자들은 우리가 전달하는 아이디어와 정보가 독자들이 소속된 기업의 이익에는 물론이며 독자 개인들에게도 큰 도움을 줄 것으로 확신한다. 그를 위해 한 가지를 추천한다면, 다른 경영분야 서적들과 연관하여 이 책을 읽으라는 것이다. 그런 서적들이 비즈니스에 대한 조언을 제공한다면, 이 책은 그

조언이나 독자 개인의 착상을 구현하는 수단을 제공하기 때문이다.

저자들은 이 책이 나오기까지 지도와 지원을 아끼지 않은 분들과 또 여러 측면에서 도움을 준 많은 동료들에 대해 고마움을 표현하고 싶다. 특별히 컴퓨터 사이언스 코퍼레이션(CSC: Computer Sciences Corporation), 비즈니스 프로세스 매니지먼트 이니셔티브(Business Process Management Initiative: BPMI.org), 워크플로우 관리 연맹(WfMC: Workflow Management Coalition)에서 일하는 분들께 감사드린다.

그들은 애드리언 앱돕(Adrian Apthorp), 아삽 아킨(Assaf Arkin), 진 베이커(Jeanne Baker), 콜린 브레이튼(Colin Brayton), 론 브라운(Ron Brown), 데이비드 버틀러(David Burtler), 라이넷 페레라(Lynette Ferrata), 래이나 피셔(Layna Fischer), 이스마엘 갈리미(Ismael Ghalimi), 나이젤 그린(Nigel Green), 존 해밀턴(John Hamilton), 프랜시스 해이든(Francis Hayden), 필 헤이우드(Phil Heywood), 데이비드 홀링스워스(David Hollingsworth), 스코티 제이콥(Scottie Jacob), 빌 코프(Bill Koff), 렘 레이셔(Lem Lasher), 스탠 르픽(Stan Lepeak), 브라이언 매이즈리쉬(Bryan Maizlish), 마이크 마린(Mike Marin), 더그 닐(Doug Neal), 봅 올리버(Bob Olivier), 찰스 프레섬즈(Charles Plesums), 매튜 프라이어(Matthew Pryor), 존 파이크(Jon Pyke), 로버트 레티(Robert Reti), 조 로젠바움(Joe Rosenbaum), 말콤 러드럼(Malcolm Rudrum), 제리 스코트(Jerry Scott), 크라이소건 스미스(Chrysogon Smith), 길리언 테일러(Gillian Taylor), 사이먼 토렌스(Simon Torrance), 스테픈 화이트(Stephen White) 그리고 게리 윌리엄즈(Gary Williams)와

같은 분들이다.

BPMI.org와 WfMC는 비즈니스 프로세스 표현과 운영방법 그리고 표준을 기업의 핵심(mission-critical) 업무에 적용 가능하도록 하려는 노력을 계속하고 있다. 두 기구에는 각 분야 전문가들 즉 비즈니스 프로세스 리엔지니어링, 워크플로우와 프로세스 관리, 전사적 응용시스템 통합(EAI), 기업간 협업 및 거래처리, 프로세스 정의 및 모델링, 프로세스 아웃소싱, 프로세스 기반 프로그래밍, 비즈니스 규칙 관리 그리고 최근 대두되는 웹 서비스 분야까지 대표하는 각 선두업체에 소속된 많은 분들이 참가하고 있다.

Howard Smith
Peter Fingar
2002년 9월

많은 독자들이 이 책을 처음부터 끝까지 읽는 방식을 택하리라고 생각하지만, 바쁜 시간을 할애해야 하는 독자들에게는 다음 방법을 추천한다.

일반 독자(비즈니스 전문가) :
- 시작하면서 → 1장 ~ 9장 → 마치면서 순으로 읽기 (부록 D와 E는 선택적)

기술 독자(IT 전문가) :
- 이론/기초에 관심 있는 독자 : 처음부터 부록 C까지 순차적으로 읽기
- 실행에 관심 있는 독자 : 시작하면서 → 1장에서 4장까지 → 7장 → (8장은 선택적) → 마치면서 → 부록 A ~ C의 순으로 읽기

경영분석가들이
말하는 BPM

현재 BPM 범주 제품들이 시장의 다른 제품들보다 더 큰 투자수익을 보이는 것은 거의 확실하다. 경기침체에 따라서 수익향상이 더 어려워진 이 시기에 BPM은 비용 감소 능력을 기업에게 제공한다. ... 비즈니스 프로세스 경영은 공공기관의 경우에도 인력과 서류에 의존하는 수작업 방식의 후방 프로세스로부터 비효율을 제거하고 그것을 통해서 낡은 관료적 분파 현상을 타파할 수 있도록 해준다. 보다 신속해지고 통제 가능한 새로운 프로세스는 구성원들로 하여금 짧은 시간에 더 많은 일을 할 수 있게 하며 관리 오버헤드와 자원뿐만 아니라 종이 서류의 양도 감소시킨다. - 애버딘 그룹(Aberdeen Group)

BPMI 개념이 제대로 궤도를 잡았다. ... 지각 있는 기업이라면 프로세스 중심 조직이 되기 위한 노력을 기울일 것이며 비즈니스 프로세스 경영 소프트웨어를 도입할 것이다. - AMR 연구소

BPR이 떠난 자리를 비즈니스 프로세스 통합과 프로세스 자동화가 차지하였다. 자기 기업 영역 너머로 프로세스 통합과 프로세스 자동화를 확장할 때 경영자들은 수십 년 동안 추구해 온 효율을 손에 쥘 수 있을 것이다. - 컴퓨터월드

비즈니스가 생긴 이래로 비즈니스 프로세스는 존재해 왔다. 비즈니스 프로세스 경영 시스템은 이것을 명확히 하고, 실행 가능하게 하고, 적응 가능하게 하려는 다음 단계다. - 컴퓨터 사이언스 코퍼레이션 연구소

가까운 미래에 BPM보다 더 주목 받는 소프트웨어는 아마 없을 것이다. 반면
에 BPM 시장의 가장 큰 도전은 그것이 매력적이라는 사실, 그 자체일 것이다.
- 델파이 그룹

기업들은 광범위한 비즈니스 프로세스들을 모델링하고 수행하는 프로세스
통합 서버를 필요로 하게 될 것이다. ... 응용 소프트웨어 패키지의 성공과 웹
서비스로 대표되는 통합 표준의 개발은 BPM 계열의 새로운 시장을 알리는
전조였다. 이제 기업은 기능교차적(cross-functional)인 비즈니스 프로세스
를 설계하고 실행하고 최적화하려는 BPM 프로젝트를 착수할 시점에 와있다.
- 포레스터 연구소

비즈니스 프로세스 경영이 가진 프로세스 자동화를 통한 개선 잠재력이 "전
사적 신경망 시스템(ENS: Enterprise Nervous System)" 구축의 절대적 배경
이다. ENS의 구축은 단순히 문제를 찾는 하부구조로 보일 위험이 있는 반면,
BPM은 ENS 구축의 논의 수준을 높일 뿐만 아니라 응용시스템 통합의 주 목적
을 비즈니스 프로세스로 구현하게 만든다. - 가트너

기업은 명확히 정의된 프로세스를 활용하기 시작해야 한다. 2005년까지 대
기업의 90 퍼센트가 자신의 전사적 신경망 시스템(ENS: Enterprise Nervous
System) 안에 BPM을 갖추게 될 것이다(확률 0.9). 모든 흐름의 통제를 하드

코딩 방식으로 계속 고착시키거나 수작업에 의한 프로세스 단계들을 고집하는 기업, 즉 BPM 효과를 활용하지 않는 기업은 그것을 채택한 경쟁자에게 패하고 말 것이다. - 가트너

포춘 2000대 기업들에서 볼 수 있는 우수한 비즈니스 프로세스 경영 방법을 구현하는 노력은 그 의미를 더하고 있다. 모든 산업에서 이는 마치 "성배(Holy Grail)"를 획득하는 것과 같아졌다. BPM은 내외부 프로세스를 효율화하고 중복을 제거하며 자동화 수준을 향상시켜 줄 것이다. - IDC

비즈니스 프로세스 경영(BPM)은 조직 내부에서 또는 복수 조직 간에 걸쳐서 일어나는, 사람 또는 시스템과 상호 작용하는 비즈니스 프로세스를 식별하고 이해하고 관리하는 것을 말한다. BPM은 빠른 속도로 IT 산업의 가장 뜨거운 주제 중에 하나가 되고 있다. 많은 사람들이 BPM 개념의 배경에 있는 통합에 관한 강력한 이야기가 e-비즈니스 시장의 막힌 빗장을 열어 줄 잠재력을 지녔다고 믿고 있다. ... 최근의 경제 환경을 볼 때 비즈니스 프로세스의 유연성은 조직 생존을 결정하는 요소가 되었다. 그러나 비즈니스 프로세스 수행방법은 복잡하고 혁신을 질식시키는 값 비싼 IT 시스템 내부에 고정되어 버리는 경향이 있다. ... 사용자들이 희망하는 유연성과 기능성은 특정 응용시스템에 의존하지 않으며, 또 조직의 경계가 실제 제약을 주지 않는, 기업 간 프로세스를 제공할 수 있는 시스템에 대한 필요를 증대시키고 있다. - 오붐(Ovum)

비즈니스는 쉼 없이 프로세스를 조정해야 할 필요를 느끼지만 정적인 IT 시스템 — 즉 미래의 기회를 반영할 수 없는 구조를 가진 시스템 — 때문에 발목을 잡히는 경우가 자주 있다. 비즈니스 프로세스 경영은 이 문제를 극복하는 새로운 변화관리 방법이며 시스템 구현 방법이다. - 오붐(Ovum)

목차

책소개 · 4
추천의 글 · 6
저자 머리말 · 8
경영분석가들이 말하는 BPM · 12
시작하면서 · 22

제1장 다가오는 오십년

비즈니스 프로세스 경영의 부활과 재부활 · · · · · · · · · · · · · · · · · 32
다가오는 오십년 · 41
불가피한 선택 · 54

제2장 언덕을 넘어 · 59

제3장 전사 비즈니스 프로세스

오래된 것과 아주 새로운 것 · 72
비즈니스 프로세스 내부의 세계 · 81
프로세스 경영의 실상 · 87
적절한 비즈니스 프로세스의 수 · 88

프로세스 협업의 필요 · 94
경쟁우위 확보를 위한 비즈니스 프로세스 차별화 · · · · · · · · · · · 95
베스트 프랙티스를 넘어 초우량으로 · · · · · · · · · · · · · · · · · · · 96
최초의 비즈니스 프로세스 경영 총회 · · · · · · · · · · · · · · · · · · 106
BPM 수요의 급등 · 111

[제4장] **비즈니스 프로세스 관리**

그러면 이전에는 왜 그렇게 어려웠는가? · · · · · · · · · · · · · · · 117
돌아온 리엔지니어링 · 122
실행으로 가는 길 · 125
BPM의 역사 · 128
모델링에서 관리로 · 132
모든 통제권한을 사용자에게 넘겨 준다 · · · · · · · · · · · · · · · · 137
BPM 제3의 물결의 적용 · 143

[제5장] **리엔지니어링을 리엔지니어링한다**

리엔지니어링의 전망과 문제점 · 150
10년 간 얻은 교훈 · 162
리엔지니어링을 넘어, 프로세스 경영으로 · · · · · · · · · · · · · · 168

제3의 물결 프로세스의 엔지니어링 산업 ················ 175
프로세스 경영 기업을 위한 새로운 규칙 ················ 178
요약 ·· 183

[제6장] **비즈니스 프로세스 아웃소싱**

아웃소싱의 새 모습과 의미 ···························· 195
비즈니스 프로세스 아웃소싱에 의한 급격한 변화 ··········· 198

[제7장] **경영이론과 경제성을 넘어서**

6시그마 프로세스 ·· 202
변화관리도 또한 프로세스이다 ························· 210
프로세스 투자수익 ······································ 215
미래의 경영이론 ·· 218

[제8장] **비즈니스 프로세스 경영 구현**

3개 중 2개는 나쁘지 않다 ······························ 222
시스템 사고: "핵심" 핵심 역량 ························· 226
프로세스 경영 기업이 되기 위한 학습 ··················· 228

비즈니스 프로세스 경영을 마스터 한다 ·············· 231
시작하기 ··· 239
프로세스 포트폴리오 ······························ 244
핵심성공요인 ····································· 246

[제9장] **미래의 잡지 BPM 3.0과 가상 인터뷰**

애크미 익스프레스(ACME Express), 산업 혁신상 수상하다 ··· 248

마치면서 ·· 263

[부록 A] **프로세스 언어**

공개 프로세스 모델링 언어 표준이 가능하게 한다 ········ 268
비즈니스 프로세스 모델링 언어 ···················· 272
BPM의 동기와 설계 목적 ·························· 279
보편적인 프로세스 언어 ··························· 289
프로세스 엔지니어링을 위한 풍부한 언어 ············ 292
협업 상거래의 기반 ······························· 296
미래의 프로세스 전망 ····························· 302
모든 것을 함께 묶으면... ··························· 304

목차 **19**

[부록 B] 비즈니스 프로세스 경영 시스템

프로세스 경영 기업 ·················· 313
BPMS 효과 ·················· 317
BPMS를 위한 접근방법 ·················· 319
비즈니스 프로세스 경영 시스템 사례 ·················· 325
프로세스 서버 ·················· 332
응용시스템과 프로세스의 통합 ·················· 334
프로세스 경영과 IT 산업 ·················· 335
단절된 프로세스의 연결 ·················· 337
새로운 시대의 비즈니스 하부구조 ·················· 339

[부록 C] 제3의 물결의 이론적 배경

컴퓨팅의 새로운 일등 시민 ·················· 345
데이터, 컴퓨테이션, 상호작용의 단일화 ·················· 347
프로세스-인지형 응용시스템 ·················· 351

[부록 D] 초기 도입자들의 교훈 ·················· 355

[부록 E] 새로운 MBA 교과 과정 ·················· 367

역자 후기 ··· 371
참고 문헌 ··· 374
Index ·· 378

시작하면서

디지타이제이션(digitization)은 우리 GE 역사에서 일찍이 볼 수 없었던 가장 큰 성장 기회이며 하나의 혁명을 의미한다.
- 2002년 GE 핵심 성장 이니셔티브 발표에서

데일 도튼(Dale Dauton)은 그의 저서 "최고의 전략(The Max Strategy)"에서 만화영화와 디즈니랜드로 잘 알려진 월트 디즈니 ― "월트 아저씨" ― 이야기를 소개하고 있다. 총명하고 활기 찬 그리고 남들의 부러움을 받는 성공을 이룬 한 남자가 있었다. 누군가 그의 "비결"을 묻는 질문에 이렇게 대답한다. "당신이 하는 일을 보기 위해 다른 사람들이 기꺼이 대가를 지불하려는 그 일을 아주 탁월하게 하라."

만화영화 백설공주에는 주인공인 백설공주가 우물가에 서 있는 장면이 나온다. 공주는 한 무리의 비둘기에게 말한다. "소원을 들어 주는 우물이야." 그리고 기도한다. "나의 왕자님께서 나타나시기를 소원합니다." 스크린에는 우물 바닥의 수면 위로 반사되는 공주의 얼굴이 나타난다. 수면 위로 가볍게 흔들리는 백설공주의 얼굴이 보이다가, 물 한 방울이 떨어지면 잔물결이 동그랗게 퍼진다. 상상해 보라. 수면 위로 공주의 얼굴이 반사되어 잔잔히 흔들리는 모습을, 그 위로 잔물결이 동심원을 그리다가 가라 앉는 장면을, 그 장면을 보여주기 위해 그렸을 수많은 커트들을. 더욱이 지금과 같은 컴퓨터 애니메이션이 없었던 오래 전의 일이라는 것을 생각할 때 그 어려움은 상상을 초월한다.

기업의 작업자로서 그리고 기업이 제공하는 제품 또는 서비스의 소비자로서 우리 모두는 온라인과 오프라인에서 수많은 비즈니스 프로세스들 — 복잡하기도 하고, 동적이며, 항상 변화하는 기업의 경제활동 자체들 — 에 둘러싸여 있다. 우리의 이해와 관계없이 그 프로세스들에 관해 부정할 수 없는 사실이 있다. 그 프로세스들이 프로세스를 움직이는 개인들의 부와 소득을 좌우하는 역할을 한다는 사실이다. 그래서 기업은 비즈니스 프로세스를 만들고, 만들어진 프로세스들이 잘 연결되어 돌아가도록 하기 위한 비법이나 기술 또는 도구들을 찾으려고 한다. 우수한 비즈니스 프로세스로 인해 고객들이 제품이나 서비스를 구매하고 그 대가를 기꺼이 지불하기 때문이다.

지금도 많은 기업들이 월트 디즈니와 같은 상상력을 갖고 있지만, 1937년의 월트 디즈니사처럼 천 여 명의 만화가들을 고용하여 일하도록 하는 노동집약적 만화제작 프로세스의 혼란을 감당하기는 거의 불가능하다. 그러므로 기업들은 자기에게 유용한 아주 우수한 비즈니스 프로세스를 만들기 위하여, 오늘의 디즈니사가 만화영화 제작을 위해 픽사(Pixar)라는 소프트웨어로 프로세스 개선을 구현한 것처럼 자기 기업에 맞는 픽사를 가지고 비즈니스 프로세스를 개선하려는 노력을 절실히 기울이고 있다. 이 책은 기업들의 그러한 노력이 결실을 거두도록 도울 것이다.

비즈니스 프로세스 경영 제3의 물결은 비즈니스 프로세스 혁신과 경영을 위해 근본으로부터 새롭게 접근한다. 경제적 성장, 경쟁우위 지속 그리고 혁신을 중심으로 벌어지는 오늘의 생존경쟁에서, 디지타이제이션 이니셔티브(Digitization Initiative)를 추진하고 있는 GE를 포함하여, 몇몇 기업들은 과거 상상하기 어려운 수준의 용도를 갖는 명확히 정의된 비즈니스 프로세스들을 가지고 스스로를 무장하고 있다. 그들이 추구하는 전략은, 단편적으로 특정 프로세스들을 새 프로세스로 대체하는 수준이 아니다. 그들의 의도는 하나의 프로그램 체계로 비즈니스 프로세스 혁신의 흐름을 구체화하고, 관리가능하게 하고, 지속되도록 하는 그런 능력을 확보하려는 것이다. 목표는 두

가지이다. 하나는 최고의 효율성이며, 또 하나는 탁월한 민첩성이다. 단순히 말하면 GE와 같은 기업들이 추구하는 바는 혁신에 이르는 주요 단계들 가운데 변화라는 큰 장애요소를 제거하려는 것이다. GE의 목표는 모든 사업 단위 조직과 업무 집단에게 권한을 부여하여 각각 자기 프로세스 관리를 스스로 하도록 하고 모든 자산의 활용, 목표 설정, 외부 기업들과 협력체제 구성 등을 새롭게 하도록 만드는 데 있다. 이러한 목표는 기술, 소프트웨어, 네트워크로 인한 제약 요소들로부터 프로세스가 자유로워질 때 달성이 가능하다. 과거에도 이러한 변화와 유사한 디지털화 과정이 있었는데, 그것은 20년 전 기업에서 데이터 관리시스템(데이터베이스 관리시스템) 도입이 시작되었을 때이다. BPM 제3의 물결은 그 데이터 관리를 포함하는 것은 물론 시스템이나 업무방법 안에 고착되어 있는 대부분 요소들을 분리하여, 이를 비즈니스 자산의 새 유형으로 창조한다.

 10년 전 "리엔지니어링"의 의미가 "새로이 시작하라. 백지에서 다시 시작하라."였다면 프로세스 경영은 이미 존재하는 상태 위에 구축하고 변혁한다는 사고가 바탕을 이룬다. 과거 비즈니스 엔지니어링에서 프로세스에 관해 흔히 사용하던 "변경 전(as-is)"과 "변경 후(to-be)"라는 용어를 이제 기업 전반에 적용할 수 있게 되었다. 기업들은 자신들의 과제 중, "리엔지니어링"을 위해서 소중한 자원을 불가피하게 소비하고 고통스럽게 만들기까지 하던, "변화관리" 활동을 이제 기업 내부 조직구조 자체에 체화시킬 수 있게 된 것이다. 이제 다가오는 시대에는 기업 업무만이 리엔지니어링의 대상이 아니라 리엔지니어링 자체도 리엔지니어링되어야 하는 때가 되었다.

 기업들의 당면한 문제는 연속되는 변화와 대응의 반복 상황에서 기업을 어떻게 운영할 것인가에 대한 해답을 찾는 일이다. 그들에게는 이제 변화를 어떻게 이루는가가 더 이상의 관심사항이 아니다. 관심은 이제 어떻게 하면 변화를 일상화할 수 있는가에 있다. 또 그들이 필요로 하는 것은, 많은 프로세스들을 대상으로 하여, 생각할 수 있는 무수한 변화들을 만들어 보고 확인해 보는 일이 가능하도록 하는 것이다. 이러한 일은 해도 되고 안 해도 되는 선택적 사항이 아님에도 불구하고, 아무도 그 일을 어떻게 할 수 있는지 모르고 있다는 것은 정말 불행한 일이다.

매일, 모든 기업에서 누군가가 도전하고 있는 공통된 과제가 있다. 즉 자기 업무와 직접 관계되는 비즈니스 프로세스와 자동화 시스템들이 리엔지니어링이나 대규모 작업을 수반하지 않고는 수정이 불가능하다는 현실에 대한 인식, 그리고 그 현실에 대한 도전이 그것이다. 많은 기업들이 여러 부분적 해결 방법들을 동원하여 이 현실을 깨뜨리려고 노력하고 있다. 그 해결 방법들이란 분리된 프로세스, 분리된 정보, 분리된 장비들을 식별해서 통합하고 혁신하며 서로 연결하려는 단편적 방법들이다. 그러한 시도가 나쁘다고 할 수는 없겠지만 장기적으로 의미 있는 결과를 얻기는 거의 불가능하다. "비즈니스 구조 전문가"들은 유연한 비즈니스 시스템을 설계하려고 하고 "시스템 구조 전문가"들은 유연한 소프트웨어를 설계하려고 하지만 이 노력들이 성과를 거두기는 매우 어렵다. 이유는 단순하다. 특정 기업에서는 말할 것도 없이 전세계를 둘러 보아도 동적 비즈니스 프로세스에 대한 누적된 요구들을 제대로 충족시킬 수 있는 분석가와 프로그래머들이 그렇게 많이 존재하지 않기 때문이다.

이러한 프로세스 과제의 해결을 모색하는 과정 중에 기업들은 점차 무엇인가 새로운 것에 대한 강한 요구를 인식하기 시작하였으며, 만일 해답이 나타나 모두가 이것을 깨닫는 순간이라도 된다면 과거 골드 러시에 버금가는 큰 수요가 나타나리라는 것을 쉽게 예상할 수 있다. 그러나 현재까지 기업들이 인식하는 해결방법은 단편적인 시스템 통합 방법에 머물러 있으며 새로운 방법에 대한 이해는 전무한 상태에 있다. 또 일부에서는 회의적으로 바라보고 있기까지 한 것이 실상이다. 다만 극소수 기업들만이 나름대로 자연스럽게 초기 도입자 그룹을 형성하고 있다. 아무튼 기업들이 지금 인식하거나 인식하지 않는 것에는 관계없이, 비즈니스 프로세스 경영 제3의 물결의 등장은 불가피한 현상이다. 이는 마치 누구나 존재를 알고 있는 중력을 보고 중력이라고 말하는 것과 마찬가지이다.

리엔지니어링의 개척자 마이클 해머는 그의 최근 저서 "어젠더(The Agenda)"에서 이렇게 말하고 있다. 기업들은 자기들이 해야 하는 수많은 일들에 대해서는 매우 잘 알고 있다. 그 일들을 보면 신규고객을 찾고, 신제품을 개발하고, 공정을 설계하고, 공장을 건설하는 일과 같이 모두 프로세스로 파악될 수 있는 일들이며 이런 일들 자체에 대한 기업의 지식은 매우 풍부하다. 그러나 정작 그런 일들을 프로세스로 파악하고 실행 가능한 프로세스 행위로 전환하는 일은 모두가 어렵게 생각하고 있다. 그 이유는 단지 경험이 없다는 것 때문이다. 기존 고객에 대하여 더 좋은 서비스를 제공하기 위해 프로세스를 개선하는 일, 어떤 적절한 프로세스를 활용하여 신시장으로 진입하는 일, 서비스 확대를 위해 기존 프로세스를 확대하는 일, 우월한 자신의 프로세스 역량을 다른 기업에게 서비스화하여 제공하는 일, 하나의 프로세스를 보완하여 다른 상품이나 서비스를 개발하고 고객에게 제공하는 과정까지 활용하는 일 등에 대해 누구도 충분한 실제 경험을 갖고 있지 않으며, 이를 실현하는 데 드는 비용의 크기와 복잡성의 정도는 리엔지니어링 시대에는 감히 상상할 수 없을 정도이다. 마이클 해머는 기업들이 제품 자체의 경우와 비교할 때 프로세스와 고객에 초점을 두는 활동에는 충분한 관심을 두지 않고 있다고 경고한다. 그의 경고는 귀담아 들을 가치가 있다. 여기 기업들에게 필요한 고려 사항들을 살펴 보자.

- 새로운 프로세스의 인식수단과 함께 그 프로세스를 실제 운영하는 수단
- 비즈니스 프로세스의 영향을 체계적으로 분석하는 방법과 새로운 프로세스 설계를 위한 좀 더 신뢰할 수 있는 방법
- 전략과 연계되며, 복잡한 일상 업무 활동이 반영되고, 완전한 분석과 수정 및 구현이 원활히 이루어지는 실행 가능한 프로세스 모델

- 현재의 고객 니즈를 반영하는 것은 물론, 니즈 변화에 대해서도 대응력이 있는 탁월한 비즈니스 프로세스들의 관리 포트폴리오
- 시장에서 새로이 출현하는 보이지 않는 손에 대한 대응 능력, 즉 프로세스들을 결합하여 시장 요구에 맞출 수 있는 능력
- 결과 예측이 불확실한 조직변화가 아니라 엔지니어링 차원에서 체계화되고 측정 가능한 결과에 기초하는 조직변화로의 변혁
- 리엔지니어링이 강조하는 창의성 및 혁신과 조화를 이루며, 모든 프로세스 개선 프로젝트들과 활동들이 활성화되는 환경
- 시장확대와 이익증대, 또 반대로 영향력 감소, 시장장애, 용량과잉, 변화대응 실패 등과 같이 기업에 영향을 주는 요소들에 대한 이해 능력
- 지속적인 혁신과 민첩성을 위한 상시적 프로세스 변화를 가능하게 하며, 예측이 가능하고 탄력적이며 실험을 거쳐 프로세스가 확산되는 프로세스를 위한 프로세스 수단들

위의 항목들은 마지막의 "프로세스를 위한 프로세스"로 요약된다. 그러나 이 "프로세스를 위한 프로세스"와 자동화를 혼동해서는 안 된다. 디지털화된 프로세스 모델은 컴퓨터와는 거의 관계가 없으며, 오히려 비즈니스 측면과 더 깊은 관련이 있다. 즉 자동화는 현재 존재하는 많은 기술을 통해 구현할 수 있는 반면, BPM은 보다 넓은 의미를 갖는 것이다. 이것은 비즈니스 프로세스의 도출, 설계, 전개를 포함하며 경영자, 관리자, 현장 책임자들이 비즈니스 프로세스를 일상적으로 통제하여 프로세스가 고객만족을 위한 사업목표와 항상 조화롭게 이루어지는지를 확인하는 일까지 포함한다. 프로세스는 중요한 지적자산이며 모든 비즈니스 활동에서 나타나는 차별화된 경쟁력이므로 기업은 그 자산에 대하여 충분한 관심과 주의를 기울여 관리해야만 한다.

단지 어떤 시점의 요구를 잘 충족시키기 위한 비즈니스 프로세스도 필요하

지만, 변화라는 이슈를 고려한다면 이 정도로는 충분할 수 없다. 프로세스가 아무리 뛰어나더라도 부분적 해결과 일회성 프로젝트들 그리고 관례에 의한 업무방식 또는 유연성이 낮은 비즈니스용 패키지 소프트웨어의 경직된 프로세스라면 이것은 자산인 동시에 부채이기도 하다. 이미 시장을 선점하고 있는 기존 업체 입장에서는 신기술을 앞세운 크고 작은 새로운 시장 침입자들과 경쟁하기 위하여 경험, 자산 그리고 대외관계에 내재화되어 있는 암묵적 프로세스의 우월성을 반드시 활용하여야만 한다. 그리고 이 활용이 이루어지도록 프로세스는 반드시 표출되고 파악되어 있어야만 한다. 요약하면, 기업은 과거로부터 이미 보유하고 있는 것들을 부채가 아닌 자산으로 변화시켜서 이를 통해 비즈니스와 IT의 분리현상을 제거해야만 하는 것이다.

위와 같은 분석이 너무 한 쪽에 치우친 것으로 느껴진다면 지금까지 알려진 최근의 모든 경영이론들, 즉 리엔지니어링(reengineering), 프로세스 혁신(process innovation), 총체적 품질관리(TQM: Total Quality Management), 6시그마(six sigma), 활동기준 원가법(ABC: Activity-based Costing), 가치사슬 분석(value chain analysis), 사이클시간 단축(cycle time reduction), 공급망 관리(SCM: Supply Chain Management), 초우량 기업(excellence), 고객중심 전략(customer-driven strategy), 목표관리 경영(MBO: Management By Objectives) 등 어느 것도 비즈니스 프로세스와 프로세스 경영을 강조하지 않는 것이 없다는 사실을 말할 수밖에 없다. 이렇듯 일관되게 나타나는 현상을 감안할 때, 아직도 IT 산업이 정적 데이터를 미리 정해진 절차대로 처리하고 프로세스의 작은 부분에 지나지 않는 "비즈니스 응용시스템"만을 만들고 있다는 사실은 놀라운 일이 아닐 수 없다.

모든 정보시스템은 그것이 지원하는 비즈니스 일부분의 불완전한 모사일 따름이다. 오늘날 겉으로 드러나는 것은 IT라는 얼굴이지만 그 뒤에는 프로세스들이 서로 연결되고 서로 관련을 맺는 원리가 존재한다는 사실을 기업들은 이해하기 시작하였다. 이러한 변화는 비즈니스와 IT의 관계에서 근본적인 변화를 가져온다. 이 변화는 한 가지 기존의 가설을 버릴 때 비로소 현실화될 수 있다. 그 가설은 비즈니스 정보시스템의 설계가 데이터, 절차, 통신이라는 구분된 개념에 기초해야만 한다는 것이다. IT 투자는 정보시스템이 CEO의 전략을 잘 반영하지 못하거나 불완전한 지원에 머무른다면 더 이상 타당성을 확보하기 어려워질 것이다. 만일 기업들이 전략, 업무방법, IT에 있어서 각각의 개발과 실행에 체계적인 방법을 적용하고자 한다면 비즈니스 프로세스의 품질과 표현에 대한 근본적인 인식의 변화가 있어야만 한다. 20년 전 기업들은 데이터 관리시스템을 도입하기 시작하였다. 이유는 비즈니스 데이터의 가치를 인식하였기 때문이며, 또한 데이터가 그 전처럼 모든 비즈니스 응용시스템에 내장되는 방식을 유지할 경우에 예상되는 데이터의 관리 문제를 깨달았기 때문이다. 이제 기업들 앞에는 프로세스의 미래가 펼쳐질 것이며, 비즈니스 프로세스 경영 제3의 물결에 대한 요구의 형성에도 앞에서 언급한 요소들이 작용하고 있다. 프로세스가 무대의 중앙으로 이동하고 있다. 교육이나 세미나 장소만이 아니라, 새로운 비즈니스 구조와 그를 지원하는 시스템의 핵심으로서도 그러하다.

 BPM을 어떤 새로운 "혁신적 응용(killer app)" 또는 새로운 비즈니스 이론의 유행으로 오해해서는 안 된다. 이것은 기업들이 오늘날 아무런 의문 없이 데이터베이스 관리 소프트웨어를 활용하는 것과 마찬가지로 미래의 기업들이 의존하게 될 토대를 만드는 일이다. 우주의 기원을 밝히기 위하여 뒤로 시간을 거슬러 보여 주는 허블 우주망원경처럼 이 BPM 제3의 물결도 지금까지는 숨겨져 있었으나, 모든 비즈니스 프로세스들을 표현하고 처리할 수 있게 하는 기본 요소들을 드러나게 할 것이다. 제품이나 서비스는 단지 프로세스의 부산물일 뿐이다. 항상 프로세스가 곧 제품이다. 제2차 세계대전이 일어나자마자 포드사의 루즈강변 공장(plant)에서는 석탄과 철이 한쪽 끝으로 투입되면 다른 끝에서는 자동차가 나오던 일이 갑자기 중단되었다. 자동차가 나오던 쪽에서 조립된 탱크가 나오기 시작한 것이다. 포드의 정확한 "제품"은 차량 제조 프로세스였던 것이다. 젊은 시절 로널드 레이건은 1950년대 당시 텔레비전의 최고 시청률 프로그램이던 "제너럴 일렉트릭(GE) 극장"의 사회를 보면서 그 당시 GE의 "진보는 우리의 가장 중요한 제품입니다"라는 슬로건을 크게 유행시켰다. 만일 지금 그 프로그램이 방송된다면 새로운 슬로건은 의심할 여지 없이 "프로세스는 우리의 가장 중요한 제품입니다"가 될 것이다. 좋은 프로세스가 승자를 만드는 것이 아니라, 승자가 좋은 프로세스를 만드는 것이다.

이 책은 프로세스 경영을 위한 배경 이론과 실용적인 접근방법을 제시한다. 이 방법은 리엔지니어링의 장점 즉 창의성과 통찰력은 받아들이지만, 리엔지니어링의 단점으로 알려진 급격한 새 프로세스의 적용이나 고통스러운 단절은 받아들이지 않는다. 만일 기업들이 변화를 내재화하고 싶다면 지금 곧 변화의 동인을 구축하기 위해 움직여야만 한다. 당신의 비즈니스 프로세스들이 살아 움직이게 해서 고객들이 그 프로세스를 보고 또 보기 위해 매번 대가를 지불하도록 하라.

"월트 아저씨"로부터 배워야 한다.

제1장
다가오는 오십년

이 우주 안에서 가장 근본적인 현상은 관계성이다.
– 요나스 설크(Jonas Salk)

1920년경, 미국 주요 90대 기업에 대한 스탠다드 앤 푸어즈(S&P: Standard and Poor's) 지수가 처음으로 만들어졌을 때, 기업들은 변화의 속도를 거의 느낄 수 없었다. 1920년대와 1930년대 S&P 90에서 탈락하는 비율이 연평균 1.5% 수준이었다는 사실이 그것을 말해 준다. S&P 90에 새로이 진입하여 존속하게 될 예상 기간이 평균 65년 이상이었기 때문이다. 그러나 1998년에는 S&P 500의 탈락률이 10% 가까이에 이르렀으며, 65년 이상이었던 평균 유지 수명이 10년으로 짧아졌다. 가속화된 변화의 속도가 단적으로 드러나는 것을 볼 수 있다. 1990년대 말, 우리는 이미 피터 드러커(Peter Drucker) 교수가 말하는 "단절의 시대(Age of Discontinuity)"로 들어서 있음을 부정할 수 없다.
- 리차드 포스터(Richard Foster)와 사라 카프란(Sarah Kaplan), 창조적 파괴(Creative Destruction), 2001

비즈니스 프로세스 경영의 부활과 재부활

1990년 6월 미국 MIT 경영대학원에서 발간하는 슬로언 매니지먼트 리뷰(Sloan Management Review)에 게재된 토마스 데이븐포트(Thomas Davenport)의 연구 보고와 한 달 후인 7월 하버드 비즈니스 리뷰(Harvard Business Review)에서 마이클 해머(Michael Hammer)의 연구 보고는 프로세스 혁신과 급격한 비즈니스 프로세스 변화라는 당시의 흐름을 소개하고 있다. 그 당시 시장에서는 기존 선두 기업들이 큰 어려움을 겪고 있는 중이었다. 해외 신흥시장(특히 일본)에서 나타난 경쟁자들이 더 좋은 제품, 더 빠른 서비스, 더 싼 가격으로 그들을 압박하고 있었다. 글로벌화의 추세는 이미 자리를 잡고 있어서 되돌릴 수 없는 상황이었다. 이에 따라 변화를 요구하는 분위기는 무르익었으나, 과거로부터 축적된 자산을 기반으로 그 위에 변화를 이루기 원하는 대부분 기업들의 희망을 실현하는 방법은 누구도 제시하지 못하였다. 그런 와중에 업무를 "자동화하지 말라. 폐기하라"는 구호는 업무 리엔지니어링의 필요성을 주장하는 사람들에게 금과옥조가 되었다. 프로세스 옹호론자들은 "잠자는 공주를 깨우는 입맞춤"처럼 주식회사 미국의 "잠든" 경쟁력을 눈뜨게 하였다. 그러나 공주에게 그 입맞춤은 곧 핵폭탄이 되었다. 이 접근방법으로 인해 다운사이징(downsizing), 라이트사이징(rightsizing), 아웃소싱(Outsourcing), 구조조정(Restructuring)을 동반하는 큰 변화의 물결이 기업을 격한 감정으로 끓어 넘치게 만들었다.

시장은 고객의 선택폭 확대로 공급자 통제 시장에서 고객 지배 시장으로 이동하였으며, 미국 내 주요 기업들은 여기에 대응하기 위해 리엔지니어링에 몰입하기 시작하였다. 리엔지니어링 또는 BPR(Business Process Reengineering)로 불리는 혁신의 거센 바람이 1990년 여름부터 불기 시작한 것이다. 그 전의 기업들은 비즈니스 프로세스와 프로세스 경영의 중요성에 대하여 그다지 큰 무게를 두지 않았다. 이 "위대한 자각"이라고까지 불리는 사건 이전에 많은 기업들은 프로세스 설계에 대해 다음과 같이 이해하고 있었다. 즉 조직 중심의 특정한 영역에 대한 정책이나 절차를 규정화한 후 캐비닛 속에 깊숙이 던져 놓는 것으로 생각하는 수준이었다. 비록 기능적으로 분리된 사일로(silo) 현상은 지금도 일부 기업에 남아 있지만 많은 기업들의 경영전략 중심에는 노동분업이라는 기본 원칙이 이미 프로세스 개념으로 대체되었다. 그 수준에 오르지 못한 다른 기업들도 가까운 미래에 역시 그렇게 될 것이다. 기업들은 이제 1776년 아담 스미스(Adam Smith)가 국부론에서 제기한 공장 모델로 더 이상 회귀하지 않을 것이다. 해머(Hammer)가 정의한 대로 일을 "과제 중심(task-based)"으로 구성하는 방식, 즉 일을 가장 단순한 작은 요소로 세분하여 각 요소의 전문가들에게 할당하는 방식은 사라졌다. 과거 200년 동안 기업 설계에 영향을 미친 이 방식은 비즈니스 프로세스의 우월성에게 자리를 넘겨 주었다.

격변의 리엔지니어링 시대를 지내 온 기업들은 자신들이 모든 일상업무를 리엔지니어링했으며, 새롭게 설계, 파악, 분석, 개선한 것으로 믿고 싶은 유혹에 빠질 수 있다. 그러나 냉엄한 현실을 보면 그들 자신들도 내심으로는 실제 시작조차 하지 않았다는 것을 알고 있다. 리엔지니어링에 대해 은밀하게 그러나 공공연히 회자되는, "사실 우리는 리엔지니어링을 하지 않았다"는 말이 현실로 드러나고 있다. 우리는 다시 불확실성의 시대에 서 있다. 오늘날 기업들의 경제적 현실은 포괄적인 한 마디로 설명할 수 없는 수많은 프로세스 문제들에 둘러싸여 있다. 분명 리엔지니어링을 통해 업무 전달 시간과 주기를 단축하거나, 오늘날에는 당연한 것으로 생각하는 고객 또는 공급자 중심의 업무수행 관점을 하나의 공통적인 패턴으로 부각시켰다는 점에서 리엔지니어링의 의미를 부정할 수는 없다. 그러나 중요한 사실은 리엔지니어링이 모든 문제에 동시에 적용할 수 있는 명확한 실행 방법을 제공하지 못하고 있다는 것이다. 실제 적용에서 리엔지니어링은 "변경 전(as-is)" 프로세스와 "변경 후(to-be)" 프로세스 사이에 불연속성을 야기하는 경우가 대부분이며, 조직 변화와 신규시스템 도입을 위한 대규모의 강도 높은 프로젝트가 동반되어야 한다. 그런 단발적인 변화를 위해 기업 스스로가 혼란과 혼동을 감수할 각오를 한다 하더라도 리엔지니어링에서 주장하는 대로 프로세스 개선에 상응하는 정보시스템 구축을 한 번에 하나씩 해 내는 일은 사실 거의 불가능하다. 반면에 전통적인 것과 새로운 것을 잘 조화시키며 지속적으로 변화하는 것은 이제 기업의 선택사항이 아니라 반드시 받아들여야 하는 일이 되었다. 피터 드러커(Peter Drucker)는 다음과 같이 말하고 있다.

경영의 역사에서 되풀이 되는 한 가지 사실은, 어디에선가 잘 알려지지 않은 기업이 갑자기 나타나 짧은 기간에 큰 노력 없이 기존 선두 기업들을 추월하였다는 사실이다. 이 현상을 설명하기 위해 전략, 기술, 마케팅 또는 생산효율의 탁월성이 거론되기는 하지만, 그러나 공통적인 현상은 신규 진입자들 모두가 기존 선두 기업들과 비교할 때 원가의 약 30%에 이르는 경쟁우위를 지녔다는 사실이다. 그리고 그 배경에는 언제나 공통점이 있다. 새로운 기업들은 자신의 원가뿐만 아니라 전체 경제사슬의 원가를 이해하고 관리하였던 것이다.

요약하면, 신규진입자는 규모와 관계없이 모두가 비즈니스 프로세스를 조건에 맞추어 — 기투자 자산이나 자원 및 시스템들에 맞추어 — 수정해야 하는 부담 없이 자유롭게 혁신을 추구할 수 있었고, 더 중요한 것은 이들이 혁신 활동의 목표를 시장의 현재 상태에 정확히 맞출 수 있는 자유로움을 활용하였다는 사실이다. 실제로 이들은 전략과 새로운 프로세스를 가치사슬의 "여백(white space)"에 적극적으로 적용하려고 노력했던 것이다.

리엔지니어링이 등장하기 전에도 몇몇 사람들이 어렴풋이 그것에 대한 필요성을 인식하고 있었음을 발견할 수 있다. 예를 들면, 1987년 9월, 싼타페 연구소(Santa Fe Institute)에는 "진화하는 복합 시스템으로서의 경제"라는 주제를 놓고 20명의 전문가들이 모였다. 그들 가운데 싼타페 연구소의 브라이언 아서(W. Brian Arthur) 교수는 계층이론(theory of hierarchy)만으로 조직 내부에 존재하는 계층별 상호작용과 결합, 그리고 의사소통 경로가 다양하게 얽힌 경제 네트워크 구조를 충분히 설명할 수 없다고 주장하였으며, 이후 10년 동안 이 주장을 보다 상세화하려는 노력을 계속하였다. 아서(Arthur)는 그 당시 이미 오늘날 기업 경쟁의 무대인 글로벌화되고 고객이 주도하는 경제를 예상하였다. 그는 이러한 새로운 경제전쟁의 특징으로서, 분산된 상호작용, 중앙통제의 부재, 지속적 적응, 항시적 혁신, 그리고 수학자들이 "대응적 비선형 네트워크"라고 말하는 불균형 상태의 역동성에 대해 말하고 있다.

비즈니스 프로세스를 개선하는 혁신적인 방법을 발견하는 것은 이제 기업에게 민첩성과 경쟁우위를 갖게 하는 유일한 길로 인식되고 있다. 이것을 통해 발견하려는 대상은 눈 앞에 전개되는 경쟁과 경영의 변화에 기업이 스스로 적응하기 위해 막연히 얻고자 했던 중요한 그 무엇이다. 경영자들이 자주 접하는 모든 잡지나 자료에서 유행처럼 비즈니스 프로세스가 언급되고 있다. 그러나 어떤 이들은 이런 의문을 갖는다. "무엇이 새로운 것인가? 과연 주목할 필요가 있는가?"

사실 비즈니스 프로세스는 새로운 아이디어가 아니다. 이 용어를 사용한 것은 불과 최근의 10여 년에 지나지 않지만 비즈니스 프로세스 또는 비즈니스 프로세스 리엔지니어링 개념의 출발은 "방법과 절차의 분석"이라는 표현이 나타난 1920년대 초로 거슬러 올라간다. 그와 같이 항상 기업들은 일의 구조를 바꾸고 기업 조직을 개선하는 새로운 방법을 찾기 위해 노력해 왔으나, 정작 최근까지도 비즈니스 프로세스 설계와 실행의 전체 라이프사이클을 구현하고 관리하는 실용적인 방법은 거의 찾지 못했다. 이렇듯 구체화된 방법의 부재로 인해, 프로세스 개선 관리를 위한 우수한 이론의 적용 효과나 IT 투자 효과가 실현될 수 없었다. 프로세스와 시스템에 대한 많은 대규모 리엔지니어링 프로젝트들이 전혀 결실을 거두지 못한 채 실패했다.

"프로세스 경영"이라는 용어를 접하는 최고경영자들은 자신들이 이미 비즈니스 프로세스를 적극적으로 관리하고 있다고 주장한다. 어떤 대형 컨설팅업체의 반응 역시 자기들도 과거부터 고객 기업들의 비즈니스 프로세스 설계와 구현 그리고 최적화를 해 오고 있다고 주장한다. 그러나 극소수의 기업들만이 비즈니스 프로세스 경영의 진정한 가능성을 실제로 구현하고 있을 뿐이다.

용어로서 "프로세스 경영"은 비즈니스 프로세스 리엔지니어링(BPR:

Business Process Reengineering)의 등장으로 인해 경영 현장에서 뚜렷이 인식되기 시작하였다. 그러나 그 이전에도 비즈니스 프로세스 개선에 따른 효율과 효과의 향상을 인식시키는 참신한 소개가 품질관리 이론에 의해 이루어졌다. 그 후 전사적 자원관리(ERP: Enterprise Resource Planning)의 출현은 비즈니스 프로세스를 새롭게 바라보는 계기가 되었으며, 공유된 데이터 모델에 기초를 둔 자동화를 통해 조직행동을 통제하는 방법이 주목을 받게 되었다. 그럼에도 불구하고 모든 계층의 현업 업무 담당자들이 BPM이라는 새로운 세 글자 약어에 대하여 회의를 느끼는 것은 당연하기도 하다.

사실 리엔지니어링이나 품질관리 같은 아이디어들은, 기업들이 자신의 조직성과를 저해하거나 지원하는 현상과 운영방법을 이해하도록 해주는 비즈니스 프로세스의 가시화에 좀 더 가까이 다가가는 데 기여했다. 그렇듯 이 아이디어들은 IT 투자가 경영에 주는 가치를 체계적으로 이해하게 해 주었지만, 반면에 업무 요구와 IT 시스템 구현 가능성 사이에 있는 단절의 간격을 증대시키는 역기능도 하였다. 2001년의 경우 기업이 전세계적으로 IT에 투자한 금액은 1조 달러를 넘어섰다. 그러나 그들이 투자한 만큼의 가치를 얻었는지에 대해서는 적지 않은 의문이 있다.

IT 산업의 권위자인 폴 슈트라스만(Paul Strassman)은 연구를 통해 구성원당 IT 투자 지출액과 주주의 투자수익률 사이에는 상관관계가 존재하지 않으며, IT에 대한 투자 지출은 아무 것도 보장하지 않는다는 결론을 내렸다. 슈트라스만의 주장에 동의하는 사람들은 IT 기능의 위치를 이동해야 한다고 주장한다. 즉 IT에 관한 의사결정을 통해서 실제 가치를 창출하기에 적합한 곳으로 IT 기능을 이동할 것을 제안한다. 이들의 주장은 IT 예산이나 지출에 대한 의사결정을 CEO, CFO 또는 COO에게 주고 CIO에게는 단지 응용시스템 구축 또는 구현 기능만을 부여하자는 것이다. 그러나 그들조차도 응용시스템과 프로세스 개발 모두를 정체의 근원인 IT 부서로부터 빼앗아 온다는 것은 상상도 할 수 없었을 것이다.

경영환경의 요구는 조직이 대응적(reactive) 활동이나 예측적(proactive) 활동에서 모두 유연하기를 강요하고 있다. 조직은 각 계층에서 정보를 기초로 의사결정을 내릴 수 있어야 하며, 전술과 전략이 균형을 이루고, 예상하지 못한 변화에도 대처할 수 있어야만 한다. IT는 로직에 기초한 문제해결 방법이기 때문에 구현된 시스템의 품질은 설계자의 생각과 능력에 의존할 수밖에 없으며 설계자가 다양한 시나리오를 예측해야만 하는 문제해결 방법이다. 조직은 변화하는 상황에 맞춰 정보를 획득하고 실행할 수 있는 창의적인 매개체를 요구하고 있지만, IT는 시나리오 안에서 사전에 정의된 절차에 따라서만 대응하며, 예기치 못한 상황에 직면했을 때에는 즉각적으로 대응하지 못하는 경직된 시스템을 제공할 뿐이다. 변화가 일어나면 IT는 새로운 상황에 대한 대응절차가 만들어질 때까지 작동하지 못한다. 이 단절은 비즈니스 접근 방법을 수집하여 이를 시스템 기능으로 변환하는 현재의 기술 중심적 방식의 한계에서 기인한다. 업무 매니저와 업무 분석가 그리고 시스템 분석가와 프로그래머 등 프로세스의 모든 참가자들이 사용하는 현격히 상이한 용어와 사고의 틀도 이 문제의 한 가지 원인이 된다.

혼란의 또 다른 원인으로 시간 효과가 있다. 업무 접근 방법 하나가 처음 제기되면 사업에 미치는 영향을 고려하기 위해 반복적인 검토가 이루어진다. 대부분의 경우 상세한 업무내용이 작성되어 확정되기 전에 이미 그 변화를 위한 기술적인 사양이 작성된다. 프로그램 안에 반영된 변화에 대한 상세하고 테크니컬한 표현 안에는 업무 측면에서 생각하는 변화의 특성이 충분하게 고려되지 않는 경우가 종종 발생한다. 그 결과 새로운 프로세스를 구현하기 위해 만들어진 컴퓨터 프로그램은 정작 업무 매니저와 업무 분석가가 이해하기 어려운 내용이 되어 버린다. 일단 프로세스가 컴퓨터 프로그램으로 구현되면 프로세스의 소유권은 영원히 IT 부서로 넘어 간다. 이로 인해 선문선답을 주고 받는 일련의 현상이 벌어진다. "비즈니스 프로세스"의 표현, 설치, 최적화, 관리에 참여하는 각 참가자들 사이에서 "프로세스"에 대한 정의도

서로 다른 의미가 되어 버린다. 이러한 단절을 해소하고 오늘날 기업들이 겪고 있는 IT와 관련된 어려운 국면을 타파하기 위하여 패러다임의 전환과 같은 어떤 계기가 요구되고 있다.

프로세스 설계와 구현에 대한 전혀 새로운 접근 개념이 지금까지 언급한 필요성을 충족시키기 위해 등장하였다. 우리는 이 새로운 패러다임을 비즈니스 프로세스 경영(BPM) 제3의 물결이라고 명명하였다. 이 BPM 제3의 물결의 의미는 한 프로세스에 대하여 서로 다른 시각들이 묘사될 수 있고 정보시스템 구축의 대상이 되는 비즈니스 프로세스에 대하여 단일한 정의를 내릴 수 있는 능력을 제공하는 데 있다. 이 통합된 프로세스 표현은 업무 매니저, 업무 분석가, 업무 담당자, 프로그래머와 같이 각각 서로 다른 능력을 가진 사람들이 자신에게 적합한 표현방법과 도구를 이용하여 동일한 원천으로부터 프로세스를 파악하고 운용할 수 있게 된다는 것을 의미한다.

업무 매니저에게 프로세스 가시화는 핵심성과지표(KPI: Key Performance Indicators) 관리를 목적으로 프로세스 성과 파악을 지원하는 임원 용도의 "계기반(dashboard)" – 자동차의 대시보드와 유사한 기능을 하기 때문에 붙여진 명칭 – 으로 먼저 인식될 것이다. 업무 분석가에게 프로세스 가시화는 상위 수준의 프로세스 맵으로 인식될 것이다. 업무 담당자들에게는 담당하는 프로세스와 개인이 상호 작용하는 환경인 프로세스 포털로 이해될 것이며, 프로그래머에게는 프로그래밍 언어를 연상시키는 프로세스 언어로 이해될 것이다. 그리고 프로세스에 기초한 소프트웨어 시스템에게는 컴퓨터에서 실행될 수 있는 프로세스 코드로 이해될 것이다. 하나의 공통 원천에서 기업을 구성하는 여러 집단 간에 동일한 이해를 구축하는 기반이 되며, 동시에 서로 상이한 표현들을 이끌어 내고 충족시키는 이 능력이야말로 BPM 제3의 물결을 과거의 기술 혁신들과 차별화하는 핵심이다.

프로세스의 수행과 관련하여 누가 무엇을 하는 것이 적합한가를 사전에 인위적으로 추정하는 방법은 오늘날 IT 응용시스템이 구축되고, 관리되고, 보급되는 방법의 또 다른 모습이다. 그러나 이 방법이 절대적인 것은 아니다. 기술자들만이 새로운 비즈니스 프로세스를 설계하고 보급할 수 있는 것은 아니기 때문이다. 실제로 기술자와 업무 담당자 모두가 똑같이 비즈니스 프로세스 전체 라이프사이클이 이루어지는 데 필요한 모든 일을 할 수 있어야만 한다. BPM 제3의 물결은 또 하나의 부분적 해결 방법이 아니며 시장에서 구매할 수 있는 소프트웨어 제품의 하나도 아니다. 그리고 BPM은 IT 분야에서 흔히 볼 수 있는 새로운 세 글자 약어도 아니다. 끊임없이 빠르게 일어나는 변화는 오늘날 경영의 근본 동력이기 때문에 이벤트하듯이 단발적인 리엔지니어링과 달리 BPM은 기업이 현재와 미래의 프로세스 요구사항을 관리할 수 있게 해 주는 필수 사업능력의 하나이다. 전체 종단간(end-to-end) 프로세스의 가시화 그리고 그것에 의한 민첩성과 투명성은 경영혁신의 핵심요소가 되었다. BPM 제3의 물결은 컴퓨터 프로그래머나 시스템 개발자를 위한 것이 아니다. 현업의 모든 비즈니스 담당자들을 위한 것이다.

폴 슈트라스만은 지금까지의 IT가 테크놀로지에 너무 치중하였다고 주장한다. 그는 "지금부터는 경제성이 중요하며 CIO의 역할은 돈을 버는 데 있다. 기술은 당연히 있는 것으로 간주될 만큼 충분하다고 보면 된다. 기술은 필요한 시기에 필요한 방법으로 합리적인 비용과 충분한 신뢰성 그리고 적절한 보안을 고려하면서 제공될 수 있으면 된다." 그의 주장은 계속된다. 현업 사람들은 "어떻게 관리할 것인가에 대하여 걱정하지 말고 어떻게 이용할 것인가에 대해서만 걱정해야 한다." IT를 효과적으로 이용하기 위해서는 데이터 응용개발 도구뿐만 아니라 그들이 사용할 수 있는 비즈니스 프로세스 응용개발 도구가 필요하다. CIO는 현업 사람들 스스로 자신들의 프로세스를 관리할 수 있도록 IT 환경을 안정적으로 유지하는 책임을 맡는다.

다가오는 오십년

　IT와 관련하여 무엇인가 오래된 오류가 존재하고 있다. 그것은 그 존재의 시작이 기업 경영에 컴퓨터가 사용되기 시작한 1950년대 초로 거슬러 올라갈 정도로 아주 오래된 그 무엇이다. 지난 50년 동안 컴퓨터는 업무활동의 결과로 인해 "나타난 사실(after the fact)"을 반영하는 기록 시스템으로서 "데이터 머신"이라고 간주되어 왔다. 기업들은 IT 역할에 대한 이 데이터 중심의 시각에 고착되어 있으며 그로 인해 업무와 그것을 전개하는 IT 사이에는 단절의 폭이 발생해서 점점 더 그 폭이 커져 왔다. IT에 대한 데이터 중심의 패러다임은 우리가 당면한 과제의 해결과는 괴리가 있기 때문에 이러한 패러다임은 깨뜨려져야만 한다!

　1950년대로 되돌아가 보면 "위대한 생각하는 기계"에 대한 신화가 존재한다. 다음에는 경영정보시스템(MIS: Management Information System)의 신화가 그 자리를 계승하였다. 그러나 50여 년이 지난 오늘까지도 현실은 경영 도구로서의 기계가 아니라 기록을 저장하는 도구에 머물러 있을 뿐이다. 컴퓨터는 수조 바이트의 데이터를 받아들이고 처리하여 결과를 만들어 낼 수 있다. 그런데 모든 계층에서 이루어지는, 자동화에 의하거나 또는 사람에 의한 의사결정 과정에서, 전후 맥락을 고려하고 실시간으로 합당한 행동을 하게 만드는 정보, 즉 경영을 위한 통찰은 어디에 있는가?

　오늘날의 IT에 대한 방법과 기술 및 인식은 데이터 – 데이터의 수집, 저장, 조회 – 에 고착되어 있다. 그리고 이 고착화 현상의 형성에는 두 가지 배경이 존재한다. 초기의 컴퓨터는 회계용도의 기계였으며 원가회계 이론이 그런 생각을 조성하였다. 대량생산 시대에는 가장 낮은 원가가 곧 경쟁우위와 다름없었다. 데이터 중심의 IT 세계를 강요한 두 번째 배경은 컴퓨터가 사람처럼 상황에 따라서 즉시 과정을 감지하고 추론하며 변화에 대응할 수는 없다는 생각이었다. 원래는 컴퓨터가 이런 일들도 할 수 있을 것으로 꿈꾸었던 초기 경영기술주의자들도 결국은 데이터만이 안정적이며 신뢰할 수 있고 구조화가 예측 가능하기 때문에, 이런 데이터 처리 시스템을 위해서는 프로세스로부터 데이터를 분리해야만 한다고 인식하게 되었다. 이것은 원가회계 시스템의 정확성을 위해서 필요한 속성이기도 했다. 이제 우리는 프로세스로부터 데이터를 분리했던 것과 유사한 접근방법을 비즈니스 프로세스의 표현에도 적용할 필요가 있다. 그러나 한편, 동적으로 확장하거나 축소하면서 변화하는 비즈니스 활동으로서의 비즈니스 프로세스와 절차는 안정적이지도 예측 가능하지도 않다. 사실 프로세스는 매우 혼란스러운 존재이다.

그것들이 지닌 매우 동적이라는 특성과 과도한 전산화의 어려움 때문에 비즈니스 프로세스는 IT 세계에서 이등 시민으로 자리매김하게 되었고 자동화나 개선 대상으로서의 한계를 지니게 되었다. 가장 기본적인 후방업무 정도의 비즈니스 프로세스가 오늘날 대부분의 IT 시스템에 구현되어 있을 뿐이다. 그러나 이와 반대로 비즈니스 프로세스의 혼란스러움 바로 이 특징 때문에 모든 규모나 유형의 비즈니스 프로세스들이 오늘날 경영의 초점이 되었다. 즉 많은 기업 현장에서 경영자들은 이 거대한 "비즈니스-IT 분리현상(business-IT divide)"을 극복하며 비즈니스 프로세스에 대한 통제를 확보하려 하고 있다.

오랫동안 수많은 전략가들과 기술 전문가들이 이 두 세계를 결합시키기 위해 노력해 왔지만 모두가 실패에 그쳤다. 해결할 수 없는 문제를 해결하려고 노력을 되풀이하는 것은 어리석음의 표현일 뿐이다. 우리는 지금까지 시도해 왔던 방식의 연장선에서 기존의 IT 패러다임을 확장하는 또 다른 해결방안을 제안하는 것보다는 이러한 분리 상황을 종결시키기 위한 하나의 근본적인 접근방법을 시도하고자 한다. 우리의 주장은 이렇다. "분리된 부분을 메우는 식의 시도는 그만 두자. IT의 완벽성을 위해 다른 계층의 복잡성을 추가하려 하지 말자. 만능의 해결책을 찾으려 하지 말자. 시행착오를 되풀이 할 단계는 지났다. 그보다는 어디에 무엇이 속하는지를 제대로 가려서 자기 주인에게 제대로 되돌려 주자. 다름이 아니라 비즈니스 프로세스 경영의 소유권을 현업 업무 담당자들에게 되돌려 주자는 것이다."

데이터 중심의 IT 패러다임에서는 현업 사람들이 통제력을 가질 수 없다. 비용, 품질, 속도, 서비스 등의 모든 경쟁에서 이기기 위한 수단으로서 필요한 정보시스템을 획득하는 방법에 대해 사실 현업 전문가들은 모르고 있다. 이 비용, 품질, 속도, 서비스라는 경쟁의 모든 기준에는 전통적 데이터뿐만 아니라 기업 안팎에 있는 행동으로 연결되는 정보와 지식이 포함된다. 그럼에도 지금까지 이런 정보와 지식은 충분히 디지털화되어 표현되거나 자동화되지 못하였다.

더욱이 기업은 더 이상 자급자족 시대의 개체가 아니다. 예전의 자동차 산업과 같이 비즈니스가 가치사슬을 소유하던 시대는 가고 가치사슬이 비즈니스를 소유하는 시대가 되었으며, 외부정보와 내부정보를 동일한 비중으로 중요하게 활용할 수 있게 되었다. 원가를 파악하고 그 위에 마진을 더해서 가격을 결정하던 생산자 통제 시장은 활동기준 원가법(ABC)을 통해 고객을 위한 가치창출의 총비용이 가시화되고 파악되어 많은 참가자들을 함께 고려해야 하는 고객주도 가치사슬로 전환되고 있다. 이제 기업은 자기 내부의 프로세스만을 관리해서는 안 된다. 그들은 외부 벤처기업에 투자도 하고 전체 가치사슬과 가치사슬 내의 관계를 관리해야만 한다. 그러나 어떤 IT 공급자나 기업의 IT 부서도 이를 위한 "혁신적 응용(killer app)"을 일시에 제공할 수 없으며, 또 만일 혁신적 응용이 등장하더라도 경쟁 상대인 가치사슬의 경쟁자가 동일한 방법과 도구들로 추격해 올 수 있다는 사실을 이해한다면 그것을 위해 비용을 지불하는 것은 쉬운 일이 아니다.

이 새로운 경쟁환경에서 우위를 얻고자 하는 기업들은 데이터도 아니고 응용시스템도 아닌 바로 프로세스를 컴퓨터에 의한 업무 자동화와 지원의 기초 단위로 만드는 노력을 고통이 따르더라도 회피할 수 없게 되었다. 기록 시스템에서 프로세스 시스템으로 초점을 이동해야만 한다. 간단히 말하면 "데이터 프로세싱"이 아닌 "프로세스 프로세싱" 개념이 이제 등장한 것이다.

이것이 의미하는 바는 구성원, 고객, 공급자, 그리고 거래 협력사들이 "데이터 베이스"의 공유보다는 비즈니스라는 전체 생태시스템 안에서 동적으로 작업결과가 반영되고 항상 최신화 상태로 움직이는 "프로세스 베이스"의 공유가 반드시 이루어져야 한다는 것이다. 현재의 후방업무 응용시스템들처럼 사후 "기록을 관리하기 위한 시스템"으로 그치는 것이 아니라 프로세스를 위한 동적인 시스템을 기업에서는 필요로 한다. 프로세스를 위한 시스템은 단지 현재 일어나는 것만을 대상으로 하지 않고, 과거에 일어난 것과 미래에 예상되는 행동을 표현하는 것도 대상으로 한다. 이러한 과거, 현재, 미래가 갖는 의미 안에는 각각의 데이터 구조뿐만 아니라 비즈니스 프로세스 구조도 포함된다. 왜냐하면 비즈니스 프로세스가 바로 비즈니스 자체이기 때문이다.

21세기로의 진입을 알리는 축제기간 동안에 많은 기업들이 우려한 것은 어느 날 자신들의 산업이 아마존과 같은 닷컴 기업의 등장으로 붕괴될 수도 있다는 가능성이었다. 그러나 닷컴 현상의 소란스러움이 가라앉자 산업에 관계없이 이제는 GE를 닮기 위한 노력으로 전전긍긍하고 있다. 닷컴 시절 GE 회장이던 잭 웰치(Jack Welch)는 디스트로이-유어-컴퍼니-닷-컴(destroy-your-company-dot-com)이라는 이니셔티브를 주도하였다. 그리고 GE의 새 CEO인 제프 이멜트(Jeff Immelt)는 이것을 이어받아 GE의 비전을 확장하는 차원에서 디지타이제이션 이니셔티브(Digitization Initiative)를 추진하기 시작하였다. 그 목표는 최대한 많은 프로세스들을 디지털화하는 것이며, 고객이나 거래 협력사들과의 실제 거래행위가 일어나는 외부 접점 프로세스들이 주된 대상이다.

GE가 이제 치열한 경쟁 시대에서도 지속적인 우위를 지키기 위해 추진하고 있는 디지타이제이션 이니셔티브를 요약하면 다음과 같다. 즉 자동화된 비즈니스 프로세스들에 대해 업무 리더들이 개인별 디지털 조정석(digital cockpit)-즉 앞에서 언급한 경영층 용도의 계기반(dashboard)과 같은 것

―이라는 도구를 이용하여 실시간으로 자기 조직의 구석 구석을 파악하도록 하고, 그것을 위해 프로세스마다 적합한 분석법을 만드는 것이다. 또 과거 월 단위 또는 분기 단위의 점검주기를 일 단위 또는 주 단위 점검으로 단축하여 그때그때 방향이나 자원배분을 수정할 수 있게 함으로써 고객에게는 보다 향상된 서비스를 제공하고 내부적으로는 시간과 비용을 절감하려는 것이다. 경제의 하강 국면으로 인해 전통적 기업들이 IT 예산을 10%씩 줄이고 있는 반면, 2001년 GE의 IT 지출은 전년 대비 12%가 증가된 30억 달러에 이르고 있다. GE는 "알고 있다." 비즈니스 세계에 도래한, 프로세스를 중심으로 이루어지는 새로운 경제 전쟁을 이해하고 있다.

비즈니스 프로세스 경영 : 제3의 물결

GE와 더불어 개척자적인 다른 기업들은 정보시스템을 인지, 설계, 구현하는 방법에 대하여 혁신적 사고로 접근하고 있으며, 이것을 통해 자동화 프로세스 그 자체를 변화시킴으로써 과거 10년 동안의 리엔지니어링 혁명을 소꿉장난 수준으로 만들어 버렸다. 완전한 디지털화 기업의 비전은 이제 구체화되었으며, 이미 개척자 그룹의 기업들은 조용하고 은밀하게 민첩한 기업이 되기 위한 작업을 진행하고 있다. 'IT의 보완' 대신에 업무 변화와 혁신의 결정적 경로 위에서 소프트웨어 개발 프로세스를 제거하고 게임의 규칙을 바꾸는 새로운 기술을 받아들임으로써 앞으로 십년 동안의 지배적 위치의 확보는 물론이며, 과거에는 달성할 수 없었던 정도의 생산성과 민첩성을 확보하려는 노력을 이 기업들은 쏟고 있다. GE를 포함하여 그런 기업들이 추구하는 바는 전체 종단간(end-to-end)의 동적이면서 확장과 수축 그리고 지속적인 변화가 일어나는 비즈니스 프로세스들을 관리할 수 있도록 하는 도약이다. 이 도약을 가능하게 하는 요소가 바로 BPM 제3의 물결이다.

- 비즈니스 프로세스 경영 제1의 물결은 1920년대에 시작하여 프레드릭

테일러(Fredrick Taylor)의 경영이론에 의해 절정에 이른다. 이 때의 프로세스는 자동화되지 않은 상태이며, 수작업에 의한 업무 프랙티스 안에 암묵적으로 존재한다.

- 지난 10여 년 동안의 비즈니스 프로세스 경영 제2의 물결은 단발적인 수작업 리엔지니어링 활동을 거쳐 전사적 자원관리(ERP)나 또는 시중에서 구매할 수 있는 패키지 소프트웨어의 틀 안에 프로세스를 고정시켜서 변경을 어렵게 만들었다. ERP에 문서관리 중심의 워크플로우(workflow)를 추가하더라도 결국은 또 다른 프로세스 참가자의 역할을 덧붙이는 것이며 프로세스의 관리와 통제를 지원하는 효과는 미미할 뿐이었다. 설사 업무 관리와 통제를 지원하더라도 상세 프로세스 수준의 관리와 통제이기 때문에 제한된 기능을 가질 뿐이었다.

- BPM 제3의 물결에서는 비즈니스 프로세스를 틀 안에 고정된 상태로부터 해방시켜서 모든 비즈니스 시스템과 자동화의 중심이자 초점이 되도록 하고 그 구성의 기본 단위로 만들어 버린다. 비즈니스 프로세스는 자동화의 세계에서 일등 시민이 된다. 본래 비즈니스 프로세스 경영의 세계는 어떤 상태를 만드는 능력보다 만들어진 상태가 변화할 수 있는 능력에 훨씬 높은 가치를 두기 때문에 변화야 말로 설계의 최고 목표가 된다. 그러므로 가치사슬 전체를 모니터하며 지속적으로 개선하고 최적화하는 능력은 그러한 비즈니스 프로세스 경영의 민첩성을 통해서 구현된다. 민첩성과 적응성은 BPM 제3의 물결을 대표하는 특징이다. 그러나 문제는 그러한 거대한 목표에 어떻게 도달할 수 있는가에 있다.

안타깝게도 기업 내의 업무 수행자들은 아직도 기술에 대한 막연한 기대와 데이터 중심 마인드에 머물러 있다. 비즈니스 프로세스 혁신이 명확한 차별성을 구현할 수 없다면 무슨 가치가 있겠는가? 새로운 비즈니스 프로세스 비전이 그것을 달성하는 데 드는 비용보다 더 큰 효과를 구현하지 못한다면 무슨 의미가 있겠는가? 기업 내부의 비즈니스 프로세스들이 조직 전체에 흩어져서 각각 홀로 서 있는 사일로(silo)와 같은 응용시스템 소프트웨어 안에서 경직된 상태로 운영된다면, 그런 비즈니스 프로세스들을 가지고 어떻게 가치 사슬 전체를 가로지르는 전체 종단간(end-to-end) 프로세스에 대응할 수 있겠는가?

최근 비즈니스 프로세스 개선 활동을 지원하기 위한 막대한 IT 예산이 전통적인 기존 응용시스템들을 대상으로 마치 콘크리트 분쇄용 착암기의 사용과 비슷한 작업에 투입되고 있다. 전사적 응용시스템 통합(EAI: Enterprise Application Integration)은 고객에게 가치를 제공하기 위해 변경된 내외부 접점 비즈니스 프로세스를 지원하려는 목적으로 기존 응용시스템들을 결합하는 기술이며, 많은 IT 그룹들이 전사적 응용시스템 통합(EAI)의 구현에 상당 부분의 시간과 비용을 투자하고 있다. EAI와 그 확장 기술인 B2Bi(Business to Business Integration)에 대한 내용이 많은 책에서 언급되고 있으며 그 주제만으로 발간되는 잡지들도 있다. 이 모든 뜨거운 관심과 자금 투입, 그리고 새로운 용어가 대두되는 배경은 무엇인가?

이런 현상은 오늘날 기존 응용시스템 패키지들이 전체를 하나로 설계하고, 업무 로직을 돌에 새기듯 경직되게 구현하였기 때문에, 이런 패키지들을 가지고, 새로 만들었거나 변경된 비즈니스 프로세스를 지원하려면 불가피하게 발생하는 부자연스럽고 억지스러운 작업과 다름이 없다. 스털링 커머스(Sterling Commerce)와 BPMI에서 일하고 있는 진 베이커(Jeanne Baker)는 이렇게 설명하고 있다. "이런 세계를 상상해 보라. 사람들이 사용하는 언어가 거대한 물체의 분자구조에 대해서는 정확하게 표현하지만 정작 전체인 그 물체가 무엇인지는 표현하지 못하는 세계를 상상해 보라. 그리고 그런 세계를 지금 당신이 마주치고 있다고 상상해 보라. 이렇게 응용시스템 통합이라는 난해한 세계의 한 부분을 우리는 이미 보기 시작하였다." 그러나 그것이 전부는 아니다. 전사적 응용시스템 통합(EAI)에 대한 활용은 큰 주의를 기울이지 않는다면 그것을 이용하여 통합한 결과도 그 응용 시스템들 자체와 똑같이 또 하나의 경직된 비즈니스 프로세스를 만드는 결과가 될 것이다.

많은 기업들은 비즈니스 프로세스와 통합을 동일하게 받아들이고 있다. 그러나 이 인식은 완전하지도 정확하지도 않다. 시스템 통합(SI: Systems Integration)이 실행 결과로서 "통합된 프로세스"를 탄생시키기는 하지만, 그렇다고 이 프로세스들에 대한 이후의 변화를 지원하지는 못한다. SI가 고려하지 못하는 부분이 있는데, 즉 프로세스가 프로세스 자동화 구현에 적용된 IT 시스템과는 별개의 자체 라이프사이클을 갖고 있다는 사실이다. 뿐만 아니라 통합 프로세스는 비즈니스 프로세스가 취할 수 있는 한 가지 형태일 뿐이다. 물자이동과 장치작동 또는 수작업 행위들은 IT 지원에 의한 어떤 자동화와도 별개의 것이다. 그러나 이런 'IT가 활용되지 않는' 프로세스에 대해서도 디지털화된 프로세스 모델은 시뮬레이션과 실행을 통해 이해와 개선에 있어서 여전히 의미 있는 역할을 할 수 있다. 불확실성과 경쟁심화로 표현되는 오늘날의 시장 상황에서 기업 생존을 위해 반드시 있어야 하는 프로세스의 민첩성을 확보하려면 IT와 비즈니스 프로세스의 관계에 대한 고정된 사고를 바꾸어야만 한다.

이 전체 종단간(end-to-end) 비즈니스 프로세스가 기업 내부 통합과 기업간 통합의 초점이라면 "데이터"와 "응용시스템" 대신에 "비즈니스 프로세스 응용시스템"을 왜 직접 다루지 않고 있는가? 비즈니스 프로세스는 지금까지처럼 더 이상 응용시스템 내부에 고정되어 있어서는 안 되기 때문에 "비즈니스 프로세스"가 그 동안의 소프트웨어 단위인 "응용시스템"을 대체해야만 한다. 뿐만 아니라 막대한 정보시스템 자산을 보유하고 있는 기존 기업의 입장에서는, 가치사슬 전체에 걸쳐 전사적 프로세스 구조를 이해하는 "프로세스 인지형(process-aware)"의 새로운 정보시스템을 구축하는 경우 기존의 IT 투자가 활용될 수 있기를 요구한다. 기업은 이제 크게 도약할 것을 강요받고 있다. 그 도약은 자동화 활동의 중심을 IT 담당의 업무에서 비즈니스 담당의 업무로 이동시키는 것을 말한다. IT의 한계를 보완하기 위한 추가 자동화로부터 탈피하여 비즈니스 프로세스 경영에 주력하는 것이다. 그 도약을 가능하게 하는 것이 BPM 방법이며 그 기술적 추진 엔진이 비즈니스 프로세스 경영 시스템(BPMS: Business Process Management System)이다.

우리가 말하는 비즈니스 프로세스 경영 제3의 물결은 비즈니스 프로세스 리엔지니어링(BPR)이나 전사적 응용시스템 통합(EAI), 또는 워크플로우(workflow) 관리나 또 하나의 패키지 응용시스템을 의미하는 것이 아니며, 그 모든 기술이나 기법들을 통합된 하나로 결합하고 확장하는 것을 말한다. 이 통합된 체제 위에 기업이 구축되고 그 기업은 진정한 비즈니스 프로세스와 프로세스 경영이라는 특성을 기초로 하여 탁월한 조화를 이루게 된다.

이 BPM 제3의 물결은 환상도 거짓 약속도 과대 포장된 선전도 아니다. 과거의 다른 도약과 마찬가지로 BPM의 경우도 수학의 이론적 근거를 기초로 하고 있다. 그 수학 이론은 정적 관계형 데이터와는 상반되는 동적 이동형 프로세스를 형식화된 계산방법으로 실증하는 프로세스 계산학(process calculi)을 말한다. 프로세스 계산학의 한 지류인 파이 계산학(pi-calculus)은 최근 컴퓨터과학 분야와 프로세스 경영 시스템 구축자들의 큰 주목을 받고 있다. 한편 BPM의 기초 의미론인 비즈니스 프로세스 모델링 언어는 가치사슬의 모든 참가자들(사람들과 컴퓨터시스템들)이 함께 사용할 수 있도록 반드시 공개된 표준에 기초해야 한다. BPM 제3의 물결이 지향하는 궁극적인 큰 도약이 이루어진다면 비즈니스 프로세스를 직접 그리는 순간 즉시 실행할 수 있게 된다. 소프트웨어 개발 단계가 사라진다!

BPM은 응용시스템 개발을 단축시키지는 않는다. 그러나 아예 그 필요성을 없애 버린다. BPM이 수학의 이론적 근거를 기초로 하지 않는다면 그것을 단지 또 하나의 유행이나 시장전략으로 치부함이 옳을 수도 있지만 사실은 그렇지 않다. 그러나 BPM을 현실로 만들기 위해 기본 비즈니스 프로세스 언어가 갖추어야 할 조건은 실제 비즈니스 프로세스에서처럼 고객 개인의 취향을 알아내고 그것을 만족시키는 프로세스까지 표현할 정도로 풍부한 기능성을 지녀야 한다. 또한 컴퓨터 시스템 A와 컴퓨터 시스템 B가 접속하여 처리를 수행하는 중에 제3의 컴퓨터 시스템 C가 그 처리에 개입하거나 처리를 중단하고 빠져 나가는 상황을 표현할 수 있는 정도로 정밀한 수준이어야만 한다.

BPM 혁신의 진수는 데이터, 절차, 워크플로우, 분산 커뮤니케이션을 지금과 같이 사과, 오렌지, 체리를 구별하듯이 별개로 취급하지 않고, 수학적 이론에 기초하여 비즈니스 프로세스라는 하나의 새로운 "정보 유형" − 기술전문가들이 "추상화 데이터 유형(abstract data type)"이라고 부르는 것 − 으로 이해한다는 사실이다. 이 새로운 기본원칙에 대한 인식이 갖는 의미는 매우 크다. 왜냐하면 완전한 비즈니스 프로세스를 구성하는 요소들 즉 입력, 출력, 참가자, 업무활동, 계산처리와 같은 각 요소들이 모든 구성 측면에서 목적과 이용방법 그리고 의사결정 역할과 맥락에 알맞게 이해되도록 표현할 수 있게 되었기 때문이다. 그러므로 이러한 문제해결 패러다임은 모든 프로세스를 표현할 수 있는 단일 토대로서뿐만 아니라 광범위한 프로세스 경영 시스템들과 프로세스 인지형 도구들이나 서비스들의 토대를 제공한다. 이 가운데 일부는 이미 시장에 나와 있으며 다른 나머지들도 앞으로 개발되어 나타날 것이다. 이 기술들을 적용하기 위해서는 그 동안 깊숙이 자리잡아 온 몇 가지 상식화된 지식들, 예를 들면 소프트웨어는 언제나 객체와 컴포넌트에 의해 만들어진다는 관념 같은 것들을 다시 생각해 보아야만 한다. 이제 우리는 "프로세스에 의한 경영"뿐만 아니라 "프로세스에 의한 개발"도 가능하게 되었다.

미래에는, 이 새로운 정보유형과 관련된 경영시스템이, 지금은 거의 모든 비즈니스 응용시스템들의 토대를 이루고 있는 관계형 데이터 모델이나 관계형 데이터베이스 관리시스템보다 더 중요하게 될 것이다. 이 방법으로 구현된 새로운 정보서비스를 이용함으로써 조직 내부에서 그리고 사업 협력사들과 공동으로 원천 정보의 맥락에서 전체 종단간(end-to-end) 비즈니스 프로세스들을 조회, 작성, 검색, 구성, 분할, 변형, 측정, 분석할 수 있다.

- BPM은 향상된 민첩성, 통제성, 책임성을 기업에게 제공한다. 중복을 제거하고 자동화를 확대하여 대내외 비즈니스 프로세스를 효율화한다.
- BPM은 프로세스 설계 및 실행을 위한 시스템을 직접 만드는 수단을 제공한다. 이것은 "조기 응용시스템 개발(RAD: Rapid Application Development)"이 아니다. 비즈니스 사이클에서 아예 응용시스템 개발을 제거하는 것이다.
- BPM은 가치사슬을 가로질러, 프로세스의 모든 참가자들, 즉 시스템, 사람, 정보, 장치를 포함하는 프로세스 모델링을 지원한다. 그 모델링은 하향식(top-down)과 상향식(bottom-up) 모두가 가능하다.
- BPM은 데이터베이스 관리시스템이 업무 데이터를 응용시스템들과 사업 협력사들 간에 공유하는 플랫폼으로 이용되는 것과 같이, 전체 종단간(end-to-end) 비즈니스 프로세스들을 공유하는 플랫폼이 된다.
- BPM은 프로세스들이 어디에서 만들어지건 또 그들이 놓여 있는 서로 다른 기술적 하부구조가 상호 배타적이건 간에 관계없이 그 프로세스들이 자연스럽게 통합되고, 협업하고, 결합하고, 분해되도록 지원한다. BPM은 재사용이 가능한 프로세스 패턴들을 만들어 낸다.
- BPM은 매일, 매주, 매 분기 등 비즈니스 사이클 진행속도로 실세계의 비즈니스 프로세스 변화를 따라갈 수 있는 능력으로 정의된다. 이 능력은 오늘날 고질적인 비즈니스-IT 분리 현상에서 발생하는 비효율을 상당 부분 제거함으로써 얻을 수 있다.
- BPM은 활동기준 원가(ABC)와 같은 핵심 비즈니스 지표들을 비즈니스 프로세스의 실행으로부터 직접 도출하도록 돕는다. BPM은 프로세스

전체에서 참가자들이 교환하는 모든 정보에 대한 관리를 포함하며, 프로세스에 대한 책임을 명확히 하고 투명성과 지속성을 갖게 한다.
- BPM은 가치사슬을 가로지르는 복잡한 프로세스의 실행도 매우 단순화시킨다. 이유는 현재 가치사슬 간 구현을 어렵게 만드는 점 대 점(point to point) 통합 방법이 지닌 문제를 제거하기 때문이다.
- BPM은 기업 간 협업이 물 흐르듯이 처리되고 관리되고 모니터될 수 있도록 지원한다. 즉 가치사슬 통합과 비즈니스 프로세스 아웃소싱의 기초 운영 환경이 된다.
- BPM은 과거의 기술과는 달리 비즈니스 운영이 자연스럽게 이루어지는 가운데 비즈니스 프로세스가 자동으로 도출될 수 있는 가능성을 제공한다. 이것은 마치 데이터베이스가 자연스럽게 비즈니스 데이터들로 채워지는 것처럼 쉽게 이루어질 수 있다.
- BPM은 협력 관계의 여러 업체들을 대상으로 이루어지던 비즈니스 프로세스의 설계를 해당 산업 차원에서 이루도록 도와 줄 것이며, 가상조직을 위한 프로세스의 가치관리 분석 도구들을 제공할 것이다.

21세기 기업경영의 과제

피터 드러커(Peter Drucker) 교수는 그의 저서 "21세기 기업경영의 과제(Management Challenges for the 21st Century)"(역주 : 국내에서는 "21세기 지식경영"이란 제목으로 번역 출간되었음.)에서 미래의 기업이 추구해야 할 두 가지 바람직한 목표를 제시한다.

하나는 사업과 관련된 경제환경, 시장, 경쟁사들에 대한 정보 획득에 필요한 체계화되고 시스템화된 방법이고, 다른 하나는 여러 가지 별개로 이루어지던 일들, 즉 가치분석, 프로세스 분석, 품질관리, 그리고 원가관리를 하나의 분석 체계로 통합하는 것이다.

BPM 제3의 물결은 기업들로 하여금 지금 바로 드러커의 비전을 행동으로 옮길 수 있게 한다. 독자들 가운데는 그가 다른 곳에서 말한 대로 현재의 IT(IT: Information Technology)에는 사용자의 정보추출 단계가 필요하다는 점에서 그 이름을 데이터 기술(DT: Data Technology)로 바꿔야 한다는 주장에 대해 적지 않게 공감할 것이다. BPM은 최근까지 이루어진 기술 토대 위에서 IT의 "I"를 제 위치에 갖다 놓을 수 있는 차세대 기술이다. BPM 제3의 물결의 등장과 함께 숫자계산에 사용되는 스프레드시트와 유사한 성능을 가진 저렴한 가격의 프로세스 도구들이 개발되리라는 기대가 허황된 것만은 아니게 되었다.

개인용 컴퓨터 시대의 도래라는 혁명을 촉발한 계기는 개인용 컴퓨터의 개발이 아니다. 그것은 세계 최초의 스프레드시트인 비지캘크(VisiCalc)이다. 1970년대 초 개인용 컴퓨터는 취미생활자나 또는 컴퓨터 언어인 BASIC으로 작성된 프로그램을 즐기며 컴퓨터에 빠진 일부 사람들의 장난감과 같았다. 기업에서는 이 장난감들이 업무 현장에서 사용될 수 없도록 철저히 배제하였다. 이 개인용 컴퓨터가 어떤 업무상 용도가 있다고 하더라도, 필요한 프로그램을 IT 부서에서 각 사용자에게 만들어 주기 위해서는 너무나 큰 비용이 발생했기 때문이다. 그러는 중에 비지캘크가 등장하였다. 비지캘크는 익숙한 좌우 행과 상하 열의 방식으로 직접 계산할 수 있는 능력을 업무 담당자들에게 제공하였다. 업무 담당자들은 이 행과 열의 모델을 앉은 자리에서 쉽게 이해할 수 있었다. 이 모델은 또한 학교에서 흔히 접해 보던 최적해를 얻기 위한 가정분석(what-if analysis) 능력도 제공하였다. 프로그래밍 작업이 필요 없었다. 단순한 행과 열 구성을 설계하여, 즉시 데이터를 입력하고 계산하면 그만이었다. 비지캘크는 사용자들이 받아들이지 않을 수 없는 새로운 수준의 단순함과 편리함을 접하도록 하였다. 개인용 컴퓨터 이용의 병목이던 IT 부서의 도움 없이도 개인용 컴퓨터를 활용할 수 있게 되었으며 혁명이 시작된 것이다.

이제는 BPM이 등장한다. BPM은 익숙한 비즈니스 프로세스를 직접 처리할 수 있는 능력을 업무 담당자들에게 제공한다. 이 능력은 최적 결과를 얻기 위한 가정분석(what-if analysis) 능력도 제공한다. 프로그래밍 작업이 필요 없다. 단순히 프로세스를 설계하고 즉시 설치하여 수행시키면 그만이다. 그러므로 BPM은 비즈니스 프로세스 경영의 병목이며 변화와 혁신의 장애요소이던 소프트웨어를 개발하지 않고도 실행할 수 있게 만든다. 사소한 과제에 적용하는 가벼운 해법의 하나로 BPM을 결론지으려 해서는 안 된다. 오늘날 대규모로 확장 가능하고 중단 없이 운영되는 데이터 관리와 거래처리를 위한 플랫폼과 비교할 때, BPM은 그 이상이거나 최소한 동일한 수준의 핵심(mission-critical) 업무 하부구조를 포함한다. 자! 비즈니스와 IT의 미래 50년 세계로 오신 것을 환영합니다.

불가피한 선택

대부분의 기술변화는 업무방법 변화에 아주 작은 영향을 미치지만 가끔은 새 기술에 의해 근본적인 변화가 일어난다. 이메일과 월드 와이드 웹의 세계를 가능하게 한 인터넷이 그런 기술의 하나이며, BPM 제3의 물결도 그런 영향을 미칠 것이다.

BPM의 바탕을 이루는 추진동력(drivers)은 기술이 아니라 경제성이다. 오늘날 현저히 드러나는 두 가지 경제적 추세는 글로벌라이제이션(globalization)과 커머더타이제이션(commoditization)이다. 제품이나 가격에 대한 정보를 전세계로부터 즉시 얻을 수 있다. 국가 간이나 지역 간의 무역장벽이나 틈새시장도 사라지고 있다. 기업들은 이렇게 변화하고 있는 세계 속의 경쟁에서 살아남기 위해 제휴, 합작, 협업, 아웃소싱을 통해 새로운 활로를 찾고 있다.

오늘날 기업에서는 상당히 많은 구성원들이 외부 기업과의 공동 프로젝트에 관여하고 있다. 이러한 전략은 장벽 없는 새로운 세계 시장에서의 경쟁에 필요한 스킬, 자산, 프로세스 획득에 있어서 효율과 효과를 제공한다. 그러나 이 전략이 성공하려면 기업 스스로가 잠재 사업 협력사에게 매력적이어야만 한다. 기업 능력을 판단하는 분명한 기준에는 제품, 브랜드, 가격경쟁력, 시장점유, 재무능력, 인력과 실적 등이 있다. 그러나 더욱 중요성이 커지는 사항이 있으니 바로 이런 의문들이다. "우리가 함께 일하는 모습은 어떻게 될까? 상대방의 능력에 대하여 어떻게 신뢰할 수 있을까? 상대방의 업무방식이 우리 고객들과 잘 어울리고 고객들로부터 인정을 받을 수 있을까? 쉽게 통합을 이루며 협업할 수 있을까? 상대방 프로세스가 우리에게 가치를 증대시킬 것인지 아니면 능력의 중복에 불과한 것은 아닌지?"

기업이 명확히 형식화된 프로세스를 소유하고 있는지 여부는 — 프로세스가 형식화되지 않고 암묵적으로 존재하는 수준으로는 부족하다 — 글로벌 협력사를 찾고 결정하는 경쟁에서 하나의 핵심적 기준이 되었다. 즉 협력사가 제시하는 앞의 까다로운 질문들에 확실히 대답할 수 있는 길은 기업이 기대하는 바와 상응하는 수준으로 협력사에게 비즈니스 프로세스를 가시화하여 드러낼 수 있는 능력을 갖추는 것이다. 이를 위해서는 프로세스를 위한 체계적인 공통의 표현 언어가 필요하다. 이 언어는 프로세스가 어떻게 움직이는지를 그릴 수 있고, 다른 컴퓨터 프로그래밍 언어와 마찬가지로 정확하고 명확하게 프로세스를 표현할 수 있어야 한다. 그런 언어가 없다면 기업들은 모든 잠재 협력사들에 맞는 별개의 진열대들을 각각 만들어서 보여 주어야 할 형편이다. 이 상황은 마치 기업마다 제각기 자기만의 언어를 갖고 있는 것과 같다. 그리고 협력사 관계가 논의될 때마다 의사소통을 위한 통역 문제가 항상 이슈로 따르게 된다. 즉 협력사 관계를 맺기 위해 논의하는 자리에서 이런 논의가 불가피하다. "현재 귀사께서 저희 회사의 공급망이나 고객관련 업무와 커뮤니케이션을 할 수 없고 저희 역시 귀사의 업무와 커뮤니케이션을 할 수 없는 상황인데 어떻게 업무를 함께 수행할 수 있을까요?" 기업 간의 협력과 가상기업이 당연시되고 경쟁이 가치사슬과 가치사슬 간 대결이 된 지금의 세계에서 비즈니스는 부분적 답만을 가진 다차원적 문제를 내포하고 있다.

글로벌라이제이션(globalization)과 커머더타이제이션(commoditization)의 양 추세가 더욱 진행되면서 시대에 뒤떨어진 개별 독립적인(go-it-alone) 기업들은 역사가의 연구대상으로 전락하게 되고, 공통 프로세스 표현 언어를 개발하는 일은 미래를 보증하는 기본 요소가 될 것이다. 프로세스는 더 이상 경직된 대본으로 취급되거나, 또는 인력 대체나 사람을 기계부품처럼 일하게 하려는 의도로 이해되어서도 안 된다. 모든 유형의 참가자들 즉 시스템, 사람, 다른 프로세스들이 모두 공유하는 하나의 비즈니스 목적을 향하여 때로는 협력하고 때로는 경쟁하면서 함께 일하게 하려는 것이다. 물자흐름, 정보흐름, 의사결정 내용, 계산방법 모두는 협력사들 간에 비즈니스 프로세스를 이해하고 통합하는 데 있어서 중요하다. 프로세스는 컴퓨터 시스템의 입력과 출력만으로는 설명되지 않는다. 프로세스에 흐르는 것은 단순한 정보뿐만 아니라, 실제 세계의 객체들, 처리결과, 심지어는 프로세스 자체까지를 포함해야 한다. 프로세스는 컴퓨터 시스템 내부 구조에서와 같이 실제 세계와 동일하게 즉시 재현해 낼 수 있어야 한다.

BPM은 이제 회피하거나 모면할 수 없는 요소가 되었다. 그 이유에 대해 IT 산업의 베테랑 연구원인 CSC사 데이비드 버틀러(David Butler)는 다음과 같이 설명하고 있다.

우리 회사의 이사회가 당신 회사 이사회와 함께 일해야 한다. 우리 경영진이 당신 경영진과, 우리 실무자들이 당신 실무자들과, 그리고 중요한 것은 우리 회사 시스템과 당신 회사 시스템이 함께 작업해야 한다. 양쪽 시스템이 함께 작업하기 위해서는 대화방법을 통일시켜야 한다. 한쪽 시스템이 고객, 주문, 회계 계정을 표현하면 다른 쪽 시스템도 그렇게 이해해야 한다. 한쪽 내부의 처리 프로세스를 다른 쪽에서 투명하게 이해할 수 있어야 한다. 물론 이러한 통일과 조정은 양쪽의 업무 담당자와 IT 담당자가 모여서 논의하고 결정하면 될 것이다. 그러나 결정된 사항이 우리의 다른 기존 협력사와 결정한 사항과 일치되지 않는다면 다른 문제가 야기될 것이다. 또한 상대방도 자신의 다른 협력사와 결정한 사항과 부합되지 않는다면 논의는 반복되어야 할 것이다.

그 때 나는 정말 어려운 문제 하나를 깨닫게 되었다. 우리와 협력 관계를 맺고 있는 전세계의 기업들은 각각 자신들의 공급업체들을 갖고 있으며, 그 공급업체 중에는 우리 제품의 부품이나 성분을 제조하는 업체들도 포함되어 있다는 사실이 그것이었다. 그렇다면 내가 갖고 있는 우리 제품의 최신사양이나 관련정보에 대해 우리 공급업체의 공급업체가 지금처럼 접근할 수 없는 상태에서 과연 그들의 일이 잘 수행될 수 있겠는가? 내가 보관하고 있는 정보들이 우리 공급업체에게는 물론 그들의 공급업체에게도 공개되어야만 하는 것은 아닌가? 또 어려움이 있겠지만 그들의 데이터도 역시 우리에게 공개되어야 하는 것은 아닌가?

버틀러(Butler)가 묘사한 상황은 이론적인 상황이 아니다. 한 글로벌 기업이 자신들이 현재 안고 있는 문제를 그에게 설명한 내용 그대로이다. 그 기업은 자신의 CAD/CAM 파일에 연결된 수백 곳의 공급업체들을 갖고 있으며 그 공급업체들은 수백 개의 공급업체들과 다시 연결되어 있다. 관리의 어려움은 말할 필요도 없지만, 그러나 이 상황은 그 기업이 추구하는 제휴 전략의 불가피한 결과이다. 제휴나 연합 전략은 유행의 문제거나 일시적 현상이 아니다. 그것은 산업 현장이 요구하는 현실적 접근 방법이다.

사실상, 기업은 유연하고 다양한 외양으로 경계가 모호하며 확장된 거대

기업(가치사슬)의 한 부품이 되고 있다. 이 확장된 기업은 기업 간 경계를 넘고, 경쟁자와 거래하며, 공급자에게 공급하고, 고객의 고객이 되며, 적과 동침하는 점에서 과거와 다르다. 또한 버틀러는 어떤 연사의 다음과 같은 강연 내용에 대해 언급하고 있다. 다국적 방위산업품 경쟁 입찰에서 한 기업이 최종 선발후보자 네 곳 중 두 곳에 포함되어 있었다. 이 기업은 제휴전략에 의해 협력사를 달리하여 복수로 응찰함으로써, 향후 10년을 보장받을 수 있는 이 계약의 수주 가능성을 두 배로 높인 것이다.

    프로세스 경영을 통한 협업(collaboration), 즉 범위나 규모의 변경이 가능하고 또한 발생 가능한 경우의 수가 무수히 많은 프로세스 연결에 의한 협업은 다음 10년 동안 경쟁우위의 중요 원천이 될 것이다. 기업은 실제로 무수히 많은 마디들로 구성된 그물 망의 일부처럼 되고 있다. 그물 망에는 수많은 매듭들이 있기 때문에 이 매듭들 간에 연결할 수 있는 경우의 수는 셀 수 없을 만큼 많다. 이 방대한 그물 망에 있는 각 매듭마다 기업들이 모두 고유의 커뮤니케이션 방법이나 전용 규약(protocol)을 고안하려 한다면 이것은 스스로 방대한 업무부하를 자초하는 일이다. 아무리 좋게 말하더라도 범위가 없는 프로젝트의 관리는 결코 쉽지 않은 일이기 때문이다.

    이 문제에 대한 유일한 해법은 합의된 공동의 프로세스 언어 그것이다. 이 언어는 "무엇을 하고 그것을 어떻게 하는지"를 명확히 표현할 수 있어야 하며 누구든지 사용할 수 있어야 한다. 이 공개된 표준은 결국은 나타날 수밖에 없는 공동의 비즈니스 프로세스 경영 언어 그것이며, 피터 드러커 교수가 말하는 단절의 시대(Age of Discontinuity)에 있어서 경쟁우위의 새로운 기초가 될 것이다.

제2장
언덕을 넘어

이 세계가 기본 물체나 구성 요소들로 형성되어 있다는 생각을 완전히 버리려면 하나의 상대적인 이론이 필요하다. 세계를 이벤트들과 프로세스들의 일반적 흐름과 관련지어 바라보아야만 한다.

- 데이비드 보옴(David Bohm)

더 나은 서비스, 더 많은 선택, 더 낮은 가격에 대한 고객들의 끊임없이 증가하는 요구와 초경쟁 환경뿐만 아니라, 문제를 더욱 악화시키는 복잡하고 불확실한 경제 전망에 이르기까지 모든 것에 대응하기 위하여 기업의 경영자들과 관리자들은 낭떠러지를 기어오르고 지뢰밭을 건너고 훨훨 타는 불길 속을 뛰어 들고 갈라진 무수한 틈들을 메우는 초인적 전사가 되기를 요구받고 있다. 이 어려운 상황을 극복하도록 도와주는 중요한 수단이 자동화이다. 그런데 경제 전쟁에서 그들이 패퇴하는 이유는 무엇일까? 이 문제의 근본 원인은 현재의 비즈니스 소프트웨어가 지니고 있는 특성 바로 거기에 있다.

수십 년 동안 기업들은 업무를 체계화할 때, 비즈니스답지 않고 상당히 부자연스러운 개념인 "소프트웨어 응용시스템(또는 어플리케이션)"을 기준이 되는 요소로 고려해 왔다. 이 응용시스템들은 지불계정관리, 주문처리, 재고관리, 인적자원관리 등의 업무 기능들을 각각 자동화한 것이다. 각 응용시스템은 그 목적에 맞는 일련의 데이터와 그 데이터 처리에 대한 절차들로 구성된다. 그러나 오늘날의 응용시스템들을 흔히 "연통"에 비유한다. 그 이유는 모두가 각각 분리되어 있기 때문이다. 실제 거의 모든 응용시스템들이 자기가 관리할 데이터, 기능 그리고 시간 이 세 가지 측면에서 분리되어 있다.

기능의 연통(stovepipe). 업무 응용시스템은 한 개별 부서나 어떤 한 업무의 고유 역할에 대한 요구만을 충족시키기 위하여 만들어진다. 그 결과 같은 기업 내부의 다른 영역과는 유리된 기능적 사일로(silo)가 탄생하는 것이다. 응용시스템을 만들 때 그것을 통해서 구현하려는 기능을 포함하는, 시작과 끝이 정의된 비즈니스 프로세스를 파악하고, 그 프로세스의 맥락을 고려하여 응용시스템을 구현하는 경우가 거의 없기 때문에 응용시스템이 개발되어도 프로세스를 진행하기 위해서는 업무 담당자들이 부족한 부분을 임시 변통하는 현상이 발생하게 된다. 실제 세계의 비즈니스 프로세스를 보면, 업무 담당자들에게는 일을 완료해야 할 의무가 있기 때문에, 그들은 스스로 만든 방법, 즉 수작업에 의한 업무전달, 전화통화, 이메일이나 회의 등을 통해 비즈니스와 IT의 불연속된 부분을 메우면서 업무를 진척시킨다. 이러한 땜질(workaround) 방법들은 IT가 제공하는 기능 영역과는 별도로 시간이 감에 따라서 그 숫자가 증가하고 습관적인 업무 양식과 관행으로 자리를 잡는다. 그러한 현상의 효과로서 비즈니스 프로세스는 부분적으로 또는 때때로 전체가 "오프라인(offline)"화 되며, 자동화 응용시스템은 점점 현실과 동떨어지게 된다. 어떤 응용시스템은 사용하지 않게 되거나 어쩌다 사용하게 되고, 따라서 기업의 정보시스템들 내부에 저장되는 데이터들은 불완전하고 부정확하게 되어 오히려 혼란을 주는 요소가 되어 버린다.

시간의 연통(stovepipe). 오늘날 업무 응용시스템의 사용자들이 당면한 또 하나의 중요한 문제가 있다. 변화가 그것이다. 정보시스템의 시각에서 볼 때 기능적인 업무 영역들과 관련된 IT 시스템들은 각각의 시간 축을 가진 자기의 시간에 따라서 분리되어 있다. 각각의 활동들과 응용시스템들은 자기 페이스에 따라서 움직인다. 그러다 보니 일상의 업무 진행은 당연히 여러 다른 업무 기능들 간에 내용과 시점의 조정을 필요로 하는데도 불구하고, 이 활동들과 응용시스템들은 일상 업무 진행과 완전히 별개로 움직이는 것을 볼 수 있다. 이 정보 지체 문제와 시기 불일치 문제를 해결하기 위해 다시 현업 사람들의 창의적 역량이 필요하고, 그 대응은 보통 "프로젝트 계획"을 수립하고 프로젝트 조직을 구성하는 것이다. 프로젝트 계획은 어떤 팀이 최종 결과를 향해 함께 일하고 적시에 적합한 자원이 투입되도록 하기 위하여 만들어지는 것이므로, 프로젝트 계획을 사용하면 각각의 업무 기능들이 의존 관계에 따라서, 중간 산출물이 완료되기를 기다리면서 서로 업무를 조율해 가며 진행하게 된다. 프로젝트 계획은 정보 흐름, 자재흐름 그리고 의사결정의 흐름과 같은 비즈니스 프로세스가 "의미 있게"되는 것을 보장한다. 프로젝트 계획은 공식적이건 비공식적이건, 상세하건 단순한 개요이건 간에 업무 행동들을 조정하고 새로운 작업 유형을 만든다. 사실상 이러한 프로젝트 계획이 실제 비즈니스 프로세스의 핵심인 조정의 모습이다. 프로젝트 계획은 그것을 이해하고 그것을 중심으로 기능이 구현된 IT 자동화 응용시스템의 도움을 받는 경우가 드물다. 비즈니스의 IT에 대한 이해도 요구되지만 반면 IT도 자신들이 지원하는 비즈니스를 이해해야 한다. 이런 상태에서 프로젝트 계획은 수작업으로 실행되고 모니터되고 필요에 따라 변화한다. 이로 인해 너무 자주 업무정보를 주고 받는, 차선의 업무 유형이 더욱 강화되는 결과가 나타난다. 프로젝트 계획의 변화와 최적화는 "리엔지니어링"이라는 일에 또 다른 덧칠을 하는 것이다. 시스템을 비즈니스에 맞추는 대신 사람이 시스템에 맞추어야 하는 상황이 된다.

데이터의 연통(stovepipe). 오늘의 자동화 응용시스템들은 정적이지만 다양한 데이터 모델들을 "데이터 섬들" 안에 격리시킨다. 각각의 응용시스템들은 자기 일의 처리에 필요한 정도에 국한된 데이터를 보유한다. 따라서 데이터 섬들이 조직의 여기 저기에서 형성된다. 또다시 현업 담당자들은 임시방편들을 고안해 낸다. 각 작업 그룹은 다른 기능들의 데이터, 특히 자기들의 역할과 과제의 수행에 필요한 기능 교차적(cross-functional)인 데이터를 복제한다. 섬과 같이 고립된 각 응용시스템 안에서는 데이터의 명백한 의미가 제한되기 때문에 작업그룹은 이들 데이터와 데이터 사이의 연결을 보기 위하여 이러한 복제를 하게 된다. 그들은 다량의 데이터 이관, 보고서 작성, 추가기록 보관 같은 일들을 고안해 내는데, 그 목적은 단지 실제의 비즈니스 프로세스가 요구하는 대로 모든 이들 간에 정보전달과 상호연결이 유지되도록 하려는 그것 때문이다. 또한 작업그룹은 IT 시스템 외부에 IT 응용시스템을 보충하기 위한 추가기록을 유지 보관하는데, 이것은 비즈니스의 변화와 함께 데이터 구조도 변화한다는 사실에 대비하기 위한 것이다.

오늘의 응용시스템들은 기능, 데이터 그리고 시간에 의해 하나 하나가 연통이 되었다. 그로 인해 "왜 이 응용시스템과 관련된 모든 것들을 함께 변경할 수 없는가"라는 의문을 갖게 하며, 사용자들이 끊임없는 불만을 일으키는 원인이 된다. 앞의 질문에 대한 보통의 대답은 "IT는 원래 그래"이지만 어떤 사람들은 이 가정에 도전한다. 그들은 섬 또는 연통이나 사일로와 같았던 상이한 업무 활동들을 연결하고 전환하고 결합하려고 한다. 비록 소프트웨어 통합 도구가 소프트웨어 응용시스템들의 통합에 매우 큰 도움을 주지만, 문제는 이로 인해 또 다른 복잡성이 추가되고 변화에 대한 근본적인 이슈는 전혀 해결되지 않는다는 사실이다. 업무 담당자들은 누가 책임을 지건 관계없이 그들의 응용시스템이 변경되어야만 하며 다시 배포되어야 하는 것을 원하지 않는다. 그들은 응용시스템 자체가 변화할 수 있기를 원한다.

비즈니스 프로세스는 프로그램 로직의 변화뿐만 아니라, 프로세스 참가자들 또는 그들의 능력이 추가되거나 감소되는 것을 통해, 아메바처럼 진화한다. 프로세스는 다른 프로세스에 영향을 미치며 작용한다. 그것들이 나누어지고 다른 것과 결합하는 속도는 응용시스템이나 개발자가 아무리 빠르다고 해도 따라갈 수 있는 정도를 능가한다. 프로세스를 확실히 이해했다고 생각한다면, 자유자재로 변형시킬 수 있는 물체(Silly Putty)를 생각해 보라. 유기체인 실제 비즈니스의 모양이 그것이다.

데이터 구조도 비즈니스 프로세스를 따라서 진화할 필요가 있다. 그러나 오늘날의 응용시스템 기술은 그런 필요를 충족시키지 못한다. 전통적 응용시스템 안에서의 데이터 모델은 상대적으로 정적이며, 빨라야 한두 달마다 나오는 "새 개정판"에나 변경이 반영될 뿐이다. 또한 응용시스템은 동일한 데이터를 덮어쓰는 방식이기 때문에 과거 데이터를 평가하거나 미래 데이터를 예측할 수 있는 능력이 없다. 패키지 소프트웨어의 돌에 새긴 듯한 정적인 절차는 "현재"에 묶여 있다. 함축해서 말하면 오늘날의 비즈니스 기술은 비즈니스와 비즈니스 경영 본래의 자연스러운 역동성과 서로 통하지 않는다.

만일 모든 비즈니스 응용시스템이 처음부터 전체 종단간(end-to-end) 프로세스를 대상으로 역할을 정하고 설계되었다면 어떨까? 만일 모든 비즈니스 응용시스템이 전체 종단간(end-to-end) 프로세스에서 자신의 역할을 이해하는 데 필요한 외부 데이터에 접근할 수 있다면 어떨까? 만일 모든 비즈니스 응용시스템이 다른 응용시스템과 함께 상호 작용하거나 상대에 따라서 자신의 움직임을 조정할 수 있는 수단이 있다면 어떨까? 만일 비즈니스가 진화하고 사용자가 그에 따른 새로운 작업방법을 발견하여 적용해 가면서 응용시스템 내부의 데이터가 자연스럽게 진화할 수 있다면 어떨까? 만일 기업들이 비즈니스 시스템의 근본 구성요소에 대한 초점을 "응용시스템 (데이터와 그에 연관된 절차들)"에서 "비즈니스 프로세스"로 이동한다면 어떨까?

그 대답은 현재처럼 응용시스템이 비즈니스 프로세스 안에서 단절된 참가자로서의 제한된 역할만을 담당하기 때문에 발생하는 땜질(workaround) 대신, 비즈니스가 일의 실제 패턴, 의사소통, 그리고 조정에 초점을 둘 수 있게 된다는 것이다. "기록보관 시스템"에서 "프로세스와 프랙티스 시스템"으로 이동함에 따라서 IT에 대한 역할 인식이 변화하기 시작할 것이다. 오늘의 누락 요소들, 즉 시간, 연결성, 그리고 역동성이 모든 비즈니스 응용시스템의 움직임 안에서의 당연한 부분이 될 수 있다. 새로운 응용시스템은 일의 유연한 패턴, 의사소통 그리고 공동작업에 대응할 수 있다. "과장된 전자파일 캐비닛에 지나지 않는다"는 컴퓨터 시스템에 대한 일반적 견해는 이제 더 이상 진실이 아니다.

이렇게 데이터 중심에서 프로세스 중심의 방법과 시스템으로 이동되고 있으며, 향후 10년 동안 이 변화는 승리하는 기업의 초점이 될 것이다. IT 시스템은 비즈니스의 실상, 즉 끊임없이 변화하고 산만하며 혼란스럽기까지 한 현상을 보다 정확하게 반영할 것이다. 그리고 IT 시스템은 현실의 또 다른 측면도 반영할 것이다. 모든 구성원과 조직 그리고 기업과 고객 또는 공급자들이 독립적으로 자기 일을 수행하지만 모두 공동의 목표를 달성하려고 한다는 사실이 그것이다. 목표와 업무 프랙티스가 비즈니스 프로세스에 디지털화하여 반영되기 때문에 그것은 곧 조직 내부와 조직 사이의 모든 계층에서 팀워크가 이루어지도록 하는 기판(substrate)이 된다. 의존적인 관계와 제한된 자원의 완전한 가시화는 사람이건 컴퓨터이건 간에 프로세스 참가자들이 정보시스템의 누락 요소들에 의한 틈을 메울 수 있게 한다.

이렇게 전체 비즈니스 프로세스를 보고 또 처리할 수 있다는 사실의 진정한 의미는 무엇일까? 이것을 이해하기 위하여 언덕길을 걸어 보자. 언덕을 넘어 가는 발자취는 프로세스의 진행 즉 과거, 현재, 그리고 미래를 말한다. 어떤 지점에서 우리는 지나온 자취를 보기도 하고 앞으로 갈 곳을 바라보기도 하는데, 언덕과 계곡이 처음 시작한 곳이나 최종 목적지를 시야에서 사라지게 하고 흐려지게 한다.

하나 하나의 발자국은 비즈니스 프로세스에서의 변화 하나 하나로 생각할 수 있다. 즉 새로운 데이터나 새로운 구조 또는 계획의 변화와 같은 것들이다. 이상적으로 우리의 여정은 비즈니스의 필요를 따라 가야 한다. 그러나 어디로부터 왔고 어디로 향하는지를 알 수 있는 방법이 없기 때문에, 때때로 우리는 확실한 방향 없이 헤매고 있는 것이다. 우리의 시각과 행동은 기존의 컴퓨터 응용시스템의 특성인 고정된 로직과 미리 결정된 단계별 처리방법으로부터 제약을 받는다. 우리는 현재 시스템의 설계자가 설치한 경로에서 벗어나게 하거나 또는 새 경로를 만들 수 있는 어떤 수단도 갖고 있지 않다. 새로운 데이터 구조에 의해 과거의 데이터 값들이 사라지면 과거의 이력도 사라지게 되고, 미래에 대한 계획도 없이 단지 현재라는 순간만이 존재한다. 변화하는 것은 데이터 값만이 아니다. 데이터의 구조도 변화한다. 데이터웨어하우스(DW: Data Warehouse)와 비즈니스 액티비티 모니터링(BAM: Business Activity Monitoring) 같은 일부 IT 시스템들이 제한적으로 비즈니스에 대한 인텔리전스를 갖도록 도와 주지만 그것들은 부분적인 해답에 지나지 않는다. 우리에게 필요한 것은 비즈니스 프로세스와 그것의 변화를 모든 비즈니스 소프트웨어의 본질적 특징으로 만드는 컴퓨터 활용의 패러다임 변화이다.

이러한 프로세스 관련 문제들을 경우별로 응용시스템별로 해결하는 방법은 분리된 자동화와 기록보관의 새로운 섬을 만드는 것으로 또 귀착될 뿐이다. 데이터 관리 관점에서 벗어나 "전체 종단간(end-to-end)" 프로세스 – 언덕을 넘는 노정 – 관점으로 이동함으로써 새로이 다가오는 영역에 대한 가치 있는 조망을 얻게 된다. 명확한 장벽을 뛰어 넘고 방해물을 피하고 고객만족 향상과 수익성 증대 및 시장 확장의 지름길을 찾아가는 능력을 갖출 수 있다면, 어떤 업무 매니저들이 이것을 원하지 않겠는가? 이런 높이 보이는 모든 목표들의 의존 대상은 데이터가 아닌 프로세스이며, 그것은 프로세스가 비즈니스와 정보시스템 설계의 중심에 있어야 가능하다.

무대 위의 배우와 같이 오늘날 비즈니스 응용시스템들은 각기 별개의 역할을 담당한다. 반면에 무대 위의 배우와는 달리 이 시스템들은 비즈니스 전체에 대한 각본을 갖고 있지 못하다. 연기를 하도록 되어 있으나 사정에 변화가 생겼을 때도 이 시스템들은 정해진 각본을 벗어나서 상황에 맞게 연기하지 못한다. 개별 데이터의 처리가 비즈니스 목표에 다다르기까지 언덕과 계곡을 거치는 과정을 이해하지 못한다면 하나하나 데이터 처리의 축적은 의미가 없다. 분리된 데이터, 시간, 절차에서 초점을 이동함으로써 기업은 비즈니스의 실상에 적응하고 대응하며 조정할 수 있는 새로운 혈통의 "프로세스 인지형(process-aware)"정보시스템을 위한 참신한 비즈니스 플랫폼을 창조할 수 있게 된다.

헬리콥터를 타고 언덕과 계곡 위를 난다고 상상해 보라. 이 공중에서 바라보는 조감은 프로세스 수준의 비즈니스를 알게 한다. 이 신선한 시각으로부터 기업은 실행되고 있는 비즈니스 프로세스의 모든 발자취를 명확히 바라볼 수 있다. 이 시각은 리더나 안무가의 역할, 즉 비행 중 상황에 맞는 즉흥적 대응과 추진경로의 변경 그리고 새로운 방향 설정을 할 수 있게 한다. 이제 우리는 목적지와 출발점 그리고 현재 위치를 알 수 있다. 전체적(holistic) 비즈니스 프로세스라는 광각렌즈를 통해서 조직은 사업 운영의 전체를 조사, 분석, 측정, 감지, 탐색, 지시할 수 있다. 또한 비즈니스 프로세스에게 공개된 비즈니스 정보의 새로운 형태라는 배역을 맡김으로써, 기업들은 새로이 프로세스를 다루는 강력한 협업 및 설계 도구와 그 동안 익숙하게 사용해온 많은 기술 및 도구들을 이용하여 프로세스들을 혁신할 수 있게 된다.

이러한 발전은 비즈니스 아키텍쳐의 새로운 시대를 예고하고 있다. 기업들이 이 책에서 설명하고 있는 비즈니스 프로세스 경영 제3의 물결로 이동할 때 그들은 자동화에 대한 대비뿐만 아니라 항시 변화하는 비즈니스 프로세스의 전략적, 관리적, 실무적 방향 설정과 추진을 위한 준비를 갖추게 된다. 공급망 관리, 고객관계 관리 그리고 다른 핵심(mission-critical) 업무용 응용 시스템들을 사용하는 작업 그룹들에게 비즈니스 프로세스 자체에 대한 설명과 함께 그 프로세스의 과거 성과, 진행과정, 현재 상태와 구조 그리고 미래의 대안적 시나리오에 직접 접근할 수 있는 능력이 제공된다. 그들은 진행되는 프로세스의 상태(프로세스 데이터)와 프로세스 설계 내용이 진화된 과정(프로세스 구조)에 대한 정보를 공유하고 기업과 기업 간에 걸친 프로세스 상의 모든 참가자들이 주고 받는 상호작용을 파악할 수 있게 된다. 프로세스에 내장된 측정체제를 통해서 작업 그룹들은 과거와 현재의 프로세스 성과를 파악하고 미래의 대안들을 시뮬레이션하여 진행과정의 변경을 프로세스 설계에 즉시 반영하게 된다.

이런 것들을 가능하게 하는 것이 비즈니스 프로세스 경영(BPM)이다. 이 것은 데이터보다는 프로세스를 비즈니스 설계와 하부구조에 위치시킨다. 이것은 모든 응용시스템들이 개발되는 환경이며, 또 모든 기존 응용시스템들이 재사용되는 환경이기도 하다. 이것은 프로세스의 도출, 설계, 배포, 실행, 운영, 모니터링, 최적화, 분석, 변경 그리고 생성을 가능하게 한다. 이것은 생성부터 폐기까지 전사 프로세스 설계의 전체 라이프사이클을 관리하게 한다. 프로세스 경영은 점진적 개선과 급격한 변화를 모두 주도하기 때문에 IT 투자와 그 투자에 대한 회수 사이에 존재하는 누락된 고리(missing link)를 채운다. 그리고 IT 하부구조로부터 비즈니스 프로세스를 분리했기 때문에 동적이고 혼잡스러운 업무수행 과정을 사업단위별로 완전하게 관리할 수 있는, 안정적인 환경을 구축할 수 있게 된다.

독자 개인이 수행하고 있는 업무 중에 가장 복잡한 경우를 생각해 보라. 이 업무를 프로세스로 어떻게 표현할 수 있는지를 생각해 보라. 그런 생각을 한 곳에 기록하라. 그리고 그 기록을 살펴 보라. 모든 것이 보이지 않으면 멀리서 바라보고 상세한 것을 원하면 가까이 다가서서 보라. 무엇인가 잘못이 있다면 구별하여 변경하라. 전통적인 IT 시스템과는 판이하게 다른 도구들을 사용하여 기업들이 자기 비즈니스 프로세스의 디지털화한 모델을 구현한다면 이런 모든 일들이 가능하게 된다. 기업들은 자기들의 시간을 컴퓨터 소프트웨어 구현에 소비하는 것보다 컴퓨터를 이용해서 자신들의 업무를 시뮬레이션하며 실행하는 데 — 오류를 찾고 그 자리에서 수정하며 그 변경을 실제 업무에 직접 반영하는 데—소비하는 것이 가장 가치 있다는 사실을 인식하기 시작하였다.

 지금까지 비즈니스 프로세스 경영의 세계를 일별하였다. BPM 제3의 물결은 비즈니스와 IT의 분리된 틈을 메우지 않는다. 그 틈을 제거한다

제3장
전사 비즈니스 프로세스

이 방식으로는 알 수 없다. 너무 많은 부분들이 존재하고 활동하지만 서로 간의 연결성은 보이지 않으며 (전체는) 너무나 크고 복잡하다.
- 루이스 토마스(Lewis Thomas),
  세포의 일생(The Lives of a Cell)에서

경영의 근본 요소들 중에는 그 중에서도 가장 근본인 요소들이 있다. 그것들은 유행을 타지 않는다. 과거부터 지금까지 기업들이 변함없이 해 오던 일들이며 오늘날 기업들 역시 하고 있는 일들이다. 기업이 상품이나 서비스를 구매하고, 생산하고, 판매한다는 사실이 그것이다. 프레드릭 테일러(Fredrick Taylor)가 로봇과 같은 작업자의 필요성을 주장한 1920년대 이후에도, 리엔지니어링의 전도사였던 해머(Hammer)와 챔피(Champy)가 업무 폐기와 다운사이징(downsizing)을 역설하던 1990년대 이후에도 경영의 이 근본적 요소는 변하지 않았다. 앞으로도 시대마다 경영이론의 대가가 나타나고 사라지더라도 이 요소는 여전히 존속할 것이다. 모든 경영이론의 중심에는 기업이 어떻게 하면 업무 수행을 개선할 수 있는가에 관심이 모아진다. 즉 어떻게·하면 "더 싸게, 더 좋게, 더 빠르게" 할 수 있는가를 추구한다. 소위 경영혁신(management breakthroughs)이라는 이름의 대다수 노력의 핵심에는 오래되고 흔히 오해를 동반하는 개념이 있다. 바로 비즈니스 프로세스 그것이다.

오래된 것과 아주 새로운 것

경영 분석가들이 기업에게 처방하는 경쟁우위 방안으로 흔히 거론하는 내용들을 요약해 보면, 제품을 최초로 출시하거나("더 빠르게"), 최상의 품질을 제공하거나("더 좋게"), 코스트 리더십을 확보하거나("더 싸게") 해야 한다는 것이다. 역사적으로 혁신적 신제품의 등장에서 시작하는 한 제품의 라이프사이클은 이렇다. 초기 시장의 리더는 남보다 앞서 제품을 시장에 출시하는("더 빠르게") 기업이고, 그 다음은 동일 또는 유사한 제품을 시장에 더 나은 품질로 내놓는("더 좋게") 기업이며, 마지막은 경쟁제품과 대등한 품질을 더 낮은 가격으로 공급하는("더 싸게") 기업이 리더의 위치를 차지한다.

경영의 오랜 역사를 통해서 얻은 지혜들 가운데는 한 기업이 이 세 가지 차원 중에서 최대 두 개까지만 우위에 설 수 있다는 인식이 있었다. 1970년대와 1980년대 일본 제조업체들이 다른 산업화 국가들에게 그와는 다른 교훈을 주기 전까지는 그런 생각에 변화가 없었다. 일본 제조업체들 중에도 특히 소니와 도요타는 단일 기업으로 이 세 가지 모두에서 우위를 확보한 경우이며, 시장 지배력을 현실로 보여 주었다. 미국이나 유럽의 기업들은 일본 기업의 성공을 모방하는 데 노력을 쏟았으며, 이 새로운 경쟁 현실이 1990년대의 리엔지니어링을 촉발시킨 것이다.

그러나 경쟁에서 승리하기 위해서는 단순히 경쟁자와 대등하려는 노력만으로는 부족하다. 이제 시장 지배의 세 가지—더 싸게, 더 좋게, 더 빠르게—기준에 하나가 더 추가된다. 탁월한 서비스가 그것이다. 경우에 따라서는 서비스가 마케팅의 방편이 아닌 사업의 핵심이 될 수 있다. 그 적절한 사례를 GE에서 찾을 수 있다. GE는 제조업 기반의 기업으로 출발하여 이제는 전체 매출의 70%가 서비스에서 발생하고, 특히 제품 서비스(product service)의 매출이 계속 증가하고 있다. 우수한 제품을 생산하는 능력을 갖고 있는 GE가 이제는 서비스 기업이 되었다. 20년 전 잭 웰치(Jack Welch)가 지도자가 될 당시 GE의 서비스 매출은 단지 15%였다. 2001년 주주총회에 모인 주주들 앞에서 잭 웰치는 이 회사의 다른 모든 제품과 서비스처럼 GE의 제품 서비스도 고도의 기술 수준에 의한 결과라고 강조하였다.

제품에서 제품 서비스로의 이동은 글로벌라이제이션(globalization)과 커머더타이제이션(commoditization)의 가속화로 인해 확대될 수밖에 없는 추세가 되었다. 산업화 사회의 한 특징은 "공급주도 시장"이다. 즉 대량생산에 의해 상품이 제조되고 공급이 시장을 주도하며 제품정보는 대중전달매체에 의한 광고와 선전을 통해 통제되며 제공되었다. 시장에 지리적 경계가 있을 때는 이러한 경쟁 형태가 아무런 문제가 되지 않지만 오늘날은 그렇지 않다. 그런 사례를 말하기 위해서는 그리 먼 과거까지 갈 필요가 없다. 얼마 전까지만 해도 소비자가 새 자동차를 구입할 수 있는 제조업체에 대한 선택의 폭은 세 곳이었다. 이제는 그 소비자가 선택할 수 있는 대상이 전세계에서 치열하게 경쟁하고 있는 20여 개 제조업체로 증가하였다. 고객이 선택할 수 있는 범위의 증가는 더 많은 고객요구를 만들어 내고 시장을 고객이 주도하는 "고객 중심 시장"으로 변화시켜서 고객이 칼자루를 잡게 되었다.

이제 사람들은 원하는 제품을 구매하는 것만으로는 더 이상 만족하지 않는다. 그들은 구매한 제품의 전체 사용기간 동안 완전한 서비스가 제공되기를 기대한다. 만일 한 기업이 그런 탁월한 서비스를 제공할 수 없다면 고객은 원하는 서비스를 제공할 수 있는 다른 기업을 찾아서 떠난다. 공급자가 염두에 두어야 할 새로운 판매자 위험부담(caveat venditor)이 아닐 수 없다.

걷잡을 수 없는 속도로 글로벌화 추세가 계속됨에 따라서 더 싸고 더 좋고 더 빠르고 또 고객이 만족하는 전혀 새로운 수준의 서비스를 제공하도록 요구하는 압박은 더욱 강해질 수밖에 없다.

"고객 = 왕"에서 "고객 = 독재자"로

오랫동안 마케팅원론 강의는 고객이 왕이라는 사실을 가르쳐 왔다. 그러나 그것은 더 이상 사실이 아니다. (역주 : 신하들과 백성들을 보살핀 왕들도 많이 있었음을 역사책은 쓰고 있다.) 이제 고객은 무자비한 독재자가 되었다. (그리고 이것은 자연스러운 현상이다.) 완전한 정보를 갖고 있는 소비자의 존재는 순수 경쟁이론의 기본요소 중 하나이다. 그리고 인터넷과 같은 새로운 정보매체는 과거에는 생각할 수 없는 수준으로 정보를 획득하고 공유하는 일을 현실로 만들었다. 지식은 힘이라고 했다. 보다 많은 정보로 무장한 고객은 생산자가 갖고 있던 힘을 빼앗아 간 것이다. 이런 근본적 변화에 대한 인식 아래 마케팅 전문가인 레기스 맥키너(Regis McKenna)는 설명한다. "고객이 원하는 것을 언제, 어디서, 어떻게 만족스럽게 제공하는가 그것이 관건이다." 이제 고객의 요구는 저스트인타임(just-in-time) 제품뿐만 아니라 저스트인타임(just-in-time) 프로세스까지를 포함한다.

대량생산 시대에서 대량맞춤 시대로

시장과 경제의 주도권이 생산자로부터 소비자로 이동함에 따라서 기업은 상품이나 서비스를 고객의 니즈에 맞추는 능력을 확보해야만 하게 되었다. 개인용 컴퓨터 메이커인 델(Dell)은 고객의 주문에 개별로 대응하는 "주문제작(build-to-order)" 방식이 시장 지배에 필요한 경쟁우위를 가능하게 한다는 사실을 이미 보여 주었다. 델은 각각의 제품을 각각의 고객에 대하여 맞춤 서비스하고 있다. 그러나 각각의 고객에 대한 프로세스의 맞춤화가 되어 있지 않고 고객의 특정 요구를 충족시키기 위한 프로세스도 구축되어 있지 않지만, 그러한 방향으로 조심스러운 움직임을 추진하고 있다. 일본의 한 자전거 회사는 고객의 신체치수(body metrics)—무게, 체격, 체형—을 알기 위해 조사를 하고 있다. 인공지능(AI)을 응용하여 구축한 전문가시스템(expert systems)은 고객과의 질의응답을 통해서 고객이 자전거를 타는 스타일을 파악한다. 그런 후에 CAD/CAM 시스템에 고객의 예산과 선호사항을 입력하면 며칠 후 고객 한 사람을 위한 자전거가 개발되어 시장에 공급된다. 맞춤 서비스는 제조되는 상품에 국한되지 않고 가격이나 거래조건의 차별화에도 적용되며 그 외에도 적용 가능성이 있다. 오늘날 경쟁적인 금융시장의 서비스는 고객 개인의 요구에 따라서 별도의 패키지로 제공된다. 금융서비스 제공업체들은 자신의 비즈니스와 시장을 이해함으로써 고객 개인별 서비스를 충분히 제공할 수 있는 능력을 갖출 필요가 있다. 이와 같은 필요성에는 많은 경우에 법적인 근거도 있다. 맞춤 서비스는 시장의 새로운 보이지 않는 손이다. 제품이나 서비스는 프로세스의 결과이다. 물론 프로세스가 제품 자체인 경우도 많이 있다.

총체적 해법을 원하는 고객

항공기 티켓 자체가 휴가는 아니다. 기업체 고객이나 소비자 고객이나 시장의 고객들은 모두 총체적 해법(complete solutions)을 바란다. 주택을 구매하는 고객의 예를 보면 담보, 평가, 그리고 보험과 같이 필요한 여러 부수적 일들이 따른다. 어떤 기업이 주택구매 전체에 대한 가치사슬의 모든 다양한 유형의 자원들을 결합하고 통합한다면 그 기업은 높은 경쟁우위를 누릴 수 있을 것이다. 기업은 이제 그들의 초점을 바꾸어야 한다. 현재와 같이, 제공하는 제품 또는 서비스 묶음에 초점을 두는 것에서 벗어나서 고객들이 갖는 기대, 즉 자기 접근방법이 충족되리라는 기대와 밀접하게 관련된 프로세스 쪽으로 변경해야 한다. 고객은 그들의 요구, 그들의 문화, 그들의 지역시장 등 그런 것들이 반영되는 방법으로 기업과 관계를 맺기 희망한다.

지금까지의 경험법칙에 따르면 고객들의 관심은 제품이나 서비스가 만들어지는 과정보다는 단지 자기의 목적에 적합한지, 공급이 잘 되는지, 그리고 흔히 말하는 "브랜드 신용(brand trust)"에 합당한 품질인지에 관심을 둔다. 그러나 오늘날은 정보에 밝은 디지털 카메라 소비자의 예를 보면, 자신의 카메라에 내장된 부품인 전하결합소자(CCD: Charge-Coupled-Device)의 메이커까지도 관심을 갖는다. 이와 동일한 현상은 개인 금융자산관리와 같이 대체가능성이 보다 높은 제품이나 서비스의 경우에서도 볼 수 있다. 사실, 브랜드는 프로세스의 결과이거나 또는 설계 프로세스, 구매 프로세스, 고객서비스 프로세스와 같은 프로세스 자체라고 할 수 있다. 브랜드 신용(brand trust)에 기초하여 제품이나 서비스를 묶어서(bundling) 시장에 내놓는 전통적 방법은 미래의 시장이 요구하는 투명성을 제공하지는 못할 것이다. 완전한 해법을 묶는 수단을 프로세스가 제공하고, 탁월한 프로세스가 브랜드의 새로운 형태이다—프로세스가 묶음(bundle)을 대체할 것이다.

사라지는 산업 간 경계

오늘날 비록 기업들이 자기 산업에서 라이벌들과 경쟁하는 방법을 알고 있다고 할 수 있어도—그렇지 않다면 이미 도태되었을 것이므로—앞으로는 그렇게 단순하지가 않다. 지금까지는 그저 작동인자(enabler)로 생각되던 기업들, 즉 은행, 신용카드 회사, 그리고 소프트웨어 회사들도 새로운 경쟁자로 등장하여 여러 가지 상품이나 서비스를 묶은 온디맨드(on-demand) 해법을 가지고 다른 기업들의 시장으로 진입하고 있다. 그 예로서 마이크로소프트 (Microsoft)는 매스미디어 사업에 참여하고 있으며(MSNBC), 신용카드 사업에도 참여한 적이 있었다(트랜스포인트(Transpoint)로 이름이 변경되어 후에 체크프리(CheckFree)로 매각된 MSFDC. 또한 크게 유행하는 개인용 회계 소프트웨어 퀵큰(Quicken)의 메이커인 인튜이트(Intuit)를 인수하려는 마이크로소프트의 의도를 미 연방정부가 중단시키면서 이 회사가 금융산업에 발을 깊이 담그려는 시도가 저지되었다. 사업 성취를 위한 싸움터에서 이제 경계나 전선이 사라졌다. 게릴라전의 양상이 되었고 어느 곳에서나 경쟁이 일어날 수 있게 되었다. 어제의 작동인자(enabler)가 경쟁의 적이 될 수 있으며, 산업 경계를 살그머니 넘어와, 시장의 일정 부분을 몰래 가져갈 수도 있게 되었다. 그들이 사용하는 무기가 바로 프로세스이다.

경쟁의 단위로서 가치사슬

기업들이 제품과 서비스를 조합하여 종합적 해법을 만들어 제공하기 위해서는 완전한 가치사슬을 새롭게 개발하고 개척해야 한다. 이제는 더 이상 기업 대 기업의 게임이 아니다. 가치사슬 대 가치사슬의 경쟁이며 보통 한 가치사슬에는 20개 이상의 독립적인 조직들이 참가한다. 이제는 시어즈(Sears)

와 제이씨페니(J. C. Penny)의 경쟁 대신에 시어즈의 가치사슬과 제이씨페니의 가치사슬이 경쟁하는 것이다. 홈데포(Home Depot)의 가치사슬이 로우이(Lowe)의 가치사슬과 경쟁하는 것이다. 부동산 중개업자라면 부동산 산업의 좋은 수익성을 지금까지 누려 왔겠지만, 그러나 앞으로는 조심해야만 한다. 그 동안은 홈데포의 홈의 의미가 집을 짓고 수리하는 자재의 공급만을 뜻하였으나 이제 곧 총체적 해법의 의미를 가질지도 모른다. 즉 홈데포가 새 거래 협력사들과 관계를 맺고 전적으로 새로운 가치사슬을 개발하여 고객에게 완성된 주택은 물론 주택을 위한 땅까지 공급하게 될 수도 있다. 이런 프로세스의 획득, 집합, 조합을 위한 프로세스가 기업이 고객들에게 총체적 해법을 제공하는 새로운 방법이며, 시장의 기존 플레이어들을 붕괴시키고 새로운 시장으로 잠입하는 방법이다.

전통적 경쟁을 대체하는 협업과 "코피티션"

와이어드(Wired) 잡지사의 케빈 켈리(Kevin Kelly)는 경쟁의 새로운 필수 요소를 다음과 같이 설명한다.

산업화 시대의 중심에는 경제적 필수요소로서 생산성 향상이 있었다. 그러나 네트워크 경제의 중심에는 관계성의 확대가 경제적 필수요소가 되었다. 관계성은 두 구성원의 참여와 노력의 투자를 의미하기 때문에 한쪽의 투자만 있는 경우보다 가치의 증가속도가 두 배로 빨라진다. 외부인이 구성원처럼 행동하고 구성원은 외부인처럼 행동한다. 새로운 관계성은 구성원과 고객의 역할이 하나라고 해도 좋을 만큼 경계를 불분명하게 만든다. 고객과 기업이 하나인 것처럼 보이게 한다.

동일한 현상이 공급자나 거래 협력사와의 관계에서도 나타난다. 과거에 기업들은 몇몇 소수의 가까운 협력업체와 긴밀한 관계를 유지해야만 했다.

고객을 위한 방안들을 모아서 총체적 해법을 만들어야 하는 오늘의 시장에서 기업들은 이제, 불과 몇 년 전만 해도 존재 여부에 관심조차 없었던 공급자 및 거래 협력사들과 사이버 상에서 함께 일하고 사업관계를 맺어야만 한다.

이 새로운 협력사들 중 일부는 그 동안 경쟁관계에 있던 업체들도 포함된다. 예를 들면, 다른 자동차보험 회사들과 달리 프로그레시브(Progressive)사는 소비자들이 정보에 기초하여 의사결정할 수 있어야 한다는 신념 하에서, 소비자들에게 자사의 요율과 주요 경쟁회사 3곳의 가격요율을 함께 제공하였다. 당연히 프로그레시브의 요율이 유리하지 않은 경우도 있었으며 따라서 고객이 경쟁사로 가는 경우도 발생하였다. 그러나 프로그레시브에 대한 고객의 신뢰와 브랜드 명성은 올라갔으며, 그뿐만 아니라 이 회사는 고객인 가입자들의 인구통계 정보를 포함한 많은 정보를 데이터베이스에 축적할 수 있었다. 어떤 회사의 어떤 요율이 가장 낮으며 요금은 얼마인지, 고객이 다른 보험회사에 가입한 경우에도 그 고객의 신상정보를 획득할 수 있었다. 프로그레시브가 이런 서비스를 제공하기 위해서는 경쟁회사들의 요율을 모니터링해야 하므로 자신들의 요율이 고객에게 유리한 경우가 되면 해당 고객에게 다시 접촉하여 그 내용을 알릴 수도 있었다. 프로그레시브의 전략은 다음 사항을 웅변해 준다. 프로세스는 가치 있는 관계 구축에 필요한 가치 있는 정보를 포함한다.

변화하지 않는 유일한 요소: 변화

10여 년 전 기업은 자신들의 일하는 방법을 리엔지니어링함으로써 글로벌 경쟁의 새 시대에 대응하였다. 그들은 조직구조의 근본적 변화를 추진하였고 그것을 지원하기 위하여 IT를 하나의 작동인자(enabler)로 사용하였다. 전사적 자원관리(ERP)라고 불리는 자동화의 새로운 형식이 부서 간의 기능적인 벽을 허물고 업무를 가지런히 하도록 도와 주었다. 그러나 그것을 통해 상당한 발전을 이루었음에도 불구하고 리엔지니어링 노력은 연결된 ERP 시스템 구축과 함께 일회성 사건으로 머물렀으며 그 대상도 주로 내부 프로세스에 초점을 맞추었다.

이제 세계는 많이 바뀌었다. 오늘날은 기업의 외부에서 벌어지는 일이 더 가치가 있으며, 따라서 이를 지각하고 대응하는(sense and respond) 능력의 중요성이 매우 커졌다. Y2K, 퍼베이시브 네트워크(pervasive networks), 투자 열기, 유로, 규제완화, 테러리즘, 안보문제, 증시침체, 일본경제 불황, 중국의 부상, 러시아 투자 활황, 인도인구 10억 돌파, 소비지수 하락, 그리고 전혀 예상할 수 없었던 신제품들의 괄목할만한 성공―이런 현상들이 글로벌 비즈니스의 빠른 변화를 표현하고 있다. 그리고 이러한 변화는 비즈니스 프로세스를 필요로 하고 있다. 2002년 주요 기업들의 회계부정 사건을 누가 예측할 수 있었을까? 투자자들을 그런 갑작스러운 손실로부터 보호하기 위하여 기업체 구성원, 주주, 연금/기금 가입자, 어드바이저, 정부의 감독기관이 어떤 새로운 프로세스를 고안할 것인지 누가 알 수 있는가? 새로운 프로세스에 대한 수요가 무한하다는 것을 알 수 있다. 탁월한 프로세스는 변화에 적응할 수 있다.

장기계약에 의한 정적인 관계는 시장조건, 고객의 니즈, 신기술 도입에 따라 변화하는 동적인 관계에 의해 보완될 것이다. 비록 한 회사가 현재 하는 일을 완벽하고 효율적으로 하고 있더라도, 경쟁, 시장, 기술변화 등이 사업환경을 변화시키므로 그런 업무효율이 오래지 않아 진부하게 될 수 있다. 기업은 내향적 비즈니스 프로세스와 외향적 비즈니스 프로세스 양쪽 모두에서 "내재화된 변화" 체제를 갖추어야 한다. 왜냐하면 오늘날 단절의 시대(Age of Discontinuity)에서는 생산하는 능력보다 변화하는 능력이 더 중요하기 때문이다.

비즈니스 프로세스 내부의 세계

토마스 데이븐포트(Thomas Davenport)는 그의 역사적 저서, "프로세스 혁신(Process Innovation)"에서 프로세스를 다음과 같이 정의하고 있다.

프로세스란 특정 고객 또는 시장을 위해 의도된 출력물을 생산하기 위해 설계된 구조화되고 측정될 수 있는 활동들의 조합이라고 단순히 정의된다. 제품에 초점을 둘 경우 강조점이 "무엇"이라면 프로세스에 초점을 둘 경우에는 강조점이 "어떻게"라는 사실을 이 정의가 의미한다. 그러므로 프로세스는 업무활동이 시간과 장소를 가로질러 이루어지는 특정한 순서를 의미하고 시작과 끝을 가지며 또 명확히 정의된 입력과 출력을 가진다. 프로세스는 요약하면 업무활동의 구조를 말한다.

비록 이 정의가 도움을 주는 것은 사실이지만 비즈니스 프로세스가 갖는 협력(collaborative)과 거래처리(transactional)라는 진정한 성격은 거의 설명하지 못하고 있다. 최소한 조정(coordination)이란 단어도 누락되어 있다.
비즈니스 프로세스는 참가자들 간의 협력과 거래처리기능 수행을 통해 고객에게 가치를 전달하는 업무 활동들이 완전히 동적으로 조정되는 조합을 말한다. 프로세스는 다음과 같은 특성을 가진다.

- 규모가 크고 복잡하다. 프로세스는 유형물(materials), 정보(information), 그리고 결심사항(commitments)의 흐름이 전체 종단간(end-to-end)에 표현된다.
- 동적이다. 프로세스는 고객의 요구와 시장상황의 변화에 따라 대응하여야 한다.
- 비즈니스 내부 조직 간 또는 비즈니스 간의 경계를 넘어 폭 넓게 분포되

어 개별성을 지니며, 서로 다른 기술 플랫폼에 구현된 다수의 응용시스템을 포함한다.
- 시작에서 끝까지, 즉 전체 종단간(end-to-end)에 상당한 시간이 소요된다. "주문에서 수금까지"프로세스 또는 "제품개발"프로세스의 예와 같이 프로세스의 전체 종단간(end-to-end)에 수개월 또는 몇 년이 걸리는 경우까지 있다.
- 자동화되었거나 자동화될 수 있는 부분이 있다. 프로세스의 신속성과 신뢰성 확보를 위해 단순 반복적인 업무는 컴퓨터에 의해 자동화된다.
- '비즈니스' 측면과 '기술' 측면 양쪽 모두의 특성을 지닌다. IT 프로세스는 비즈니스 프로세스의 부분 집합이며, IT 프로세스는 사람 또는 기계장치가 수행하는 부분과 IT 프로세스가 수행하는 부분을 포함하는 보다 큰 프로세스의 수행을 지원한다. 전체 종단간(end-to-end) 비즈니스 프로세스는 단위업무처리와 상호 협업이 가능한 분산컴퓨팅 시스템 환경에 의존한다. 그러므로 프로세스 모델은 네트워크 모델, 객체 모델, 통제 흐름, 메시지 흐름, 비즈니스 규칙, 측정지표, 예외 처리, 변형과 할당으로 구성될 수 있다.
- 사람의 지능적 활동과 판단에 의존하거나 그것을 지원한다. 컴퓨터가 수행하기에는 너무 비정형적이어서 불가능한 과제나 컴퓨터 수행 중에 개입이 필요한 부분은 사람이 담당한다. 또한 사람은 가치사슬의 흐름을 통해서 풍부한 정보(rich information)를 확보한다. 예를 들면 고객 불만을 야기할 수 있는 문제를 사전에 해결하기도 하고, 시장의 새로운 기회를 활용하는 전략을 수립하기도 한다.
- 가시화가 어렵다. 많은 기업들에서 보면 비즈니스 프로세스는 명확하지도 않고 인식하기도 어렵다. 그 경우에 비즈니스 프로세스는 문서화되어 있지 않고 다만 조직의 공동체적 관습 속에 뿌리 깊게 숨어서 내재되어 있을 뿐이다. 비록 문서화되어 있는 경우일지라도 그 프로세스를 지

원하는 시스템들과 문서의 내용이 별도로 유지되는 경우가 대부분이다.

개별 업무 과제의 명확한 입력 및 출력과 관계가 거의 없는 비즈니스 프로세스의 가장 근본적인 특성 세 가지가 있다. 그 특성은 하나가 조정, 또 하나가 조정, 마지막도 조정이다! 어떤 업무 활동들의 집합이 개별 과제들의 모음이라면 이 업무 활동들의 집합이 비즈니스 프로세스가 되도록 하는 것은 개별 활동들이나 과제들 간의 일치(synchronization)와 조정(coordination)이다. 조정은 복잡한 주제이다. 유명한 MIT 슬로언 경영대학원에는 이 주제를 연구하기 위한 조정과학연구소(Center for Coordination Science)가 설립되어 운영되고 있다.

사람들은 복잡성을 본능적으로 부단히 회피하려고 한다. 흔히 사람들은 곤란할 때마다 경구나 평범한 한 두 마디 구절로 심오한 사고를 단순화시킨다. "비즈니스 프로세스 리엔지니어링"이란 용어가 등장했을 때도 그 같은 현상을 볼 수 있었다. 1990년 하버드 비즈니스 리뷰에 게재된 마이클 해머(Michael Hammer)의 "일하는 방법을 리엔지니어링하라. 자동화하지 마라. 폐기하라"는 구호는 당시 고전하고 있던 미국 산업계에 비즈니스 프로세스 리엔지니어링 붐을 일으켰다.

마이클 해머, 그를 교수에서 경영 선각자로 변신시킨 그 기사는 지나치게 단순화된 두 가지 사례에서 대부분을 기초하고 있다. 하나가 뮤츄얼 베네핏 라이프(Mutual Benefit Life)의 보험료 신청 처리이고, 다른 하나는 포드(Ford) 자동차의 외상매입급 지급 3중 대조방식(three-way matching) 개선 사례이다. 이 가운데 뮤츄얼의 사례는 잊어 버려도 괜찮다. 그 회사는 기사 직후 파산하여 문을 닫았다. 따라서 그 기사에 이어 발간되어 비즈니스 세계를 휩쓸고 기록적인 베스트셀러로 널리 성공한 "리엔지니어링 기업혁명(Reengineering the Corporation)"에는 수록되지 않았다. 해머와 공동 저자인 제임스 챔피(James Champy)는 비즈니스 업계가 절실하게 자신들의 답답한 경쟁력을 치료해 줄 어떤 방안을 찾고 있던 상황에서 그들에게 기본 개념의 일부를 판매하고 그 대가로서 대단한 부를 얻었다. 지금은 리엔지니어링의 완곡한 표현으로 널리 알려진 "다운사이징"이라는 이름 아래 곧 CEO들은 구성원들을 해고하면서 이 책을 근거로 하였다. 어떤 기업들은 지나친 다이어트로 인해 빈혈상태가 나타나는 수준까지의 경량화(downsizing)를 시도하였다. 마치 "해고되는 것" 대신에 "구조조정된 것"에서 위안을 얻으라는 식이었다.

절망은 변화를 수용하게 만드는 강력한 원동력이다. 그래서 때로는 의미 없는 변화도 수용하게 만든다. 해머, 챔피, 그리고 다른 리엔지니어링 옹호자들은 조정(coordination)에 대한 환원주의자 시각(reductionist view)을 취하기 때문에 비즈니스 프로세스의 영역을 제한적으로 바라보았으며, 선형적이고 순차적이고 단계적인 입력 프로세스 출력 순의 작업으로 한정하였다. 기업들은 여러 방법의 비즈니스 흐름도를 그리기 시작하였고, 과제들과 문서들 그리고 절차들을 표현한 흐름도가 그려진 수많은 종이들이 회의실 내부에서 복도까지 흘러 넘치게 되었다. 그러나 작업항목 중심의 프로세스는 작업대상을 확실히 하고 리엔지니어링을 쉽게 만들지는 몰라도 한 기업의 전체 비즈니스 프로세스 가운데 작은 일부에 지나지 않는다.

한 때 비즈니스 프로세스는 여러 사람들과 연관되어 일어나는 일의 처리계획과 관련된 것으로 이해되었다. 즉 고객으로부터 걸려오는 전화에 의해 처리되어야 하는 일, 또는 특정 시각에 처리되어야 하는 일("10시에 당신의 전화를 기다리겠습니다."), 또는 조퇴한 담당자가 종료하지 못한 부분을 다른 담당자에게 전달해서 처리하는 일들의 표현과 같은 것으로 이해되었던 것이다. 그러나 이제는 그렇지 않다. 컴퓨터 사이언스 코퍼레이션(CSC)과 워크플로우 관리 연맹(WfMC)에서 일하는 찰스 플레섬즈(Charles Plesums)는 다음과 같이 지적한다.

워크플로우 기술의 개발과 이용이 과거에는 사람들 사이에서 일의 경로가 진행되도록 지원하는 단순한 것이었지만 이제는 자원 간에 수평적으로 일을 진행하는 것으로 변화하였다. 이 때의 자원은 사람일 수도 있고 동시에 시스템이나 기계장치일 수도 있다. 일의 경로는 또한 수직적 (과정이 진행될 때 어떤 단계에서 수행되어야 하는지 통제 성격의 처리) 이기도 하다. 예를 들면, 사람이 어떤 시점에 특정 프로그램을 가동시켜야 하거나 또는 실제 가동시키는 행위 자체 같은 것을 말한다. 그리고 데이터는 프로세스 사이를 이동하기 때문에 프로세스 상의 데이터 처리 시스템들 간에는 상황에 맞게 통합되어야 할 필요성이 생긴다. 이것이 워크플로우를 전사적 응용시스템 통합(EAI) 영역까지 확대하도록 하는 배경이다.

그뿐만 아니라 단순한 형태의 워크플로우 프로세스는 전략적 경쟁우위를 제공하기에는 한계가 있다. 도대체 포드(Ford)가 외상매입금 관리부서의 3중 대조방식(three-way matching) 문제를 리엔지니어링했다고 어떻다는 말인가? 비즈니스 프로세스들을 조정하는 일은 단순하지도 않으며 전통적 과제관리의 정연한 세계처럼 선형으로 묘사되지도 않는다. 비즈니스는 끊임없이 변화하고 어지러우며 순서도 없고 혼란스럽다. 업무 활동들과 과제들은 병행해서 처리되어야 할 필요가 있다. 복잡한 실제 세계의 비즈니스 프로세스를 나타낼 수 있도록 하기 위해서는 연계된 과제들과 병행 활동들을 조정이라는 이름 아래 가동시킬 수 있고 비동기적 실행도 가능해야 한다. 그리고 병행 처리되는 대상이 과제의 수행에만 국한되지 않고, 의사결정이나 분산 데이터 처리 그리고 기업 내부 또는 가치사슬을 가로지르는 정보의 이동까지도 가능해야 한다. 그러나 많은 기업들은 비즈니스 리엔지니어링 시각 — 즉 업무 활동들을 그들이 가진 실제의 복잡성은 대충 얼버무린 채 선형 흐름으로만 이해하는 시각 — 으로 주입되어 있는 실정이다. 이런 방식의 사고는 비즈니스 프로세스가 조정이라는 훨씬 복잡한 현실을 구현하기 위해서 반드시 극복되어야 한다. 프로세스에 대한 초기 사고는 그 사고가 가진 통찰을 실현하는 기초로서의 "프로세스 과학(science of process)"이 결핍되어 있었다. 오늘날 프로세스 계산학(process calculus)은 비즈니스 프로세스의 참된 모습을 다룰 수 있게 하고, 조정하는 데 있어서의 잠재적 어려움을 해결할 수 있는 기초를 제공한다.

그러므로 이제 기업들은 "비즈니스 프로세스"라는 용어와 쓸모없는 어휘가 되어 버린 "리엔지니어링"을 연결하여 생각함으로써 "목욕물과 함께 아기까지 내다 버리는" 엄청난 불행을 자초해서는 안 된다. 불행히도 일부 기업들은 비즈니스 프로세스가 혁신과 성과개선의 결정적 경로(critical path)라는 사실을 잊고 있다. 기업들은 비즈니스 프로세스를 표현하고 개선하는 자신들의 방법들을 새로운 시각으로 재검토해야만 한다.

1990년대 경기가 상승궤도에 있을 때, 고객에게 제공되는 가치보다도 첨단기술 분야의 기업공개(IPO)를 많은 기업들이 최우선 목표로 등장시키면서 비즈니스 프로세스와 프로세스 경영에 대한 관심이 많이 희석되었다. 1990년대 말은 기업공개와 "대형 금융거래 리엔지니어링(high-finance reengineering)"의 시대였으며, 그 결과는 엔론(Enron), 월드컴(WorldCom), 그리고 여러 스캔들로 이어졌다. 닷컴 현상으로 인해 누구에게나 증권시장이 부에 대한 새롭고 유일한 원천으로 인식되었기 때문에 "고객을 위한 프로세스"를 "장부조작 프로세스"가 대체해 버린 것이다.

일의 조정 수단으로서 비즈니스 프로세스는 아무런 가치 판단을 내포하지 않는다. 따라서 하나의 독립된 프로세스의 목적이 기업공개인 경우, 경험에 의하면 그 기업의 스캔들과 사망으로 귀결되기 쉽다. 그 때문에 우리의 비즈니스 프로세스 정의에는 "고객에게 가치 전달"이라는 목표가 포함된 것이다. 기업은 이 목표를 최우선 순위로 할 경우에만 혁신할 수 있으며, 성과를 개선하고 새로운 부를 만들 수 있다. 또한 프로세스는 보다 투명한 재무 프로세를 제공하는 해법의 한 부분이기도 하다. 요약하면 비즈니스 프로세스는 비즈니스 자체를 말한다. 그리고 비즈니스의 첫 번째 역할은 고객을 창출하는 것이다.

프로세스 경영의 실상

비즈니스 프로세스를 관리하고 수행해야 하는 이유는 과거나 지금이나 마찬가지이다. 그 이유는 통합, 인수/합병, 합작회사 설립, 매각/분할, 공정거래 준수, 비즈니스 모델 변화, 고객요구 변화, 산업 표준화 추세, 그리고 비즈니스 프로세스 아웃소싱에 대응해야 하기 때문이다. 그러나 오늘날 비즈니스 프로세스 경영의 의미 안에는 복잡한 프로세스의 조작(manipulating), 즉 지금까지는 중요하지 않게 생각되었던 프로세스나 또는 현재 조작하기 어려운 형태를 지닌 프로세스의 조작이 포함된다. 프로세스 리엔지니어링, 프로세스 개선, 그리고 인력활용 효율화만으로 경쟁에 대응하는 것은 불충분하다. 그 이유는 다음과 같다.

- 대기업에 영향을 주는 새로운 거시경제 요소들은 자신의 가치사슬에 대한 프로세스를 분석하지 않거나, 또한 그 가치사슬과 다른 가치사슬들 간의 관계에 대한 프로세스를 분석하지 않고는 이해하기가 불가능하게 되었다. 그 분석은 기업 내부와 외부에서 수집된 시장 데이터의 맥락에서 이루어져야만 한다.
- 저스트인타임(just-in-time) 제품으로는 충분하지 않다. 고객들은 이제 기업들이 저스트인타임(just-in-time) 프로세스를 제공해 주기를 기대한다.
- 새로운 프로세스를 만드는 것만으로는 충분하지 않다. 프로세스의 많은

- 변형(variants)들을 효율적으로 만들 수 있어야 한다.
- 많은 기업들이 맞춤 서비스를 위해 고객들에게 제품과 서비스를 맞춤화하여 제공하고 있기 때문에, 기업들에게 필요한 것은 제품과 서비스를 고객에게 전달하는 프로세스도 맞춤화하는 것이다. 맞춤 서비스의 영역은 고객 요구가 수집되는 방법으로부터 제품과 서비스가 생산, 전달, 서비스되는 방법까지 모든 것을 포함한다.
- 프로세스 획득과 프로세스 조합의 새 기법들은 가치사슬의 맥락에서 새롭게 이루어지는 리엔지니어링 영역의 기초가 된다. 어떤 기업들은 거래 협력사들의 프로세스 개선방법에 대하여 영향력을 요구하기까지 할 것이다.
- 진부해진 통합 패러다임(integration paradigm)은 프로세스 공통언어로 대체되어야만 한다. 왜냐하면 프로세스 간의 커뮤니케이션이 항상 가능하다는 사실만으로도 오늘날 협력사와 경쟁자는 단지 개념적인 차이일 뿐 언제든지 네트워크로 연결될 수 있기 때문이다.
- 프로세스를 다루는 능력 즉 "프로세스 엔지니어링"이라고 불리는 능력은 다음을 위한 선행 조건이다. 상이한 비즈니스 채널들의 맞춤화, 베스트 프랙티스의 구현과 상황에 맞는 재적용, 산업표준의 구현과 같은 비즈니스 요구들을 충족시키기 위한 선행 조건이다.

적절한 비즈니스 프로세스의 수

해머와 챔피는 자신들의 관찰에 근거하여 "주요 프로세스의 수가 10개 이상인 기업은 거의 없다"고 하였다. 그들이 인용하는 프로세스들의 예를 보면, 고객 커뮤니케이션, 전략개발, 제품개발, 고객설계와 지원, 주문처리, 그리고 제조능력개발 등이 있다. 데이븐포트도 유사한 제안을 한 바가 있다.

그는 "프로세스의 수를 줄이고 프로세스의 크기를 크게 할수록 혁신의 가능성이 증가하며, 프로세스에 대한 이해와 측정 및 변화의 가능성이 커진다"고 하였다.

이러한 주장들이 제기되었던 그 당시는 소수의 비즈니스 프로세스조차도 실제로 개선 라이프사이클 안에서 관리할 수 있는 기술이 존재하지 않던 시대였다. 그 당시의 프로세스 경영은 비즈니스 프로세스 리엔지니어링이라고 할 수 없는, 사실상 비즈니스의 재발명을 의미하는 것이었다. 그러므로 리엔지니어링 옹호자들은 상위의 전략적 "프로세스들"만을 초점의 대상으로 하였다고 보는 것이 논리적이다. 하지만 그런 프로세스들은 웬만한 대기업이더라도 빙산의 일각에 지나지 않는 것이었다. 주요 프로세스는 비즈니스가 실제로 운영될 때 "엔진과 톱니바퀴"와 같은 역할을 하는 프로세스들과는 거리가 있는 전사전략 담당조직처럼, 상세함이 불필요한 환경에서 주로 존재한다.

표면 아래 숨어 있는 것들을 보면, 주요 프로세스들은 수백 개의 가시적인 지원 프로세스들과(도표 3-1 참조) 수천 개의 프로세스 변형들이 필요하고, 이 모두가 관리되어야 한다. 이 지원 프로세스들은 표준과 법적 요구 및 가이드라인을 지켜야 하는 고유의 내부 프로세스들, 해당산업의 베스트 프랙티스, 그리고 서브 프로세스들을 포함한다. 이들은 자동화되지 않은 수작업과 또한 연통처럼 분리된 컴퓨터 응용시스템들을 포함하는데, 이 응용시스템들은 재사용이 가능한 구조 안에서 통합되고 관리되어야 할 필요가 있다. 이미 존재하는 수십 억 라인의 소프트웨어 프로그램 코드 안에는 기본적이고 검증은 되었으나 다시 만들기가 쉽지 않은 비즈니스 규칙들이 내장되어 있다. 해당 부분이 발췌될 수 있다면, 이 프로그램 코드들은 재사용이 가능한 컴포넌트들의 풍부한 원천이 된다. BPM 제3의 물결에서는 전략적 주요 프로세스들과 모든 지원 프로세스들이 한 환경에서 함께 관리된다.

도표 3-1 | 전사 프로세스의 하부 프로세스 집합(알파벳 순서)

프로세스		프로세스	
한글	영문	한글	영문
계정관리	Account Management	고객 셀프 서비스 관리	Customer Self Service
사전계획 및 일정관리	Advance Planning & Scheduling	고객/제품 수익성관리	Customer/Product Profitability
광고	Advertising		
조립	Assembly	수요예측	Demand Planning
자산관리	Asset Management	판매망/대리점 관리	Distribution/VAR Management
복리후생관리	Benefits Administration		
지사운영	Branch Operations	재무계획	Financial Planning
예산통제	Budget Control	기말결산/연결 재무제표 작성	Financial Close/ Consolidation
주문제작	Build to Order		
콜센터서비스	Call Center Service	채용/ 오리엔테이션	Hiring/ Orientation
여유용량관리	Capacity Reservation		
투자지출관리	Capital Expenditures	설치관리	Installation Management
점검요청처리	Check Request Processing	통합물류관리	Integrated Logistics
		내부감사	Internal Audit
담보물건처분	Collateral Fulfillment	재고관리	Inventory Management
수금처리	Collections	투자자관계관리	Investor Relations
위탁관리	Commissions Processing	청구	Invoicing
보상관리	Compensation	IT서비스 관리	It Service Management
부품제조	Component Fabrication	지식경영	Knowledge Management
전사 커뮤니케이션	Corporate Communications	생산	Manufacturing
		생산능력개발	Manufacturing Capability Development
여신관리	Credit Request/ Authorization	마케팅조사 및 분석	Market Research & Analysis
신규고객개발	Customer Acquisition		
고객문의대응	Customer Inquiry	테스트 마케팅	Market Test
고객요구사항 파악	Customer Requirements Identification	자재구매	Materials Procurement
		자재창고관리	Materials Storage

프로세스		프로세스	
한글	영문	한글	영문
주문배송 및 이행	Order Dispatch & Fulfillment	부동산관리	Real Estate Management
		판매채널관리	Sales Channel Management
주문처리	Order Fulfillment		
주문관리	Order Management	판매위탁계획	Sales Commission Planning
조직학습	Organizational Learning		
급여관리	Payroll Processing	판매사이클관리	Sales Cycle Management
성과관리	Performance Management	판매계획	Sales Planning
성과모니터링	Performance Monitoring	서비스협정관리	Service Agreement Management
성과점검	Performance Review		
실재고관리	Physical Inventory	서비스이행관리	Service Fulfillment
계획 및 자원 할당관리	Planning and Resource Allocation	서비스제공관리	Service Provisioning
		출하	Shipping
애프터서비스관리	Post-Sales Service	현장조사 및 제안설계	Site Survey & Solution Design
문제/해결 관리	Problem/Resolution Management		
		6시그마	Six Sigma
프로세스 설계	Process Design	조달	Sourcing
구매	Procurement	전략개발	Strategy Development
제품데이터관리	Product Data Management	직무승계계획	Succession Planning
		공급망계획	Supply Chain Planning
제품설계 및 개발	Product Design, Development	공급계획	Supply Planning
		시험	Test
제품/브랜드 마케팅	Product/Brand Marketing	근태 및 비용관리	Time & Expense Processing
생산일정관리	Production Scheduling	작업기록 및 보고	Timekeeping/Reporting
프로그램관리	Program Management	훈련	Training
판촉	Promotions	자금/출납관리	Treasury/Cash Management
자산추적/회계관리	Property Tracking/Accounting		
		창고관리	Warehousing
제안준비	Proposal Preparation	보증관리	Warranty Management
홍보관리	Publicity Management	영기준예산관리	Zero-Based Budgeting

많은 프로세스들, 특히 고객에게 가치를 직접 전달하는 프로세스들은 여러 조직의 상호작용으로 이루어지며 이 조직들의 관계는 전략적 관계로서 관리되어야 할 필요가 있다. 이 프로세스들과 그것을 구성하는 과제들은 지식자산으로 관리되어야 하고, 새로운 시스템이 도입되면 통합되어야 하며, 또한 전체 종단간(end-to-end) 프로세스와 관련된 정보들과 통합되어야만 한다. 더욱이 이 많은 프로세스들은 여러 변형들, 즉 공개할 수 없는 프로세스들, 협력사에 따른 맞춤형 프로세스들, 새로운 베스트 프랙티스들, 그리고 새로운 산업 표준들에 의한 많은 변형들을 갖게 된다. 이 무수한 프로세스 변형들을 관리하기에는 복잡한 면이 있지만 이러한 복잡성은 비즈니스가 갖고 있는 진정한 모습이다. 최근 그 많은 경영 프랙티스들이 복잡성을 줄이려는 노력에 초점을 두는 배경도 거기에 있다.

인수/합병은 수많은 비즈니스 프로세스를 관리하는 데 어려움을 증가시키는 또 다른 요소이다. 수백 개의 비즈니스 프로세스를 가지고 있는 기업 A가 역시 수백 개의 비즈니스 프로세스를 가진 기업 B와 합병하면 많은 부분에서 중복이 발생하게 된다. 또 동일한 프로세스의 변형들이 존재한다. 인수나 합병의 결과에 따른 기존 시스템들의 통합과 합리화는 매우 난해한 과제인 경우가 대부분이다. 왜냐하면 이 시스템들은 비즈니스 프로세스를 밖으로 드러내지 않는 상이한 데이터 모델과 공통점이 없는 응용시스템에 각기 기초하는 경우가 일반적이기 때문이다. 부서간 경계를 가로지르는 프로세스를 합리화하고 시너지를 거두며 중복을 제거하는 일은 복잡할 뿐만 아니라 적지 않은 비용이 든다. 특히 서로 다른 두 기업의 경우에는 기존 사업 운영에 피해를 주지 않으면서 두 기업간의 융합을 진행할 때 더욱 그렇다. 일단 합병이 완료되면 이들 여러 조직 간에 걸쳐진 프로세스들은 계속 관리되고 지속적으로 개선될 필요가 있다.

많은 수의 비즈니스 프로세스들을 관리할 때 한 가지 어려움은 일반적인 넓은 시각의 프로세스들과 상세한 좁은 시각의 비즈니스 프로세스들을 어떤 방법으로 함께 찾고 평가하여 개선이나 완전한 재설계로 큰 효과를 창출할 수 있는가 하는 점이다. 고객에게 가치를 전달하는지 여부가 프로세스의 우선순위를 좌우하는 원칙인 것은 말할 필요가 없다. 그렇지 않다면 조직이나 사업단위가 부분최적화를 추구함으로 인해, 고객 초점에 기초한 전체 종단간 최적화(end-to-end optimization)를 손상시키는 터무니없는 결과를 초래할 것이다. 한 조직이 고객 대응 전체를 담당하는 것이 아니기 때문에 경영층은 자신의 역할을 프로세스 관리의 독려에 국한해서는 안 된다. 경영층이 직접 프로세스에 개입해야 하고 그에 대한 책임감도 가져야 한다. 그 이유는 프로세스 관리가 경영이기 때문이다. 보통 비즈니스 프로세스 개선 프로그램은 성과나 품질 또는 자원공유 관점에서 새 시스템의 도입과 병행하여 이루어진다. 오늘날 기업의 어느 조직도 개선 활동으로부터 자유로울 수 없으며, 모든 프로세스와 사업영역 및 조직 체제에 걸쳐서 개선이 요구되고 있다. 이로 인해 IT 조직은 대응력 있고 범용적인 프로세스 관리 방법과 도구를 제공해야 하는 강한 압력을 받고 있다. IT 개발자들이 최신의 기술적 방법을 구사하여 단일 응용시스템의 유연성은 향상시킬 수 있지만, 현업 비즈니스의 변화 요구가 새 영역에서 발생하면 그 때마다 매번 재설계 작업을 반복해야 한다. 이런 이유 때문에 경영자들은 보통 핵심 프로세스들, 즉 전략적 중요도가 높고 복잡성이 큰 프로세스들에 전적으로 초점을 두고 있으며, 공통적 프로세스들에 대한 아웃소싱 또는 쉐어드 서비스화를 모색한다.

   가치가 큰 프로세스들이 가장 복잡할 수밖에 없는 이유는 그들이 전체 가치사슬을 가로질러 존재하며 또 고객과의 접촉이 제대로 이루어질 수 있는 상태에 있어야 하기 때문에 당연한 귀결이다. 그럼에도 불구하고 산업의 리더가 되려는 기업들은 그 복잡함에 도전하며 그 과제를 감당할 수 있는 프로세스 경영 방법과 도구들로 스스로를 무장하고 있다.

프로세스 협업의 필요

새로운 기술의 출현으로 인해 기업들은 자신의 비즈니스 프로세스와 거래 협력사의 프로세스를 느슨하게 엮는(loosely coupling) 방식의 프로세스 협업(collaboration)에 대한 구현을 더욱 의욕적으로 추구하고 있다. 한 연구에 따르면 기업간 경계를 가로지르는 프로세스 연결 가능성에 대해서 이제 기업들이 인식을 하고 있다고 한다. 비록 아직은 프로세스 협업(collaboration)을 위한 몇 가지 의견의 조율, 즉 가장 우수한 기술적 구조와 가장 적합한 적용 표준에 대해서는 일부 대립하는 의견의 조율이 필요하지만, 기업들은 그들이 바라는 기능에 대하여 다음과 같이 말하고 있다.

- 협력사로부터 받아야 할 서비스를 측정 가능하고 이행을 강제하는 서비스 수준 협약(service level agreement)으로 표현하는 기능
- 특정 분야의 전문업체가 프로세스의 특정 단계(예 : 신용조사)를 실행할 수 있게 하는 기능
- 서비스를 프로세스의 통합된 일부로서, 협력사 또는 서비스 제공자로부터 구매할 수 있는 기능
- 프로세스 일부를 외부에 아웃소싱하고, 아웃소싱된 서브 프로세스의 통제와 모니터링을 가능하게 하는 기능
- 경쟁력 있는 내부 역량을 잠재 고객의 프로세스와 쉽게 통합하여 새로운 서비스로 구사할 수 있게 하는 기능
- 특정 분야의 전문가나 제3자가 프로세스 개선을 모니터하고 측정하고 감독할 수 있게 하는 기능
- 지속 가능한 협력관계를 구현하기 위해 잠재 협력사들에게 그들의 프로세스가 실행 가능하며 비용 대비 효과가 있다는 점을 보여 주도록 요구할 수 있는 환경

- 벤치마킹 전문 기업에게 프로세스 성과정보를 실제 상태로(in situ) 제공하여, 기업 내부비용이나 협업비용을 동종 업체의 비용과 비교함으로써 실행 가능한 서비스 수준 협약(service level agreement)이 이루어지게 하는 환경

가치사슬 전체에 걸쳐 있는 모든 곳에서 프로세스는 유동적이다. 즉 변화가 일어날 수 있다. 새로운 법 제정, 산업 내 영향력이 큰 기업이 만들어 내는 사실상의 표준, 경쟁이 주는 압박 또는 작업패턴 변경의 결과로 인해 변화는 일어난다. 그에 대한 해법으로 기업들은 베스트 프랙티스를 추구한다. 그러나 프로세스 변화는 평균 이상의 성과를 내는 변화가 되어야 한다. 새로운 수준의 고 효율을 이루거나 새로운 비즈니스 기회를 추구하는, 프로세스 협업, 즉 협력사 또는 제3자와의 긴밀한 업무관계 유지의 필요성을 충족하는 것은 컴퓨터 기반의 프로세스 경영이 없다면 거의 불가능한 일이다.

경쟁우위 확보를 위한 비즈니스 프로세스 차별화

기업들은 경쟁우위를 확보하기 위해 비즈니스 프로세스의 차별화(또는 맞춤화)를 추구한다. 특히 시스템 인터페이스, 고객, 공급자, 협력사 간에 상이한 요구가 있는 경우 일반적으로 기업들은 해당 프로세스에 대하여 여러 개의 상이한 변형(variant)들을 운영하는 방법을 택한다. 더욱이 사업단위 기준으로 보면, 해당 지역의 시장조건, 프랙티스, 세제, 또는 법규에 종속되기 때문에 프로세스 변형을 만들 수밖에 없는 경우가 많다. 프로세스의 맞춤화를 통해 유연하게 대응할 수 있는 능력은 경쟁우위의 확보를 가능하게 하지만, 이를 위해서 수백 개의 프로세스들에서 수천 개의 변형들이 만들어지기 때문에 적당한 기법과 도구 없이는 관리가 불가능하다.

글로벌라이제이션 역시 맞춤 프로세스의 필요를 촉진하는 요소 가운데 하나이다. 글로벌라이제이션에 대응하려는 모든 기업들이 지닌 과제는 전사적 표준과 지역 시장의 자율성 사이에 적절한 균형을 이루는 일이다. 사업단위에 대한 통제도 필요하지만, 현지 조직은 지역 시장과 각 나라의 법규에 대응하는 능력도 보유하여야 한다. 그러므로 이런 기업들에서 사용되는 정보시스템은 핵심 프로세스들을 지역 조직의 필요에 맞추어 사용할 수 있어야 한다. 그런데 이런 프로세스들이 거대한 단일 응용시스템 안에 내장되어 있다면 맞춤과 적응성을 구현한다는 것은 불가능하거나 또는 가능하더라도 감당하기 어려운 비용이 수반된다. 게다가 어떤 기업이 특정 지역의 사업단위에서 이해되고 적용될만한 구체적인 일련의 비즈니스 프로세스를 가지고 있지 않다면, 그 지역 사업단위 자체에서 임의적으로 비즈니스 프로세스를 만들어 적용할 것이고, 그렇게 되면 기업 전체의 통합성이 깨질 위험에 놓이게 된다. 전사 차원의 최고 우수한 프로세스를 배포하고 전개할 수 있는 적절한 프로세스 경영 환경을 갖추지 못하면, 노력은 배로 들고, 프로젝트는 종료되지 않으며, 그리고 각 사업 단위에서 고유하고 적합한 프로세스를 적용할 수 없게 된다. 프로세스의 적응성, 재사용성, 지역성, 그리고 변화가능성이라는 새로운 초점은 수작업 워크플로우뿐만 아니라 응용시스템의 구현과 통합에도 적용된다.

베스트 프랙티스를 넘어 초우량으로

기업의 프로세스는 그 프로세스가 탁월한 베스트 프랙티스 수준인지 평균 미만의 품질인지에 관계없이 관리되어야 할 필요가 있다. 그 중에서도 탁월성과 베스트 프랙티스를 프로세스로 구현하는 일은 프로세스에 대한 전체 종단 간(end-to-end)의 지식, 가시화 능력, 그리고 조직화에 달려 있다. 프로세스 관리는 명확한 베스트 프랙티스를 가치사슬 관점에서 전개할 수 있어야 한다.

베스트 프랙티스는 때로는 기업 내부에서 발견되기도 한다. 그 경우, 목표는 그 베스트 프랙티스를 파악하고 문서화하고 전사적으로 재사용하는 일이다. 그리고 과제는 베스트 프랙티스를 전체 맥락과 함께 지역 특성에 맞게 조정하는 일이다. 베스트 프랙티스를 전사적으로 공유하려는 기업은 그 프랙티스가 지역 조건에 맞추어 대응할 수 없다면 실패한다는 사실을 알고 있다.

베트스 프랙티스는 또한 기업의 외부 즉 정부나 위원회 또는 협회에 의해 부여되기도 한다. 베트스 프랙티스 비즈니스 프로세스는 그 용어의 뜻 그대로 특정 산업에서 운영 효율을 구현하는 최적의 해법을 제공한다. 다음과 같은 예들이 있다.

- 소매업의 CPFR : 계획/예측/보충 협업(CPFR : Collaborative, Planning, Forecasting and Replenishment)
- 금융업의 STP : SEC(미국 증권거래위원회)의 T+1 규정에 따른 연속적 업무처리(STP : Straight Through Processing)(역주 : 주문부터 금융결제까지의 매매 자동화, 즉 주문 접수부터 매매 집행, 매매 대조/확인, 청산 및 결제에 이르는 증권거래의 전 과정이 사람의 개입 없이 컴퓨터에 의해 자동적으로 수행되는 것을 말함.)
- 통신업의 TMFORUM : 서비스 제공과 관리(TMFORUM)(역주 : 비영리 기구로서 통신망 및 서비스 분야 관리기술의 신속한 확산 보급을 목표로 차세대 운영체계 및 소프트웨어의 확산을 위한 사전 표준화 성격의 포럼임.)
- 제조업의 STEP : 제품 라이프사이클 관리(STEP: Standard for the Exchange of Product Model Data)(역주 : 주로 도면상에 2차원 정보로 표현되어 전달되던 3차원 제품모델 정보를 서로 다른 시스템 사이

에 디지털 데이터로서 교환하고 공유할 수 있게 하기 위한 중립적인 데이터 표준임.)
- **첨단기술산업의 UCC, 로제타넷, SCOR** : 재고수준 감소(UCC, 로제타넷(RosettaNet), SCOR)(역주 : UCC(Uniform Code Council, Inc.)는 북미지역 코드관리기관으로 12자리 상품식별 코드를 채택하여 보급함. RosettaNet은 개방형 전자상거래 표준 프로세스를 제정, 구현, 보급하기 위해 전세계 전자부품, IT, 반도체 제조 기업들이 구성한 비영리 컨소시엄에서 정의한 전자상거래 표준 프로세스를 말함. SCOR(Supply Chain Operations Reference)은 기업의 복잡한 업무 프로세스를 공급망 관리 관점에서 단순하게 모델링하는 기법임.)
- **보험업/의료업의 HPIAA** : HIPAA 준수
- **제약업의 GAMP** : 컴퓨터 시스템 검증(validation)(GAMP)
- **은행업의 Basel Capital Accord** : 자본 위험/책임 관리(Basel Capital Accord)
- **미 연방정부** : 지리공간 원스탑 프로젝트(The Geospatial One-Stop Project), 지리정보시스템(GIS: Geographic Information Systems)

정부와 산업이 요구하는 베스트 프랙티스들은 문자 그대로 수천 개가 있다. 그러나 외부로부터 부여되는 베스트 프랙티스들은 어떤 기업 고유의 프랙티스도 독점적 업무 프랙티스도 모두 아니기 때문에 그 기업의 전략적 경쟁우위 확보나 차별화와는 다소 거리가 있다. 따라서 이 경우 다른 곳에서 만들어진 적용 사양을 자기 환경에서 구현하는 길을 찾고 그것을 기업 고유의 프랙티스에 맞추어 접목하는 일은 어려운 과제이다. 산업별 어떤 표준도 개별 기업의 모든 현실을 고려할 수는 없다. 경쟁력을 강화하기 위해서가 아니라 단순하게 실행만 하려고 하는 경우에도 베스트 프랙티스를 그대로 적용해서는 안 되고 각 기업의 환경이나 필요에 맞추어 적용해야 한다. 효과적인 프

로세스 경영 하부구조가 갖추어져 있다면 복잡한 고려 사항들을 단순화시킬 수 있기 때문에 많은 추가 비용을 들이지 않으면서도 실제 구현이 가능하다. 그리고 나서 기업은 법규나 산업계의 변화하는 규칙 및 가이드라인을 준수하는 가운데 구현된 상태를 정제하고 유지하여야 한다.

오늘날 베스트 프랙티스는 내부에서 개발된 것이나 외부로부터 부여된 것이나 모두가 종이 형태로 사양이 작성된다. 이 방법은 내용을 일반적인 용어로 이해하는 용도는 만족시키지만 구현을 위한 어떤 단초도 제공하지 못한다. 기업 간 협업을 위한 프로세스가 급격히 증가하고 빠르게 진화하면서 종이 양식의 사양으로는 불충분하게 되었다. 즉 기업의 IT 하부구조에 베스트 프랙티스를 전개할 때 직접 투명하게 그리고 왜곡 없이 베스트 프랙티스가 적용되도록 하는 어떤 메커니즘이 필요하게 되었다. 비즈니스 프로세스 자동화 분야의 진보는 베스트 프랙티스 프로세스의 표현이 정형화되어 프로세스 구현과 검증의 자동화가 가능한 수준까지 이르지 않는다면 멈추게 될 것이다. 그런 정형화된 표현의 사양은 프로세스 기술의 발전을 촉진할 것이 틀림없으며, 이 발전된 프로세스 기술은 기업의 비공개 비즈니스 프로세스를 유지 관리하면서 동시에, 공개된 베스트 프랙티스들도 직접 구현할 수 있게 할 것이다.

많은 기업들이 효율화를 위해서 외부의 표준화된 프로세스를 도입하여 구현하고 있으나 그것은 차별성을 잃는 위험을 안고 있다. 표준화된 프로세스일지라도 모든 새로운 대규모 프로세스를 전개할 때와 같은 큰 비용과 복잡성이 수반된다. 보통 복잡한 표준의 적용에는 IT 시스템의 큰 변화가 필요할 뿐만 아니라 관련된 조직변화도 뒤따르게 된다.

한 가지 예를 의료 산업에서 찾아볼 수 있는데, 1996년 제정된 "건강보험 이전과 책임에 관한 법(HIPAA : Health Insurance Portability and Accountability Act)"은 보험원가를 추가하지 않으면서 특정 비즈니스 프로세스를 구축하고 관리할 것을 요구하였다. 비슷한 경우가 제약 산업에도 있는데, 새로운 치료제의 안전성에 영향을 줄 수 있는 프로세스에 대한 변화통제 및 검증과 관련하여 이 산업의 기업들이 다수의 규제 이슈들에 직면하는 상황이 벌어졌었다. 이런 상황은 GAMP.org-의료 산업의 컴퓨터 및 통제 시스템 이용과 규제에 대해 조사하는 포럼 기구-에 의한 정부 규정의 해석으로부터 발생하였다. 전자 기록과 서명에 대한 한 절(section)을 보면, 의료제품 제조 기업들로 하여금 대부분을 종이에 의존하는 현재의 절차에서 전자화 변화통제 시스템으로 변경하도록 강제하는 내용이 포함되어 있다. 현재의 종이문서 방식은 새로운 치료법 출시와 관련된 많은 내용들로 인해 다량의 종이 문서를 양산하고 있었다. 따라서 자동화된 프로세스의 지원 없이 이 규정의 요구사항을 만족시키기 위해서는 의료제품 산업의 전사적 자원관리(ERP) 평균 도입비용의 10% 정도가 되는 추가비용이 발생할 수 있다고 예측되었다. 그러나 프로세스 경영의 필요성은 법이나 규정을 초월한다. 왜냐하면 의료 산업의 기업들이 이제는 한 사람의 수명기간 전체에 걸친 프로세스-환자에 대해 공통의 이해를 가진 수십 개의 의료서비스 제공자들이 참여하는 프로세스-를 관리해야 하기 때문이다.

소매 산업의 공급망에서 프로세스의 주된 용도는 재고수준과 같은 정보를 공유하는 데 있으며, 이를 통해 공급자들과 소매 판매점들이 협업하여 수요에 대한 예측과 계획수립으로 수요에 맞게 창고와 매장 진열대의 상품을 보충함으로써 과도한 재고 발생을 방지할 수 있다. 이 공급망 프로세스 안에서 재고수준 정보는 가치사슬 내부의 모든 계층의 참가자들 간에 위아래로 전달된다. 이 프로세스는 매우 복잡하기 때문에 여러 기업들이 이 프로세스를 완전히 갖추는 데는 어려움이 있다.

어떤 산업의 경우에는 이 과제를 프로세스보다 표준 데이터 형태 작성에 초점을 두고 해결하려고 한다. 한 예가 CIDX(CIDX.org)에 의한 화학산업 데이터교환(CIDX: Chemical Industry Data Exchange) 표준인데, 이 기구에서는 동 산업의 데이터 표준을 개발하였고 비즈니스 간 인터페이스를 위한 표준 프로세스를 개발하는 중에 있다. 그러나 아직까지는 이 산업 전반의 효율 증대를 위해 표준화를 촉진하고 표준을 채택하고 구현할 수 있게 하는 형식화된 방법은 말할 것도 없고, 정해진 표준을 컴퓨터 처리가 가능한 형태로 표현하는 방법조차 만들지 못하고 있다. 이러한 가치사슬 통합을 가속화하는 일은 프로세스 경영의 주요 응용 분야이다.

금융 산업에서 여러 금융기관들이나 여러 시스템들에 걸친 거래처리와 워크플로우 자동화의 중요성은 어느 것보다도 크다. 왜냐하면 미국 증권거래위원회(SEC: Securities and Exchange Commission) 규정에 따라서 금융 산업은 거래결산을 5일차(5-day)에서 3일차(3-day)로 그리고 다시 1일차(1-day)를 거쳐서 궁극의 "실시간"(T+0)으로 점진적으로 발전시켜야 하기 때문이다. 프로세스 경영은 연속적 업무처리(STP: Straight Through Processing)을 현실화함으로써 금융기관들이 전자적으로 보다 긴밀히 협업할 수 있도록 할 것이다.

베스트 프랙티스는 국제적인 관행에서도 만들어질 수 있다. 그 예가 G-10 국가들의 중앙은행장들이 보증하는 은행업 감독 바젤위원회(Basel Committee on Banking Supervision)가 개발한 신 바젤 자본협정이다. 이것의 목적은 은행 차원의 관리, 시장질서, 감독 및 점검 이 세 가지의 조합을 통해 오늘날의 동적이고 복잡한 금융시스템의 안전성과 건전성을 보장하려는 것이다. 이 바젤협정은 은행 자체의 내부통제와 관리, 외부감사, 그리고 감독 및 점검 프로세스를 크게 강조하고 있다. 바젤은 최소로 필요한 자본액 설정을 돕는 내부 위험평가시스템을 사용하게 함으로써 부분적으로 국제 은행들의 자본표준(capital standards)을 변경할 수 있다. 이 산업의 대표들은 투명성 요구보다도 그 협정의 분량과 복잡함에 더 문제의식을 갖고 있는 것으로 보인다. 전체가 완료되면 협정의 분량이 1,000 페이지가 넘을 것이고, 그것을 준수하기 위해서는 어마어마한 노력이 필요할 것으로 예상된다. 이 바젤협약의 준수를 위해 매우 많은 비용이 수반된다면 은행들은 자본회수율의 감소와 더딘 성장을 겪게 될 것이다. 이 협정은 운영위험관리를 강제사항으로 하고 있어 관련 금융기관들은 운영위험을 관리하기 위한 프로세스 모델을 만들지 않으면 안 될 것이다. 그리고 이 모델은 은행 내부 시스템의 변경과 협력사 및 규제기관 시스템과의 상호연동을 구축하는 데 이용될 수 있을 것이다. 또한 이 새로운 구조는 내부 자본요구 평가 프로세스를 개발하도록 은행의 내부 경영층을 독려할 것이다. 이 제안들의 구현을 위해서는 많은 경우 내부 또는 외부 감독자들과 은행들 간에 보다 상세한 대화가 있어야 할 것이다. 시장 참가자들이 각 은행의 위험 내역과 자본상태 적합성을 보다 잘 이해할 수 있도록 하기 위해서는 실효성 있는 정보를 공개하는 것이 필수적이다.

공공 분야도 프로세스 경영 과제에 직면해 있다. 연방정부, 주정부, 인종별 정부기구, 정부 산하기관뿐만 아니라 민간분야와 학교 사회로부터 발생하는 데이터 수집을 관리하기 위한 새 프로세스의 필요성은 더욱 커지고 있다. 조지 부시(George W. Bush) 대통령의 25가지 전자정부 이니셔티브들(e-government initiatives) 중 하나인 지리공간 원스탑프로젝트(Geospatial One-Stop Project)가 한 예이다. 이 이니셔티브의 목적은 정부 간(government-to-government) 업무를 지원하는 용도로서 온라인 지리공간 정보 포털을 구축하는 것이다. 지리정보시스템(GIS: geographic information systems)은 공간 정보를 분석하여 위도와 경도, 지역코드, 우편번호 같은 지리적 위치를 식별하여 표현한다. 이 정보들은 원격감지, 지도정보, 조사기술에 의해 수집된 자연형상, 건축구조물 형태, 지형, 지리적 경계정보와 연결된다. GIS는 수송과 물류, 의료 및 안전, 환경, 자연자원, 공익시설, 산림, 그리고 국방과 같은 분야에서 널리 활용된다. 미국 연방정부는 지리공간정보 수집에 매년 약 40억 달러를 지출하고 있으며 주정부와 지역정부가 이와 별도로 연간 80억 달러를 지출하고 있다.

미국 내무부가 주도하는 관계부처 합동의 이 원스탑 이니셔티브는 기존은 물론 계획된 공간데이터 수집과 관련한 협업과 통합 그리고 접근을 촉진할 것이다. 이 프로젝트는 국토안보(Homeland Security)의 우선순위가 높아짐에 따라서 필요성이 더욱 부각되었다. 상호 운영되는 네트워크를 통해서 표준화된 공간 데이터와 중요 정보의 공유가 이루어지면 국토안보에 크게 기여할 것이기 때문이다. 예를 들면 효과적인 국토안전 대책을 위해서는 지방 정부들 간에 또는 사법권역들 간에 참여와 지원과 조정이 요구된다. 무엇보다 GIS 데이터는 테러리스트들의 테러행위 가능성이 있거나 또는 핵 시설, 수자원 시설, 다리와 건물에 대해 우려되는 행위가 발생하였을 때 위험물질의 위치를 인식시키고 대피 통로를 알리는 데 사용할 수 있다. 그런 데이터 공유 또는 조정 프로세스는 부분적인 해법이나 기존 레거시 시스템들의 통합만으로는 구현할 수 없다. 개발에 필요한 예산이 확보되더라도 새 시스템을 원하는 만큼 바로 개발 완료하기는 쉽지 않다. 오히려 요구되는 프로세스가 명확히 하향식(Top-down)으로 설계되고 참가자들 전체를 대상으로 하여 전개하는 일이 필수적이다. 그렇게 할 때 정확성, 완전성, 책임성, 그리고 투명성을 달성할 수 있다. 어떤 접근방법을 취하든지 관계없이 이 프로세스는 레거시 시스템, 하드와이어드(hardwired) 시스템, 특수용도 시스템들과 응용시스템들이 존재하는 기존 연방정부 하부구조에서 출발하여, 그 위에 구축되고 지속적으로 관리되어야 한다. 시스템적 접근방법보다 하나의 프로세스는 여러 기관들이 전체 종단간(end-to-end)을 관리해야 할 필요성을 전체적 시각으로 충족시키며 함께 작업하게 만든다.

   이 지리공간 원스탑 프로젝트는 연방정부 차원의 보다 큰 환경 가운데 한 부분이다. 그 전체 환경에는 여러 중복된 응용시스템들, 인터페이스들, 운영체계들로 구성되어 있으며, 스파게티 같이 엉클어진 형상에 임시변통의 업그레이드와 패치가 정리되지 않는 상태로 유지되고 있다. 그러나 프로세스 경영을 구현함으로써 이 복잡하고, 정렬되지 않으며, 조정되지 않은 시스템들을 통합하는 데 따르는 어려움을 크게 줄여 줄 것이다. 이 연합 환경에서는 특히 개별 요소들을 분리해서 수정하는 것보다 전체 프로세스에 대한 모델링을 하는 것이 여러 기관의 협업을 지원하고, 계획의 흐름을 매끄럽게 만들며, 신뢰도를 향상시킬 것이다. 언론의 평론가들이 이미 이 전자정부 이니셔티브의 복잡성을 부각시킨 바 있으며 데이터 표준화 영역에서 해결 방법이 모색되고 있다. 그 예로서 공개 지리정보시스템 컨소시엄(Open GIS Consortium)은 전국적인 수송 프레임워크 데이터 컨텐트 표준 (Transportation Framework Data Content Standard)과 관련하여 모델 자문팀(MAT: Model Advisory Team)의 참가 여부를 관련 산업에 의사 타진한 바 있다. 이 작업은 지리공간 원스탑 프로젝트가 데이터 컨텐트 표준 및 다른 기능들을 개발하기 위한 대규모 작업의 일부분이다. 이 의미 있는 목표를 조기에 실현하기 위해서는 데이터 표준뿐만 아니라 프로세스 경영을 위한 표준 프로세스를 구체화하고 그 방법을 적용해야 한다.

이와 같은 시장의 변화가 기존 프로세스의 진화 또는 새 프로세스의 구현을 요구한다는 사실에 대해 모든 산업의 전체 기업들이 사례를 통해 알고 있다. 그러나 IT 구현 비용은 흔히 사고를 왜곡시키는 원인이 된다. IT의 복잡성과 비용 때문에 프로세스 협업체제 구현을 어렵게 생각하는 사례가 자주 보고되고 있다. 또 협력사와의 프로세스 공유가 위험을 증가시키고, 협력사와의 관계를 고착화하며, 자기만의 경쟁우위와 유연성을 훼손시킬 수 있다고 많은 기업들이 느끼고 있다. BPM 제3의 물결이 없다면, 비록 의도와는 정반대의 결과와 엄청난 부담을 주는 유지관리가 존재하더라도 이 모든 나름대로의 타당한 이유들 때문에 프로세스는 시스템 안에 고정되어야 할 것이다.

오늘날, 레거시 시스템들 안에는 핵심 비즈니스 프로세스들이 잠재되어 있으며, 이것을 CEO들은 역사로부터 물려받은 자산이며 경쟁우위와 차별화의 핵심 원천으로 간주하고 있다. 이 프로세스들은 지적자산의 형태를 띠고 있다. 기업은 이런 자산들을 찾아서 보호해야 하는데, 어떤 경우에는 인터넷 서점인 아마존이 자신의 원클릭 주문 프로세스(1-Click ordering process)에

도표 3-2 | 비즈니스 프로세스 스펙트럼

	단순, 정적 프로세스들	복합, 동적 프로세스들
핵심/중요 활동들 (전략적)	중간 수준의 비즈니스 가치, 가치 크기가 거래량에 의존, 표준화된 베스트 프랙티스 적용, 상이한 계층 간의 지원 필요, 협업 프로세스 경영이 초점	쉽게 변화하는 성격, 다수 협력사들 간 조정의 어려움, 기업 고유의, 핵심(mission-critical) 업무 성격, 지속적 프로세스 개선이 초점, 의사결정 향상이 필요
연계/지원 활동들 (전략성은 약하지만 관리 필요성이 있음)	낮은 수준의 비즈니스 가치, 다수 협력자들에 걸친 지원 필요, 효율 증가를 위한 표준화와 자동화가 초점	맞춤 프로세스들, 아웃소싱 대상

취한 조치와 같이 법적 보호까지 고려해야 한다. 그러나 한편 그런 아마존도 베이커 앤 테일러(Baker & Taylor)와 인그램(Ingram) 같은 도매업체와 상호 운영 관계를 구현하기 위해 역시 베스트 프랙티스 비즈니스 프로세스를 도입해서 적용하고 있다. 그러므로 운영 효율을 위한 베스트 프랙티스 프로세스와 경쟁우위 확보를 위한 자기만의 베스트 어브 브리드(best-of-breed) 비즈니스 프로세스 양쪽 모두를 기업들이 원한다는 것을 알 수 있다. 이를 요약하면 도표 3-2에 보는 것과 같이 비즈니스 프로세스 경영 시스템은 비즈니스 활동의 전체 범위를 대상으로 해야 한다.

모든 기업들은 이 매트릭스에 따라 다른 기업과 구분되는 자신들의 프로세스 목록을 갖고 있다. 한 프로세스가 기업에 따라서 다른 사분면에 해당될 수 있다. 이 매트릭스는 매우 단순하지만 분석작업을 명확히 하는 출발점 역할을 할 수 있을 것이다. 기업들은 개선된 프로세스 설계방법을 찾고 있다. 그 방법은 기업이 자신만의 맞춤화된 많은 프로세스들을 구현하면서도 이러한 프로세스들이 최소 공통분모의 만능 공개 프로세스 없이도 다른 기업의 프로세스와 협업할 수 있는 유연성을 갖도록 해야 한다. 이제 스마트한 기업들은 표준 소프트웨어 응용시스템들보다는, 융통성 있는 프로세스 경영 방법을 요구하고 있다. 그들은 또한 기존 투자가 반드시 보호되기를 원하며, 따라서 그 새로운 방법은 기존 시스템들을 그대로 프로세스의 참가자로서 취급할 수 있어야 한다.

기업의 CIO도 프로세스 경영을 필요로 한다. 헬프 데스크, 서비스 관리, 응용시스템 배포, 장애 관리, 기술 하부구조 관리, 버전 관리, 서비스 수준 협약, 용량 관리와 같은 IT 기능들도 비즈니스 프로세스의 전체를 구성하는 한 부분이며 비즈니스 프로세스와 통합되어야 한다. 비즈니스와 IT 사이를 정확히 가르는 곳에 BPM이 위치하는 것을 인식할 수 있는 수준이 그 기업의 프로세스 경영 활용의 성숙도를 측정하는 지표가 될 것이다. IT 집약적 비즈니스에서는 IT 프로세스와 그것이 지원하는 비즈니스 프로세스가 결합된 프로세스의 중요성이 더욱 크다. 따라서 그러한 프로세스들을 잘 정의하는 능력이 IT 조직의 성과 향상을 위한 강력한 원천이 될 것이다. CIO가 프로세스 설계에서 주도적 역할을 하는 곳에서는 BPM을 비즈니스 전체로 확산하기 전에 IT 조직부터 시작할 수도 있다. 프로세스 경영 시스템은 IT 하부구조 라이브러리(ITIL: IT Infrastructure Library)와 같은 이 분야의 베스트 프랙티스들을 완전히 지원할 것이며 IT 조직의 성과 향상뿐만 아니라 효율 향상에도 기여할 것이다.

최초의 비즈니스 프로세스 경영 총회

2001년 9월 처음 열린 세계 비즈니스 프로세스 경영 총회(Business Process Management Summit) 참가자들은 비즈니스 프로세스 경영을 위한 차세대 기술의 시급한 필요성을 확인하였다. 민간 기업들과 공공 부문에서 참가한 대표자들은 비즈니스 프로세스 경영 능력을 제공하는 새로운 기술에 대하여 연구기관, 공급업체, 그리고 이 분야의 선두 기관들로부터 소개하는 설명을 들었다. 일반적 회의 형식을 벗어나서 진행된 이 총회는 경영자들이 직접 참가하는 브레인스토밍을 통해 BPM 구현의 출발을 알리는 신호였다. 글로벌 2000 기업들에서 93명의 대표들이 네트워크로 연결된 개인용 컴퓨터를 통해 발표를 시청하고 워크숍에 참가하였으며 개별 질문에 응답하는 방식으로 진행되었다. 이 총회의 목적은 참가 기업들의 오랜 기간에 걸친 리엔지니어링이나 다른 프로세스 개선 방법의 경험에 근거하여 기업들이 프로세스와 프로세스 경영에 대해 어떻게 생각하고 있는지를 직접 이해하고자 하는 것이었다. 익명에 의한 대화를 통해 많은 데이터가 수집되었으며 전체 종단간(end-to-end)을 단위로 하는 비즈니스 프로세스가 IT와 경영의 우선순위 높은 주제라는 사실을 확인할 수 있었다. 참가자들은 자신들의 능력으로 과연 미래의 프로세스 중심 세계에 대처할 수 있는가를 우려하고 있었으며, 또 비즈니스 프로세스를 보다 잘 경영할 수 있는 시스템에 대한 요구를 분명히 표현하였다. 또한 그 대표자들은 참가한 소프트웨어 업체들과 시스템 통합 업체들에게 다음과 같은 명확한 메시지를 전했다. 간단히 말하면 업체의 약속에 대한 그들의 우려였다. 그들은 새로운 비즈니스 프로세스 기술들이 가치를 제공하는가에 대한 증명을 요구하였다. 브레인스토밍 시간에 참가자들은 자신들의 기업에서 가장 어렵게 생각하는 비즈니스 프로세스와 프로세스 관련 이슈들을 제시해 달라는 요구를 받았다. 이에 대한 그들의 응답은 프로세스 경영의 현상에 관하여 상당히 일반적인 결론을 도출하게 해 주었다.

  기업들은 자신들의 비즈니스 프로세스를 관리하려고 시도하고 있으나 아직 적절한 도구들을 찾지 못하고 있었다. 가장 고심하는 프로세스를 물었을 때 대부분의 대표자들은 가치사슬을 가로질러 걸치는 프로세스들, 즉 고객 서비스, 판매와 마케팅, 그리고 공급자 관리 프로세스들을 지적하였다. 일부 대표자들은 구조적/비구조적 정보를 고객, 공급자, 협력사와 같은 조직 외부의 사람들과 공유하는 프로세스를 거론하였으며, 이 프로세스를 통해 자기 조직의 정보를 외부 사람들이 그들에게 필요한 과제 수행을 위해 이용해야 하는 필요를 제시하였다.

총회의 참가자들이 생각하는 고객 서비스는 고객 셀프서비스를 의미하였는데, 그 내용은 고객이 기존에 체결된 계약에 맞게 주문을 내고, 부품관리 문서와 같은 기술정보를 이해하고, 온라인으로 기술지원을 받는 등 이런 일들을 담당자로부터 직접 서비스를 받거나 또는 수동적으로 온라인 FAQ 목록을 통해서 서비스받는 것을 말하는 것이었다.

판매와 마케팅 범주에는 상품과 서비스의 온라인 판매가 포함되었다. 여기에는 소비자에 대한 다이렉트 판매뿐만 아니라 B2B 카타로그, 비공개 공급자 포탈, 경매와 거래소 참가, 그리고 현장 판매직원을 위한 온라인 지원 기능까지 포함되었다.

정의에 따르면 공급망 프로세스는 공급자들과 함께 물류회사 같은 다른 협력사들도 포함된다. 대표자들이 거론한 대다수 공급망 프로젝트들의 초점은 공급자 포털, 전자구매, 또는 공개 마케팅사이트에 있었다. 참가자들에게 이미 익숙한 소프트웨어 유형에 따라서 그들의 사고가 상이하게 형성되어 있었다.

참가자들은 지식경영에 대해, 내부에서 출발하여 외부로 향하는 관점으로 정의하고 있었다. 비록 그들이 생각하는 대부분의 지식경영 이니셔티브가 결국에는 가치사슬 전체에 걸친 지식공유를 예상하고 있었으나 당장은 내부 정보의 수집과 공유를 목표로 하고 있었다. 그들이 적시한 내부 중심의 프로젝트들은 사내 헬프데스트의 개선과 인적자원 관리에 초점을 두고 있었다. 비록 이 프로젝트들은 특별히 절박한 이슈들이 아니었지만 새로운 비즈니스 프로세스 기술을 큰 위험 없이 시험할 수 있는 응용시스템으로 보고 있었다.

가장 특이한 결과는 대표자들 중 28퍼센트가 자신들의 비즈니스에서 프로세스 관련 이슈들, 즉 프로세스의 도출, 재설계, 분석, 최적화와 같은 이슈들을 인식하고 있다고는 답하였으나, 이들 중 아무도 그 이슈와 관계된 특정한 프로세스를 지적하지는 못하였다는 사실이다. 대표자들은 프로세스 변화의 복잡성 때문에 앞을 분간하지 못하는 상태였고, 그들이 원하는 사항은 현재의 비즈니스 운영 상태를 훤히 볼 수 있는 방법과 또한 필요한 개선사항을 정보에 근거하여 선택할 수 있는 방법을 제안해 주는 것이었다. 이렇게 나타난 그들의 접근방법을 정리하면 더 좋고 더 유연한 비즈니스 프로세스 경영 능력에 대한 강한 희망이었다.

참가자들의 BPM 우선순위는 각 산업의 경쟁환경과 과거 비즈니스 프로세스 개선 프로그램의 경험에 따라서 상이하게 나타났다. "현재 어떤 프로세스에 초점을 두고 있습니까?"라는 질문에 대한 응답 결과는 산업에 따라서 전혀 다른 시각을 반영하고 있었다.

금융 서비스와 정부 분야에서는 예를 들면 고객과의 접촉 부분을 주된 관심 영역으로 거론하였다. 금융 서비스에서의 그 의미는 고객들이 정보에 접근하고 자기 재산을 관리하고 온라인으로 금융서비스 제품을 구매할 수 있도록 고객에게 친숙한(customer-friendly) 응용시스템을 개발하는 것이었다. 가치사슬 프로세스들—외부 협력사와 연결되는 프로세스들—도 이들 기업들이 정보와 금융서비스 제품들을 제공하기 위해서 거래 협력사들과 접속할 필요가 있기 때문에 매우 중요한 것으로 나타났다.

정부 분야는 그들의 고객인 시민들이 온라인으로 정보와 서비스에 접근할 수 있도록 제공하는 것이 주된 이슈였다. 원래 전자정부의 약속은 훨씬 낮은 비용으로 더 좋은 서비스를 제공하는 것이었으나, 이런 약속을 이행하기 위해서는 비즈니스 프로세스의 전면적인 변화와 그것을 가능하게 하는 응용시스템들이 있어야 했다. 대표자들은 자기들의 조직이 고객보다는 내부 운영에 대한 눈앞의 일에만 과도하게 집중하고 있다고 보고 있었다. 금융 분야와 마찬가지로 전자정부 분야도 보다 좋은 프로세스 경영 도구들을 원하고 있었다.

제조업체의 대표자들은 공급망 프로세스와 고객접촉 프로세스를 최우선 순위로 보고 있었으며, 구체적으로는 고객에게 보다 많은 정보에 대한 직접적 접근 능력과 셀프서비스 기능을 제공한 필요성과 함께 기존의 공급망 프로그램에도 중점을 두고 있었다. 제조업체들은 일반적 프로세스 경영 능력보다는 특정 프로세스에 더 큰 관심을 두고 있었다.

의외의 사실은 서비스 분야인데 당연히 고객서비스와 셀프서비스에 초점이 있으리라고 생각되는 이 분야가 서비스 공급망 같은 내부의 후방 프로세스에 큰 중요성을 두고 있었다. 그 의미는 고객들 스스로 문제를 해결하도록 하는 방법을 제공하기보다는 고객문제의 해결 자체가 중요하다는 그들의 비즈니스 성격이 반영된 것이었다. 한편 이들도 이런 틀에 짜인 현상을 깨뜨리고 고객들로부터 도움을 받는 프로세스의 도입을 원하고 있었다.

일반적으로 참가자들은 비즈니스 프로세스 이슈들을 어려운 비즈니스 환경의 산물이며 동시에 그 어려움의 해법으로 생각하고 있었다. 그들은 자신들의 프로세스 이니셔티브를 촉진하는 사업상의 목적으로 다음 세 가지 항목을 제시하고 각각에 비슷한 비중을 부여하고 있었다. 즉 효율성(39%), 기민성(26%), 고객요구(35%)가 그것들이다.

- **효율성**은 운영비용과 자본비용 모두를 포함한 전체 비용을 지속적으로 감소해야 할 필요성을 말한다. 새로운 프로세스는 조직 내부의 비효율을 제거하거나 가치사슬 전체 시각에서 비용을 줄일 수 있게 한다.
- **기민성**은 고객이나 시장의 요구에 따라서 제품이나 서비스를 개발하는 데 필요한 시간을 단축하는 능력을 말한다. 대표자들은 사업 단위들과 시스템들을 통합하고 프로세스를 가지런히 할 필요성 측면에서 기민성을 고려하고 있었다. 새로운 프로세스는 조정 기능 향상, 프로세스 가시성 개선, 처리시간 단축을 가능하게 함으로써 효율성과 기민성을 달성

한다. 새로운 프로세스의 전개를 보다 신속하게 할 수 있도록 하는 필요성을 모든 참가자들이 거론하였다.
- 고객 요구는 고객만족과 고객유지에 초점을 두어야 하는 당위성이 그 이유이다. 참석자들은 그들의 고객들이 대부분 더 나은 서비스와 함께 셀프서비스를 원한다고 믿고 있었다. 인터넷에 대해서는 고객이 요구하는 상호 접촉의 주된 통로로 보고 있었다.

BPM 수요의 급등

비즈니스 프로세스는 여러 가지 경영이론들의 중심 개념이다. 예를 들면, 품질 운동의 아버지인 에드워즈 데밍(W. Edwards Deming) 박사는 품질개선의 90%는 시스템 — 다른 말로 하면 프로세스 — 에서 나온다고 단언하였으며, 이 말에 귀를 기울인 일본은 제2차 세계대전의 폐허에서 일어나 경제초강국이 되었다. 프로세스 관련 다른 경영이론의 예들은 다음과 같다.

- 가치사슬 분석 : 마이클 포터(M.E. Porter), 1980년, 경쟁우위(competitive advantage)
- 초우량 기업(Excellence) : 톰 피터즈와 워터만(T.J. Peters & R.H. Waterman), 1982년, 초우량 기업의 조건(In search of excellence)
- 리엔지니어링 : 마이클 해머(M. Hammer), 1990년, "자동화하지 말라. 폐기하라. (Don't Automate, obliterate)"
- 혁신(Innovation) : 토마스 데이븐포트와 제임스 쇼트(T.H. Davenport & J.E. Short), 1990년, 신산업공학: IT와 비즈니스 프로세스 재설계 (The new industrial engineering: Information Technology and Business Process Redesign)

- 고객주도 경영(Customer-driven business) : 휘틀리(R.C. Whiteley), 1991년, 고객주도 기업(The customer-driven company)
- 지식경영(Knowledge Management) : 피터 드러커(Peter F. Drucker), 1993년, 자본주의 이후의 사회(Post-capitalist society)
- 공급망 관리(Supply-chain management) : 숀버거(R.J. Schonberger), 1996년, 월드 클래스 제조업(World-class manufacturing)

오늘날 기업들은 여러 곳의 전선에서 압박을 받고 있다. 고객은 비용, 속도, 품질, 맞춤, 서비스 개선을 원한다. 고객이 이 모두를 요구하기 때문에 이제는 더 이상 저렴한 가격이나 신속한 대응 또는 우수한 품질 중 한 측면만으로는 초우량의 조건을 갖추는 데 충분하지 않게 되었다. 그리고 이러한 경쟁 압력이 감소하는 어떤 징후도 나타나지 않고 있다. 기업들이 지금까지 의존해 온 기술들로는 현재 그들이 위치하고 있는 입장을 극복할 수 없다. 기업의 현재 응용시스템들은 변화에 너무 느리고 많은 비용이 소요되며 따라서 기업이 고객을 만족시키고 시장을 지배할 수 있는 정도의 탁월한 비즈니스 프로세스를 갖추는 데 도움을 줄 수가 없다.

기업의 프로세스는 협력사, 고객, 정부가 부여하거나 요구하는 것이다. 이에 대한 기업의 대응 능력은 대부분 세 가지 요소에 의해 결정된다. 첫째, 만일 한 기업의 프로세스가 암묵적이고 고정되어 있고 경직되어 있다면 외부 프로세스의 영향으로 인해 훼손되거나 허물어질 수 있으며, 그에 따라서 조직과 시스템 모두가 크게 변화해야 할 필요성을 유발한다. 둘째, 비즈니스 프로세스는 꽤 복잡하다. 그래서 명시적인 프로세스일지라도 프로세스 조작과 새로운 프로세스 설계뿐만 아니라 프로세스 실행수단, 전개방법, 차후 새로운 프로세스의 운영이 이루어지도록 하기 위해서는 컴퓨터를 이용하는 도구들이 있어야만 한다. 셋째, 비즈니스의 맥락과 별도로 이루어지는 프로세스의 전개는 편법에 지나지 않는다. 프로세스는 기존의 레거시 시스템과 과거부터 내려온 하부구조 위에 전개되어야 하며 기존 자산들의 가치를 십분 활용하여 그 기능적인 요소들이 프로세스에 내포되어 나타나야만 한다.

그러므로 앞으로의 시대를 지배하기 위해서 기업들은 자신들이 하는 일을 어떻게 얼마나 잘 할 것인지에 대하여 행동으로 옮길 수 있으며 체계적인 정보를 이용하면서 비즈니스 프로세스를 경영할 수 있어야만 한다. 그들은 자기 자신들의 비즈니스 프로세스 경영뿐만 아니라 가치사슬의 전체 종단간(end-to-end) 즉 고객에게까지 모든 참가자들의 비즈니스 프로세스와 협업하는 경영이 되어야만 한다. 그들은 고객의 절대적 요구를 만족시키는 하나의 가상기업으로서 가치사슬의 여러 참가자들이 함께 일하는 확장기업을 창조할 필요가 있는 것이다.

기업들에게 BPM 능력이 필요한 이유는 매우 기민하게 업무방향을 수정할 수 있게 하고, 6시그마 이니셔티브를 프로세스로 구현할 수 있게 하며, 고객까지 가치사슬 전체에 누적되는 비용을 감소시킬 수 있게 하기 때문이다. 그들은 합병, 제휴, 인수, 아웃소싱, 그리고 글로벌 확장 같은 전략적 이니셔티브들을 자신감을 갖고 추구할 수 있어야 한다. 그들은 변화하는 고객 기대사항에 대응할 수 있는 수단이 필요하며 예기할 수 없었던 비즈니스 모델의 변화에 대처하고 해당 산업의 새로운 표준을 구현할 수 있는 수단이 필요하다. 불황기의 기업들은 비즈니스 프로세스 통합을 위한 비용 대비 효과적인 새로운 도구들을 이용하여 긴축 경영을 할 수 있는 수단이 필요하다. 그리고 그들은 통제성, 가시성, 책임성 측면에서 경영층이 필요로 하는 수준까지 이 목표를 달성하는 능력을 원한다.

이러한 결과를 달성하는 데는 공동의 프로세스 언어와 관리 플랫폼이 요구된다. 즉 협력사들이 프로세스를 함께 설계할 수 있고, 상대방의 상세한 운영 방법을 이해할 수 있고, 전체 종단간(end-to-end) 책임 소재를 규제 당국자, 중개자, 조언자, 법률가 그리고 연방정부 같은 제3자들에게 보여줄 수 있어야 한다. 그들이 효율성 추구를 위해 산업의 베스트 프랙티스를 적용하려고 하거나 또는 경쟁우위를 추구하며 차별화된 프로세스를 개발하려고 할 때 항상 공통적인 사항은 과거에 리엔지니어링에서 경험한 고비용과 조직의 변화 그리고 IT 시스템 구축을 회피하려고 한다는 것이다. 요약하면 그들은 또 하나의 경영이론이나 혁신적 응용시스템이 아닌 진정한 비즈니스 프로세스 경영의 등장과 그를 통한 실질적인 도약을 기대하고 있다.

실세계의 비즈니스 프로세스가 갖는 복잡성과 혼란스러움에도 불구하고 비즈니스 프로세스 경영은 더 이상 선택사항이 아니다. 이것은 핵심(mission-critical) 업무의 니즈이다. 기업들이 받고 있는 압박은 변화관리를 리엔지니어링하라는 것이며, 상투적이며 말은 많으나 결과는 빈약한 리엔지니어링 운동의 직선적 입력-출력 프로세스들을 극복하라는 것이다. 이러한 상황을 이해하는 기업들은 자신들이 현재의 "변경 전(as-is)" 상태에서 탈출하여 프로세스 엔지니어들이 말하는 소위 "변경 후(to-be)" 상태로 변신하여 프로세스 경영 기업이 되어야만 한다고 인식하고 있다. 지금까지의 기술은 그렇게 할 수 있는 수단을 제공할 수 없었다. 현재까지도 그렇다.

제4장
비즈니스 프로세스 관리

기업은 성장, 확장, 자치 능력을 가진 다차원적 체계이다.
즉 기업은 단순한 하나의 사물이 아니라 상호 작용하는
힘들의 집합이다. 그러므로 모든 조직이론은 기업의
다양성과 역동성 그리고 기본 질서를 반영할 수 있어야 한다.
– 알버트 로우(Albert Low),
　선(禪)과 창조 경영(Zen and Creative Management)

서로 다른 기술들의 수렴 또는 합성은 때때로 전혀 새로운 것을 만들어 내기도 한다. 과거, 활동사진과 라디오 기술을 합성한 텔레비전은 세상을 결과적으로 영구히 변화시켜 놓았다. BPM 제3의 물결이 세상을 변화시킬 것임에는 의심의 여지가 없지만 BPM을 통해 달성하고자 하는 목적 자체는 전혀 새로운 것이 아니다. BPM은 프로세스 표현과 협업 기술의 합성을 통하여 경영자가 실행하려는 의도를 가로막고 있는 장애물들을 제거한다. 따라서 BPM은 경영이론 – 총체적 품질관리(TQM), 6시그마, 비즈니스 엔지니어링, 일반적 시스템 사고 – 등을 최근 기술 – 응용시스템 개발, 시스템 통합(SI : Systems Integration), 컴퓨테이션, 서비스지향 구조(SOA : Service Oriented Architecture), 워크플로우, 트랜잭션 관리, XML, 웹 서비스 – 과 융합한 것이다.

이 융합은 비즈니스 역사상 최초로 기업들이 그렇게 오랫동안 기대해 왔던, 그들의 비즈니스 프로세스를 아주 민첩하게 다루는 일을 가능하게 한다. 이러한 비전을 가지고 있지 못한 기업은 BPM의 효과를 향유할 수 없지만, 비전을 가진 기업들은 이제 그들의 전략을 빠르고 정확하게 실행할 수 있다. 이 도약의 돌파구는 기업 정보 자산의 새로운 근간인 비즈니스 프로세스를 디지털 표현으로 정의하는 데 사용하는 프로세스 계산학(process calculus)에 바탕을 두고 있다. 공개된 프로세스 설명 목적의 표준에 근거한 "프로세스 데이터"는 경영/관리자들이 기존 기술과 새로운 기술을 활용하여 프로세스를 관리할 수 있게 해 준다. 뛰어난 제품을 가진 안정된 기업이든 혁신적인 비즈니스 모델을 보유한 창업 기업이든 관계없이 모두 동등하게 혜택을 누릴 수 있다. 이 급격한 변화의 최종 승자는 소비자들은 물론 소비자들에게 보다 나은 서비스를 제공하기 위해 BPM을 정복한 기업들이다.

그러면 이전에는 왜 그렇게 어려웠는가?

1990년대 기업들은 리엔지니어링을 통해 비즈니스 프로세스를 좀더 관리 가능한 상태로 만들려고 노력했다. 리엔지니어링은 일반적으로 좀더 단순한 새로운 프로세스를 설계하고, 조직적인 변화 프로그램에 의해 그것을 일시에 구현하는 것을 말한다. 이러한 노력은 프로세스를 쉽게 변경할 수 있게 한다든지, 프로세스를 협력업체와 조화롭게 만드는 것보다는 리엔지니어링 자체에 중점을 두고 있다. 리엔지니어링의 어려움을 극복하기 위해 출현한 전사적 자원관리(ERP: Enterprise Resource Planning) 시스템이나 기타 패키지 해법들에 있어서도 유사한 문제점들이 그대로 남아 있다. 이러한 패키지들은 베스트 프랙티스 프로세스를 구현했고, 이 프로세스들을 응용 소프트웨어에 융합시켰다. CSC(Computer Sciences Corporation) 연구소의 덕 닐(Doug Neal)은 "ERP는 그 동안의 예로 볼 때, 설치 전에는 젖은 콘크리트처럼 높은 유연성을 지니고 있지만 설치 후에는 마치 마른 콘크리트와 같이 유연성이 없어진다"고 설명한다. 오늘날 경영층의 입장은 IT 부서에서 여러 패키지들을 평가하는 시간을 기다려 줄 틈 없이, 패키지를 선택하고 비즈니스에 맞도록 맞춤 처리하여 새로운 시스템을 운영해야 한다. 그럼에도 여전히 비즈니스는 필요할 때 바로 작동할 수 있는 새로운 프로세스를 만들어 내는 능력도 요구한다. 좀더 좋은 제품을 좀더 빠르고 좀더 적은 비용으로 소비자들을 깜짝 놀라게 하고 즐겁게 만드는 서비스와 함께 제공하도록 압력을 받고 있는 기업의 입장에서는 그런 능력을 지금 곧 그리고 반드시 보유해야 한다.

프로세스는 기업의 원천적인 지적자산이기 때문에 기업들은 프로세스를 주의 깊게 다루어야 한다. 프로세스가 곧 비즈니스이다. 프로세스를 최신화 상태에서 효과적으로 운영하는 일은 프로세스 개선 라이프사이클과 상호 보완적이다. 이 두 가지, 즉 운영하고 개선하는 일은 독립적이지만 동시에 구현되어야 한다. 필요한 전체 라이프사이클 관리는 설계-전개-재설계의 반복에 의해 만들어지는 버전 관리와 같이 간단할 수도 있고, 또는 항공 산업의 엄격히 통제된 제품설계 및 생산과정처럼 장기간 진행되는 프로젝트의 기준 유지와 같이 복잡할 수도 있다.

ERP의 경험에 의하면, 기업 내부의 통합을 성취하는 일은 인내에 한계를 느낄 정도로 어렵다. 서로 연결된 가치사슬을 가로질러 협업하는 프로세스들을 구현하는 것은 더욱 더 그렇다. 협력사들은 그들이 필요로 하는 비공식적으로 설계된 프로세스들을 가질 수 있으나, 이 설계를 상세화하는 과정에서 설계 지원을 위해 시스템 구현 내용을 바꿔야만 하는 일이 발생한다. 간단한 경우에는 문제가 없지만, 진보된 공급망 관리와 같이 좀 더 복잡한 경우에는 구현 프로젝트가 끝내 완성되지 못할 수도 있다. 응용 프로그램을 개선하거나 또는 새 공급자나 업무조직을 추가해야 하는 경우, 통합 프로젝트를 규모나 비용 면에서 통제할 수 없는 상황도 발생한다. 각 프로세스 변화에 따라서 수많은 기술적 요소들이 수정되어야 한다. 이러한 상황은 지속성을 가질 수가 없다. 프로세스 도구들과 베스트 프랙티스들을 기존의 소프트웨어 통합 제품에 추가하는 방법이 도움이 될 수는 있다. 그러나 만일 프로세스 관리 도구가 프로세스 중심 비즈니스 정보체계의 기초가 된다면 훨씬 더 실용적이 될 것이다.

많은 분석가들은 기업들이 EAI(Enterprise Application Integration)를 도입하여 내부 응용프로그램들을 통합하는 데 IT 예산의 20~30%를 사용하고 있다고 하나, 결과적으로 그들은 훨씬 더 범위가 넓고 훨씬 더 꼬인 프로세스 문제의 매듭을 풀기 위해 고생하고 있는 상태일 뿐이다. 하나의 예가 EAI의 다음 단계인 B2Bi(Business-to-Business integration)를 준비하는 일이다. 서로 연결되어 있는 기업들 간의 협업은 하나의 프로세스 영역에 국한되지 않는다. 협업은 360도로 이루어지며 나침반의 모든 방향으로 나갈 수 있다. 비즈니스 프로세스 통합을 위해 IT 부서는 일반적으로 상향식(bottom-up) 기술통합 방법을 취하기 때문에, 전혀 함께 일하도록 고안되어 있지 않은 응용 프로그램 요소들을 비즈니스 수준에서 꿰어 맞추려고 한다. 이 방식은 현재 존재하는 도구와 기술로는 다루기 어려운 다 대 다 통합을 유발시킨다. 완료했다고 하더라도 이러한 프로젝트는 예산과 기간을 초과하기 일쑤이며 예상 투자수익(ROI)을 만족시키지 못한다. 이 높은 실패율의 원인은 보다 큰 문제인 기업 전체 프로세스 경영에 대해 미봉책을 사용하기 때문이다.

이러한 노력과 비용을 들여서 최종적으로 가는 곳은 어디인가? 끝과 끝을 잇는 여러 회사의 비즈니스 프로세스들 - 고객에게 최종적인 가치를 제공하는 업무들 - 을 만들어 내기 위해 내부의 "연통" 응용 프로그램과 인터페이스 조각들을 하나로 묶는 노력에 의해, 마침내 계속 유지될 수 있는 프로세스들을 만들어 내겠지만, 이 프로세스들은 유연성이 고려되지 않는다. 아주 드물게, 설계자들이 향후에 요구가 있을 만한 프로세스의 변화나 또는 특정 고객이나 협력사를 위한 개별 프로세스의 최적화를 고려하기도 한다. 그렇다고 그와 같은 개별 접점들의 통합 구조가 보다 큰 규모의 시나리오 - 아웃소싱, 협업 상거래(collaborative commerce), 인수/합병(M&A) 등 - 의 프로세스 관리를 위한 전체적인 관점의 접근방식을 제공하겠는가? 우리는 그렇게 생각하지 않는다.

오늘날의 데이터 관리 하부구조는 데이터 공유를 아주 쉽게 만들었지만, 미들웨어나 기타 통합 해법의 등장에도 불구하고 비즈니스 프로세스를 공유하는 것은 아직까지 해결해야 할 과제로 남아 있다. 많은 CIO들은 기술적 복잡성의 증가를 고민하고 있지만, 그래도 미들웨어가 프로세스 구현의 유일한 방법이라고 믿고 있다. 그리고 비록 CIO들은 기업 내부의 기능을 공유하기 위해 분산 컴퓨팅을 사용해서 약간의 성공을 거두고 있지만, 기업 밖으로 확장된 협업을 위한 복잡성의 증가에 대해서는 아직도 많은 의구심을 가지고 있다.

그 사이에 CEO들은 새롭게 개선된 프로세스를 계속 요구하고 있다. 따라서 CIO들은 "이것들과 저것들이 함께 일할 수 있도록" 하는 문제에 대해 보다 높은 차원에서 더욱더 결과에 초점을 둔 해법을 계속 찾고 있으며, 내일의 프로세스 기반 비즈니스를 위한 구조적인 기초가 확립되기를 원하고 있다. 이러한 필요성을 감지한 소프트웨어 공급자들은 그들의 해법에 프로세스 기능을 강조하고 있다. 불행하게도 이들 공급자들은 프로세스 변화 문제에 대한 기술의 적합성에 관하여 혼란스러운 메시지를 시장에 내보내고 있다. 모든 프로세스 통합 문제가 기술적인 것은 아니며 모든 프로세스가 IT와 관련되어 있는 것도 아니다. 컴퓨터시스템 통합이 비즈니스 통합과 같은 것은 결코 아니다.

협업 상거래는 프로세스를 회사 밖으로 확장할 것을 요구하지만 그것은 결코 쉬운 일이 아니다. 그러나 만일 기업들이 더 좋게, 더 빠르게, 더 싸게라는 압력을 받고 있는 경우, 그들은 그들이 가장 잘 할 수 있는 것을 하고 나머지는 공급자나 협력사에게 아웃소싱해야 한다. 만일 상거래에서 진정한 협업을 이루려면, 단순한 IT 체계만이 아니라 근본을 이루는 비즈니스 프로세스의 협업이 필요하다. 사실, 협업은 상거래의 기술적인 면에 절대 의존해서는 안 되며 서로 다른 참가자들의 업무실행 참여를 위해 제3의 물결 프로세스의 능력에 의존해야 한다. 그렇다면 무엇이 필요한가?

비즈니스에 필요한 것은 개별 프로세스에 대한 임시처방이 아니라, 시장의 변화에 따라 유연성을 가지고 재결합되는 프로세스를 만들 수 있도록 비즈니스와 기술적인 시스템을 묶는 환경이다. 대부분의 회사들은 지금 자신의 프로세스를 좀더 통제할 수 있기를 원하고 있으며, 그들의 프로세스와 협력사 간에 좀더 많은 상호작용을 하고 협력사가 대신 수행하는 프로세스를 모니터링하고 통제할 수 있기를 원하고 있다. 그들은 또한 그들 고유의 비즈니스 경쟁력을 프로세스로 포장하여 네트워크—아마 웹 서비스의 형태—를 통해 판매하기 원하고 있다. 이런 것들을 하기 위해서 기업은 또 하나의 기업 응용프로그램 저장소 대신 비즈니스 프로세스 경영 능력을 필요로 한다.

현재 상황은 중앙 집중식 데이터베이스 관리가 출현하기 이전 시기와 유사하다. 그 당시 데이터와 데이터 관리는 각각의 IT 시스템에 파묻혀 있는 기능이었다. 데이터 양은 증가했으나, 이 증가는 응용프로그램의 증가와는 독립적이었다. 기업은 비즈니스를 가로지르는 연관성을 보고 싶어했다. 데이터는 IT 관점에서 응용프로그램의 구조 밖에서 다루어져야 한다는 사실이 명백해졌다. 지금 생각하면 그것은 재고의 여지가 없을 정도로 당연한 일이다. 데이터를 응용프로그램과 분리시킴으로써 데이터베이스 시스템은 다양한 데이터 공유 모델과 다양한 공유 데이터 관리 도구 및 업무를 지원하고 있다.

오늘날 기업의 업무자동화 패키지는 대부분 데이터베이스 관리시스템(DBMS)을 사용한다. 이러한 응용프로그램들은 데이터베이스에 데이터를 저장하고, 읽고, 관리하는 것을 기본 기능으로 삼고 있다. 응용프로그램에 깔린 데이터 중심의 관점은 깊은 의미를 가진다. 비즈니스 로직, 데이터 모델, 시간, 연결성 등은 모두 각각의 분리된 "연통" 프로그램에 존재한다. 현재까지는 비싸고 지나치게 복잡한 미들웨어가 끝과 끝을 잇는 프로세스를 만들어내기 위해 이들 "연통"들을 묶는 데 사용되어 왔다. 그러나 비즈니스 프로세스 혁신에 대한 요구가 강해질수록 미들웨어는 한계에 봉착하게 된다.

BPM은 프로세스를 기업의 목적과 더욱 직접적으로 연결시킨다. 비즈니스 프로세스는 글자 그대로 기업을 정의하고, 기업의 경쟁우위에 대한 핵심 원천과 시장에서의 차별성을 대표한다. 그러나 비즈니스 프로세스라는 것은 매우 복잡한 시스템이다. 전체 종단간(end-to-end) 프로세스는 장기간 실행되고, 독특하며, 세 가지 차원—상태, 구조, 설계—에서 끊임없이 진화한다. 자동화, 프로세스 아웃소싱, 협업을 향한 노력이 계속되는 한 프로세스 관리는 기업을 압도하는 잠재력을 지닌다. 프로세스 경영 제3의 물결은 계속해서 증가하는 복잡성을 관리하는 데 절대적으로 필요한 도구를 제공한다.

오늘날, 시장에서 구매할 수 있는 응용프로그램 형태로 제공되는 표준 프로세스는 경쟁사들도 똑같이 사용할 수 있기 때문에 점점 더 매력을 잃고 있다. 비즈니스는 자신의 프로세스를 스스로 만들어 가면서 기술적 장애나 병목 없이 점진적으로 개선해 나가기를 원한다. 그러나 기업은 아직도 싼 가격의 베스트 오브 브리드(best-of-breed) 응용프로그램 요소들을 적당한 곳에 적용할 수 있기를 원하고 있다. 제3의 물결 프로세스 경영 시스템은 최상의 요소 프로그램 개발과 최상의 프로세스 개발이 융합되어 지금 기업에서 요구하는 유연성을 제공한다. 거부할 수 없는 프로세스 관리에 대한 요구에 부응하기 위해 "연통" 프로그램 개발의 시대는 프로세스 생산과 조립의 시대로 그 길을 비켜 줄 것이다.

돌아온 리엔지니어링

BPM을 향한 과정에서 첫 번째 해야 할 일은 현존하는 응용 프로그램으로부터 프로세스를 추출하여 명확하게 표현하는 것이다. 이러한 접근 방식은 전혀 새로운 것이 아니다. 십여 년 전, 운영체계는 메모리 관리, 파일 접근, 그래픽 사용자 인터페이스를 응용 프로그램으로부터 빼내어 명확하게 표현했다. 데이터베이스는 응용 프로그램으로부터 프로그램 데이터와 그러한 데이터를 설명하는 스키마 관리를 분리했다. 오늘날에는 때때로 별도 시스템에 의해 관리되는 비즈니스 규칙(rule)에 대해서도 같은 이론이 적용된다. 구조설계자들은 이 같은 관리시스템을 사용해서 응용 프로그램을 조각 내어 유지보수를 용이하게 만든다. 프로세스 관리는 논리적인 다음 단계이며, 새로운 프로세스 역량들 — 분석, 시뮬레이션, 개선, 관찰 — 각각은 새로운 "프로세스 데이터"에 접근할 수 있고, 따라서 모든 컴퓨터시스템에 의해 다루어질 수 있다. 프로세스 중심의 응용프로그램은 비즈니스 전체 종단간(end-to-end)을 두루 볼 수 있는 관점을 제공한다. 기업과 자동화 도구는 단순히 프로세스를 실행할 때 발생하는 데이터의 변화뿐만 아니라, 전체 프로세스를 본다. 그러한 시스템의 지원을 받는 핵심(mission-critical) 업무를 수행하는 프로세스는 안정적이고 트랜잭션을 지원하며 분산 운영된다. 그것들은 서로 다른 부서에서 설계된 프로세스들이 협업할 수 있도록 해 준다. 공동 저작자들이 팀을 이뤄 워드 프로세스를 사용하여 문서를 공유하고 다루듯이, 비즈니스 프로세스는 새로운 형태의 정보로 표현될 수 있으며, 공유되고 다루어진다.

그러나 프로세스 관리 능력을 얻는 가장 좋은 방법이 무엇인지에 대해서는 아직 혼돈스럽다. 대부분의 대기업들은 "BPM 구조" 설계를 위한 IT 조직을 가지고 있다. 대부분의 경우, BPM은 기술적 계층 위에 존재하는 또 다른 하나의 계층으로 간주된다. 어떤 그룹은 웹 서비스 환경을 선택한다. 또 어떤 그룹은 전사적 응용시스템 통합(EAI) 제품을 사용하기도 한다. 다른 경우에는 워크플로우를 확장해서 사용하기도 한다. 소수 기업의 경우 실험적으로 조직의 프로세스 관리자를 두기도 한다. 대부분의 경우 프로세스 매핑 도구를 사용하고, 많은 경우 규칙 엔진(rule engine)을 도입한다. 어떤 경우에는 조기 응용시스템 개발(RAD: Rapid Application Development) 도구를 사용하여 응용프로그램 개발속도를 높이기도 한다. 상당히 혼돈스러운 양상이다. 가장 유력한 IT 구조일지라도 위의 모든 조각들을 끼워 넣기에는 너무 부담이 크다. 현재의 기술들은 프로세스를 개발하는 데 너무 많은 선택들과 표준들을 제공하는 것 같다. 그러한 선택방법과 표준에는 워크플로우 관리 시스템, 응용프로그램 개발 방법론, 웹 서비스, 통합 도구, 비즈니스 규칙, 코드 자동생성 등이 있다. 상기한 각 시스템들은 서로 다른 장점들을 가지고 있으며, 현존하는 다양한 전산 하부구조는 각 기업이 다른 방향으로 가도록 만들고 있다. 그러나 앞의 단편적인 접근 방식으로는 프로세스를 잘 관리할 수 없다. 출발은 깔끔한 하향식(top-down) 설계로 시작하여 그것을 지원하는 소프트웨어를 개발하더라도 이 방식으로는 시스템이 빠르게 쓸모 없어지고, 프로세스는 혼돈스러워지며, 기업이 바라는 단순화, 개선, 관리는 어디론가 사라져 버리게 된다. 좀 더 좋은 방법은 없는 것일까?

방법은 있다. 바로 제3의 물결 프로세스 경영 방법과 시스템은 기업이 자동화 시스템을 생각해 내고, 만들고, 작동시키는 방법을 근본적으로 바꾸어 놓는다. 또한 제3의 물결 방법과 시스템은 전산 기술자들뿐만 아니라 현업에서도 사용될 수 있다. 비즈니스와 IT 설계에 있어서 프로세스의 표현을 중심 무대로 올려 놓고 기업들은 프로세스 관리에 필요한 모든 능력을 개발할 수 있게 된다. 이러한 혁신의 중심은 프로세스가 표현되는 방법, 그리고 기술과 프로세스의 상호작용 방식에 있다. 어떤 기업들은 이러한 통일된 프레임웍이 사업 전반에 걸친 프로세스의 정합성을 얻기 위한, 좀더 중앙 집중적인 컴퓨팅 모델로 돌아갈 수 있는 기회라고 여긴다. 프로세스는 분산될 수 있고, 전체 종단간(end-to-end)일 수 있고, 장기간 작동될 수 있고, 협업이 될 수 있고, 트랜잭션을 일으키고, 수 백 명의 참가자를 가질 수도 있다. 그러나 그것들은 모두 한 장소－데이터 센터－에 존재한다. BPM 제3의 물결을 사용하여 효율과 성장의 다음 단계 도약을 위한 비즈니스와 기술 구조를 새롭게 하기 위하여 모든 가정들은 재평가의 도마 위에 올려진다.

프로세스 경영의 가장 큰 영향 중에 하나는 수동적인 변화관리에서 능동적인 변화관리로의 전환이다. 변화를 관리하는 것 자체가 다른 것과 마찬가지로 반드시 비즈니스 프로세스로 변환되고 관리되어야 한다. 변화와 그 영향을 시뮬레이션할 수 있는 BPM의 기능을 이용하여, 기업은 조직과 프로세스 변화 관련 정보를 담고 있는 여러 개의 프로젝트 시나리오들을 만들고 검증할 수 있다. 그와 같은 능력을 갖게 될 경우, Cisco와 같은 기업은 "인터넷 라우터 시장이 급격히 축소될 경우, 어떻게 생산라인을 바꿀 것인가?"와 같은 "what-if" 질문에 대답을 할 수 있었을 것이다. 그러나 알려진 바와 같이 Cisco는 닷컴 거품이 꺼지고 3조원의 재고가 쌓일 때 그것을 고민했다.

프로세스 관리는 프로세스 중심의 사고와 프로세스 중심 조직 설계의 중흥기를 만들어 준다. 그리고 이러한 중흥기는 단순히 기술혁신만으로 추진되는 것은 아니다. 아니 오히려, 전혀 그렇지 못하다. 주요 추진력은 경제 여건이다. 응용 프로그램이나 데이터베이스가 아니라 프로세스가 비즈니스에 있어서 가장 가치 높은 자산이지만, 그 자산의 가치는 프로세스의 실행뿐만 아니라 명확한 표현에 기반을 둔 관리 능력에도 존재한다. 1990년대 리엔지니어링 운동에 의해 주장된 비즈니스 변화를 구현하는 현재의 방법은 절대 만족스럽지 못하다. 협업 리엔지니어링 추진의 새로운 물결로부터 얻는 이익은 10년 이상 낡은 "리엔지니어링"의 약속을 실제로 충족시킬 수 있는 능력 바로 그것이다.

실행으로 가는 길

BPM 제3의 물결에 있어서, 연통(stovepipe) 사고와 점 대 점(point-to-point) 방식의 기술적 통합은 유연한 프로세스 중심 구조에 길을 내주게 된다. 기업 시스템의 복잡성과 다양성, 미들웨어의 증가, 조직경계 안 또는 조직경계 너머로 효율과 생산성을 한 차원 높이는 원동력, 이 모든 것들이 프로세스 사고를 요구한다. 가트너 그룹(Gartner Group)과 같은 분석기관들은 이제 "비즈니스 로직을 소프트웨어나 미들웨어에 프로그램화(hard-code)하는 일을 계속하거나 수작업을 고집하는 기업은, 프로세스 경영 구조를 만들고 프로세스를 디지털화한 경쟁 상대에게 뒤질 수밖에 없다"고 말하고 있다.

과거의 리엔지니어링과는 달리, 오늘날의 프로세스 중심 구조는 반드시 직접 실행 가능해야 하고, 현재 프로세스 운영에 주는 충격을 최소화하면서 그들 자신의 방식에 의해 진화해야 한다. BPM은 구성원, 고객, 협력사, 응용프로그램, 데이터베이스 이 모두를 수용하는 프로세스 관점에 기초하여 정보교환을 정의하고 실행하게 하고 관리한다. 한 특정 프로세스를 만들어 내는 환경은 그 프로세스의 라이프사이클을 관리하는 환경으로 그대로 사용될 수 있다. 공급망 프로세스, 프로젝트 계획 프로세스, 학습 프로세스, 제품 데이터 관리 프로세스 모두가 마찬가지로 표현되고 관리된다.

BPM이 인식하는 사실은 물리학에서 중력법칙이 기본인 것과 같이 변화는 비즈니스의 기본 요소이고 따라서 기업 구조에 있어서 민첩성(agility)은 근본 접근 요소라는 것이다. CSC의 론 브라운(Ron Brown)은 "오늘날 CEO는 새로운 비즈니스 접근방법에 대한 대응 능력의 관점에서-현재 마치 초대형 유조선의 회전반경과 같은-IT의 회전반경을 줄이는 방안을 찾고 있다"고 설명한다. BPM은 IT의 활동이 프로세스의 정상적 궤도와 일치하도록 방향을 재설정해 준다. 따라서 IT 프로젝트의 목표미달 가능성이 줄어 들고, 비즈니스 논리에 뒤 처질 가능성도 낮아지며, 더 이상 존재하지 않을 문제에 대해 지나치게 정교한 해법을 구현하는 가능성도 감소한다. 비즈니스 측면에서 보면, BPM은 내외부 프로세스를 원활하게 만들고, 중복을 제거하며, 자동화율을 높이고, 전체 종단간(end-to-end) 프로세스를 가시화하며, 통제와 신뢰성을 증진시킨다. BPM 제3의 물결을 이미 도입한 기업들은 스스로 새롭게 발견한 민첩성이 경쟁우위의 뚜렷한 새 원천이라고 주장하고 있다. 브라운(Brown)은 "기업들이 지금에야 깨달은 것은 IT 부서가 하는 대로 보고만 있을 필요도 없고, 경쟁사들도 똑같이 획득할 수 있는 표준 응용프로그램을 구입할 필요도 없다는 사실이다"라고 말한다. 즉 프로세스는 기업들 자신이 책임질 수 있다. 이제는 IT이든 비즈니스이든 변명의 여지가 없다.

BPM 제3의 물결은 기업 특성에 따른 독특한 수천 개의 트랜잭션이나 또는 협업 프로세스에 대한 자동화와 개선을 동시에 지원한다. BPM은 마케팅, 판매, 인사, 예산, 생산, 공급망, 제품설계, 수요예측, 물류, 고객만족 등의 일반적인 프로세스뿐만 아니라 산업 특성이 반영된 특수 프로세스 모두를 다루게 된다. 각 프로세스는 고객, 공급자, 협력사, 구성원, 부서, 시스템 인터페이스 각각의 필요에 따라서 맞춤 수정이 가능하다. 프로세스는 산업표준-예를 들면 금융권의 연속적 업무처리(STP) 표준, 소매 및 운송 산업의 계획/예측/보충 협업(CPFR) 프로세스 등-의 설계 패턴을 받아들일 수도 있다.

프로세스 설계는 전세계에 걸쳐 지역적으로 관리되는 사업장들을 위해 맞춤 수정될 수 있다.

　BPM은 인사와 같이 상대적으로 간단한 프로세스 자동화는 물론, 제품설계나 계약생산과 같이 복잡하고 동적이고 전략적으로 핵심인 프로세스 자동화에도 적합하다. 그러나 BPM은 복잡하고 유동적이며 조정이 어렵거나, 끊임없는 프로세스 최적화와 개선된 의사결정이 주요 목표인 경우에 가장 강력하다. 기업들은 이제 BPM 제3의 물결을 통해 자기 자신의 프로세스를 소유할 수 있으며, 경쟁우위의 원천으로 그것들의 활용을 극대화할 수 있다는 것을 인식하고 있다.

　BPM 제3의 물결은 현업과 소프트웨어 개발자가 직관적 도형 기호를 사용하여 프로세스를 설계할 수 있는 동일한 환경을 제공한다. 이러한 접근방식은 현업이 설계, 전개, 프로세스의 모니터링에 전적으로 참여할 수 있도록 함으로써 IT로 하여금 핵심요구분석 과정의 부담에서 벗어날 수 있게 하고, 또한 IT로 하여금 자유롭게 프로세스 운용과 정합성은 물론 확장성 있고 견고한 프로세스 중심의 기술 하부구조에 전념할 수 있도록 만들어 준다. 프로세스는 프로그램 코드의 변경 없이 현업의 통제 하에 맞춰지고 수정된다. BPM 제3의 물결을 사용하여 IT는 IT 환경의 복잡성에 지배를 받는 속도 대신에 비즈니스에 의해 지배를 받는 속도로 비즈니스 요구에 반응할 수 있게 된다. BPM은 라이프사이클에 있어서 연속성을 제공하고 소프트웨어 개발자의 간섭 필요성을 최소화한다.

　BPM은 응용프로그램의 포트폴리오를 관리하는 글로벌 조직 여부와는 상관 없이 모든 조직의 요구를 지원한다. 선택적인 하나의 응용프로그램 이미지(또는 발자취)에 근거한 IT 전략에 반하여, BPM은 모든 응용프로그램과 서비스를 통합할 수 있다. BPM은 작업이－수작업, 패키지 소프트웨어, 레거시 시스템－어디에 존재하건 전체 종단간(end-to-end) 프로세스를 볼 수 있게 하고 프로세스 관리를 통제한다.

BPM은 거추장스러운 레거시 시스템 환경이나, 정책결정, 분산운영, 인수/합병 등에 의한 성격이 다른 응용프로그램 환경에 있어서의 어려운 점들을 관리한다. BPM은 중앙 집중형 IT 전략을 지원하는 것과 마찬가지로 연방형 하부구조도 지원한다. 기업의 프로세스는 응용프로그램의 중복 없이 지역적인 접근방법을 쉽게 받아들일 수 있다. 여러 번 응용프로그램을 구성하고 전개하는 대신에-예를 들면 지역 사업단위 조직을 위해-프로세스 자체가 맞춤 수정되어 비용을 크게 절약할 수 있다.

BPM의 역사

프로세스 경영은 대기업에 있어서 전혀 새로운 것이 아니다. 그러나 프로세스 경영을 이루기 위한 방법에는 큰 변화가 있었다.

과거 : 1980년대 말, 기업들은 리엔지니어링에 의해 극적인 개선을 약속받는 듯 했다. 그러나 그것은 너무나 많은 수작업과 큰 고통이 수반되는 것으로 판명되었다. 리엔지니어링은 기업 내부에서 개선된 기능을 가질지는 모르지만, 민첩성을 제공하는 데 실패하였고 계속되는 변화를 지원하지 못하였다. 이 때의 컴퓨터 시스템은 프로세스의 모든 복잡성을 표현하는 데 부적합하였고, 그 자체로는 프로세스 관리 도구를 제공하지 못하였다. 프로세스 도출과 설계는 기껏해야 칠판을 사용한 팀 미팅 정도였다. 프로세스 전개도 또 다른 팀 미팅 정도에 불과했다. 실행은 새로운 규칙과 절차 또는 IT의 지원이 거의 불가능한 프로세스 맵 정도로 구성되어 있었다. 유지보수는 실패가 발생했을 때만 실시되었고, 최적화는 희망사항일 따름이었다. 추가분석은 거의 이루어지지 않았다.

지난 10년 : ERP와 워크플로우의 시대로서 소프트웨어 패키지가 폭 넓게 판매되었고 CEO는 더 이상 IT를 걱정하지 않아도 되는 약속을 받았다. 기본 아이디어는 필요한 모든 것을 패키지가 제공한다는 것이었다. 그러나 ERP는 유연성이 없었다 – 그리고 ERP 설치는 문자 그대로 몇 달 또는 심지어 몇 년 씩 걸렸다. 뒤이은 응용프로그램들은 좀 더 완벽한 해법 제공을 시도하였다. 그러나 그것들은 모든 비즈니스 요구를 만족시키도록 만들어질 수 없었고 따라서 사용자들은 구성요소 추가와 끝없는 맞춤처리를 할 수밖에 없었다. 이들 추가 요소는 기본 해법에 제약을 주었고, 이 같은 왜곡은 전체 비즈니스 프로세스의 유연성을 더욱 감소시켰다. 이 시대에 프로세스 도출은 여전히 수작업이었으며 도출된 프로세스는 책자로 서고에 묻혀 버렸다. 프로세스 전개는 만일 그것들이 틀렸다면 큰 암묵적 문제를 지닌 채, 응용프로그램으로 모든 작업자에게 제공되는 방식이었다.

최근 : 좀더 유연한 처리와 추가분석을 위해 기업의 프로세스를 편집 가능한 형태로 도출하고 관리할 수 있는 새로운 형태의 프로세스 매핑 도구가 출현하기 시작하였다. 가장 중요한 목적은 기업이 일하는 방식에 관한 문서를 작성하는 것이었다. 그것들은 프로세스 설명을 재검토하고 보완하는 일을 돕기 위해 사용되기도 했다. 그러나 이 도구들은 프로세스를 직접 실행시키지 못했고, 독자적인 포맷과 일관성 없는 기호를 사용하였다. 그들은 실제 프로세스의 협업 관점과 그것의 복잡성에는 별로 신경 쓰지 못하고, 입출력 업무 및 데이터 흐름에 주로 초점을 맞추었다. 그러나 도출 단계에 있어서 이 도구들은 비즈니스의 다양한 관점을 통합할 수 있게 하고, 프로세스 청사진을 수정, 유지할 수 있게 하며, 보고서를 작성할 수 있도록 해 주었다. 최적화와 유지보수는 우선 프로세스 설계의 시각적인 관찰에 의존하였으며, 전체 청사진을 현재 운영중인 소프트웨어와 같은 속도로 유지하기가 매우 어려웠다. 이것은 아직도 비즈니스-IT 간격이 기술적인 구현을 전략적인 목적들과 분리시키기 때문이다. 프로세스 시뮬레이션과 분석을 향한 경향은 뚜렷했지만, 계획과 실행 사이의 연결고리는 발견할 수 없었다.

향후 : 제3의 물결 시대에는 프로세스가 사람에게는 정보로 보이고 기계에

게는 실행 가능한 프로그램 코드로 보인다. 하나의 공인된 표준이 모든 프로세스를 설명하는 데 사용된다. 프로세스 설계는 하향식 — 비즈니스 전략과 프로세스 설계 수준 — 과 상향식 — 현존하는 IT 시스템의 활용을 극대화하는 수준 — 모두로부터 진행된다.

도출은 프로세스 설계를 위해 표준 전자포맷을 사용하며, 그것에 의해 프로세스 관리 시스템과 그 저장소가 활성화된다. 마치 비행기 설계자가 완전히 자동화된 CAD(computer-aided design)와 시뮬레이터를 사용하듯이 프로세스 설계자는 저장소의 모델을 사용하여 시뮬레이션을 하고 기대하는 변화를 탐험한다.

프로세스 경영은 프로세스 설계와 뒤이은 프로세스 변화를 다른 주기로 관리되는 통합 활동으로부터 분리한다. 다른 비즈니스 영역이나 또는 협력사에 의해 작성된 프로세스 모델들은 프로세스 차원 인터페이스를 통해 기술적인 자세한 내용과는 독립적으로 상호 연결될 수 있다. 높은 차원의 모델은 좀 더 세분화될 수 있다. 추상화된 모델은 후속 설계를 위한 청사진으로 사용될 수 있다. 도출, 설계, 전개, 유지보수는 순서대로가 아니라, 병행해서 발생한다.

프로세스 관리시스템은 프로세스 수준의 수단과 프로세스 최적화를 안내하는 새로운 형태의 관리정보는 물론 점진적 개선을 제공하는 자체적인 측정지표를 가지고 있다. 분석은 전체 종단간(end-to-end)으로 이루어져서 설계와 운영 사이의 폐쇄 반복(closed loop) 관계를 형성한다. 비즈니스 한 영역에서 얻은 개선은 다른 부서로 전파될 수 있고, 필요에 따라서 조정될 수 있다.

프로세스 설계는 IT 하부구조로 직접 반영되며, 기업 포털을 통해 구성원에게 전달된다. 이 같은 접근 방식은 데이터베이스, 레거시 시스템, 최신의 패키지 해법 등을 유연한 전체 종단간(end-to-end) 프로세스와 연결시켜서 관리자, 프로세스 엔지니어, 사업부서, 구성원뿐만 아니라 IT 개발자에게 — 모두 통일된 프로세스 기반의 관점 안에서 — 필요한 사항들을 지원하여 기존 투자의 활용을 극대화한다.

리엔지니어링과 ERP의 시대에는 프로세스의 일회성 변화에 초점을 맞추었다. 워크플로우는 제3의 물결의 출현을 알리는 혁신이었다. 이제는 BPM에 의한 통합과 협업이 "내장된(built-in)" 입/출력 프로세스뿐만 아니라 모든 프로세스를 변화시킨다. 프로세스는 어떤 새로운 패키지 응용 프로그램이 아니라, 하나의 새로운 정보 타입으로 표현된다. 설계된 프로세스는 간섭받는 단계 없이 믿을만하고 확장성 있는 서비스로 즉시 전개될 수 있다. 프로세스는 데이터에 불과하기 때문에 맞춤 수정은 아주 간단하다. 두 프로세스의 통합은 두 프로세스 데이터의 조합에 불과하므로 프로세스 협업이 간단하다. 간단한 트랜잭션의 신뢰성 있는 처리를 요구하는 프로세스뿐만 아니라 몇 주, 몇 달, 몇 년이 걸리는 복잡한 프로세스도 이 접근방식에 잘 맞는다. 심지어는 가장 간단한 수학계산도 이러한 형태로 똑같이 표현될 수 있다.

제3의 물결 전에는, "프로세스" 전개—실제로는 응용프로그램 개발이지만—는 복잡하고 다루기 힘든 절차를 통하여 프로세스 설계를 IT 산출물로 번역하는 단계를 포함한다. "비즈니스-IT 분리"라고 불리는 상황에서의 접근방법은 IT가 구현방안을 알아서 만들어 내도록 "담장 너머로 던져져 방치됨으로써" 종종 왜곡된 결과를 낳는 그런 것이었다. 지난 20년 동안 IT는 접근방법을 비즈니스 객체로 그리고 궁극에는 소프트웨어 코드로 번역하는 과정을 매끄럽게 만들기 위해 많은 노력을 기울여 왔다. 제3의 물결은 이러한 접근방식을 보완한다. BPM에서 풍부한 프로세스 표현 언어는 모든 프로세스를 표현할 수 있고 BPM 전용 실행 환경은 새로운 프로세스가 즉시 작동될 수 있도록 만든다. 프로세스 경영 제3의 물결은 연속적 연결 과정이다—실행 코드로의 번역은 필요 없다. 결과적으로, 프로세스 시스템은 살아 있도록 조율될 수 있다. 시뮬레이션과 분석은 살아 있는 비즈니스 운영의 바탕에서 온라인으로 수행된다. 프로세스 개선 노력은 측정되고 분석될 수 있어서 IT 투자에 대한 투자수익(ROI)을 매우 구체적으로 평가할 수 있도록 해 준다. 따라서 비즈니스는 원하는 프로세스를 가질 수 있고, 모델은 번역되거나 어떤 의미로든 왜곡되지 않는다. 모든 참가자들은 프로세스 설계를 공유할 수 있고, 변화는 시스템과 협력사를 가로질러 퍼져 나갈 수 있다.

그러나 BPM의 하향식(top-down) 설계방법은 한 번에 모든 것이 끝나고 하나의 전사적 프로세스 모델을 작성하는 것을 의미하는 것은 아니다—경험상 이런 방식은 거의 실현 가능성이 없다. 그보다는 "하향식(top-down)"이 의미하는 바는 비즈니스 전략에 맞춰 모든 수준에서 프로세스를 동시에 설계할 수 있는 능력을 말한다. 기업의 현업 모두가 비록 독립적으로 업무를 수행한다고 해도 프로세스 설계에 함께 기여할 수 있다. 이것이 의미하는 것은 참가자들과의 정보교환을 기반으로 프로세스 사이의 연결고리 확장과 또한 하부 프로세스의 행동을 제한하는 설계에 의해 그 의미를 유지하면서 프로세스 모델을 합성할 수 있는 능력이다.

모델링에서 관리로

1997년 12월 5일의 연구 노트에서, 가트너 그룹(Garter Group)은 'IS 조직이 BPM을 하지 않는 아홉 가지 이유"를 규명했다. 그 당시 "BPM"은 프로세스 경영 또는 관리라기보다는 프로세스 모델링을 의미했다. 어떤 경우에도, 프로세스 경영은 가트너가 규명한 프로세스 모델링 사용만으로 발생하는 단점들을 타개해 나갈 수 있는 것으로 볼 수 있다.

"비즈니스 단위 조직은 노력하지 않을 것이다." 많은 기업들은 프로세스 모델링을, 복잡성이 점증하는 소프트웨어 엔지니어링 프로세스를 쉽게 만들기 위해 비즈니스 단위 조직이 참여해야 하는 필요성 때문에 IT가 주도하는 노력으로 보았다. 말할 나위 없이 어떤 비즈니스 단위 조직은 그 같은 방향으로 가는 것에 심한 거부감을 가지고 아무런 노력도 하지 않았다. 반면에, 지금의 비즈니스 프로세스 경영은 비즈니스 프로세스 모델을 실행 프로세스로 전이시키기 위해 더 이상 IT 조직의 참여가 필요 없으며, IT 대신 비즈니스가 추진력을 가지고 있다고 받아들인다.

"CASE를 시도했으나 좋지 않았다." 보통 "분석 마비" 상태까지 야기한 케이스(CASE : Computer-Aided Software Engineering)의 단점이 지금은 잘 이해되고 있으며 프로세스 경영은 이것을 타산지석으로 삼고 있다. BPM은 CASE가 아니다. CASE는 비즈니스 접근방법과 설계 매개변수를 현존하는 소프트웨어 산물들—객체, 컴포넌트, 인터페이스 등—과의 매핑을 자동화하는 임시 단계였다. BPM은 객체가 아니라 프로세스—새로운 일등급의 정보 유형—에 기반을 둔 새로운 유형의 소프트웨어이다. 그리고 이 새로운 유형은 비즈니스 표현을 지향하고 있으므로 BPM은 CASE에서의 번역과정을 필요로 하지 않는다. BPM은 전통적인 소프트웨어 개발 없이도 복잡한 비즈니스 로직과 계산을 위한 시스템을 개발하기 위해 기본적으로 짜인 블록을 제공한다. BPM은 설계, 구현, 테스트, 전개와 같이 전통적으로 정의된 요구사항의 라이프사이클 개념이 필요 없다. BPM에 있어서 테스트는 시뮬레이션으로 많은 부분이 대체된다.

"우리는 시간이 없다." IT 조직에 의해 비즈니스 프로세스 모델링이 수행될 경우, 그 모델링은 전체 소프트웨어 엔지니어링 과정에 있어서 때때로 비생산적이거나 혹과 같은 단계로 간주되었다. 그것은 보통 점점 꽉 짜여지는 일정과 맞지 않았고, 일정은 1997년 갑자기 대두된 Y2K 버그와 함께 점점 더 조여졌다. 반면에, 제3의 물결 프로세스 시스템은 과거에 없었던 가장 빠른 조기 응용시스템 개발(RAD: Rapid Application Development)로 이해될 수 있다. 프로세스 모델을 소프트웨어로 번역할 필요가 전혀 없다—프로세스 모델이 바로 시스템이다. BPM은 컴퓨터 기반의 프로세스뿐만 아니라 수작업으로 추상화된 실제의 현실적인 프로세스를 모델링할 수 있어서 비즈니스를 좀 더 완벽한 디지털 모델의 세계로 이끌어 간다. 이것은 관리 프로세스, 추상화된 프로세스, 지식관리 프로세스, 조직 학습 프로세스 등을 포함한다. 이것들과 응용프로그램으로서 프로세스를 보는 전통적인 관점은 전혀 구분이 없다. 모델은 단지 모델이고 모든 필요한 요소와 참가자를 포함한다.

"*무엇을 만들 것인지는 비즈니스 단위 조직이 요구한다. 우리는 거기에 질문을 하지 않는다.*" 비즈니스 프로세스 모델링은 'IT의 제안과 비즈니스의 요구 조합하기"를 통해 종종 비즈니스와 IT 사이의 괴리를 메우는 방법으로서 그 의미가 있었다. 이런 접근방식에서 비즈니스 단위 조직은 전형적으로 IT 조직을 단지 비용만 들어가는 부서(cost center)로 인식하고, IT로부터의 어떤 제안에 대해서도 인내심을 갖지 못한다. BPM은 비즈니스와 IT 사이의 틈새를 채우는 데 있어 유사한 접근방식을 택하지만, 완전히 다른 전략에 기반을 두고 있다. 비즈니스 조직과 IT 조직 간의 자연스러운 관계를 뒤바꾸려는 노력 대신, 비즈니스 프로세스 경영은 그들 간의 공생 관계를 형성한다. BPM 제3의 물결은 프로세스를 설명하기 위한 공통 언어를 제공하고, IT 조직의 일반적인 시스템 사고와 많은 경험을 비즈니스 혁신문제 해결에 활용할 수 있도록 함으로써 비즈니스 단위 조직이 IT 조직을 사업전략 토의로 끌어당기는 것을 가능하게 한다.

"*비즈니스 모델과 IT 모델을 동시에 유지할 수 없다.*" 원래 비즈니스 프로세스 모델링은 단지 소프트웨어 개발을 위한 요구 사양 모델의 개발을 지원할 뿐이었다. 요구 사양은 분석, 설계, 코딩, 테스트, 구현으로 구성된 다단계 소프트웨어 개발 프로세스의 시작이다. 접근방법과 관련된 기술적인 산출물인 컴포넌트, 파일, 인터페이스 등과 접근방법 간의 관계가 극단적으로 복잡하고 다양하기 때문에 정렬된 상태를 유지하는 것이 거의 불가능하고 이로 인해 소프트웨어 개발 프로세스 자체가 비즈니스와 IT 모델 간의 상이함을 만들어 낸다.

소프트웨어 개발 접근방식의 경험에서 얻은 교훈은 프로세스 경영에서는 어떤 프로세스든 전체 라이프사이클에 걸쳐 하나의 모델이 공유되고 유지되어야 한다는 사실이다. 여러 개의 모델과 다양한 변환 수단에 의존하는 대신, 프로세스 경영은 하나의 모델에 대한 여러 가지 관점－업무 분석가를 위해, 소프트웨어 엔지니어를 위해, 협력사와 고객을 위해－을 제공한다.

"비즈니스 변화는 너무 빨라서 모델링할 수 없다." 실시간으로 비즈니스 변화를 포착하는 데 대한 비즈니스 프로세스 모델링의 무능력은 두 가지 주된 요소에 의해 확대되어 왔다. 하나는 비즈니스와 IT 모델이 동시성을 갖게 하는 필요성이고, 다른 하나는 대부분의 프로세스 모델링 프로젝트에 통상적으로 적용되는 모든 것을 포함하는 접근방식이다. BPM은 사업부서와 IT 조직이 공유하는 하나의 모델에 의존하므로 시장에서 요구하는 급격한 진화에 보다 빠르고 준비된 상태로 적응한다. 더구나 BPM은 프로세스 관리의 하향식(top-down) 접근방식을 선호하지만, 효과를 얻기 위해서라면 전사 프로세스에 이 방식의 모델링을 요구하지는 않는다. 이러한 실용적 접근방식은 제3의 물결 추진에 있어서 매우 중요한 성공 요소이다.

"응용프로그램 개발 모델링으로 충분하지 않은가?" 비즈니스 프로세스 모델링은 UML(Unified Modeling Language)과 같이 IT 조직에서 소프트웨어 개발을 위해 사용하는 모델링 기술과 가끔 충돌한다. 소프트웨어 개발은 응용프로그램을 만들고 유지하는 하나의 프로세스이다. 비즈니스 프로세스 경영은 비즈니스 프로세스를 만들고 완성하는 하나의 프로세스이다. UML 또는 다른 모델링 방식은 응용프로그램의 모양을 계속 만들어 나간다. 그러나 개발 결과가 비즈니스 프로세스 모델에 한번 통합되면, 비즈니스 프로세스를 만들고 유지하기 위한 추가적인 응용프로그램 개발은 더 이상 필요하지 않다. 응용프로그램 통합을 한번 수행하면, 어디에서든 아무 때나 주기에 상관 없이 비즈니스 프로세스를 만들고 설계하고 전개하고 관리한다.

"프로토타이핑으로 충분하지 않은가?" 프로세스 모델링은 비즈니스 단위 조직보다는 IT 조직에 판매가 이루어지므로, 비즈니스 프로세스의 원래 개

넘이 때때로 기술적인 프로세스와 혼동되고, 일반적으로 시스템 절차나 스크린 흐름 등의 기술적인 산출물로 표현된다. 이러한 점은 프로세스 모델링이 단지 응용프로그램 프로토타입 작성에 대한 환상적인 표현이라는 결론을 이끌어 낸다. 반면에 BPM은 "비즈니스 프로세스"라는 말 중에서 형용사 "비즈니스"를 단지 말치레로 표현하지 않고, 오히려 비즈니스라는 차원에 매우 큰 의미를 둔다. BPM의 가장 낮은 프로세스 설계 수준에서 시스템 절차라든지 화면에 의한 사용자 상호작용 흐름 등이 마찬가지로 포착될 수 있다고 하더라도, 이것은 단지 초기에 업무 분석가에 의해 개발된 높은 수준의 비즈니스 프로세스 가운데 상호작용 부분만을 표현한 것이다. 프로토타입은 단지 프로토타입에 불과한 반면에, 프로세스는 그 자체로서 존재하면서 주변의 변화하는 세계 안에서 살아 움직인다. 제3의 물결 프로세스는 자동과 수동 작업의 교차점에 정확하게 위치하며, 그들 자신의 사용자 인터페이스를 조절한다. 프로세스 변화에 따라서 자동으로 인터페이스도 변화한다.

"비즈니스 프로세스 모델링은 그 가치보다 문제점이 더 많다." 상기한 모든 이유에서 많은 기업들은 결국 비즈니스 프로세스 모델링은 그 가치보다 문제점이 많다는 결론에 도달했다. 이것은 관중을 잘못 선택한 기술로부터 예상되었던 것이고 따라서 비즈니스 단위 조직과 IT 조직 내부 또는 서로 간에 모든 형태의 긴장과 갈등을 유발하였다. 그러나 모델링을 보는 관점이 달라지고 있고, 프로세스 경영 시스템의 맨 위에 위치하는 복잡한 도구들을 제공하는 데 핵심역할을 하는 모델링 기술 제공업체들도 또한 달라지고 있다.

오늘날의 프로세스 모델링 도구는 대부분 응용프로그램 개발 도구로 출발하였고 초기에는 IT 조직에 판매되었다. 리엔지니어링 추세와 함께, IT 조직은 새롭게 재설계된 프로세스 구현의 필요성에 직면하였고 소프트웨어 모델링 기능뿐만 아니라 프로세스 모델링 기능도 공급자들에게 요청하였다. 이에 따라서, 공급자들은 기존의 소프트웨어 모델링 도구와 기업 및 프로세스 모델링 도구를 연결시키는 데이터 사전(data dictionary)과 함께, 기업 모델링과 프로세스 모델링을 위한 추가도구를 공급하기 시작하였다. 그러나 모델링 패러다임의 분리는 곧 이들 공급자들로 하여금 다음 단계 – 모든 모델링 차원의 합성과 수렴 – 를 예견할 수 있게 하였다. 프로세스 모델링 공급자들 – 프로세스가 왕이라는 것을 처음부터 알고 있었던 – 은 그들의 판매목표 대상을 IT 조직으로부터 비즈니스 단위 조직으로 옮기기 시작하였고, IT 조직과 함께 비즈니스 단위 조직의 BPM 수용을 위한 기초작업을 효과적으로 준비하였다. 지금은 프로세스 모델링 환경 안에서 전통적인 데이터 사전(data dictionary)이 프로세스 사전(processs dictionary)에 의해 대체되고 있으며, 전통적인 데이터도 프로세스 데이터로 대체되고 있다. 워크플로우 커뮤니티와 함께 프로세스 모델링 공급자들도 제3의 물결로 인도하는 프로세스 경영 혁신자들이다.

모든 통제권한을 사용자에게 넘겨 준다

비즈니스 프로세스 경영은 여덟 개의 넓은 기능으로 구성된다: 도출, 설계, 전개, 실행, 상호작용, 통제, 최적화, 분석이 그것들이다. 도표 4-1에서와 같이 이들 기능은 그 자체가 비즈니스 프로세스이고, BPM에 의해 관리될 수 있다.

도출은 각 참가자들의 관점을 절충하는 것과는 반대로, 실제로 업무가 어떻게 수행되고 있는지를 명확하게 표현하는 것이다. 비즈니스 프로세스들 – 이벤트 흐름, 정보 흐름, 통제 흐름 – 은 프로세스와 그 프로세스가 사용하는 모든 하부 프로세스를 구현한 컴퓨터 시스템들을 포함한 모든 참가자의 관점에서 컴퓨터가 읽을 수 있는 형태로 추출된다. 도출은 암묵적인 업무형태 또는 시스템에 녹아 있는 프로세스를 전환시켜서 그것들을 명확하게 표현하여 디지털 자산으로 만드는 일련의 작업을 설명하는 것을 포함한다.

도표 4-1 | 프로세스 라이프사이클

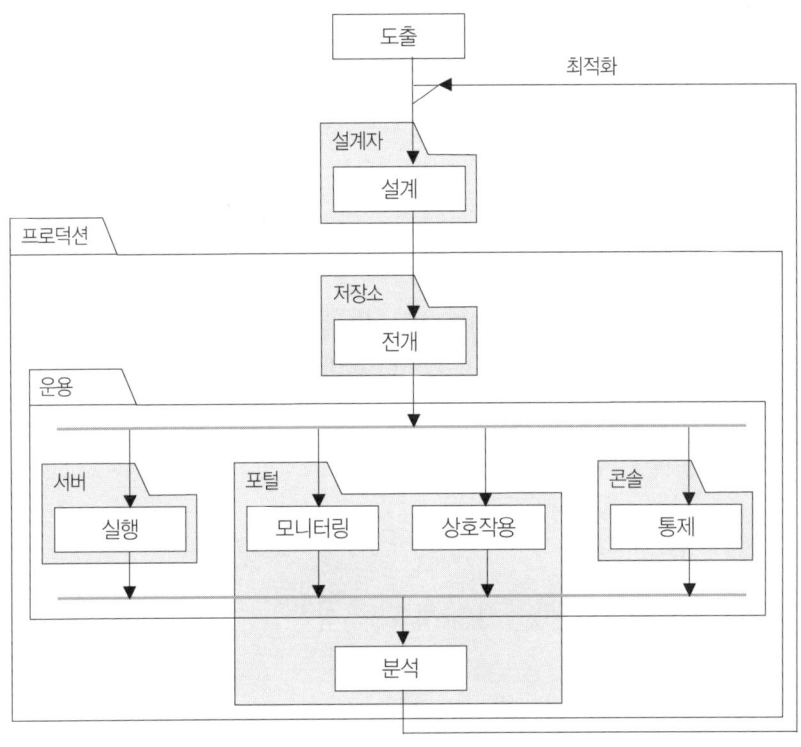

도출은 수작업(비즈니스 매핑을 사람의 노동에 의존) 위주가 되거나, 자동(레거시 시스템의 내부 코드를 관찰하는 것)으로 이루어지거나, 또는 두 가지 방법이 복합적으로 될 수도 있다. 제3의 물결 기술은 업무를 파악하고 업무 형태를 매핑하여 자연스럽게 자동화 시스템으로 이끌어 간다. 오늘날 데이터 관리 시스템이 이미 비즈니스 데이터로 꽉 차 있는 것과 같이, 프로세스 경영 시스템은 현재의 비즈니스 활동을 반영하는 프로세스 데이터로 채워질 것이다.

도출은 내외부적으로 프로세스가 어떻게 작동되는지에 대한 명확한 그림을 개발한다. 도출은 모든 참가자가 비즈니스 전체를 이해할 수 있게 하고,

전체에서 자신의 책임을 파악하게 하며, 다른 참가자와 효과적으로 상호 작용할 수 있도록 하는 전체 프로세스 지식을 만들어 낸다. 도출은 기업을 가로질러 시스템과 업무 활동에 관한 지식을 합성하고, 고객, 공급자, 협력사 모두를 프로세스 설계 업무에 참여시킨다. 도출 도구는 점점 "지능화"하여 비즈니스로부터 얻은 데이터-예를 들면 전문가로부터 얻은 프로세스 데이터-를 사용해 스스로 프로세스 도표를 그린다.

 *설계*는 조직이 도출을 통해 무엇이 가능한지를 파악한 후 프로세스를 명확하게 모델링하고 재설계하는 것이다. 설계는 업무, 규칙, 참가자, 상호작용, 상관 관계를 다룬다. 설계는 업무 분석가들이 경쟁압력 또는 비즈니스 기회에 대응하여 신속하게 프로세스를 재구성할 수 있도록 프로세스에 대한 목표 측정지표 설정을 포함한다. 프로세스의 합성, 분할, 조합, 재구성, 전이 등이 프로세스 설계의 특징이다. 시스템과 비즈니스 인터페이스가 내부적으로 또는 협력사와 관련하여 재설계된다. 프로세스 저장소는 변화관리와 통제뿐만 아니라 프로세스 템플릿의 재사용, 적용, 재작성을 지원한다. 어떤 조직은 산업 베스트 프랙티스와 패턴의 저장소를 개발할 것이다. 시뮬레이션을 사용하여 설계 대안을 탐색한다. 기존의 프로세스 모델링 기호와는 다르게, BPM의 모델링 기호는 프로세스의 서로 다른 행동 관점의 명확한 묘사와 함께 프로세스를 직관적으로 그릴 수 있도록 하며, 심지어는 추상적인 비즈니스 개념도 쉽게 포착할 수 있도록 하는 간결함도 제공한다.

 *전개*는 사람, 응용프로그램, 다른 프로세스를 포함한 모든 참가자들에게 새로운 프로세스를 적용하는 것이다. 제3의 물결에 있어서는 수작업에 의한 간섭이나 또는 추가 기술적 단계 없이도 새로운 프로세스를 쉽게 전개할 수 있다. 모두는 아니더라도 대부분의 업무가 자동화된다. IT는 프로세스가 작동하는 그대로 개발을 할 수 있다. 기존 응용프로그램에 녹아 있는 비즈니스 로직에 대한 프로세스나 인터페이스의 투사를 통해 응용프로그램 컴포넌트들은 미리 통합될 수 있다. 유사하게, 프로세스는 미리 매핑될 수 있고 조직

간의 표준의 공통 인터페이스를 준수할 수도 있다. 전개시에는 업무를 다양한 참가자에게 뜻대로 분배하는 것이 가능하다. 마찬가지로 다른 프로세스 경영 시스템들과 프로세스의 실행을 분배할 수 있다. 분배 결정에 따라서 자원은 재분배된다. 아주 세밀한 변화관리와 프로세스의 맞춤 수정이 가능하며 이것들은 전개에서 절대적으로 필요한 요소이다.

실행은 모든 참가자—사람, 컴퓨터 시스템, 다른 조직, 다른 프로세스—에 의해 새로운 프로세스가 확실히 수행되도록 하는 것을 말한다. 실행은 프로세스 경영 시스템의 책임사항이며 하나의 "암실(dark room)" 활동이다. 프로세스 경영 시스템은 참가자들이 상호 작용할 때 프로세스의 상태를 관리한다. 프로세스 경영 시스템은 심지어 복잡한 다단계 프로세스 내부에서도 새로운 시스템이나 또는 기존의 레거시 시스템을 가로지르는 분산 트랜잭션을 구현한다. 기존의 응용프로그램들은 보다 큰 프로세스 조각들로서 프로세스 실행에 짜맞춰진다. 실행 상태는 기술적인 한계나 응용프로그램의 행동에 의해 제한을 받지 않는다. 프로세스 경영 시스템은 분산처리 미들웨어로부터 사용자를 분리시키고, 혼합 기술 환경 아래에서 분산된 프로세스가 항상 잘 작동될 수 있도록 보장한다. 다른 시스템에서 발생하는 서로 다른 업무의 상관관계를 관리함으로써 전체 종단간(end-to-end) 프로세스의 연결성을 보장한다. 참가자 간에 흐르는 데이터 흐름이 통제되고, 필요한 모든 변환이 이루어진다. 프로세스 실행으로 생성되는 프로세스 데이터는 영구히 저장되어 사람 또는 응용 프로그램이 프로세스의 상태나 구조를 조회해 볼 수 있게 한다. 데이터베이스와 같이 프로세스는 지속적이며, 신뢰받고, 백업되고, 복구되고, 보관될 수 있다. 심지어는 네트워크를 통해 문서로서 전송될 수 있다.

상호작용은 프로세스 데스크톱과 프로세스 포탈을 사용하여 사람과 프로세스가 완전한 상호작용을 할 수 있도록 하는 것이다. 상호작용은 수작업(워크플로우라고 불림)과 자동화 사이의 인터페이스 관리를 포함한다—

이 경우 업무할당, 업무관리, 양식 기반의 데이터 입력 등이 강조된다. 그러나 오늘날의 프로세스 상호작용은 예외사항을 해결하기 위한 관찰, 모니터링, 간섭 등을 포함한다. 프로세스와의 상호작용은 전통적인 윈도우 기반의 그래픽 인터페이스를 프로세스와 참가자 간의 복잡한 상호작용이 직접 표현될 수 있는 표현력이 풍부한 시스템으로 확장시킨다. 이러한 접근방식은 업무실행 시에 사용자의 기록행위로부터 만들어지는 새로운 과제 중심의 프로세스 생성 현상을 이끌어 낼 수 있다.

제3의 물결 기술은 프로세스를 데이터로 — 기술 용어로 말하면 추상화된 데이터 유형으로 — 표현하기 때문에, 프로세스 설명을 생성하고, 쓰고, 수정하고, 확장하기 위해 넓은 범위의 다양한 도구와 기술이 등장할 것이다. 이 같은 상황은, 웹을 위한 HTML 페이지 생성을 위해 초기에는 간단한 텍스트 편집기만으로 충분했었으나, 현재는 다양한 도구들이 사용되고 있는 것과 유사하다. 예를 들면, 프로세스 포탈은 프로세스 팀이 함께 일할 수 있도록 도와 주는 그룹웨어 기능 — 그들 자체가 프로세스로 정의됨 — 을 포함할 수 있다. 프로세스는 그 내부에 지식 자원을 포함함으로써, 상호작용에 대한 조언자와 같이 활용될 수 있도록 해 주며 사용자들은 시뮬레이션을 통해 그들이 참여하고자 하는 프로세스를 탐험할 수 있다.

모니터링과 통제는 프로세스와 프로세스가 실행되는 프로세스 경영 시스템 모두에 적용된다. 업무 활동은 개별 프로세스, 프로세스 계층, 그리고 전체 환경의 건전성을 유지하기 위해 필요한 비즈니스와 기술적인 개입에 초점을 맞춘다. 자원 활용도와 같은 기술적 측면에서, 프로세스가 잘 돌아가도록 유지하는 데 필요한 업무들을 포함한다. 프로세스 협업 도구를 이용하여 전문가의 도움을 받아서 예상 못한 오류나 예외사항들을 반드시 도출하여 자동이든 수동이든 관리해야 한다. 그 외의 모니터링 및 통제 활동들에는 프로세스 내부에서 프로세스를 실시간으로 개정한다든지, 참가자 수를 추가, 삭제, 변경한다든지, 협력사 간에 프로세스를 할당하는 일들이 포함된다. 이 업무

활동들은 기업 데이터센터에서 운용되는 시스템이나 응용프로그램의 연속성과 개정을 책임지고 있는 사람들에게는 익숙한 일들이며, 따라서 시스템 관리는 기술적인 시스템에 초점을 두는 반면에 프로세스 관리 과제들은 매일마다, 매주마다, 매월마다의 비즈니스 과제에 초점을 맞춘다.

*최적화*는 설계와 실측 프로세스 성과로부터 나온 피드백 사이에 반복되는 고리를 형성함으로써 프로세스 개선활동이 지속적으로 이루어지는 것을 의미한다. 최적화는 자동 또는 수동이 될 수 있으며, 조직의 테두리를 넘어 확장될 수 있다. 프로세스 경영 시스템은 병목지점, 막다른 지점, 기타 불일치 사항들을 전체 확장된 기업을 가로지르는 프로세스들 — 즉 고객에게 가치를 주는 모든 사람과 모든 것에 사용되는 프로세스들 — 내부에서 자동으로 도출할 수 있다. 자동화된 자원 활용의 최적화, 순차적인 것을 동시에 진행하도록 변환하는 것, 도출된 중복 사항을 제거하는 것 등은 프로세스 최적화 도구가 사람의 간섭 없이 수행하거나 수정을 제안하는 경우이다. 최적화는 프로세스 분석에 크게 의존한다.

*분석*은 개선전략 추진과 혁신기회 도출에 필요한 측정지표, 분석, 비즈니스 인텔리전스를 제공하기 위해 프로세스 성능을 측정하는 것이다. 분석은 경영 차원의 피드백과 프로세스의 과거와 현재에 관한 자세한 운영사항을 제공하기 위해 프로세스 질의어(query language)를 사용하여 전체 종단간(end-to-end) 프로세스에 의해 사용되는 시간과 자원에 대한 넓은 각도의 관점을 제공한다. 최신화는 개별 프로세스 또는 프로세스 집합에 적용될 수 있으며, 설계사례 또는 설계 그 자체에 적용될 수 있다. 질의는 프로세스의 모든 능력과 표현된 참가자들에 대하여 프로세스 데이터 또는 프로세스의 구조적인 진화에 적용될 수 있다. 프로세스 설계는 단지 프로세스 데이터이다.

예를 들면, 프로세스 내부에 들어 있는 활동기준 원가법(ABC: Activity-based Costing) 또는 핵심성과지표(KPIs: Key Performance Indicators)로부터 비즈니스 측정 기준의 도출이 자동화될 수 있으며, 분석업무를 매끄럽게 해 준다. 프로세스에 관한 현재의 정보는 프로세스의 내력과 투사된 미래 사용의 측면에서 평가될 수 있다. 프로세스는 비즈니스 목적과 설계 속성으로 측정된다. 사용자는 문제점이나 결함을 발견하기 위해 전체 종단간(end-to-end) 프로세스를 주기적으로 검토한다.

프로세스 설계에서와 같이 시뮬레이션은 분석과 프로세스의 "what-if" 검증에 핵심 역할을 한다. 분석은 현재 설계의 최적화뿐만 아니라 전혀 새로운 프로세스, 서비스, 제품을 생산할 수 있는 기회를 발견하게 해 준다.

이러한 비즈니스 프로세스에 대한 새로운 차원의 통제는 책임을 증가시킨다. 과거에는 IT 프로젝트의 오랜 시간 지연 때문에 프로세스 변화의 충격이 완화되는 측면이 있었다. 이제는 더 이상 그렇지 않다. BPM 자동화를 자동차의 파워핸들에 비유한다면, 완전한 "BPM" 교통안내시스템을 제공하기 위해 시뮬레이션이 점점 더 중요한 역할을 담당할 것이다.

상기한 비즈니스 프로세스 경영의 8개 핵심기능을 사용하여, 기업들은 프로세스 개선의 자동화된 라이프사이클을 구현할 수 있으며, 만일 이미 전개한 수동 접근 방식이 존재한다면 그것과의 일관성도 유지된다. 이러한 자동화된 지원 기능도 프로세스의 형태로 만들 수 있다. 변화 통제는 모든 것에 적용된다. 변화 통제 프로세스는 다른 프로세스와 다를 것이 없으며 따라서 같은 방식으로 개선될 수 있다. 프로세스 경영의 재귀적 성격은 비즈니스 운영의 현실을 반영한다.

BPM 제3의 물결의 적용

프로세스 경영은 오래된 기업이나 갓 설립된 기업 모두에게, 또 다양한 기업 유형이나 산업종류 모두에게 적용될 수 있다. BPM은 수평적으로 산업을 가로지르는 접근 방식이며, 이를 적용한 산업별 특성화는 앞으로도 계속 진화해 나갈 것이다.

*신생 회사*는 바로 구매할 수 있는 패키지, 컴포넌트, 프로세스, 이 세 가지를 조합하여 완벽한 비즈니스 하부구조를 구성할 필요가 있다. 새로운 응용프로그램들을 획득하고, 그 획득한 응용프로그램들은 참가자로서 비즈니스 프로세스에 완전히 통합되어야 한다. 이런 조직들은 가끔 설립 직전 마지막까지도 프로세스 설계 결정을 미루다가 초기 몇 달간의 운영 경험을 바탕으로 프로세스를 빠르게 정착시킨다.

*안정된 기업*은 보통 하나의 거대한 응용 패키지를 사용하고 있으나, 기술적인 통합 비용의 증가에 봉착해 있다. 프로세스 경영은 기존 시스템의 기능을 새로운 전체 종단간(end-to-end) 프로세스에 활용함으로써 기존 시스템과 병행하여 도입될 수 있다. 문제가 많은 점 대 점(point-to-point) 통합이 근절될 수 있다. 레거시 시스템은 비즈니스 프로세스 수준에서 한 번은 통합되어야 하며 또 한 번에 한해 통합될 수 있다. 그리고 나면, 응용프로그램이 비즈니스 프로세스 행동을 유발하는 것이 아니라, 비즈니스 프로세스가 응용프로그램의 행동을 유발하게 된다.

*모든 기업*은 흔히 시장에서 구매할 수 있는(off-the-shelf) 기술로 옮겨 가는, 맞춤형 응용프로그램들의 유지비용에 압도되고 있다. 프로세스 경영 시스템은 인기 있는 대체 컴포넌트를 프로세스 설계에 집어 넣거나 빼내 오는 것을 가능하게 하고, 그와 같은 이전작업을 혼란 없이 수행해 낸다. 낡은 응용프로그램은 폐기할 수 있고, 새 서비스로의 이관은 부드럽고 매끄럽게 이루어질 수 있다. 프로세스 포탈이 일관성 있는 비즈니스 프로세스와의 상호작용을 제공하기 때문에 정보시스템 사용자는 표면 아래에서 발생하는 하부구조의 변화를 인식할 필요가 없다. 응용프로그램이 컴포넌트 기반의 응용프로그램으로 넘어가거나 또는 새로운 표준을 받아들이는 것에 상관없이 프로세스 설계는 안정된 상태를 유지한다.

*고객 중심의 조직*은 아웃사이드인(outside in) 시각에서 전적으로 고객이

주도하는 프로세스를 설계할 수 있다. 프로세스는 전체 가치사슬을 가로지르는 모든 응용 프로그램, 시스템, 사용자들을 조화시켜서, 고객을 아주 즐겁게 만드는 데 필요한 모든 자원을 통합하고 수작업에 의한 업무전달과 서비스의 품질을 훼손하는 비효율성을 제거한다.

산업을 주도하는 기업은 시장변화를 선점하여 창조하거나, 시장변화에 대응함으로써 새로운 비즈니스 기회나 예상치 못한 위협에 빠르게 반응해야 한다. 그러기 위해 새로운 제품과 서비스를 설계하고 생산하고 시장에 내 놓아야 한다. 재구성할 수 있는 제3의 물결 프로세스 시스템의 극단적인 민첩성은 기업으로 하여금 "first mover"와 "fast follower"의 상이한 시장전략 사이에서 선택적으로 의사결정을 내릴 수 있게 한다. 경쟁사의 제안을 모방할 것인지 또는 혁신적인 새로운 제품과 서비스로 시장을 파괴시킬 것인지의 결정에 따라서 프로세스가 조립되고 전개된다. 혁신과 전개가 더 이상 IT에 의존하지 않기 때문에 새로운 비즈니스 프로세스 설계와 구현을 방해하는 장벽은 제거된다.

운영이 효율화된 기업은 비용 수준을 유지하기 바라지만, 실제로는 그렇게 가만히 있도록 허락되지 않는다. 비슷한 수준의 효율을 가진 다른 기업과의 경쟁 필요성은 그들로 하여금 시장에서 그들을 차별화하기 위해 프로세스를 확장하고 진화시킴으로써 재현 가능한 베스트 프랙티스(표준 비즈니스 응용 프로그램이 내장된)를 보완하도록 만든다. 프로세스 경영은 프로세스를 보유하는 데 드는 전체 비용을 감소시키며, 동시에 새로운 프로세스 설계 및 전개를 위한 선택사양의 범위를 증대시킨다.

비유컨대, 공익 사업자들은 물과 전력 네트워크의 전체 종단간(end-to-end) 관리를 위한 정교한 시스템을 갖추고 있다. 마찬가지로 제조 플랜트, 원유정제 시설, 컴퓨터 네트워크에 대해서도 관련 프로세스를 관리하는 시스템이 전체를 감시하고 있다. 프로세스 경영 시스템은 이와 유사한 역할을 하게 되고 차세대 산업 응용프로그램이 구축되는 플랫폼이 될 것이다.

마이클 해머(Michael Hammer)는 그의 책 "어젠더(The Agenda)"에서 "급격한 변화에 대처하는 방법은 지연을 없애고 적응력이 뛰어난 조직을 만들어 내는 것이다. 그러나 지금의 조직은 앞을 내다보지 않는다. 전적으로 현 상태, 오직 "지금"에서 운영된다. 심각한 변화에 대한 발견과 대응이 사실상 동시에 일어난다."고 말하였다. 이러한 문제의 해결은 리엔지니어링이 전혀 제공하지 못했던 결정적인 전략적 과제이다. BPM은 다음의 사항들을 제공하고 지원함으로써 이 과제를 해결할 수 있다.

- 이루어져야 할 내용의 가시화 상태 – 조직의 각 계층이 그 내용을 이해할 수 있는 상태 – 에서 실제 그것을 수행하게 될 시스템이 직접 만들어지는 방법
- 비즈니스 프로세스를 시스템, 사람, 협력사가 함께 공유할 수 있는 플랫폼
- IT를 고려하다가 발생하는 일상의 마찰 없이 조직 사이에서 매끄러운 업무관리가 이루어지도록 하는, 사용 중이거나 설계 중인 프로세스를 변화시킬 수 있는 민첩성
- 본질적으로 서로 연결되고, 협업하고, 통합된 프로세스들
- 구조와 상태의 분석을 통해 재설계 고리가 반복되고 진화하고 유지되는 프로세스들
- 프로세스 설계가 가치사슬의 먼 가장자리까지 미치는 비즈니스 인텔리전스를 포함하고 있어서, 신제품에 대한 예상외 반응이나 고객기호의 갑작스러운 변화도 포착할 수 있는 프로세스들

BPM 제3의 물결은 강력한 변화 매개체이다. 베스트 프랙티스, 레거시 시스템, 베스트 어브 브리드(best-of-breed) 소프트웨어 컴포넌트, 워크플로우, 응용시스템 통합, 웹 서비스 등이 통일된 하나의 전체로 수렴되고 프로세

스의 통일된 모델로 집중되면, 완전히 새로운 세계가 출현하기 시작한다. 자동차 설계자가 혁신적인 새로운 자동차를 설계하듯이, 프로세스 설계자는 강력한 프로세스 경영 시스템을 사용하여 비즈니스 프로세스를 직접 다룰 수 있다. CAD 방법론과 도구는 설계를 직접 다루도록 이미 만들어져 있어서 자동차 설계자가 설계 변경을 위해 새로운 사양을 가지고 IT 부서로 가야 할 필요가 없듯이, 프로세스 설계자도 그럴 필요가 없다. 설계, 전개, 관리로 이어지는 기능이 BPM 접근방식에 내장되어 있다.

 소유 비용을 낮추고 계속 진행되는 프로세스 변화를 가능하게 하면서, 프로세스 경영은 IT 구조와 프로젝트 수행과 사업부서 영역을 가로지르는 통합을 확보하는 일을 가속화한다. 비즈니스 프로세스는 경쟁우위를 유지하고 쟁취하는 새로운 방법을 위한 기초를 제공한다. BPM의 목표는 전혀 새로운 것이 아니다. 비즈니스는 비즈니스로 남는다. 그러나 변화의 속도는 매우 빨라졌고 따라서 민첩성이 가장 중요하게 여겨지고 있다. BPM 제3의 물결은 미래의 민첩한 기업을 위한 전체적 관점의 비즈니스 플랫폼이다.

 일단의 조기 도입자들(early adopters)은 BPM 플랫폼을 확립하고 프로세스 기반의 시스템, 도구, 방법을 전개하고 있다. 다양한 산업 군에서 진행되고 있으며 각 산업에서 BPM의 다양한 초기 사용을 예시하고 있다. 이들 기업은 BPM을 점증적으로 핵심 업무 활동에 적용시키기 시작하였다. 부록 D에 우리가 얻은 교훈이 정리되어 있다.

제5장
리엔지니어링을 리엔지니어링한다

현실은 멈춰 있지 않을 것이다.
- 머릴린 퍼그손(Marilyn Ferguson),
  물병자리 음모(The Aquarian Conspiracy)

오늘날 리엔지니어링은 리엔지니어링의 참된 가치에 대한 서로 다른 많은 의견으로 인해 정말 혼란 상태에 있다. 극단적인 한편에는 리엔지니어링을 결코 진척이 없는 경영 열풍으로 보는 경영층이 있다. 또 단지 단기적인 비용절감 노력을 설명한 것으로 보기도 한다. 또 다른 한편의 극단에는 지난 7, 8년 동안 미국 경제의 눈에 띄는 성과 이면의 핵심 동력은 리엔지니어링이라고 지적하는 경영층도 있다. 언제나 그러하듯이 진실은 양자 사이의 어느 곳인가에 놓여 있다. 그러나 그곳은 어디일까?
— 해리 크래머(Harry Kraemer), 다시 찾은 리엔지니어링(Reengineering Revisited) 서문에서

리엔지니어링의 전망과 문제점

제1장에서 말한 바와 같이, 마이클 해머의 "1990년 하버드 비즈니스 리뷰" 논문은 – 업무를 자동화하지 말고, 제거하라는 – 리엔지니어링 운동 추진의 촉매가 되었다. 3년 후 해머와 그의 동료 제임스 챔피는 "리엔지니어링 기업혁명(Reengineering the Corporation)"이라는 그들의 비즈니스 혁명 선언과 같은 저서를 출간하였다. 부가가치 없는 업무와의 전쟁이라는 급격한 리엔지니어링의 지지자들은 자신들의 접근방법을 총체적 품질관리(TQM) 운동과 같은 과거의 지속적인 프로세스 개선 접근방법과 비교하였다. TQM 방법론의 핵심 작동인자(Primary enabler)는 통계적 관리였다. 점진적인 프로세스 개선은 프로세스 행동, 결함, 예외사항 이 세 가지의 분석에 기반을 두었다. TQM이나 이것에서 파생된 오늘날의 6시그마나 그 본

질은 관리 가능한 프로세스 그 자체라는 사실을 그 당시에는 아무도 인식하지 않았다.

그러나 급진적 변화를 추구하는 사람들은 이러한 점진적인 개선 방식으로는 CEO들의 대대적인 개선요구를 어떻게 충족시켜야 할 것인지를 찾기가 어려웠다. 그런 그들을 위해서, 프로세스가 단절되었다고 생각될 때나 새로운 시장에 진입할 기회가 보일 때, 그리고 비용을 정당화할 정도로 충분한 의미가 있어 보일 때 리엔지니어링이 실행되었다. 리엔지니어링 경험자들은 리엔지니어링의 고통, 소요기간, 작업강도에 대해 지적하였다. 거기에는 두 가지 이유가 있다. 첫째는, 그들이 다루고자 하는 프로세스는 그 시대의 업무방식과 IT 시스템 내에 매우 암묵적이고 뒤얽힌 채로 내재화되어 있었다. 프로세스를 바꾼다는 것은 전체 시스템과 조직구조를 파헤치고 재구축하는 것을 의미했다. 둘째는, 그렇듯 10년 동안 시도한 많은 프로세스 변경은 조직의 부서간 또는 기능간의 조직 "사일로(silo)"를 깨뜨리는 것이었다. 이러한 사실은 프로젝트가 반드시 경영층이 주도하는 하향식(top-down)으로 추진되어야 한다는 것을 의미하였다. 그들은 어떻게 급격한 변화를 현업부서에 불러 일으키고, 경영층을 참여시키고, 조직 전반에 걸쳐 확산시켜야 할 것인지에 대해 전혀 알 수 없었다.

그러나 바로 그때 급진적 리엔지니어링에 대한 다른 상반된 관점이 있었다. 일본 기업들은 그것을 매우 달리 보았던 것이다. 일본 기업들은 스피드, 비용, 품질이라는 3개의 중요 변수에 대한 자신의 경쟁우위를 증대시키고, 자본투자를 점점 더 증가시킬 필요가 없는 카이젠(Kaizen)("이 말은 점진적이며 순차적인 지속적 개선을 의미한다")이라는 지속적인 개선기법을 채택했다. 이와 반대로 해머와 챔피는 점진적 접근방법과는 극단적인 반대편에 서 있었다. 해머와 챔피는 독자들에게 다음과 같이 촉구했다. 오래된 절차들을 버려라! 낡은 시스템을 내던져 버려라! 처음으로 되돌아 가라! 어떠한 것도 당연한 것으로 여기지 말고 다시 한번 숙고하라! 익숙한 것을 버리고 엉뚱

함을 추구하라! 그들의 주장에 따르면 모든 비즈니스 영역의 극적인 개선을 달성하기 위해서는 획기적인 프로세스 재설계가 필요하였다. 그리고 리엔지니어링은 과거의 전통과는 상관없이 업무를 조직하는 새로운 모델을 찾는 것이라고 정의하였다.

해머와 챔피의 변화에 대한 의제 안에 다음과 같은 새로운 여러 직책, 역할과 책임이 포함되어 있는 것은 놀라운 일이 아니다. 리엔지니어링 엔지니어, 리더, 프로세스 오너, 리엔지니어링 팀과 운영위원회(steering committees), 그리고 다른 사람들이 프로세스를 혼자서 찾는 데 힘들지 않도록 "싸인, 심볼, 시스템"을 통해 리엔지니어링 프로세스를 관리하는 리엔지니어링 차르(czar)까지 등장한다. 이러한 새로운 "프로세스 담당자(process worker)"들은 시대에 뒤진 수많은 기업통제 담당자들, 기획 담당자들, 그리고 감사자들을 대체하였다. 해머는 이런 새로운 팀은 조직 내외부와 상하를 완전히 변화시켜야 하고, 구성원들이 급격한 혼란과 변화를 수용하도록 설득할 수 있어야 한다고 했다. 해머와 챔피는 리엔지니어링을 미지의 세계로 가는 항해 즉 "정신적 여행"에 비유했다. 그들은 애매한 것에 편안함을 느끼는 사람들만이 리엔지니어링에서 성공할 수 있다고 하였다. 그 이유는 그런 사람들만이 그들이 좋아하는 것은 무엇이든지 할 수 있고, 할 수 있는 능력을 가졌기 때문이었다.

발라 발라찬드란(Bala Balachandran)과 라무 투아가라잔(Ramu Thuagarajan)은 1999년에 출간된 "다시 찾은 리엔지니어링(Reengineering Revisited)"에서 리엔지니어링에 대한 유사한 관찰내용을 적었다. "BPR의 도전은 많았다. 첫째, 접근방법이 마이클 해머의 웅변적인 설명과 같이 매우 급진적이었다.

- "이 여행에서 우리는 부상당하고 총 맞은 우리의 적들을 실어 나르게 될 것이다…" (Forbes, September 13, 1993)

- "리엔지니어링은…다리가 부러지는 것도 감수할 수 있을 정도의…사람들에 의해…추진되어야 한다."(Planning Review, May/June 1993)
- "리엔지니어링을 방해하지 말라. 만일 경영층이 리엔지니어링에 대해 진지하다면, 그들이 당신을 쏠 것이다."(Management Review, September 1993)

　이런 점들은, 그렇지 않으면 자기만족에 안주할 가능성에 대해 "충격 가치(shock value)"를 불러 일으키는 장점을 가지고 있었던 반면에, 수년에 걸쳐 이뤄 낸 인적자본과 직원충성도를 순간에 상실하게 하는 결과를 초래하였다. 많은 기업가들이 BPR을 핑계로 무차별적인 다운사이징을 했기 때문이다. 남은 직원들조차도 조만간 누군가가 자신들의 스킬과 업무를 조사하리라는 불안감과 해고에 대한 위기의식을 갖게 되었다.
　리엔지니어링 프로세스 그 자체는 중요한 시도였음이 판명되었다. 해머와 챔피는 그것을-모든 것을 버리고, 처음부터 다시 시작하는-충격 그 자체라고 했다. 그들은 이 일을 하기 위해 각 팀원들이 최소 75%에서 바람직하기는 100%까지 그들의 시간을 투입해야 한다고 판단하였다. 그들에 따르면 리엔지니어링은 90일 정도의 과제가 아니라 통상 1년 또는 그 이상의 기간 동안 전심 전력을 다해야 하는 것이었다. 그리고 각 팀원들은 현업을 놓고, 경우에 따라서는 오랜 친구와도 연락을 끊고, 가정 일까지도 신경 쓰지 않으면서 리엔지니어링에 전념해야 한다는 것이었다. 해머와 챔피가 말한 이 핵심 팀은 외부의 임시 계약자로부터 지원을 받아야만 하는 경우도 있었다. 이들의 주 임무는 파문을 일으키고 직설적 질문을 던지면서 모든 가정을 부수는 것이었다. 리엔지니어링과 프로세스 혁신 이론은 진화론보다는 빅뱅 이론에 가깝다. 그러나 그 후 몇 년 안에 리엔지니어링이 경영 컨설팅에 흡수되었기 때문에 이 병적 흥분의 광란상태는 곧 잠잠해졌고, 기업들과 기업 조언자들은 더욱 예측 가능하고 혼란스럽지 않은 방법을 찾기 시작하였다. 이것이 제3의 물결 탐색의 시작이었다. 이 탐색은 인터넷과 Y2K 문제에 대한 흥분으로 인해 부분적인 방해를 받았다.

해머와 챔피의 초기 분석에 따르면, 어떤 팀도 한 번에 두 개 이상의 프로세스를 한 번에 리엔지니어링 할 수 없으며 단지 한 개의 프로세스에만 집중해야 프로세스를 개선을 할 수 있다고 그들은 믿고 있었는데, 이것은 놀랄만한 일이 아니다. 이러한 집중의 의미 속에는, 새롭게 개조되고 멋지게 빛나는 프로세스를 설계하기 위해 기존의 업무설계, 조직구조, 경영시스템 등과 같은 프로세스와 관련된 모든 것을 기꺼이 희생시킬 각오까지 그들이 하고 있었던 것 같다. 그들은 결코 프로세스를 관리하지는 않았다. 그들은 비즈니스 내부에서 새로운 비즈니스를 구축하고 있었다. 그들은 "리엔지니어링 기업혁명(Reengineering the Corporation)"의 에필로그에서, "리엔지니어링은 신속하고, 단순하며, 고통 없는 해결책을 주지 않는다. 이와 반대로 어렵고 힘든 작업을 수반한다"고 하였다.

같은 해에 토마스 데이븐포트는 "프로세스 혁신(Process Innovation)"을 출간하였다. 어떻게 프로세스 혁신을 달성할 것인가에 대한 데이븐포트의 분석은 극단적이지 않았고, 성공을 위한 그의 방법론과 공식은 훨씬 논리적이었다. 그럼에도 불구하고 그는 상향식(bottom-up) 참여가 지속적인 개선 프로그램의 특징인 반면, 프로세스 혁신은 경영층의 강력한 지휘와 지원이 요구되는 보다 전형적인 하향식(top-down) 방법론이라고 한 점에서 해머와 챔피의 의견과 일치하고 있다. 데이븐포트는 점진적 변화나 대변혁적 변화 모두 문화적인 변화가 필요하며, 프로세스 혁신의 많은 형태들은 종종 조직 내 권력과 통제활동의 변화뿐만 아니라 기술요구사항, 보고체계, 경영실체의 변화 등을 모두 내포하고 있다고 했다.

데이븐포트는 모든 것을 비틀어 대는 리엔지니어링의 속성으로 인해 기존의 조직변화 형식보다 훨씬 힘든 조직변화 형식임을 정확히 간파했다. 그리고 이 사실이 적어도 부분적으로는 프로젝트가 장기화되는 원인이라고 결론지었다. 그는 수송 담당자가 전체 주문관리 프로세스의 급격한 재설계를 재대로 인식하지 못할 것 같다고 말하면서 프로세스 재설계시 직원들의 역할을 구분했다. 현장 실무진과 중하위 관리자들의 아이디어가 채택되어야 하는데도 불구하고 그런 아이디어의 대부분은 점진적인 개선에 가까웠다. 구성원들이 급진적인 변화에 저항하는 경향이 있는 한, 데이븐포트는 프로세스 혁신을 실행함에 있어서 조직의 모든 계층의 납득(buy-in)과 결심(commitment)을 얻어 내기 위해 노력할 것을 충고했다. 그는 — 지금은 당연시되고 있으며 제3의 물결 협업적 프로세스 설계에서는 널리 사용되는 기법인 — 직원들의 지원을 얻기 위해 프로세스 설계시에 구성원들을 참여시키는 방법을 찾으려 하였다.

데이븐포트는 지속적 프로세스 개선 방법과 급진적 프로세스 개선 방법을 통합한 일종의 통일이론이 있어야 한다고 주장했다. 예를 들면 그는 연속성이 있는 품질 프로그램에 프로세스 개선과 프로세스 혁신을 결합하는 방법을 제안하였는데, 오늘날 우리는 6시그마와 그 외의 프로세스에서 프로세스 관리를 응용하는 모습에서 이런 결합을 볼 수 있다. 그는 지속적 개선이 효과적인 방법이라는 사실을 알면서도, 그것이 혁신의 필수조건은 아니라고 생각했다. 그는 혁신에 필요한 스킬은 지속적 개선에 필요한 스킬과는 전혀 다르다고 생각했다. 데이븐포트가 생각한 유능한 리엔지니어링 전문가는 대규모 조직 간의 통합, 다운사이징, 주요 신제품 출시 또는 새로운 서비스 개발 프로세스 등에 혁신의 바람을 일으키는 광범위한 변화 분야에서 성공을 경험한 사람들이었다.

또한 데이븐포트는 "프로세스가 퇴보되지 않도록" 혁신을 위한 "리엔지니어링 이후(Post-Reengineering)"의 사후관리에 지속적 개선 사이클이 적용될 수 있다고 결론지었다. 그는 프로세스 개선 목적을 어떻게 정의해야 하는지에 대한 유용한 제안을 했다. 프로세스 개선 목적의 정의는 리엔지니어링으로 인해 사람들이 겪게 되는 혼란을 줄이고, 리엔지니어링의 영향을 받겨나 또는 거기에 참여하는 사람들에게 변화를 분명하게 각인시키기 위함이었다. 데이븐포트가 이러한 점을 강조하는 이유는 연구사례를 통해서 볼 때 대부분 기업이 점진적 개선과 급진적 변화의 관계성을 이해하지 못하고 있으며, 그것을 일상의 기업운영과 결합시키는 방법에 대해서도 모르고 있다는 사실을 발견하였기 때문이다. 그러나 어떻게 하나의 프로세스가 다른 프로세스에 변화를 불러 일으키고, 또한 어떻게 변화 도입 그 자체가 바로 프로세스 경영 기반에 의해 관리되고 유지될 필요가 있는 프로세스인지에 대해서는 오늘에 이르러서야 완전히 이해하게 되었다.

데이븐포트는 해머와 챔피보다 덜 교조적이고 좀더 현실적이었다. 그는 상대적으로 경쟁 정도가 낮은 상황이거나, 비즈니스의 기본적인 실제 상황이 안정적이거나, 또는 유틸리티 산업이나 체계화가 잘된 정부 조직처럼 규제된 산업에서는 지속적 개선이 경우에 따라서는 리엔지니어링보다 좀 더 나을지도 모른다고 하였다. 급진적인 변화는 기업이 극심한 경쟁압력에 대응하기 위해 유보되어야 했다.

또한 데이븐포트는 다음과 같이 정확히 간파했다. "그럼에도 불구하고 프로세스 혁신 등의 리엔지니어링은 과학이라기보다는 예술에 더 가깝다". "엔지니어링"이라는 단어를 사용해서 프로세스 혁신을 설명함으로써, "리엔지니어링"이 엄격한 과학적 원리에 기반을 두고 있는 것으로 오도될 수 있다. 리엔지니어링 프로세스를 통해 실험되고 드러난 것들보다 사실은 더 있을 수가 없다. 리엔지니어링과 리엔지니어링 결과를 조정하고 함께 해야만 했던 사람들의 어려운 경험에 대한 연구들로 많은 문헌들이 채워지고 있다.

뿐만 아니라 리엔지니어링은 새로운 프로세스나 또는 프로세스 변형을 개발하기 위한 확정된 방법론이 없었고, 프로세스를 실제 상황에 적용하기 전의 시뮬레이션도 없었기 때문에 설계된 신규 프로세스는 품질이 고르지 못했다. 이러한 프로세스는 다소 신뢰감도 떨어지고 의도한 목적과도 맞지 않았다. 비전만으로는 의미가 없었기 때문에 이 접근방법을 적용했던 기업과 컨설턴트들은 "리엔지니어링"의 본질을 개발하고 수정 보완해야 했다. 이러한 진전을 통해 측정, 피드백, 통제 등에 더 중점을 두는 지속적 접근방법론의 특성들이 채택되기 시작하였다. 그러나 이렇게 추가된 것들은 아직 하나의 시스템적 접근방법은 아니고 단지 추가적인 수작업 "지침"이었다.

리엔지니어링의 비전이 이렇게 확장되었음에도 불구하고 새롭게 리엔지니어링된 프로세스를 실행해 보면, 이전 프로세스보다 더 불명확하거나 관리가 불가능하다는 것이 입증되었다. 신규 프로세스 또한 업무관습에 깊이 뿌리 박혀서 IT 시스템의 한계에 얽매인 상태가 되었다. 이러한 인식 속에서 워크플로우 관리시스템 지지자들은 고정된 응용시스템 로직에 의존하지 않고, 명시적인 프로세스 모델, 즉 워크플로우 프로세스에 의해 만들어지는 새로운 IT 하부구조를 생각해 내기 시작했다. 그들은 워크플로우 프로세스를 개발하고 전개하고 유지관리하기 위해 IT가 아닌 비즈니스를 관리 통제하고자 했다. 실질적인 의미로 워크플로우는 그 시기의 소프트웨어 응용시스템이 지닌 경직성의 소산이었다. 그것은 비즈니스가 운영되고 판단되고 관리되는 방법과 더 연계된 컴퓨팅 모델이었다. 성공적인 워크플로우 프로젝트의 연구 사례를 보면, 프로세스 실행 전용 환경과 통합 프로세스 분석도구들로 구성되는 명시적인 프로세스 설계의 중심 개념이 새로운 프로세스의 도입과 채택을 가속화함으로써 리엔지니어링을 지원할 수 있다는 것을 증명하고 있다.

초기 워크플로우 시스템은 리엔지니어링에서는 부족했던 실행에 이르는 방법적인 요소를 제공하였다. 지금 이 방법은 다량의 처리를 수반하는 분산된 프로세스들까지도 커버하도록 제3의 물결에서 완성되고 있다. 워크플로우 관리가 등장하기 전에는, 여러 분야에서 구성된 팀이 새로운 프로세스를 설계하고 채택하는 작업을 지원할 수 있는 일반적인 용도의 협업적 프로세스 기술이 존재하지 않았다. 결론적으로, 자료에 따르면 초기 리엔지니어링 프로젝트는 실패율이 70~80% 정도였다. 초기 리엔지니어링은 조직에 혼란을 가져 왔으며, 몇몇 경우에 있어서 단지 문제가 어디에 있는지를 부각시킬 수 있을 뿐이었다. 리엔지니어링은 엄청난 시간과 에너지를 소모했으며, 리엔지니어링에 참여한 사람들은 다시는 그런 일을 하고 싶어하지 않았다. 또한 리엔지니어링의 결과는 좋게 말해서 "라이트사이징(rightsizing)" 또는 "다운사이징(downsizing)"이라는 대규모 해고였다. 이런 조치를 취한 다음에 프로그램이 성공했다고 떠들어 대는 식이었다. 그 와중에서 살아남은 구성원들은 분노와 죄의식 속에 지내면서, 새로운 업무방식을 유지관리하기 위한 훈련과 기술이 부족한 것 때문에 힘들어 했다.

이러한 널리 알려진 리엔지니어링 실패 사례에도 불구하고, 급진적인 리엔지니어링에 대한 몇몇 지지자들은 결코 단념하지 않았다. 그들은 조직의 변화관리 분야에서 가져온 기법을 가지고 조직의 구성원들에게 변화를 받아들이라고 설득하는 대대적인 운동을 전개했다. 그들은 프로그램 실패의 원인을 단순히 조직 구성원들이 새롭게 이식된 프로세스 혁신을 거부한 탓으로 돌리면서, 그 기업의 경쟁우위 상실 가능성이라든지, 수익 마진의 지속적 침식 가능성이라든지, 또는 실패에 직면할 가능성을 말하면서 "조직변화" 프로그램의 비용을 정당화했다. 오늘날에도 우리는 여전히 그런 소리를 듣는다. 그러나 제3의 물결에서는 기업이 새로운 프로세스를 실행하는 데 있어서 직원들의 업무에 자연스럽게 녹아 들어가게 하는 프로세스 환경을 조성한다. 즉 프로세스가 변하더라도 직원들은 그 변화를 거의 느끼지 못한다.

정통의 변화 프로그램은 대개 "행동지침(case for action)"이나 "비전 선언문(vision statement)"으로 시작하였다. 이 비전 선언문은 특히 기업이 경쟁위협과 기회에 직면하여 어떻게 변화해야 하는지를 표현한 것으로서 변화를 설득하는 상위 수준의 서술문이었다. 일반적으로 행동지침은 그때 그때의 점진적인 개선으로는 기업목표를 달성하기가 미흡하다는 판단을 포함하고 있었다. 그것은 시장의 요구에 맞게 행동하지 않음으로써 발생하는 비용을 설명한다. 해머와 챔피는 흔히 볼 수 있는 사례를 소개하고 있다.

현재의 프로세스는 스피드와 정확성에 대한 점점 증가하는 우리의 요구를 충족시킬 수 없다. 그 대신 현재의 프로세스는 스트레스와 과중한 업무에 시달리는 구성원, 업무 막판의 서두름, 예외 프로세스 증가, 삐걱거리는 시스템을 초래하고 있다. 우리의 현재 프로세스는 시간외 근무와 초과비용, 배달착오, 그리고 미흡한 물류성과와 낮은 신뢰로 인해 회사가 수백만 달러의 비용을 지불하게끔 하고 있다.

비전 선언문이나 행동지침은 사기가 저하될 때 다중을 움직이게 하는 일종의 표어나 포괄적 개념으로 사용되었으며, 리엔지니어링 팀과 그들의 활동을 구조화하는 데 유용했다. 그러나 리엔지니어링은 이러한 사기진작 용어와 효과적인 팀 단위 브레인스토밍을 위한 일련의 기법 외에는, 새로운 프로세스를 운영 상태로 만들지 못한 것은 물론이고 프로젝트를 실행하는 분명한 청사진도 제공하지 못하였다. 이 리엔지니어링 전도사들은 이후 발간된 기사와 저서에서 리엔지니어링의 몇 가지 실패를 인정하였다. 그러나 그들은 이러한 실패조차도 리엔지니어링을 더욱 잘 수행하기 위한 처방으로 활용할 뿐 리엔지니어링의 문제점으로 받아들이지 않았다. 해머와 챔피의 리엔지니어링 실패에 대한 해명을 다시 살펴 보는 것은 BPM 제3의 물결의 관점을 이해하는 출발점이 될 것이다.

바꾸어 말하면, 리엔지니어링이 비즈니스 측면에서 "실패"로 여겼던 것이 실은 핵심 비즈니스 요구사항이라는 것을 BPM 제3의 물결은 인식하고 있다.

도표 5-1 | 새로운 프로세스 관점

리엔지니어링 실패 이유	제3의 물결 관점
프로세스를 재창조하기보다 고치려고 한다.	매끄럽고 분명히 정의된 경로와 관리 라이프사이클을 통해 점진적 개선에서 급진적 변화로의 연결을 이끌어야 한다.
프로세스에 초점을 두지 않는다.	프로세스는 비즈니스를 바라보는 유일한 관점이다. 관리자들은 그들에게 편리한 시스템과 메타포를 이용해서 프로세스를 관리할 수 있어야 하고, 프로세스 경영 시스템은 사용자의 역할과 요구에 적합한 관점을 제공해 줄 수 있어야 한다.
프로세스 설계 외의 혼란이 존재한다.	프로세스 관리는 모든 구성원들 업무의 일부분이며, 그들에게 필요한 프로세스 관리도구가 제공되어야 한다.
작은 성과에 안주하려고 한다.	점진적인 개선이 모여 의미있는 성과달성이 이루어진다. 특히 경기불황인 상황에서는 급진적이고 불연속적인 변화는 바람직하지 않다.
리엔지니어링에 필요한 자원을 아낀다.	프로세스 관리를 위해 추가인력이 필요해서는 안 된다.
문제 정의와 재설계 범위를 미리 제한한다.	프로세스를 관리하기 위해 임원들이 부여하고자 하는 모든 제약 요소들을 고려해야 한다. 왜냐하면 그들은 담당하고 있는 시장의 모든 내용을 다른 누구보다도 잘 이해하고 있기 때문이다.
엔지니어링을 시도조차 할 수 없는 기업문화와 경영풍토가 존재한다.	프로세스 관리는 직원들에게 두려움을 불러 일으키는 것이 아니라 비즈니스의 자연스러운 부분이어야 하며, 그 결과는 측정될 수 있고 예측 가능해야 한다.
상향식(bottom-up)으로 추진한다.	개선은 종종 내부에서 일어나며, 유래가 어디든 상관 없이 베스트 프랙티스를 만들어서 확산시켜야 한다. 또한 다른 조직에게 맞게 프로세스를 수정해서 재현할 수 있어야 한다.

리엔지니어링을 이해하지 못하는 사람을 팀 리더로 한다.	프로세스 관리도구와 방법들은 마치 오늘날의 스프레드시트(spreadsheet)와 마찬가지로 비즈니스를 수행하는 사람들이 직관적으로 이해할 수 있어야 한다.
대규모의 많은 리엔지니어링 프로젝트로 인해 조직의 에너지를 분산시킨다.	프로세스 경영 시스템은 수많은 프로세스를 동시에 관리할 수 있는 환경을 제공해야 한다.
퇴직을 2년 앞둔 CEO가 리엔지니어링을 시도한다.	프로세스 경영의 성공은 핵심적인 몇몇 개인에 달려 있지 않고, 과학적이고 시스템적인 사고에 달려 있다.
다른 비즈니스 개선 프로그램들과는 상이한 리엔지니어링의 독특한 속성을 인식하지 못한다.	프로세스 경영은 새로이 채택해야 하는 또 하나의 경영이론이 아니다. 이것은 현재의 전략을 실행하도록 돕는 실용적인 도구이다.
세부 프로세스 설계에 지나치게 집중한다.	세부 프로세스 설계는 유용하다. 프로세스 맵핑 도구를 이용하여 더욱 쉽게 다양한 프로세스 모델을 생성할 수 있으며, 이것은 변화가 필요한 영역을 명확하게 한다.
프로세스 변화에 사람들이 저항할 때 이를 포기한다.	협업적 프로세스 경영은 모든 사람들을 프로세스 설계와 프로세스 전개 프로세스에 참여시키는 방법을 제공한다.
노력을 질질 끈다.	프로세스 경영은 프로젝트가 아니며, 실시간 업무 활동이다.
리엔지니어링이 기업의 의제들(Agenda) 속에 묻혀 버린다.	프로세스 경영은 기업 의제들 가운데 별도의 의제가 되어서는 안 되며, 의제들을 구현해야 하는 것이다.
너무 일찍 포기한다.	라이프사이클 경영에서 주기적인 프로세스 개선은 비즈니스 측면에서 수용하지 못할 정도로 오랜 시간이 소요되어서는 안 된다.
모든 사람의 기분을 맞추면서 리엔지니어링을 시도한다.	변화는 본질적으로 고통스러운 것이며 인간은 변화를 좋아하지 않는다. 그러나 BPM은 구성원들이 업무를 보다 효율적이고 좀더 쉽게 수행할 수 있도록 도와 주는 유용한 도구이다.

10년 간 얻은 교훈

리엔지니어링이 도입된 지 10년 만에, 해머는 자신이 시작했던 운동의 실패를 극복하는 방법에 대해 다시 글을 쓰기 시작했다. 그는 "어젠더(The Agenda)"를 출간하면서 기업이 고객에게 제품을 판매할 때 사용한 것과 같은 기법 - 마케팅 커뮤니케이션 - 을 조직의 구성원들에게 새로운 프로세스를 팔 때에도 동일하게 사용해야 한다고 하였다. 또한 그는 변화는 관리할 필요가 없으며, 변화에 의해 영향을 받게 될 사람들에게 변화가 팔리면 된다고 했다. 그는 극단적인 수준의 기업 내부 프로세스 교육, 즉 판매할 가치 제안 개발과 그 실행을 위한 이름, 로고, 그리고 기타 "실행" 장비들의 구성을 포함하는 브랜드화된 변화 프로그램(branding change program)까지 주장하는 것처럼 보인다.

BPM 제3의 물결은 이러한 주관적인 문제들에 대해서 절대 단정적으로 말하지 않는다. 즉 그런 방법들이 실행 가능하다거나 반드시 필요한 것이라고 판단하지 않는다. 프로세스 경영 제3의 물결은 이 문제에 대해 좀더 구체적인 해답을 제공하고 있다. 꾸며 낸 "프로세스 영웅"과 별도로 프로세스 개선팀과 프로세스 코치가 있든 없든 관계없이 프로세스가 비즈니스에 의해 더 쉽게 적용되고 계속적으로 유지관리되고 주도될 수 있는 활용, 관리, 확산, 표현을 위한 환경이 그것이다. 이와 같은 환경은 바로 협업적이고 지속적인 혁신과 변화를 가능하게 하는 영속적인 비즈니스 변화 인큐베이터와 같은 것이다. 여기에서 변화의 실행은 비즈니스가 요구하는 것보다 더 빠르지도 더 느리지도 않다.

리엔지니어링이 확산되면서 IT의 문제점이 드러남으로써 기업들은 ERP 패키지의 출현과 더불어 베스트 프랙티스를 구현하기 위해 IT 기술 해법에 점점 더 큰 관심을 기울였다. 그러나 당시의 소프트웨어 기술은 리엔지니어링 옹호자들의 여러 접근방법을 지원하기에는 불충분했다. 새로운 프로세스가 성공적으로 전개되었다 할 지라도 그 후에도 이 프로세스가 변화되고 개선될 수 있을 것인지에 대한 의문이 여전히 남았다. 오늘날까지도 기업들은 여전히 표준 패키지 소프트웨어를 선택하고 전개함으로써 어려운 프로세스 문제에 쉽게 해답을 찾으려 하고 있다. 기업은 경쟁자도 똑같이 이용할 수 있으면서 유연하지도 않은 상품화된 IT 시스템의 위험성을 알고 있으면서도 이를 선택하고 있다. 이렇게 하여 기업들은 IT 시스템 공급자들이 제시하는 일련의 미래 변화 시나리오에 구속된다. 그러나 기술 공급자들이 제시하는 미래의 변화 시나리오는 기업의 전략이나 기업이 원하는 변화속도와 일치하지 않는다.

해머는 "어젠더"(2001년 발간)에서 이 문제를 제대로 인식한 것 같다. 이 책에서 그는 끊임없이 변하는 비즈니스 현실에 대해 서술하면서 단 한번에 모든 것을 이루려는 전통적인 "빅뱅"과는 아주 다른 새로운 접근방법의 필요성을 강조한다. 이제 해머는 최종 목적을 향하는 일련의 좀더 작은 여러 단계를 차근차근 진행하면서 그 목적을 구현해야 한다고 주장하고 있다. 그는 이러한 단계를 가능한 빨리 진행하면서, 또 구체적인 결과를 산출해야 한다고 말하고 있다. 그러나 이에 대한 구체적인 방법은 무엇인가? BPM 제3의 물결이 그 해법을 제공하고 있다.

총체적 품질관리(TQM), 지속적 프로세스 개선, 그리고 급진적 리엔지니어링과는 달리 BPM 제3의 물결은 하나의 프로세스 구조 및 프로세스 경영 시스템 형태 안에서 기술적으로 구체화된 엔지니어링 기반의 하나의 형식(formalism)이다. 리엔지니어링 운동에서 "엔지니어링"이란 단어는 실행을 위한 구체적인 계획이 부족한 설계철학을 말해 주는 은유적 표현일 뿐이었다. BPM은 이것과는 정반대이다.

데이븐포트는 그의 저서 "프로세스 혁신(Process Innovation)"에서 프로세스 혁신을 구현하기 위한 28개의 'IT 작동인자(enabler)'를 파악했다. 그 목록에는 컴퓨터 지원 소프트웨어 엔지니어링(CASE: Computer-Aided

Software Engineering), 코드 생성, 컨퍼런싱, 전통적 프로그래밍, 그리고 그 외의 많은 독립된 기술들이 포함되어 있다. 이 기술들 각각은 자체의 독특한 문제 해결 패러다임을 갖고 있었으며, 이 기술들 가운데 단 하나만이 프로세스 모델링을 언급하였다. 그 당시 이용 가능한 기술들의 상태는 한 마디로 응용 기술들의 잡동사니였으며, 각기 비즈니스 프로세스에서 자동화 역할을 수행할 수 있는 잠재력은 가지고 있었으나 프로세스 라이프사이클 전반에 걸쳐 프로세스를 관리하지는 못하였다. 기업들에게 절실히 필요한 것은 "태생적 비즈니스 프로세스 기술"이었다. 비즈니스를 IT로 표현하는 데 있어서 각각을 나름대로 이해하며, 전반적인 프로세스 관리에 약간의 도움밖에 안 되는, 여러 개의 개별적인 조각들이 필요한 것이 아니었다. 우리는 단일화되고 전체적인 비즈니스 프로세스 중심 접근방법을 실현하기 위해 비즈니스 프로세스를 직접 모델링하고, 관리하며, 실행할 수 있는 성숙된 기술을 개발하는 데 수년을 기다려야만 했다.

해머와 챔피는 리엔지니어링에서 기술의 역할에 대해 양면적인 견해를 보였다. 그들은 "리엔지니어링 기업혁명(Reengineering the Corporation)"에서, IT에 대해 생각하는 바를 바꿀 수 없는 기업은 리엔지니어링을 실행할 수 없다고 했다. 또한 그들은 만일 기업이 기술을 기존 프로세스의 자동화와 동일시한다면, 이 기업은 프로세스 변화에서의 기술의 역할을 정확히 이해하지 못하고 있는 것이라고 했다. 그들에 따르면 이러한 오류를 범한 기업은 리엔지니어링에 의한 성과향상을 90 또는 100퍼센트 이상 달성하기는커녕 10퍼센트의 개선밖에 이루지 못할 수 있다고 했다. 기업이 행하는 기본적인 대부분의 실수는 기술을 그들의 기존 프로세스의 렌즈를 통해 바라볼 때 일어난다고 그들은 말하고 있다. 원격회의, 공유 데이터베이스, EDI(Electronic Data Interchange), 전문가 시스템(expert system), 텔레커뮤니케이션 네트워크(telecommunication network), 모델링 소프트웨어(modeling software), 무선 네트워크, 휴대용 컴퓨터, 구매 소프트웨어, 쌍방향 비디오

디스크(interactive videodisk), 자동인식추적장치, 고속컴퓨팅 등 이 모두를 해머와 챔피는 새로운 리엔지니어링의 가능성을 제시하는 혁신적 기술(disruptive technologies)이라고 보았다. 다음은 그들이 제시한 한 가지 예이다.

- 오래된 규칙 : 관리자들이 모든 의사결정을 한다.
- 혁신적 기술 : 의사결정 지원 도구
- 새로운 규칙 : 의사결정은 모든 구성원 업무의 일부분이다.

그러나 기술의 역할에 대한 이러한 분석은 한계가 있었다. 그것은 기술의 역할을 사례 작업자(caseworker)들로 분산 구성된 팀을 지원하는 공유 데이터베이스와 같이 비즈니스 프로세스의 한 참가자로서의 역할에 초점을 집중한 것이다. 해머와 챔피는 비즈니스 프로세스도 자체의 독특한 기술과 조직원리 및 패러다임을 필요로 한다는 점을 간과하였다. 전체적 관점인 BPM 패러다임을 기존 기술들의 잡동사니로 조각조각 내는 것은 말 그대로 난도질(hacking) 행위 자체이다. 시간이 지남에 따라서 리엔지니어링 실체와 IT 실체는 점점 더 뒤엉켰는데, 이는 고객들이 그렇게 되기를 요구하였기 때문이고, (프로세스 쪽의) 경영사고와 (데이터와 절차 쪽의) IT 사고 사이의 모순은 더욱 불협화음을 이루었다.

데이븐포트는 기술이 비즈니스 프로세스를 직접 지원할 수 있다는 점에 매우 분명한 입장이었다. 그는 비즈니스 프로세스에 대한 기술의 영향을 9 가지로 정의하였다.

- **자동화** : 프로세스에서 인력을 제거한다.
- **정보화** : 이해를 위해 프로세스 정보를 수집한다.
- **정렬** : 프로세스 순서를 바꾸거나 병렬처리를 가능하게 한다.

- 추적 : 프로세스 상태와 참가자들을 면밀히 모니터링한다.
- 분석 : 정보분석과 의사결정을 개선한다.
- 공간 : 지리적으로 멀리 떨어진 프로세스를 통합하고 조정한다.
- 통합성 : 과업과 프로세스 사이를 통합한다.
- 지능 : 지적자산을 모으고 분배한다.
- 중간 제거 : 프로세스에서 중간단계를 제거한다.

1993년에 발표된 이 목록은 비즈니스 프로세스 경영과 실행에 적합한 BPM 제3의 물결 기술을 위한 초기 청사진을 제공하였다. 제3의 물결은 앞서 존재한 기술들과 융합되지만, 그 이상이다. 이미 존재하는 시스템은 BPM에 있어서 사람과 기계 등의 모든 참여 주체들과 자유롭게 정보를 교환하고 상호작용하면서 프로세스 안의 완전한 참가자로서 함께 한다. 사실 이러한 상호작용은 BPM 패러다임에서 프로세스로 모델링된다. 더구나 패키지화된 비즈니스 응용시스템에 의해 정의된 것과 같이 기존 IT 시스템에 내재된 프로세스는 설계 개선, 맞춤, 그리고 재사용을 위해 프로세스 프로젝션과 컴포넌트 인터페이스를 통해 밖으로 드러날 수 있다.

그러나 이러한 주목할만한 특징으로도 제3의 물결의 핵심을 완전히 표현할 수는 없다. BPM은 단순한 참여적 작동인자(participant enabler)만은 아니며, 비즈니스 프로세스의 경영을 전체적으로 지원한다. CIO가 네트워크 상에 흘러가는 모든 이메일 내용에 관심을 기울일 필요가 없는 것과 같이, CIO는 프로세스가 IT 기반에서 흘러가는 것에 관심을 기울일 필요가 없다. 이러한 "프로세스 중립"—IT 기반에서 모든 비즈니스 프로세스를 실행하는 능력—으로 인해 프로세스 경영 주체는 IT 전문가에서 비즈니스 전문가로 옮아간다.

제3의 물결 이전에, 각각의 비즈니스 응용시스템은 프로세스들의 분리된 부분을 지원하는 일종의 "고정된(hard wired)" 프로세스 관리 시스템이었다. 이것 때문에 리엔지니어링 옹호자들이 제3의 물결의 잠재력에 대해 알 수 있는 기회를 놓치게 되었고, 비즈니스를 자동화하려는 IT의 노력에 반대했는지도 모른다. 결국 지난 1990년대에 개발된 수많은 급진적인 새로운 프로세스 설계는, 이를 지원하기 위해 새로운 응용시스템을 구축하려는 IT의 능력을 훨씬 앞서 있었다. "프로세스 설계팀"에서 새롭게 만들어낸 프로세스는 IT 시스템에 차원 높은 지원을 요구하고 있었다. 그러나 리엔지니어링에 의해 상처를 받은 구성원들은 형편없이 설계된 시스템을 가지고 급진적으로 변화한 새로운 업무방식에 적응하지 않으면 안 되었다. 리엔지니어링 결과로 인해 비즈니스와 IT 사이의 간격은 더욱 벌어졌다. 전사적 자원관리(ERP) 시스템을 통해 이러한 점을 보완할 수 있으리라는 희망이 있었으나 그 희망은 단지 부분적으로만 충족되었다. 그 이유는 이런 시스템이 각 기업의 독특한 프로세스를 다루지 못하고, 주로 "베스트 프랙티스"라는 제한된 메뉴만을 처리할 수 있었기 때문이다. 전사적 자원관리(ERP)를 모든 기업들에게 적응하는 것은 쉬운 일이 아니기 때문에 반대로 기업들이 ERP에 적응하도록 요구를 받은 것이다.

해머와 챔피는 비즈니스 현업 담당자들에게 그들이 이미 수행하고 있는 업무의 품질을 향상시키고 효율성을 제고하며 개선을 하기 위하여 기술을 어떻게 사용할 것인지를 묻는 것은 무의미하다고 생각하였다. 그 대신 그들이 생각하는 합당한 질문은 "이 기술을 어떻게 이용하면 현재 하고 있지 못하는 것을 우리가 할 수 있을까?"라는 더 급진적인 질문이었다. 그러한 보기를 든다면 이렇다. 시장조사 기업이 여행사나 항공사의 단골 고객에게 "무엇이 당신의 생활을 좀더 편하게 해 줄 것이라고 생각합니까?"라고 질문을 한다면, "공항에 더 빨리 도착하는 것" 또는 "전용 비행기"라고 대답할 것이다. 해머와 챔피가 지적한 바와 같이 염력 이동장치(teleportation machine)를 원한다고 답하는 사람은 없을 것이다. 그런 것은 공상과학에서나 상상할 수 있기 때문이다.

제3의 물결 기술은 많은 사람들에게 공상과학 소설처럼 보일 것 같다. 예를 들면 과거에 리엔지니어링 팀은 새로운 프로세스를 설계하기 위해 순서와 시점에 관한 의사결정을 내려야만 했다. BPM에 의해, 프로세스 설계를 위한 이러한 부분들이 상당히 자동화되었다. BPM은 순서가 아닌 상호작용과 상호관계에 초점을 두고 있다. 그 이유는 순서가 프로세스 설계보다 프로세스 실행과 주로 관련이 있기 때문이다. 다만 순서가 프로세스 설계에 가치를 증가시키는 곳에서는 순서가 중요하다. 예를 들면 일부 프로세스들이 더 큰 투명성과 더 명확한 책임 소재를 위해 통제를 필요로 하는 경우이다.

기업은 지난 10년에 걸쳐 리엔지니어링에 대해서 많은 것을 배웠으나 그 대부분을 이해하기는 어려웠다. 제3의 물결의 출현 – 리엔지니어링의 제창자들이 예견할 수 없었던 발전 – 으로 인해 비로소 그 기간 동안 학습한 것이 명확하게 보이게 되었다. 이제 우리는 리엔지니어링의 가정을 뒤로 하고, 프로세스와 프로세스 관리에 대한 신선한 사고방법으로 전환할 수 있게 되었다.

리엔지니어링을 넘어, 프로세스 경영으로

존 실리 브라운(John Seely Brown)은 저서인 "정보의 사회적 삶(The Social Life of Information)"에서 리엔지니어링이 개별 프로세스 단계의 업무흐름과 입력 및 출력에 지나치게 집중했음을 지적하고 있다. 그에 따르면 리엔지니어링은 개별 프로세스 단계 내부의 작업들에 무관심하였으며, 따라서 프로세스를 구성하는 구체적인 프랙티스나 프로세스 참가자 시각에서 본 그 실행의 의미에 대해서도 무관심하였다고 했다. 그는 조직이 프로세스뿐만 아니라 프랙티스에도 주목하라고 당부한다. 그는 리엔지니어링이 "조직의 불일치, 타성, 점진주의"를 타파하는 데 분명한 도움을 주었다는 것에

동의하였다. 그러나 그에 따르면 리엔지니어링이란 사람을 필요 여부에 따라서 프로세스 속으로 삽입되는 존재로 보는 패러다임이라고 하였다. 비록 설계된 프로세스에서 즉흥적인 대응의 필요성을 말로는 중요하다고 평가했지만, 해당되는 업무 프랙티스 지식의 역할을 대수롭지 않게 취급하였다.

물론 브라운이 말한 프랙티스란 사람들이 피아노 연습이라는 문구에서 연상하는 일종의 기계적인 훈련을 의미하는 것은 아니었다. 그것은 실질적으로 업무가 이루어지는 것과 관련된 활동을 의미했다. 의사와 변호사가 그들 기능의 직업적 종사자(practitioner)인 것과 마찬가지로 고객불만처리 담당자도 그들 기능의 직업적 종사자이기 때문에 프랙티스를 의료행위(medical practice)나 변호행위(legal practice)의 활동과 같은 맥락에서 보라는 것이었다. 예를 들면 고객불만처리 같은 프로세스에서 "프로세스 담당자"들이 직면하는 수많은 문제들이 알려져 있다. 그 문제들은 프로세스에서 입력이 의미하는 바가 무엇이고, 왜 유사한 입력들이 서로 다른 결과를 요구하는지, 그리고 누가 또는 무엇이 불분명하고 애매모호한 상황을 해결해야 하고 합의된 결과를 이끌어 낼 책임을 가지고 있는지와 같이 의미파악과 논리구성에서 발생하는 충돌로 설명된다.

이러한 주장을 인정하고 리엔지니어링을 바라보면 입출력 작업 자동화라는 경직된 형태의 제2세대 프로세스 사고가 항상 연상될 것이다. 그러나 마이클 해머가 지적한 바와 같이 프로세스 성과를 높이기 위해서는 우수한 성과의 프로세스 설계와 우수한 성과의 프로세스 실행 모두가 요구된다. 후자가 없다면 전자의 가능성이 결코 실현될 수 없기 때문이다.

프로세스 경영 제3의 물결은 데이터와 정보를 그 활용 맥락에서 결합할 수 있기 때문에, 프로세스와 프랙티스 모두의 높은 성과실행을 가능하게 하는 환경이다. 제3의 물결 이전의 자동화는 구매, 수송, 입고, 창고관리, 주문충족, 청구와 같은 상당히 좁은 범위의 "후방업무" 운영에 적용되었다. 제3의 물결은 예를 들면 수요창출(마케팅)과 주문획득(판매) 및 제품개발(혁신)과 같이 창조적인 "전방업무" 프로세스에도 동일하게 적용된다. 이것은 현실적으로 학습이 필요한 도전적인 과제이다. 그 이유는 BPM이 프로세스 혁신과 프로세스 경영을 아직 어떤 기업도 모험해 본 적이 없는 영역 – 기업의 모든 측면에 전체적인 시스템 사고를 적용하는 것 – 으로 몰아 넣는 것이기 때문이다.

BPM은 선택한 모든 경영이론의 실행을 증폭시키고, 새로운 이론을 매우 쉽게 형식화하고 비즈니스에 용이하게 적용하도록 하는 하나의 방법이고 시스템이며 표준이다. 만일 어떤 기업이 변화와 개선을 위한 접근방법으로 6시그마 또는 TQM을 추진하고 있다면, 프로세스 경영은 기업이 저비용과 작은 노력으로 기업의 목표를 달성하는 데 도움이 될 것이다. 만일 기업이 급진적인 리엔지니어링에 기반한 변화를 추구한다면, 프로세스 경영이 IT 병목현상과 단절을 제거하고 예방할 것이다. 만일 경영층이 네트워크화된 통제구조를 선호한다면, 프로세스 경영은 맞춤 설계된 프로세스를 지역적으로 또는 글로벌하게 실행 하는 데 도움이 될 것이다. 만일 시장이 새로운 효율성과 고도의 자동화를 요구한다면, 프로세스 경영은 기존 응용시스템에 국한하지 않고 조직의 그 특정한 구조에 적응할 것이다. 만일 기업이 성과측정을 위해 "균형성과관리(BSC: Balanced Scorecard)"를 사용한다면 프로세스 경영은 필요한 데이터를 생성하고 이를 분석할 것이다. BPM 제3의 물결은 이러한 각각의 경영 방법론이나 이론과 전혀 관계가 없다. BPM 제3의 물결은 기업이 경영 방법론이나 이론 가운데서 사용하기 위해 선택한 비즈니스 프랙티스가 무엇이건 간에 그것을 적용하는 데 해당되는 프로세스의 관리에 오로지 전념한다.

이런 이유에서, 프로세스 경영은 잘못하고 있는 업무를 좀더 효율적으로 수행하게 하는 방법을 제공하는 컴퓨터 자동화의 단순한 하나의 형태가 아니다. 프로세스 경영은 기업의 운영상황을 정확히 드러내고 설명하는 수단은 물론 비즈니스를 통제하고 분석하는 프로세스 도구들을 제공한다. 또한 이것은 기업이 비즈니스 프로세스 라이프사이클을 통제할 수 있도록 해 주며, 소프트웨어를 개발하거나 또는 신규 응용시스템을 구매하지 않고도 새로운 프로세스를 실행 가능하게 한다.

경기 침체기에 기업들은 제품 판매에 집중해야 하며, 최신 경영이론이나 새로운 조직구조 또는 복잡한 신규 응용시스템을 구축하거나 적용할 여유가 없다. 특히 불안하고 불확실한 "투자수익(ROI)"의 경우에는 더욱 그러하다. 비즈니스 프로세스는 프로세스 자체가 최대한 스스로를 관리하지 않으면 안 된다. 기업은 프로세스 실행을 통해 필요한 만큼 사람의 개입을 줄일 수 있다. 그러나 프로세스 경영의 역할은 단순 자동화보다 더 중요한 것에 있다는 사실을 기업이 알아야 한다. 프로세스는 구성원의 생산성을 증대시킬 수 있으며 업무의 질을 향상시킬 수 있다. 이와 반대로 경기 활황기에는 경쟁사보다 앞서 혁신을 가속화하기 위해 필요한 바로 그것이 프로세스 경영이다.

프로세스 경영 제3의 물결은 프로세스 기반 방법론을 전문가와 기술인의 손으로부터 빼앗아서 현업 비즈니스 담당자들이 프로세스를 창조, 개선, 전개하기 위해 필요한 도구를 제공한다. 실제적으로 프로세스에 속하는 것들이 해당 프로세스를 변화시킬 수 있고, 프로세스로부터 영향을 받는 모든 사람들의 참여가 확실히 보장될 수 있을 때, 리엔지니어링은 매우 쉽게 이루어질 것이다. 비즈니스 프로세스 경영은 데이븐포트의 저서인 "프로세스 혁신"에서 가져와 각색한 도표 5-2에서 보는 바와 같이 전통적인 리엔지니어링 고유의 많은 가정들을 거부하거나 뒤집고 있다.

1995년에 리엔지니어링은 추락하기 시작했으며, 이때 ERP의 도입은 진행 중이었고, 인터넷이 눈길을 끌고 있었다. 같은 해에 데이븐포트는 리엔지니어링 주제를 다시 거론하면서 다음과 같이 말했다. "리엔지니어링의 가장 의미 있는 교훈은 결코 리엔지니어링이 아니라 비즈니스 프로세스였다. 비즈니스 프로세스를 무시하거나 그것을 개선하는 데 실패한 기업은 미래가 위험하

도표 5-2 | BPM으로 확장된 데이븐포트의 프로세스 개선과 혁신 비교

비교 항목	프로세스 개선	프로세스 혁신	BPM 제3의 물결
변화수준	점진적	급진적	전체 라이프사이클
"As is"와 "To be"의 해석	현재 프로세스, 개선된 신규 버전	과거 프로세스, 새로운 프로세스 생성-불연속 발생	BPM 기능 없음, BPM 기능 있음
시작점	존재하는 프로세스	오점이 없는 깨끗한 상태	새로운 또는 기존 프로세스
변화의 빈도	일회성 또는 지속적	일회성의 주기적인 변화	일회성, 주기적, 지속적 또는 진화적
요구 시간	단기	장기	실시간
추진방식	상향식	하향식	하향식 및 상향식
프로세스 갯수	동시다발적, 여러 프로세스에 걸침	1회에 한 개씩	동시다발적, 다수의 많은 프로세스에 걸침
전형적인 범위	좁다, 기능 내부	넓다, 여러 기능에 걸침	전사적 프로세스 경영
시간 범위	과거, 현재	미래	과거, 현재, 미래
위험 수준	보통	높음	낮음
중요 수단	통계적 관리	정보기술	프로세스 기술
도구	오프라인	해당사항 없음	온라인
참가자	산업 전문가	비즈니스 비전문가	프로세스 엔지니어 및 모든 구성원
작업	프랙티스	프로세스	프로세스와 프랙티스
실행방법	문화적	문화적, 구조적	수학적 기반 및 프로세스 기술 표준

다. 기업들은 위험이 높은 리엔지니어링 프로젝트를 추진하지 않고도 프로세스 개선을 위해 다양한 서로 다른 접근방법들을 시도할 수 있다." 바로 BPM 제3의 물결이 이 설명과 완벽히 부합한다. 즉 BPM은 많은 다양한 접근방법을 수용하는 선택 가능한 경로 그것이다.

비슷한 생각에서 2002년 존 하겔(John Hagel)과 존 실리 브라운(John Seely Brown)은 "리엔지니어링은 소위 "프로세스 갱신"을 위한 수많은 가능한 접근방법 중 하나일 뿐"이라고 했다. 그들은 5년 내지 10년 간격보다 더 자주 리엔지니어링을 반복하고자 하는 기업은 하나도 없다고 주장했다. 그 대안으로 상당히 느슨하게 엮기는 구조(loosely coupled architecture)을 제안했다. 우리는 이보다 한 단계 앞서 나간 견해를 가지고 있다. 느슨히 연결된 구조이건 긴밀히 연계된 구조이건, 또는 점진적인 개선이건 급진적인 변혁이건 간에, 프로세스는 표준언어로 명시적으로 표현되어야 하며, 비즈니스 프로세스 경영을 통해 프로세스 개선 라이프사이클 속에서 관리되어야 한다. 웹 서비스(web services) 기술 옹호자들이 제안하는 바와 같이 비즈니스의 민첩성을 달성하기 위해 느슨히 연결된 구조를 재구성하는 것은 비록 그 기술이 중요한 역할을 수행한다고 하여도 불완전한 접근방법이다. 웹 서비스는 합성 응용시스템(composite application) 형성을 가능하게 하는 응용시스템 통합과정을 단순화하는 기술이다.

웹 서비스 옹호자들은 놀랄만한 품질을 갖춘 더 큰 것을 만들기 위해 작은 것들을 통합하는 힘을 강조하고 있다. 그러나 BPM은 기업들이 전사 차원에서 그들의 비즈니스를 편성, 조직화, 재단, 관리할 수 있는 비즈니스 프로세스 수준에서 웹 서비스를 통합하려고 한다. 느슨한 결합(loose coupling)은 좀 더 종합적인 접근방법의 한 부분일 뿐이다. 장기사업계약과 안정화된 합작사업 또는 강한 제휴 관계는 운용상의 효율성과 목표를 달성하기 위해 반대로 긴밀히 연계된 구조(tight coupling)를 일반적으로 요구한다. 이와 같이 서로 다른 접근방법은 서로 다른 실체에 초점을 두고 있다. 즉 BPM은 프로세스에 초점을 두고 있으며, 느슨히 연결된 구조는 서비스나 컴포넌트에 초점을 두고 있다.

리엔지니어링 도입기가 지나자 워크플로우 관리 시스템(Workflow Management System)과 컴퓨터 지원 프로세스 매핑(Computer-Assisted

Process Mapping)이 널리 알려지기 시작했다. 측정지표들이 프로세스 설계에 통합되기 시작했다. 이 측정지표들은 활동기준 원가법(ABC: activity-based costing), 가치분석(value analysis) 및 품질관리(quality management)의 개념들과 통합되었고, 이것이 제3의 물결에 대한 최초의 암시였다. 이로 인해 처음으로 조직목표와 연계된 비즈니스 프로세스에 경험적인 데이터가 추가되었다.

예를 들면, 활동기준 원가법(ABC)은 특정 제품을 생산하거나 또는 특정 고객에게 서비스를 제공하는 것과 같이 어떤 프로세스를 완료하기 위해 소요된 자원을 계산하는 것이 목적이다. 프로세스와 관련된 비용과 수익을 이용한 가치분석(value analysis)은 프로세스 참가자들과 그들 간에 정보가 흐르는 방식에 대한 연구가 포함된다. 품질관리에서는, 개선하려는 프로세스를 분석하여 일련의 점진적 단계를 통해 개선하는 방식으로 강건한 "시스템"—사실상 또 하나의 프로세스—을 만들려는 문화적 절차가 개발되었다. 시간이 흐르면서 이러한 방법론과 또 이와 관련된 정보 엔지니어링 분야의 발전은 시간과 비용, 그리고 자원 요구와 같은 전략적 사업목표를 비즈니스 프로세스 설계로 변환하는 하향식(top-down) 접근 방법론에 대한 약간의 비전을 보여 주었다.

하향식(top-down) 프로세스 설계는 기업이 그 운영 상황을 경영층의 관점에서 일반적인 용어로 표현하게 한다. 그리고 그 과정에서 변환단계 없이 실행 가능한 거래처리 프로세스를 하나의 단일 모델로 유지한다. 그러므로 나중에도 누군가가 프로세스 단절 없이 그 모델을 다시 살펴 보고 더욱 상세하게 다시 그리는 것이 가능하다. 이러한 모델의 확장은 해당 프로세스를 실행 가능한 소프트웨어 프로그램으로 변환하기 위해, 누락된 "기술 요소"들을 채우려는 상세 내역을 추가하는 작업이 아니다. BPM의 경우, 상세 수준 없이도 상위 수준의 모델로 이미 실행이 가능하기 때문이다. BPM은 기업들이 가치사슬 전체에 걸쳐 프로세스를 설계할 수 있도록 지원한다. 이것은 상위 수준 프로세스 모델과는 전혀 독립적으로 개발된 하위 수준(매우 상세한 수준) 모델이 수평적으로나 수직적으로 통합되어 실행 가능한 "전체 종단간(end-to-end)" 프로세스를 구성할 수 있게 하는 것이다.

하향식(top-down) 설계라는 말은 또한 프로세스 변형들이나 맞춤형 프로세스들을 이미 정의된 상위 수준 프로세스 패턴에 충실히 맞추면서 생성할 수 있는 능력을 의미한다. 뿐만 아니라 하향식 프로세스는 일반적으로 운영 중에 있는 프로세스의 조직과 참가자의 성과를 측정할 수 있고, 목표 대비 진척도를 모니터링할 수 있도록 지표들을 포함한다. 이것이 오늘날 스프레드시트 소프트웨어에서 자동으로 실행되는 목표탐색 분석과 매우 유사하다. 그런 의미에서 프로세스 경영은 엔지니어링 산업에서 성취한 것과 비슷한 특성을 갖게 되었다. 그 특성이라는 것은 협업, 분석, 제품과 사용환경 및 사용방식의 관계에 대한 평가에 기초하여 제품설계와 설계 변형들을 평가하는 효율화된 프로세스의 구현을 말한다.

제3의 물결 프로세스의 엔지니어링 산업

CAD/CAM은 항공우주 산업 및 자동차 산업과 함께 시작되어 나중에는 제품설계에 기초한 모든 산업으로 널리 퍼지면서 엔지니어링 산업에 새로운 엄청난 효율성을 가져 왔다. 초기에는 제품생산 개념에 있어 시간절감 목표는 25~50% 수준이었다. 새로운 접근방법이 성숙됨에 따라서 실제는 10분의 1, 심지어 100분의 1까지 감소했다. 같은 산업 내의 공급자와 전문가들이 STEP(the standard for the exchange of product model data)과 같은 표준을 기반으로 한 새로운 도구들을 적용함에 따라서 협업이 매우 단순해졌다. 그러나 표준이 채택되기 전에도 컴퓨터 지원 설계 프로세스는 설계시에 부서간이나 담당자 간에 정보를 주고 받는 정도를 감소시켰다. 장기적으로 설계품질이 개선되었고, 생산원가가 낮아졌으며, 적절한 가격에 고품질의 제품이 생산되었다. 이제 이런 프로세스는 해당 산업 분야에서 하나의 표준 프랙티스가 되었다.

비즈니스 프로세스 경영과 관련된 기술이 성숙함에 따라서 데이터 관리 분야에서 일어났던 것과 마찬가지로 프로세스 경영과 관련 기술들이 표준 프랙티스로 채택될 것이다. 프로세스는 더욱 쉽게 창조, 도출, 설계될 것이다. BPM의 비용 대비 효율성 때문에 프로세스 설계자들은 보다 쉽게 많은 프로세스들을 새로이 만들고 그 중 대부분을 쉽게 폐기하기도 하면서, 많은 다양한 프로세스를 생성하고 시험할 것이다. 프로세스는 설계, 최적화, 분석이라는 순환과정을 거치면서 더욱 쉽게 전개될 것이다. 이와 같은 접근방법이 산업계로부터 폭 넓은 지지를 얻게 되고 산업계의 선두 기업들이 협업 프로세스 설계 시스템을 업계의 표준으로 삼을 때, 챔피가 "크로스 엔지니어링(X-Engineering)"이란 이름으로 정의한 일종의 기업 간(Business-to-Business) 리엔지니어링이 가능해질 것이다.

오늘날의 3차원 CAD/CAM 제품 모델처럼, BPM이 명시적인 프로세스 모델에 새로이 초점을 두게 되면서 프로세스가 컴퓨터 지원 체계와 연결되기 때문에, 프로세스의 품질이 개선될 것이다. 마침내 BPM은 하나의 전체로서 비즈니스에 제품설계 프로세스를 포함한 통합 프로세스 설계 시스템으로 부상하게 될 것이다. 오늘날 데이터베이스에 토대를 둔 생산 엔지니어링 응용시스템의 차세대는 프로세스 기반 위에서 재구축될 것이다. 이미 기업들은 제품 데이터 관리(PDM) 응용시스템과 함께 프로세스 경영 시스템을 사용하고 있다. 기업들은 비즈니스 프로세스 엔지니어링을 일상적인 표준 프랙티스로 간주하기 시작할 것이다. 제품 엔지니어 시대에 제품 데이터 관리(PDM)가 하는 역할처럼 결국 업무분석 시대에 BPM이 그런 역할을 할 것이다. 모든 개별 응용시스템 중심 활동들 간의 경계가 점점 사라질 것이다.

챔피 본인은 이와 같은 시나리오에서 의미 있는 비즈니스 기회를 인식하고 있다. 2002년 5월 출간된 기사에서, 그는 "조직의 벽을 뛰어 넘는 경영 프로세스의 효율을 우리가 50% 정도까지 개선한다면, 연간 4천억 달러를 절감할 수 있을 것이다"라고 말한다. 또한 그는 물류 프로세스─상품이 기업에서 기업으로 흘러가거나, 기업에서 고객에게 흘러가는 프로세스─사례를 인용하면서, 전세계적으로 기업들은 물류관련 서비스에 연간 약 2조 달러를 지출하는데 그 중 40%는 관리비용이라고 한다. 이와 유사한 이슈가 다른 산업에서도 발견되고 있으며, 의료산업의 예는 잘 알려져 있다. 비용과 가격을 줄이기 위해 고객과 공급자 및 협력사들은 새로운 프로세스 설계에 있어서의 협업의 필요성을 느끼게 될 것이다. 이것은 오직 BPM을 이용함으로써 이룰 수 있는 것이다. 1990년대의 기술은 너무 비싸고 복잡하기만 해서, 동적인 가치사슬의 공개된 프로세스 협업을 도저히 지원할 수 없었다. 전용 EDI 시스템은 복잡하고, 고가이며, 유연성이 떨어졌다. EDI는 간단한 거래 프로세스에 국한되었으며 기업 간이나 가치사슬 전체의 진정한 협업 관계가 갖는 본래 의미와 다양함과는 거리가 있었다. 이런 시스템들 역시 제3의 물결에서 다시 새롭게 거듭날 것이다.

　이러한 협업 유형에 대한 세계적 수준의 사례를 보잉사에서 찾아볼 수 있다. 이 기업은 엔지니어, 고객, 유지보수 인력, 프로젝트 관리자들이 전세계의 부품 공급자들과 CAD/CAM 설계도구와 프로세스를 전자적으로 공유하는 "사이버 공간"에서 777 여객기를 설계했다. 실물 모델은 전혀 만들지 않았으며, 종이 도면도 없었다. 이 프로세스의 본질은 다음의 슬로건에 압축 표현되어 있다. "777 여객기는 여러 부품들이 연결되어 함께 편대 비행한다." 결과적으로 보잉사의 고객들은 더 이상 신규 여객기를 인도받기 위해 3년 동안 기다릴 필요가 없게 되었다. 프로세스 협업을 통해 보잉사는 대당 비행기 인도기간을 8~12개월 목표로 하고, 비행기 생산능력은 1992년의 228대에서 연간 최대 620대까지 될 것으로 기대하고 있다. 이와 같은 것을 자기 기업의 비즈니스 프로세스에 적용했을 때의 모습을 상상할 수 있는 기업들은 BPM 제3의 물결에 뛰어들게 될 것이다. 여기에서 중요한 시사점은 보잉사의 컴퓨터 지원 방식과 같은 규모가 아니어도 원리는 같다는 것이다. BPM의 잠재성을 인지한 CEO들은 기업과 공급자와 거래처가 함께 가까이 편대 비행하면서 고객에게 기쁨을 주고 시장을 지배하는 가치사슬을 만들 것이다.

프로세스 경영 기업을 위한 새로운 규칙

프로세스 경영은 미래의 기업을 위한 새로운 규칙을 만들 것이다. 리엔지니어링은 낡은 프로세스를 뜯어 내고 이를 대체하려고 하였다. 프로세스 경영은 존재하는 프로세스를 추출해서, 여러 변형들을 시험하고, 기업이 적용하기에 적합한 혁신이나 개선형식을 관리하며, 그 결과를 쉽게 전개하는 방법을 제공한다.

BPM은 정확히 BPR과 어떻게 다른가? 해머와 챔피의 원래의 저서에 기술된 – 오래된 규칙, 혁신 기술, 새로운 규칙 – 형태를 사용하여 생각해 보자.

1. 오래된 규칙 : 프로세스 기반의 사무업무와 프랙티스 기반의 숙련기술은 다르다. 혁신 기술 : 프로세스 데스크톱. 새로운 규칙 : 모든 업무는 단일 시스템을 사용해서 설명되고, 관리될 수 있다.
2. 오래된 규칙 : 프로세스는 개별 단계의 입력과 출력에 주된 초점을 맞춘 고정된 것이다. 혁신 기술 : 프로세스 계산학. 새로운 규칙 : 프로세스는 유동적이며, 동적이며, 아메바 같으며, 적응이 가능하다.
3. 오래된 규칙 : 프로세스 실행은 프로세스를 한 곳에 모아서 중앙통제 아래에 두는 것을 의미한다. 혁신 기술 : 분산처리 실행과 전체 종단 간 (end-to-end) 프로세스. 새로운 규칙 : 프로세스는 집중화된 환경에

서와 마찬가지로 연합된 환경에서도 쉽게 관리될 수 있다.
4. 오래된 규칙 : 협업은 표준 프로세스를 요구한다. 혁신 기술 : 비즈니스 프로세스 모델링 언어. 새로운 규칙 : 협업은 표준 프로세스가 아닌 프로세스의 표준 표현에 의존하기 때문에 기업들이 혁신하기가 쉽다.
5. 오래된 규칙 : 기업들은 처음부터 다시 시작해야 한다. 혁신 기술 : 응용 시스템의 컴포넌트화와 결합된 프로세스 도출, 평가, 투사. 새로운 규칙 : 기업들은 현재 있는 것 위에 구축되고 변화한다.
6. 오래된 규칙 : 프로세스는 관리가 가능하도록 하기 위해 계속 단순화되어야 한다. 혁신 기술 : 프로세스 참가자들. 새로운 규칙 : 프로세스는 필요에 따라서 얼마든지 복잡해질 수 있으며 여전히 관리가 가능하다.
7. 오래된 규칙 : 프로세스는 회계 담당자, 감사인, 관리자들의 수작업 통제를 줄이기 위해서 변경되어야 한다. 혁신 기술 : 프로세스 측정지표와 프로세스 라이프사이클. 새로운 규칙 : 프로세스는 스스로 모니터할 수 있다.
8. 오래된 규칙 : 점진적인 개선과 급진적인 리엔지니어링 중에서 선택해야 한다. 혁신 기술 : 전체 프로세스 라이프사이클 경영. 새로운 규칙 : 단절은 없다.
9. 오래된 규칙 : 점진적인 프로세스 개선의 결과는 미미하다. 혁신 기술 : 프로세스 분석과 변형. 새로운 규칙 : 프로세스는 가끔은 점진적, 가끔은 급진적으로 불규칙하게 진화하지만 그러나 그 진화는 항상 혼란 없이 일어난다.
10. 오래된 규칙 : 급진적인 변화는 고통스럽고 혼란스럽다. 혁신 기술 : 컴퓨터 지원 프로세스 엔지니어링. 새로운 규칙 : 기술의 도입과 구현을 통해 조직을 변화시킨다.
11. 오래된 규칙 : 기업들은 대규모의 장기적으로 존속하는 전담 리엔지니어링 팀이 필요하다. 혁신 기술 : 프로세스 포탈. 새로운 규칙 : 프로세

스 경영은 모든 사람들 업무의 일부가 되고 별도로 존재하는 것은 사라진다.

12. 오래된 규칙 : 프로세스 혁신은 불확실성과 애매함을 가진 하나의 예술 형식이다. 혁신 기술 : 프로세스 계산학. 새로운 규칙 : 프로세스 경영은 정밀 과학이다.
13. 오래된 규칙 : 급진적 변화를 구현하기 위해서는 오랜 시간이 걸린다. 혁신 기술 : 프로세스 전개와 실행. 새로운 규칙 : 어떤 급진적인 변화도 IT 시스템이나 조직에 급진적인 변화를 요구하지 않는다.
14. 오래된 규칙 : 개선 팀은 한 번에 두 개 이상 프로세스를 리엔지니어링 할 수 없다. 혁신 기술 : 프로세스 경영 시스템. 새로운 규칙 : 다수의 프로세스에 대하여 지속적인 프로세스 개선이 이루어진다.
15. 오래된 규칙 : 급진적인 변화는 하향식이며 지속적인 변화는 상향식이다. 혁신 기술 : 통합 프로세스 모델. 새로운 규칙 : 차이가 없으며, 상황이 접근방법을 결정한다. 매우 독립적으로 개발된 프로세스 모델들이 쉽게 결합될 수 있다.
16. 오래된 규칙 : 리엔지니어링은 결코 상향식으로 일어나지 않는다. 혁신 기술 : 프로세스 인트라넷. 새로운 규칙 : 프로세스 효율화와 프로세스 재설계에 대한 통찰이 조직 내에서 자연스럽게 일어난다. 그리고 이러한 프로세스 변화로 영향을 받는 사람들이 변화된 프로세스를 쉽게 받아들인다.
17. 오래된 규칙 : 관리자들이 모든 프로세스 설계의 변화를 만든다. 혁신 기술 : 협업적 프로세스 설계와 프로세스 최적화의 순환 사이클. 새로운 규칙 : 변화를 만드는 것은 모든 구성원들 업무의 일부분이다.
18. 오래된 규칙 : 프로세스 오너는 단 한 명이어야 한다. 혁신 기술 : 협업적 프로세스 분석. 새로운 규칙 : 프로세스 개선에 관련되어야 할 모든 사람들이 프로세스 오너에 해당될 수 있다.

19. 오래된 규칙 : 프로세스는 프로세스 팀만이 설계한다. 혁신 기술 : 공유 프로세스 저장소. 새로운 규칙 : 필요한 만큼 많은 프로세스 설계자들이 조직 모든 계층에서 참여할 수 있다.
20. 오래된 규칙 : 프로세스 성과를 알아내기 위한 일을 한다. 혁신 기술 : 프로세스 측정 지표. 새로운 규칙 : 프로세스가 자체적으로 측정을 해서 우리에게 성과를 알려 준다.
21. 오래된 규칙 : 모든 프로세스 팀은 코치가 필요하다. 혁신 기술 : 프로세스 설계와 함께 시행되는 프로세스 교육훈련. 새로운 규칙 : 프로세스 그 자체가 코치이다.
22. 오래된 규칙 : 계획은 단지 정기적으로만 개정된다. 혁신 기술 : 프로세스 모델링 언어. 새로운 규칙 : 계획은 프로세스이며 전사를 실시간으로 안내한다.
23. 오래된 규칙 : 사실상의 프로세스는 단지 현재의 IT 시스템에 의해 지원을 받는 프로세스뿐이다. 혁신 기술 : 프로세스 가상장치. 새로운 규칙 : 어떠한 프로세스도 모델링이 가능하고 실행 가능하다. IT와 관계는 상관 없다.
24. 오래된 규칙 : 프로세스를 실행함에 있어 가능하면 소수의 인원이 참여해야 한다. 혁신 기술 : 전체 종단 간 프로세스(end-to-end process), 프로세스 데이터 상관 관계, 분산 프로세스 실행. 새로운 규칙 : 효율성이나 자동화 수준이 수작업으로 인해 저하되지 않으면서, 필요한 모든 사람과 모든 시스템이 프로세스에 참여하고 관련될 수 있다.
25. 오래된 규칙 : 리엔지니어링을 기업 의제들 속에 묻혀 버리게 하지 말라. 혁신 기술 : 프로세스 모델링 방법론. 새로운 규칙 : 가치분석, 프로세스 분석, 품질관리, 비용분석이 하나의 분석 틀로 통합된다.
26. 오래된 규칙 : 전통은 아무것도 아니다. 혁신 기술 : 프로세스 도출. 새로운 규칙 : 전통은 모든 것이고 계속 만들어져야 한다. 과거에서 배

우지 못하는 사람은 잘못을 되풀이한다.

27. 오래된 규칙 : 소수의 변형만이 필요하도록 프로세스를 설계한다. 혁신 기술 : 맞춤 프로세스와 프로세스 패턴. 새로운 규칙 : 수백, 수천 가지의 설계 변형을 하기 위해 어떤 프로세스든지 재사용될 수 있다.

28. 오래된 규칙 : 기업은 프로세스 엔지니어가 고려해야 하는 10 ~ 20개 정도의 프로세스를 가지고 있다. 혁신 기술 : 프로세스 도출. 새로운 규칙 : 조직은 생각보다 훨씬 복잡하다.

29. 오래된 규칙 : 개선대상 프로세스는 주의 깊게 선정해야 하고, 우선 순위를 잘 결정해야 한다. 혁신 기술 : 프로세스 최적화, 분석, 변환. 새로운 규칙 : 프로세스 개선은 방법론에 의해 이루어진다. 프로세스의 고통스러운 부분이 자연스럽게 드러난다.

30. 오래된 규칙 : 프로세스는 과다한 정보교환 및 데이터 중복을 제거하도록 설계되어야 한다. 혁신 기술 : 프로세스 데이터. 새로운 규칙 : 강한 프로세스는 필요한 모든 정보를 자유롭고 효율적으로 교환할 수 있고, 재처리할 수 있고, 요구되는 모든 프로세스 참가자들을 포함하는 것이다.

31. 오래된 규칙 : 공급자들과 고객들이 독자적으로 각각의 활동을 계획하고 일정을 세울 수 있도록 업무가 구조화되어야 한다. 혁신 기술 : 협업 프로세스 새로운 규칙 : 독립된 활동들의 통합이 구조화된다.

32. 오래된 규칙 : 매우 복잡한 프로세스를 좀더 단순한 여러 개의 작은 프로세스로 분할해야 한다. 혁신 기술 : 전사 프로세스 모델. 새로운 규칙 : 프로세스를 지적자산으로 관리하고, 실행에 필요한 것을 자동으로 끌어낸다.

33. 오래된 규칙 : (엔진의 톱니처럼) 기술은 프로세스에 단지 참여만 한다. 혁신 기술 : 제3의 물결. 새로운 규칙 : (피스톤을 가동하고 톱니를 조정하는 것처럼) 기술이 프로세스를 구현한다.

34. 오래된 규칙 : 프로세스는 사람들이 프로세스를 바꾸어야 변한다. 혁신 기술 : 능력 전달(capability passing), 외부 프로세스 참가자, 비즈니스 규칙. 새로운 규칙 : 프로세스는 프로세스 설계시 정해진 범위 내에서 스스로 변화할 수 있다.
35. 오래된 규칙 : 프로세스 설계는 시간이 오래 걸린다. 혁신 기술 : 실시간 프로세스 제조. 새로운 규칙 : 저스트인타임(just-in-time)으로 획득되지만 일회성이며, 쓰고 버리는 프로세스들이 가능할 뿐만 아니라 유용하기도 하다. 이 프로세스들이 사실은 비즈니스가 실제 이루어지는 모습, 즉 실험적이면서 체계적인 모습을 반영한다.
36. 새로운 규칙 : 조직의 경계를 벗어난 프로세스를 변경하는 것은 실질적으로 불가능하다. 혁신 기술 : 프로세스 인터페이스 정의 언어와 전체 종단간(end-to-end) 프로세스. 새로운 규칙 : 프로세스 경영에서 조직 경계는 없다.

요약

기업은 경쟁우위를 확보하고 이를 유지하기 위해 부단히 노력한다. 이것이 바로 비즈니스이다. 예를 들면 1980년대에 미국 기업가들이 일본 제조업자들에게 포위되었을 때, 자신들의 경쟁우위는 사라졌다고 단언했다. 이에 따른 고통이 너무나 커서 리엔지니어링 학파의 극약 처방이 설득력을 얻을 수 있었다. 불행히도 IT 하부구조는 이러한 처방을 충족시킬 수 없었다. 그래서 급진적인 변화 지지자들은 경제 회생에 필요한 과학적인 항우울 치료제 대신에 말로만 하는 치료에 의존하였다.

경험적 기반이 결핍되었던 "리엔지니어링"은 비즈니스 세계의 신뢰를 상실했다. 리엔지니어링의 정직한 옹호자들이 인정하는 것처럼, 질병을 치료할 적절한 약을 갖고 있지 않다고 해서 비난받지는 않았을 것이므로, 현실성이 있는 범위에서 접근하였다면 오히려 강점이 부각되었을 것이다. 그러나 우리가 보아 온 바와 같이 비즈니스 프로세스 경영 제3의 물결은 리엔지니어링을 리엔지니어링하고, 그 동안의 학습 교훈을 이용하며, 프로세스로부터 이익을 얻는 것이라고 생각할 수 있다.

- 오래된 규칙 : 비즈니스와 IT의 분리
- 혁신 기술 : BPM 제3의 물결
- 새로운 규칙 : 프로세스 오너는 비즈니스와 IT의 간격을 연결하려는 대신 그 간격을 제거하며 스스로 자신의 프로세스를 설계하고 전개한다.

제6장
비즈니스 프로세스 아웃소싱

지금까지 윤리는 한 가지 전제 하에서 진화해 왔다. 개인은 한 공동체의 구성원으로서 서로 의존하는 부분이라고 보는 가정이 그것이다. 본능은 개인으로 하여금 공동체 안에서 자기 자리를 차지하기 위해 경쟁하도록 만든다. 그러나 윤리는 그로 하여금 – 아마도 개인으로서 그가 차지할 자리가 존재하도록 하기 위하여 – 다른 개인과 협동하도록 만든다.

– 앨도 레오폴드(Aldo Leopold),
  땅의 윤리(The Land Ethic)에서

변화는 조직 내부의 다양한 각도에서 일어난다. 변화의 영향이 조직 전반에 걸쳐 미치기도 하고 조직 일부분에만 국한되기도 한다. 급격한 변화가 필요하기도 하고 점진적인 변화가 일어나기도 한다. 변화는 새로운 조직을 만들고 조직구성원을 바꾸고 새로운 역할과 기존 프로세스의 변경을 수반하면서 기업이 시장확대, 신제품 개발 등으로 시장변화에 대응하도록 한다. 변화는 이렇게 도처에서 일어나고 있다.

전혀 새로운 시장에 진입하고, 비즈니스 모델을 180° 전환하고, 새로운 제품라인을 추가하고, 그 밖의 다른 형태로 급격하게 비즈니스 모델을 변경하는 과정을 생각해 보자. 리엔지니어링을 통해 그런 전략적 변화를 이루려고 할 때 소요되는 비용과 어려움은 이미 널리 알려져 있다. 기업은 적합한 인력을 확보하고 보유하기 위해, 잘 고안된 프로세스를 통해 동기를 유발하고, 핵심역량을 전수하면서, 새로운 시장 채널마다 거의 새로운 사업처럼 대응해야만 한다. 전통적 리엔지니어링의 불리한 비용 대비 효과 곡선은 앞에 열거한 전략적 목표 추구과정에서 시도하고자 하는 많은 전략적 대안들을 포기하게끔 만든다. 리엔지니어링은 프로세스 개선을 하나씩 추진하는 방식이 초점이며, 그것도 대부분이 기업 내부에 국한된다. 여기 다른 방법이 있다.

만일 기업이 고통스러운 리엔지니어링 노력 없이도 스스로를 새로이 만들 수 있다면 어떻게 될까? 기존 프로세스를 리엔지니어링하거나 새로운 프로세스를 만드는 대신에 기업이 필요로 하는 베스트 프랙티스와 베스트 오브 브리드 프로세스들을 쉽게 획득하고, 그것을 통해 기업의 형태와 사업 범위를 급격히 재정의하는 수준까지 변화시킬 수 있다면 어떻게 되겠는가? 만일 완전한 새 비즈니스 라인을 구성하는 데-즉 새로운 마켓 채널을 형성하고, 현재의 제품이나 서비스를 보완하는 새로운 제품이나 서비스를 크로스 셀링하고, 추가 자본투자 없이도 기존 제품라인을 확장하는 데-플러그 앤 플레이(plug-and-play) 방식으로 비즈니스 프로세스들을 이용할 수 있어서 일부에서 말하는 "공급망에서 선지적 연결에 의한 경쟁"이 이루어진다면 어떻게 될까? 비즈니스 프로세스 경영은 비즈니스 프로세스 아웃소싱(BPO: Business Process Outsourcing)에서 전적으로 새로운 세계를 가능하게 만들 뿐만 아니라 비용 대비 효과와 관리 가능성 및 실용성을 모두 제공한다.

리엔지니어링 모델에서는 기업이 특정한 프로세스들을 재구축만 할 수 있었으나 BPO를 통해서는 비즈니스의 전체 구조를 변화시킬 수 있다. BPO는 새로운 형태의 인수/합병(M&A)이다. BPM의 도입으로 인해 BPO에 추가되는 기능은 협력사들 간에 비즈니스 프로세스를 부분적이거나 전면적으로 공유하더라도 계속 통제력을 유지할 수 있도록 한다는 것이다. 이 기능을 통해서 기업은 수없이 많은 비즈니스 서비스들을 만들기도 하고 소비할 수도 있게 된다. 새로운 "가상" 프로세스들-이것은 인력, 스킬, 기계장치, 지적자산 같은 다양한 자산들에 의한 표현이다-을 획득할 수 있게 됨으로써 지금까지 조직 내부의 프로세스 리엔지니어링과는 전혀 다른 모습이 나타나게 된다. 프로세스 설계를 강조하는 대신에 프로세스 조합 및 관리되는 가상기업(managed virtual enterprise) 건설이 강조된다.

프로세스 기반 관계를 구축하고 관리하게 되면 자본, 시간, 조직 에너지 같은 것을 투입하지 않고도 조직간 경계를 이동시켜서 새로운 능력을 보유하게 한다. 그 고전적인 사례가 위탁생산(contract manufacturing)이다. 씨스코(Cisco)는 라우터(Router)를 만들지 않고, 리바이스(Levis)는 청바지를 만들지 않으며, 보잉은 비행기를 만들지 않는다. 그들의 위탁 생산업체들이 이것들을 각각 만들고 있다. 사업자원을 도입하기 위한 핵심도구 세 가지는 프로세스 관리, 훈련된 아웃소싱 능력, 그리고 가치사슬 통합이다. 구매 전문가인 스탠 르픽(Stan Lepeak)은 아웃소싱에 의해 비즈니스가 어떻게 변화하는지를 간결히 설명한다.

G2000 기업 조직 모델의 진화가 고립형 자급자족 방식에서 공개형 전문화 방식으로 계속되고 있다. 20세기 초/중반 수직계열의 통합 고도화로 대표되던 비즈니스/조직 모델 시대는 지났다. 포드 루즈강 공장의 한 편에서 석탄과 철강이 투입되고 다른 편에서 자동차가 나오던 시대가 더 이상 아니다. 신문사가 신문용지 공급을 위해 산림을 소유하던 시대도 더 이상 아니다. 최근 기업들은 시설, 물류, 후방업무 관리까지도 조직 외부로 내보내고 있다. 오늘날의 조직은 좁은 영역의 핵심역량에만 초점을 쏟고 있다. 재고관리, 수송서비스, 그리고 제조기능까지 포함된 공급망 상의 많은 기능들이 이미 아웃소싱으로 전환되고 있다.

이러한 추세를 촉진하는 원동력은 경쟁우위 확보를 위한 차별화가 수직적 통합보다는 비즈니스 프로세스의 수평적 전문성에 의해 더 좌우된다는 사실이다. 조직은 하나 또는 둘 정도의 핵심 프로세스에서 탁월성을 확보하기 위해 노력을 쏟고 있으며 가능한 한 많은 자원을 그런 프로세스들에 투입하려고 한다. 더구나 오늘날과 같이 글로벌화되고 첨단기술과 복잡한 경제적 규제가 얽혀 있는 상황에서 기업 운영은 너무나 복잡하기 때문에 어느 조직에서도 경쟁에 필요한 모든 스킬과 프로세스를 조직 내부에 두는 것이 어렵게 되었다. 오늘날 평균적으로 볼 때 글로벌 2000 기업 지출의 50% 이상이 외부 서비스의 대가로 지불되고 있으며, 금액으로는 전형적 글로벌 500 기업의 경우 20억 달러를 넘어서고 있다. 이 금액은 2005년까지 계속 연평균 20%씩(CAGR) 증가할 것이다(CAPS). 이 서비스들은 넓은 영역에 걸쳐 개인 계약자, 임시직, 리테이너 서비스, 프로젝트 단위 서비스, 그리고 비즈니스 프로세스 아웃소싱(BPO)까지 다양한 형태를 띠게 될 것이다.

일단 프로세스가 디지털화 되면 조직은 그 프로세스를 "분리(unplug)"하고 관리를 제3자에게 아웃소싱할 수 있다. 그 제3자인 전문가들은 스킬과 자원 집중의 결과로 인해 그 프로세스의 수행에서 더욱 더 숙련된 조직이 된다. 과거에는, 아웃소싱하기에는 너무 중요하거나 특별히 성역시되어 있어서 아웃소싱 대상으로 고려조차 되지 않던 프로세스들도 이제는 실행 가능한 후보로 고려되고 있다. 반도체 칩 메이커들이 더 이상 자신들의 반도체 칩을 생산하지 않고, 제약업체는 신약 연구를 아웃소싱하며, 정부는 형무소 관리를 아웃소싱하고, 의류업체가 자신의 공장을 아웃소싱하고 있다. 가까운 장래에 아웃소싱 잠재 대상에서 제외되는 프로세스와 과제는 없을 것이다.

한번 아웃소싱 개념을 받아들이고 나면 조직은 자기의 어떤 기능이나 프로세스가 아웃소싱에 적합한 후보인지를 결정해야 하는 과정을 밟을 필요가 있다. 구매와 관련된 부분이건 그렇지 않은 부분이건 비즈니스 프로세스의 아웃소싱에는 두 가지 이유가 있다. 하나는 경쟁에서 이길 수 있을 정도의 프로세스 성과가 불가능한 경우이고, 다른 하나는 프로세스가 경쟁우위를 위한 차별화에 기여하지 못하는 경우이다. 이런 프로세스들은 아웃소싱되거나 자원낭비를 없애기 위해 제거되어야 한다.

그러나 르픽(Lepeak)은 아웃소싱이 "모든 문제의 해결안이 될 수는 없다"고 충고한다.

기업은 전략적 구매, 일상용품 구매, 그리고 서비스 구매 및 관리와 같이 비즈니스 유형별로 아웃소싱의 실행 가능성을 평가해야 한다. 전략적 아웃소싱은 수행의 탁월성에 따라서, 차별화에 의한 경쟁우위를 제공할 수 있다. 일상용품 구매와 같은 비즈니스 프로세스는 비용절감 효과를 제공할 수 있지만 적어도 일정 기간에 걸쳐 경쟁우위를 주는 차별화를 제공하는 경우는 거의 없다. 그 대신 일상용품 구매 프로세스의 아웃소싱은 성과가 열위에 있을 때 역 차별화를 만들 수가 있다. 즉 문제가 발생할 때만 거론 되는 것이 일상용품 구매 프로세스이다.

아웃소싱, 가치사슬 통합, 프로세스 경영 이 세 가지의 전통적 구분이 불분명해지고 있다. 일단 범위와 정의를 명확히 하여 특정 비즈니스 기능 영역을 아웃소싱하는 기업의 경우에는 프로세스 경영이 그 기업으로 하여금 전체 종단간(end-to-end) 프로세스들을 다른 시각에서 좀더 상세하게 나누어서 다양한 선택을 할 수 있게 해 준다. 아웃소싱에서는 협업적인 성격이 더욱 늘어나고 있으며, 가치사슬 통합에서는 비즈니스 프로세스 경영에 의존하는 정도가 더욱 증대되고 있다. 협업은 프로세스를 기준으로 정의되며, 한 기업은 비즈니스 프로세스 아웃소싱의 사용자와 제공자 양쪽 모두가 될 수 있다. 많은 아웃소싱 제공자들은 가치사슬 통합자 역할을 맡으려고 하고, 반면에 이미 가치사슬 통합을 이룬 기업들은 이것을 기반으로 다른 기업들에게 서비스하려고 한다. 프로세스 경영은 이러한 추세가 확대되게 할 것이다. 공유 프로세스 관리(shared process management)와 표준 프로세스를 대신하는 표준 기반 언어에 의한 프로세스 표현은 서로 다른 기업들이 프로세스를 통해 협업할 수 있도록 하며 광범위한 아웃소싱과 서비스 모델이 출현하도록 만들 것이다.

아주 작은 기업일지라도 비즈니스 프로세스를 탁월하게 디지털화할 수 있으며 또한 이것을 비즈니스 서비스로 제공할 수 있다. 이 가운데 어떤 회사들은 CSC나 EDS가 세계적 수준의 IT 아웃소싱 기업이 된 것과 마찬가지로 세계적인 BPO 전문기업이 될 수도 있다. BPM은 그런 BPO 전문 기업들이 비즈니스 프로세스 경영의 모든 기능들을 구사할 수 있게 할 것이다. 이때 사용되는 도구들이 갖는 의미는 데이터 관리 도구들과 시스템이 없다면 데이터센터 아웃소싱이 존재할 수 없는 것과 같다.

어떤 기업의 경우 초기에는 아웃소싱 제공자가 되려는 의도가 없을 수 있다. 고전적 사례가 아메리칸 항공(American Airlines)이다. 아메리칸 항공은 항공예약시스템의 개발과 운영에 필요한 고도의 특화된 전문성에 집중하기 위해 세이버 기술그룹(SABRE Technology Group)이라는 자회사를 설립하였다. 세이버는 탁월한 수행성과를 보였으며 그 기능을 다른 항공사와 수천 개의 여행사들에게 비즈니스 서비스로 판매하게 되었다. 그 실적이 너무나 성공적인 탓에 모회사 AMR의 전 CEO인 로버트 크랜달(Robert Crandall)은 만일 두 회사 중에 하나를 반드시 팔아야 할 입장이었다면 세이버보다 항공사를 팔았을 것이라고 회고한 적이 있다.

어떤 기업들은 단순히 자신들의 탁월한 업무수행 능력에서 아웃소싱 비즈니스를 시작한다. GE가 트레이딩 프로세스 네트워크(Trading Process Network)를 구축하게 된 것은 GE 내부의 독립된 사업 조직들의 구매업무를 효율화하기 위함이었다. 그 결과 구매 프로세스에서 탁월한 실적을 거두었고, 비록 후에 온라인 구매시장의 쇠퇴로 인해 지분의 90%를 외부에 매각하였으나 대형 온라인 구매 마켓플레이스인 GSX 설립으로 이어졌다. 이러한 예를 통해 우리는 또 하나의 비즈니스 기본을 깨닫는다. 즉 움직이지 않는 비즈니스는 존재하지 않는다는 사실이다. 기업의 장기적 성공은 변화하는 시장에 적응해 가면서 자신의 비즈니스 수행 방법과 비즈니스 자체까지도 새로이 조합(bundle), 분리(unbundled), 재구성(rebundle)할 수 있는 능력에 좌우된다.

아웃소싱은 출하기능 안에 FedEx나 UPS의 위치정보 서비스를 접속하는 아주 작은 것에서부터 전혀 새로운 사업라인의 아웃소싱까지 폭 넓게 이루어질 수 있다. 아마존과 동일한 사업 유형과 사업 모델을 갖고 있는 보더스북(Borders Books)사는 자신의 온라인 서점 전체에 대해, "적" 중에서 가장 강한 경쟁자인 아마존으로부터 아웃소싱 서비스를 받고 있다. 이러한

"코피티션(coopetition)"으로 인해 아마존은 아웃소싱 제공자가 되었다. 원래 아마존은 서적 도매업체인 인그램(Ingram)에게 창고 및 배송 업무를 아웃소싱하면서 가상서점을 시작하였다. 이제 아마존은 미래 기업의 전형적 모습인 아웃소싱 제공자이면서 동시에 아웃소싱 고객이라는 위치에 서 있다.

비즈니스 서비스의 아웃소싱은 이미 일반화되었다. 급여관리와 IT 서비스는 물론, 당장 생각할 수 있는 것만 해도 인력관리, 퇴직서비스, 비용관리, 신용관리, 보험 청구관리, 구매관리, 학습서비스, 물류서비스, 콜센터 운영 등이 있으며, 그 외에도 수백 가지의 전문화된 비즈니스 서비스가 있을 수 있다. 재무분야의 예를 보면 아웃소싱 대상이 될 수 있는 서비스에는 회계관리, 계획수립, 예산관리, 재무보고 관리, 총계정원장 관리, 지불계정 관리, 채권계정 관리, 자금관리, 현금관리, 외환관리, 고정자산 관리, 매출계정 관리, 합작법인 원가회계, 세무관리가 있다. 거의 모든 일들이 서비스로 제공될 수 있으며 전용망에서나 공중망에서나 양쪽 모두 서비스 프로세스들의 통합이 더욱 용이해지고 있다.

일부 수직 계열화 통합 조직의 전략은 핵심역량 부분만 내부에 두고 그 외의 모든 부분을 아웃소싱하는 것이다. 다른 기업의 경우에는 자신들이 탁월한 프로세스들은 스스로 보유하고 그렇지 못한 부분들을 아웃소싱함으로써 고객 기대에 대응하는 능력과 조직의 힘이 무가치하게 낭비되지 않도록 하고 있다. 비록 핵심역량 부분이 아니더라도 탁월한 프로세스를 소유하고 있다면 그것을 유지하면서 그것을 이용할 수 있는 새로운 시장을 찾으려고 할 수도 있다. 어떤 경우는 자신의 비핵심 분야에 해당되는 외부 프로세스가 자신의 핵심분야와 시너지를 창출할 수 있거나 그 결합이 수익성 있는 새 영역으로의 이동 기회를 제공한다면 그 외부 프로세스를 내부화시킬 수도 있다. 아웃소싱을 통해 획득한 프로세스와 자신만이 보유한 능력을 연계하여 새로운 시장채널 개발을 위해 노력하리라는 것에는 의심의 여지가 없다.

그러나 급여관리와 같은 표준 프로세스를 아웃소싱을 통해 외부에서 조달하는 것과 여러 아웃소싱 제공자들이 서비스하는 최고의 프로세스들을 결합하여 경쟁우위를 갖게 하는 고도의 차별화된 프로세스를 만드는 것 사이에는 큰 차이가 존재한다. 선택할 수 있는 수백 가지 또는 수천 가지의 전문화된 서비스를 가지고 일상용품을 "조달(sourcing)"하는 일은 대부분 외부 비즈니스 서비스들을 평가하고 선택하고 적용하는 포트폴리오 관리의 문제이다. 조달은 상대적으로 단순하게 제3자에게 업무를 이관하는 일만을 필요로 하기 때문에 사실상 프로세스 소비자와 프로세스 제공자가 분리된다. 챔피(Champy)가 그의 저서 "기업의 크로스 엔지니어링(X-Engineering the Corporation)"에서 설명한 것과 같이 "기업은 IT에서 건물관리까지 모든 것들 – 기업 전체의 통합도 없고 조화도 고려하지 않은 채 서로 거리를 둔 트랜잭션들 – 을 아웃소싱하기 시작하였다. 그러나 전체 종단간(end-to-end)의 새로운 가치사슬들을 구축하는 것은 거리가 있는 프로세스(an arms-length process)가 아니다. 이것은 재무서비스, 의료서비스, 주문에서 대금회수까지의 서비스, 그리고 "분자에서 제조까지(molecule-to-manufacture)"의 서비스 제공과 같이 비즈니스 프로세스들의 협력적인 관리를 요구한다. 스마트한 가치사슬 통합자는 BPM을 이용하여 결합하고, 맞춤화된 전체에 새로운 프로세스들 즉 프로세스 서비스 제공자들을 통합한다.

필요할 때 즉시 얻을 수 있는 "온디맨드 프로세스(processes on demand)" 이용은 기업의 능력을 획득하는 데 소요되는 경제성을 변화시키고 있다. 즉 그로 인해 자본지출의 감소, 위험 최소화, 그리고 신속하고 효율적인 프로세스 능력 변경이 가능하게 되었다. 프로세스 서비스의 제공 관계는 사용량 변화에 따라서 그때그때 지불하는 모델(pay-as-you-go model)의 경우가 있으며, 가입형 가격체계(subscription-based pricing)나 또는 가치사슬 참가자들에게서 흔히 볼 수 있는 위험/보상 모델(risk/reward model)에 기초하는 경우가 있다. 그러나 이러한 모델 어느 것을 적용하더라도 과거 제품과 서비스를 조합하는 방법은 미래 시장이 요구하는 투명성을 제공해 주지 않는다. BPM 제3의 물결에서는 프로세스 경영이 아웃소싱과 가치사슬 통합을 위한 기반을 제공해 준다. 아웃소싱은 가치사슬에 참가하는 협력사들이 내부 또는 연결부분의 잦은 변화에 대처하는 능력을 갖추도록 요구한다. 프로세스는 조직 간의 경계를 가로지르는 폭이 커짐에 따라서 더욱 복잡해지고 어려워진다. 그것들은 관련된 조직 내부에 깊게 얽혀 있어서 그것들을 관리하는 일은 자동화보다 훨씬 높은 능력을 필요로 한다. 아웃소싱 능력에는 설계된 프로세스를 조작하고 결합하고 재구성하는 능력뿐만 아니라 프로세스를 분석하고 시뮬레이션하고 최적화하는 일도 포함한다.

프로세스의 전체 종단간(end-to-end) 내부에서 프로세스 활동에 대한 책임을 유연하게 부여하고 또한 분할하는 능력은 매우 중요하다. 아웃소싱 관계가 깊어지거나 축소됨에 따라서 책임에 대한 계약사항을 변경할 수 있는 능력도 마찬가지로 중요해진다. IT 자산이나 인적자원은 기업의 전략적 대상으로 분류되어 그에 해당되는 통제를 받아 왔다. 그러나 "프로세스 경영"은 IT 자산이나 또는 인적자원만을 고려하지 않고 양쪽 모두를 포함한 전체가 프로세스 대상이 된다. 또한 프로세스 경영은 전체 종단간(end-to-end) 프로세스에 대해 자원소모와 성과를 측정함으로써 얻게 되는 비즈니스 인텔리전스를 제공한다.

리엔지니어링 시대의 IT는 단지 보다 큰 프로세스의 한 참가자로 간주되어 왔으며 IT 아웃소싱의 초점은 정해진 IT 시스템의 운영과 비즈니스 변화의 확실한 반영에 맞춰져 왔다. 예를 들어 대금청구 서비스의 아웃소싱은 결국 대금청구 시스템의 아웃소싱과 차이가 없었으며 이 대금청구시스템은 대금청구라는 업무가 그 외의 업무와 어떤 관계에 있는지에 대해서는 이해하지 않은 채 단순히 대금청구 서비스만을 제공하는 시스템이었다. 이것은 단지 기능의 공유일 뿐이었다. BPM 제3의 물결에서 프로세스 아웃소싱은 프로세스 전체에 대한 가시성, 책임성, 통제성을 제공해 준다. 협력사들은 함께 일하는 상대방의 프로세스를 어느 정도 간파할 수 있기를 원하며 특히 어떤 프로세스의 성과가 자신의 손익에 직접 영향을 미치는 경우에는 더욱 그러하다. 협력사들은 외부에 맡긴 프로세스의 성과를 측정하려고 하며 어떤 경우에는 그 프로세스에 대해 상당한 정도의 통제를 행사할 필요도 있다. 지금은 고객 개인에게 맞춰진 제품과 서비스의 변형들을 전달하는 개인화와 맞춤화의 시대이기 때문에 모든 경우에 항상 적용할 수 있는 하나의 비즈니스 프로세스는 분명 바람직하다고 할 수 없다.

여러 협력사들의 역할은 프로세스에 따라서 변한다. 예를 들어 한 협력사가 새 프로세스들을 도출하는 책임을 갖고 있다면, 다른 한 협력사는 도출한 프로세스들을 통합하는 책임을 갖고, 또 다른 협력사는 그런 프로세스들을 실행하는 책임을 갖게 된다. 프로세스의 최적화와 벤치마킹에 대한 책임은 한 기업에게 있는 반면 그 프로세스의 성과를 모니터하고 관리하는 책임은 여러 협력사들 간에 공유할 수도 있다. 프로세스 성과를 분석하고 개선전략에 대한 제안을 얻기 위하여 전문가들을 활용할 수 있다. 첨단산업의 공급망과 같이 복잡한 산업에서는 최종고객 사이트에서 프로세스를 통합하는 일에 전문화된 작은 기업들이 나타날 수도 있다. 마켓플레이스 또는 트레이딩 허브 같은 프로세스 중개자(process intermediaries)들이 가치사슬 상에 출현할 수 있다.

아웃소싱의 새 모습과 의미

아웃소싱 제공자, 제휴 협력사, 가치사슬 참가자 중 어느 역할로 행동하더라도 다른 기업에게 비즈니스 서비스를 제공하는 기업이 갖추어야 할 능력은 프로세스를 인식하고 평가하고 획득하는 능력, 그리고 대규모의 프로세스 포트폴리오를 관리하는 능력이다. 오늘날 기업들이 필요한 데이터를 쉽게 다루는 것만큼 프로세스 경영은 프로세스를 다룰 수 있도록 돕는 도구가 될 것이다. 여러 채널들을 통해 프로세스를 제공하며 어떤 요구에도 그것을 맞춤화하여 맞춰 줄 것이다. 프로세스 경영에 기초한 새로운 전사적 응용시스템은 이러한 협업적 구매 및 서비스망 전략들을 효율적으로 관리할 수 있도록 해 줄 것이다.

아직 프로세스가 디지털화되지 않았거나 심지어 문서화조차 되지 않은 기업에서도, 프로세스 도출의 효율화와 때로는 자동화를 위해, 모든 프로세스들에 프로세스 모델링 도구들을 사용할 것이다. 도출된 프로세스는 BPM 제3의 물결을 통해서 설계 상태에서 실행 및 운영 상태로 직접 전환될 수 있게 된다.

프로세스는 아웃소싱 제공자의 지적자산이 된다. 지식경영은 아웃소싱 제공자의 고객과 거래 협력사들이 스마트하고 신속한 의사결정을 하도록 도와줌으로써 프로세스 경영을 보완하는 기능을 한다. 최고의 기업은 베스트 프랙티스와 베스트 오브 브리드 프로세스들의 저장소를 만들어서, 고객만족과 자기 수익성 향상을 위해서 프로세스를 계속 분석하고 최적화하고 개선하는 목적으로 사용할 것이다. 그들은 세밀한 변화 통제력을 갖고 자신과 다른 기업들의 새 프로세스 도입을 용이하게 하는 스킬과 또는 제어 프로세스와 독립적으로 하부 프로세스를 수정할 수 있는 능력을 갖추게 될 것이다.

어떤 아웃소싱 제공자들은 프로세스 경영 능력을 하나의 서비스로 제공할 것이다. 성숙한 프로세스 공급자들은 특정한 프로세스 영역 즉 인적자원 관리, 재무관리, 물류관리와 같은 특정 영역과 관계 없이 모든 프로세스 경영 분야의 스킬을 갖출 것이다. 여러 상이한 영역들에 걸친 프로세스 경영 역량을 구비하게 되면 이들은 마치 아메리칸 항공이 세이버(SABRE)를 통해 시도한 것과 똑같이 프로세스 경영 서비스 제공자로서의 기회를 찾기 위해 노력할 것이다. 당분간은 프로세스 경영 자체가 가치 있는 역량이 되겠지만 프로세스 전문성이 더욱 널리 퍼지면 이것은 결국 전기나 상하수도와 같은 유틸리티 사업화가 될 것이다. 향후 10년 안에 프로세스 기능이 강화된 네트워크는 오늘날 인터넷의 하이퍼텍스트와 같이 평범한 것이 될 것이다. 공급망의 가치사슬 통합자들은 프로세스 경영 참가자로서의 역할 수행이 어려운 중소형 기업들까지 프로세스 경영 범위를 확대할 것이다. 그들은 또한 틈새 공급자들이나 심지어 개인 작업자들도 비효율 없이 프로세스에서 역할을 수행할 수 있도록 프로세스 처리 기능과 워크플로우를 확대하려고 할 것이다.

외부의 프로세스를 이용하는 기업들은 새로운 프로세스의 설계와 전달에 영향을 미치려고 할 것이다. 기업들은 비핵심 프로세스의 성과까지 모니터하면서 그 프로세스들이 서비스 제공자들에 의해 어떻게 관리되는지 또 대금청구는 어떻게 이루어지는지를 알려고 할 것이다. 그들은 프로세스 라이프사이클의 완전한 관리를 요구할 것이다. 변화하는 관계를 계약사항에 반영하기 위해서는 서비스 수준 협약이 아닌 프로세스 설계 자체에 통합된 지표들에 의해서 변화가 통제되어야만 한다. 그러한 관계를 결정하는 법적 계약 안에 프로세스 설계가 포함될 것이다. 개별 프로세스 고유의 특징에 대한 상세한 내용 대신 서비스 수준이 프로세스 경영 서비스의 성과를 정의하는 데 사용될 것이다.

작업자들의 데스크톱 수준에서는 그들이 프로세스와 직접 대응하고 스스로 처리할 수 있도록 풍부한 기능을 보유한 환경이 제공되어야 한다. 프로세스 상의 변화는 사용자들에게 가시화되어야 한다. 측정 값들을 이용한 가정분석(what-if analysis)과 계획은 프로세스가 어떻게 수행되고 개선될 수 있는지를 이해하도록 경영/관리자들뿐만 아니라 모든 사람들을 도울 것이다.

기업들 간 관계는 파트너십에 기초한 개인과 개인 또는 팀과 팀의 협력적 작업이 더욱 늘어나는, 진정한 파트너십 관계로 발전하고 있음을 여러 보고서에서 말하고 있다. 급여명세서를 확인하지 않고서는 누가—프로세스 서비스 제공자 또는 서비스 사용자 중—어떤 조직을 위해서 일하는지를 알기가 어려워지고 있다. 이렇게 보다 긴밀해지는 관계는 변화 프로세스 자체를 중심으로 구성될 필요가 있다. 성공하는 기업들은 과제들을 분류하여 관리하고 프로세스 실행에서 사람들을 훈련시키면서 발생한 예외사항에 대처하기 위해서 프로세스 협업 도구들에 의존하게 될 것이다. 그러므로 프로세스를 제공하는 조직은 복잡한 업무이관 단계를 제거하고 모든 사람들이 항상 필요한 정보를 받게 하면서 프로세스 사용자와 효율적으로 일하는 능력을 갖추도록 해야 할 것이다.

완전한 프로세스 경영이 이루어지면 새 프로세스나 새 시스템의 도입으로 인한 혼란의 가능성과 교육의 필요성이 많이 감소한다. 기업 간에 조직된 팀은 프로세스 포털 – 비즈니스 프로세스 수행을 위한, 즉 프로세스 변화가 발생해도 수행이 계속되도록 설계된 시스템의 인터페이스 부분 – 을 통해서 일을 수행할 것이다. 구성원들은 항상 자기 역할을 완벽하게 처리하면서 프로세스에서 자기 역할과 관련 과제에 대한 지식과 정보를 제공받기 때문에 일하는 형태가 변화되더라도 편안하게 대응할 수 있을 것이다. 협업적 프로세스에는 투표나 합의에 이르는 과정이 포함되고 또한 한 개인의 탓으로 돌리기 어려운 이슈들의 식별, 상급자 개입, 그리고 해결과정도 포함된다. 프로세스 모델은 구성원, 조직, 고객 사이에 맺어진 약속들 간의 암묵적인 연결관계를 지원해야 한다.

비즈니스 프로세스 아웃소싱에 의한 급격한 변화

고객에 초점을 두는 전체 종단간(end-to-end)의 프로세스 세계에서 시장이 중요하게 생각하는 것은 누가 가치사슬의 어느 부분을 소유하였는지가 아니라 전체 프로세스의 비용이 얼마인지에 있다. 이 비용을 추적하기 위해서는 전체 종단간(end-to-end)이 가시화되어야 하며 가치관리(value management)가 필요하다. 원가 경쟁력은 성숙한 시장에서 새로운 진입자가 나타나 시장을 지배하게 하는 원동력이다. 거의 모든 경우 이들 새 진입자들은 탁월한 프로세스와 관련 기술들을 구조화하여 "혁신적 가치사슬(killer value chain)"을 형성하는 데 성공한 경우이다. "21세기 경영자의 도전과제"에서 피터 드러커 교수는 다음과 같이 말하고 있다.

> 경영자는 원가사슬뿐만 아니라 전략이나 제품계획을 포함한 전부를 개별 기업들의 법적 경계와 관계없이 하나의 경제적 전체로 구성하고 관리할 필요가 있다. 이것은 원가기반 가격결정(cost-led pricing)에서 가격기반 원가결정(price-led costing)으로 이동하는 것을 의미한다.

동일한 관점이 아웃소싱, 제휴, 합작에도 적용될 수 있다.

아웃소싱이나 가치사슬 통합의 이점이 존재하는 이면에는 복잡한 상업적, 재무적 장치에 의존하는 비즈니스 모델이 존재한다. 또한 이 재무적 처리는 완전히 투명해야 하며 책임소재가 명확해야만 할 것이다. 다행히도 전체 종단간(end-to-end)의 프로세스 통제가 그것을 도울 것이다. 피터 드러커 교수가 언급한 것처럼 한때 이러한 과제를 수행하기 위해서는 통일된 회계관리체제 및 관련된 IT 시스템들을 구축하고, 참가자들 간 경쟁 측면에서 예민한 정보를 공유할 필요가 있었다. 그러나 이제는 더 이상 그렇지 않다. 이제 기업은 가치사슬에 걸친 회계정보의 통제된 흐름을 공유하고 조화시키고 관리하기 위해 필요한 프로세스를 비즈니스 프로세스 수준의 방화벽을 이용하여 충분하게 보안된 상태에서 생성하고 전개할 수 있게 되었다. 표준 프로세스 언어가 표준 프로세스와 표준 시스템을 대체한다.

BPM 능력을 갖춘 기업은 고객에게 보다 신속하고 보다 우수한 서비스를 제공할 수 있을 것이다. 그들은 보다 큰 규모의 경제를 통해 작은 비용으로 높은 품질을 제공할 수 있을 것이며 그 결과 수익성이 향상될 것이다. 그들은 수요와 공급의 채널 모두에서 관계의 조합과 분리를 통해 새로운 시장기회에 보다 손쉽게 대응할 수 있을 것이다. 프로세스 경영의 도움 아래 비즈니스 프로세스 아웃소싱은 다양한 형태를 보이면서 비즈니스 전쟁의 수행법칙을 변화시킬 것이다.

제7장
경영이론과 경제성을 넘어서

내 친구여, 모든 이론은 회색이다.
그리고 활기찬 생명의 나무는 초록색이다.
− 괴테 (Goethe)

개별적 과학이론은 이 세계의 복잡함으로부터 특정 관계의 집합을 추출하고 추상화하지만, 철학은 사람의 모험심(human enterprise) 가운데 어떤 특정 영역에만 치우칠 수 없다. 철학은 개념적 실험을 통해 모든 차원의 경험, 즉 그것이 속하는 분야가 물리학이건, 생리학이건, 심리학이건, 생물학이건, 또는 윤리학이건 간에 순응할 수 있는 일관성을 구축하여야만 한다.
- 알프레드 노스 화이트헤드(Alfred North Whitehead)

BPM 제3의 물결은 새로운 경영이론이 아니다. 오히려 경영에 관한 기존의 접근 방법들을 지원하고 촉진하고 확장한다. 이것을 설명하기 위해 이 장에서는 6시그마와 변화관리에 대한 BPM의 응용을 살펴 본다. 그리고 프로세스 경영 자체를 측정하기 위한 방법인 프로세스 투자수익(Return on Process Investment)에 대해 알아보고, 경영이론이 앞으로 어떻게 진보할 것인지에 대한 비전을 제시하고자 한다.

6시그마 프로세스

6시그마는 완벽에 가까운 제품과 서비스를 개발하고 제공하는 것을 목적으로 하는 하나의 경영기법이다. 6시그마와 리엔지니어링 방법을 비교할 때 전자는 "발견은 어려우나 개선이 용이한" 문제들에 대해서만 유용한 방법인 반면, 후자는 "발견은 용이하나 개선이 어려운" 문제들에 초점을 둔다고 알려져 왔다.

"6시그마"라는 용어는 어떤 특정 프로세스가 완벽에서 벗어나는 정도를 측정하는 통계적인 구조를 지칭한다. 물론 6시그마도 하나의 프로세스이며, 어떤 비즈니스 프로세스에 얼마나 많은 결함이 존재하는지를 측정한 뒤 어떻게 체계적으로 그 결함을 제거할 것인지를 결정하는 그 자체가 하나의 체계이다. 이것은 1980년대 시작된 품질운동에서 진화한 것으로 프로세스 품질에 초점을 둔다. 그러나 최근에는 훨씬 넓은 범위의 프로세스 개선 활동에 이용되고 있다. 측정대상 속성이 매우 다양할 수 있기 때문에 사실상 매우 많은 상이한 프로세스 유형에 적용될 수 있다. GE같은 기업들은 사업수행 방법으로서 6시그마를 완전히 조직에 내재화하였다. (도표 7-1 참조)

6시그마 구현에 적용되는 품질 원칙은 거의 대부분 기업의 비전 및 전략과 관련하여 정의된다. 프로세스는 고객의 관점에서 설계되고, 프로세스 사고(process thinking)가 기업 전체에 걸쳐 주입되어야 한다. 성과, 신뢰도, 가격, 적시배송, 서비스, 정확성 같은 측정지표들로 목표가 정해진다. 고객에게 초점을 맞춤으로써 고객이 가장 가치를 두는 방향으로 개선하려 하고, 고객이 느끼는 가치가 증가하는 영역을 향해 프로세스를 개선해야 할 필요성을 부각시킬 수 있다. 6시그마 옹호자들은 고객이 여러 측면의 성과에 대한 평균을 근거로 기업을 평가한다고 - 따라서 한 가지를 잘못해도 다른 것을 잘하면 상쇄할 수 있다고 - 생각하지 않는다. 고객에게 상품이나 서비스를 제공하는 데 사용되는 기업의 모든 각각의 프로세스 접점에 대한 상대적인 평가, 즉 비교를 하는 것이 고객들의 평가방법이라고 믿는다.

엄밀한 의미에서 6시그마는 프로세스가 백만 번에 3.4개 이하의 결함을 나타낼 경우를 말하지만 이것의 주된 목표는 지속적 개선이다. 이 원칙은 제조 분야뿐만 아니라 서비스제공 분야에도 적용된다. 6시그마는 자동차 산업에서와 마찬가지로 여행 산업에도 용이하게 적용될 수 있다. GE의 개념에 따르면 6시그마는 몇 가지 핵심 개념을 중심으로 두고 있다.

도표 7-1 | GE의 고객에게 영향을 주는 길(원천 : GE)

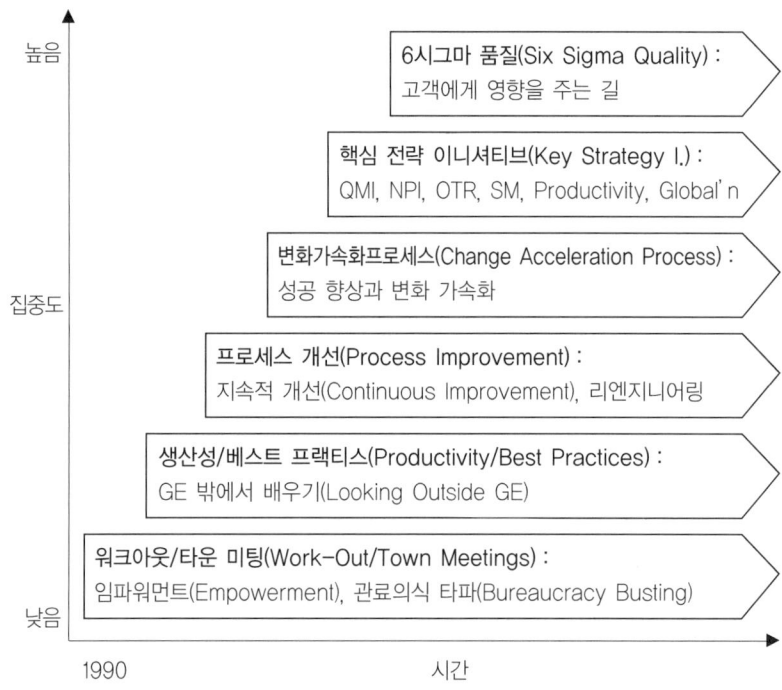

- 핵심품질지표(CTQ: Critical to quality) : 고객이 가장 가치를 두는 특성
- 결함(Defect) : 고객의 기대사항을 만족시키지 못한 경우
- 프로세스 성능(Process capability) : 프로세스가 산출할 수 있는 수준
- 산포(Variation) : 고객이 보고 느끼는 수준
- 안정적 운영(Stable operations) : 고객이 보고 느끼는 수준을 개선하기 위하여 프로세스를 일관성 있고 예측 가능하게 하는 것
- DFSS(Design for Six Sigma) : 고객니즈 만족과 프로세스 성능 달성을 위한 설계

6시그마 자체도 하나의 프로세스이기 때문에 이것을 프로세스 경영 시스

템으로 정의하고 전개할 수 있으며, 그에 따라 다음의 여러 가지 효과를 얻을 수 있다.

- 많은 기업에서 볼 때 6시그마의 도입 자체가 하나의 리엔지니어링 프로세스이며 각각의 6시그마 활동이 그 나름대로의 하나의 프로젝트이다. BPM의 도움으로 6시그마 프로세스가 확장되어 기업 안의 모두에게 가시화되면, 그와 연관된 사업 단위들이나 사업 협력사들에서도 6시그마 도입이 가속화될 수 있다. BPM이 제공하는 비즈니스 프로세스의 변화, 통합, 협업 효과들이 6시그마 프로세스에 추가된다. BPM이 갖고 있는 리엔지니어링 촉진 효과가 그대로 6시그마 프로그램에 적용된다. BPM 시스템에서 보면 6시그마는 하나의 프로세스가 된다.
- 6시그마는 다른 프로세스의 개선을 초점으로 하는 하나의 프로세스이다. 6시그마와 같은 메타 프로세스(meta-process)(역주: 프로세스에 대한 프로세스)는 다른 프로세스의 변화 라이프사이클을 지배한다. 그러나 그 변화 – 즉 메타 프로세스 – 도 구현이 되어 실제 운영으로 연결되어야 한다. BPM의 가능성 중에서 프로세스 설계를 직접 프로세스 실행으로 연결하는 능력은 6시그마 이니셔티브의 구현을 가속화시키고, 현재처럼 수작업 방식에 의존함으로써 발생하는 비용을 감소시킨다. 달리 말하면 BPM은 6시그마의 "연속처리(straight-through)"를 가능하게 한다.
- BPM은 6시그마 활동을 위한 실행 도구들을 제공한다. 프로세스 설계를 위한 중앙저장소와 프로세스 모델링 언어를 제공함으로써 개별적인 6시그마 프로세스 설계 도구들을 불필요하게 만든다. 비록 많은 기업들이 6시그마 활동을 종이, 펜, 스프레드시트를 가지고 수행하고 있으나, BPM은 이 활동들을 보다 잘 관리하게 함으로써 프로세스 중심 기업이 되게 한다. BPM은 프로세스와 관련된 모든 활동들을 포함하기 때문에

이것은 비즈니스와 IT 사이의 중심에 위치하고, 또 유기적인 상향식(bottom-up(organic)) 관점의 프로세스 혁신과 전사적인 하향식(top-down(enterprise)) 관점의 프로세스 혁신을 연결하는 역할도 한다.

- BPM은 6시그마 활동에서 반드시 필요한 데이터 수집과정, 즉 데이터 수집의 정의와 실행에 이용할 수 있다. 정보시스템에 의한 데이터의 자동 수집이 BPM을 통해 이루어짐으로써 수작업의 경우에 필요한 수집작업과 교육시간을 단축할 수 있다. 보통 6시그마 팀원들은 프로젝트 작업을 위한 방대한 양의 데이터를 필요로 한다. BPM은 6시그마를 위한 데이터 수집 포크레인이 된다. 또한 프로세스 도출 활동을 도와 주는 큰 역할을 담당한다.
- 6시그마는 반드시 프로세스 분석을 위한 상세 매핑(mapping) 작업을 필요로 한다. BPM의 프로세스 모델링 언어는 비즈니스 프로세스 - IT와 관련이 되건 안 되건 간에 모든 프로세스 - 를 가장 완전하고 가장 일관되게 표현하는 형식화된 표현방법을 제공한다. BPM 패러다임은 프로세스 분석 작업을 수행할 때 프로세스의 강점과 약점, 사이클 타임과 결함을 보다 투명하게 드러나게 한다. 예를 들면, 통제 흐름과 데이터 흐름을 별도로 분리하여 모델링함으로써 프로세스를 명확하게 표현할 수 있도록 한다.

6시그마 내부를 보면 정의, 측정, 분석, 개선이라는 전체 라이프사이클의 각 단계에서 다양한 구조들 - 즉 프로세스들 - 이 각 핵심 국면의 실행방법으로 사용된다. 이와 같은 표준 접근방법들의 대부분이 체계적이고 과학적이며 사실 기반의 방법이라고 주장되는 것들이다. 이 주장이 사실일지도 모르지만 아직은 이르다. 이것이 현실화가 되려면 BPM 제3의 물결에 의해 프로세스가 변경되어 새로 설계된 프로세스가 직접 전개되고 또 전개 후에 자동으로 측정까지 될 수 있을 때 비로소 가능한 일이다.

6시그마 프로세스의 하나는 DMAIC(정의(Define), 측정(Measure), 분석(Analyze), 개선(Improve), 그리고 통제(Control))라고 불리는 것이다. DMAIC은 제품 설계로부터 공급망 효율화까지 많은 상이한 산업들에서 다양한 6시그마 프로젝트에 적용되었고, 지속적 프로세스 개선으로부터 최대한 좋은 결과를 얻도록 하는 일련의 활동들 – 즉 하나의 프로세스 – 을 정의하고 있다. GE 캐피털의 사례를 살펴 보자.

- 정의(Define) 단계 : 고객을 정의하고 그들의 핵심품질지표(CTQ)가 무엇이며 관련된 핵심 비즈니스 프로세스는 어떤 것인지를 정의한다. 고객을 정의한 다음에는 제품과 서비스에 대한 고객 요구사항과 고객의 기대수준을 정의한다. 프로젝트의 범위를 정의하고 프로세스의 전체 종단간(end-to-end)을 정의한다. 프로세스 흐름을 매핑(mapping)하여 개선할 프로세스를 정의한다.
- 측정(Measure) 단계 : 관련된 핵심 비즈니스 프로세스의 성과를 측정한다. 프로세스에 대한 데이터 수집계획을 개발한다. 결함의 유형과 측정지표를 결정하는 데 적합하다고 생각되는 데이터를 여러 원천으로부터 수집한다. 고객설문조사 결과를 분석하여 부족한 부분을 결정한다.
- 분석(Analyze) 단계 : 수집된 데이터와 프로세스를 분석하여 결함의 근본원인을 결정하고 개선 기회들을 찾는다. 현재 성과와 목표 성과 사이의 차이를 규명한다. 개선 기회들의 우선순위를 정한다. 산포의 근본원인을 규명한다.
- 개선(Improve) 단계 : 대상 프로세스 결함의 원인을 치유하고 결함을 방지하기 위한 창의적인 해결방법을 고안하여 개선방안을 수립한다. 테크놀러지와 체계화된 방법을 이용하여 혁신적 해결방법을 창안한다. 구현계획을 개발하고 전개한다.
- 통제(Control) 단계 : 새로운 방법으로 프로세스가 운영되도록 개선된

모습을 통제한다. "과거 방법(old way)"으로 회귀하지 않도록 막는다. 지속적인 모니터링을 위한 계획을 개발하고 문서화하고 실행하는 것이 필요하다. 시스템과 구조(인력배치, 훈련, 보상)의 조정을 통해서 개선을 제도화한다.

BPM은 최소한 DMAIC 프로세스를 다음 측면에서 촉진할 수 있다.

- 정의(Define) 활동 : BPM은 6시그마 활동의 대상인 프로세스를 표현하는 작업을 돕는다. 프로세스는 필요에 따라서 상세하게 또는 개략적으로 표현될 수 있다. 즉 실제 구현에 필요한 정도로 상세한 수준에서부터 비즈니스 모델 설계를 위한 높은 수준의 추상적 표현까지 모두를 지원한다.
- 측정(Measure) 활동 : 하나의 BPM 프로세스는 DMAIC의 데이터 수집 계획을 정확히 표현할 수 있다. 그 데이터 수집은 한 항목에 대한 분석이건 여러 시스템들에 걸친 다수 항목에 대한 분석이건 상관 없다. 데이터 수집을 완전 자동화하여 데이터가 있는 운영 시스템들과 작업 패턴들로부터 정기적이고 규칙적인 방식으로 즉시 수집이 가능하도록 한다. 자동으로 수집되기 때문에 지표 데이터들이 더 완전하고 더 정확하게 된다.
- 분석(Analyze) 활동 : BPM은 프로세스 설계에 측정지표를 내장할 수 있기 때문에 현재 성과와 정의된 목표 사이의 산포의 비교 결과를 즉시 도출할 수 있게 한다. BPMS에 저장된 프로세스의 전체 종단간(end-to-end)의 상태, 구조와 설계에 대한 데이터는 기존의 도구들로 조회가 가능하다.
- 개선(Improve) 활동 : BPM은 6시그마 활동자들의 작업을 지원할 수 있다. 시뮬레이션 방식을 이용하여 여러 가지 프로세스 설계 시나리오들

을 생성하고 평가할 수 있도록 돕는다.
- **통제(Control) 활동** : BPM은 "과거 방식(old way)"으로 회귀하는 것을 방지한다. 그 이유로는 BPM이 변경된 프로세스의 자동화 부분을 즉시 구현하고 비자동화된 부분은 필요한 워크플로우를 생성해 주기 때문이다. 프로세스 포털과 프로세스 데스크톱은 담당자들이 디지털화된 새 프로세스를 반드시 사용하고 거기에 의존하도록 함으로써 담당자들이 새 프로세스에 대한 지식을 습득하도록 촉진한다.

BPM 제3의 물결은 DMAIC 프로세스 자체를 표현하고 실행할 수 있으며 DMAIC 분석을 위한 데이터 수집도 표현하고 실행할 수 있기 때문에, 6시그마 활동의 대상인 모든 유형의 프로세스들을 개선하는 데 기초를 제공한다. BPM 프로세스는 임의의 비즈니스 로직, 알고리즘, 절차, 계산을 실행할 수 있기 때문에, 프로세스 안에 제품결함, 동력격자(power grid) 가동시간, 통신오류 보고, 공급능력 등 특정 산업에 의미 있는 6시그마 계산을 내장할 수 있다. 간단히 말하면 BPM은 정확성을 갖춘 하나의 6시그마 프로젝트 플랫폼을 제공한다.

6시그마에 대한 BPM의 적용은 BPM 제3의 물결 방법과 기술이 기업의 프로세스 개선 전략 – 점진적이든 급진적이든 – 을 지원하는 한 가지 경우의 예이다. BPM은 그 외에도 활동기준 원가법(ABC), 균형성과관리(BSC), 경제적 부가가치(EVA), 초우량 모델(Excellence Models), 공급망 관리(SCM: Supply Chain Management), 나아가 비즈니스 게임이론(Business Games Theory)까지 포함하는 어떤 방법에도 적용될 수 있다. BPM은 이 방법들과 통합되거나 필요에 따라서는 결합되어 "우리 회사의 전략"으로서 프로세스 즉 측정지표와 측정 값들을 저장하고, 목표하는 결과의 달성을 지원하는 프로세스와 이후에 개발될 모든 프로세스의 설계 패턴으로 사용될 수 있는 프로세스를 만들 수 있게 해 준다.

물론 BPM 방법의 지원을 전혀 받지 않고도 6시그마는 재무적 성과와 고객만족 향상 및 품질개선 효과를 이루게 해 준다. 그러나 BPM의 지원을 통해서 이런 효과들이 증폭되고 그 효과가 기업의 모든 프로세스와 구조에 "체화(built-in)"되게 된다. 프로세스 분석과 실행이 순환사이클을 이루게 된다. 많은 기업들이 스프레드시트 정도만을 6시그마 활동도구로 사용하고 있다! BPM 제3의 물결이 적용되었을 때 이루어질 수 있는 일들과 그리고 그것들이 얼마나 신속하고 광범위하게 이루어질 것인지를 상상해 보라. 6시그마 이니셔티브에 프로세스 경영 시스템을 접목하는 목적은 기업이 프로세스에 보다 더 초점을 두게 하고, 자동화 시스템의 폭을 넓히며, 결정적 요인(critical path)으로서 변화의 부담을 제거하도록 하는 등 이 모든 것을 돕는 데 있다. BPM을 이용하면 6시그마를 적용하지 않던 기업들도 쉽게 그것을 도입할 수 있게 된다. 기업의 일상에서 오늘날의 이메일 사용과 다름없을 정도로 프로세스 경영이 활용되어야 한다는 것이 우리의 주장이다. 어떤 사람들은 BPM이 변화활동 내부에 구축될 뿐만 아니라 프로세스 개선과 품질개선 활동 안에서도 구축될 것을 예상하고 있다.

변화관리도 또한 프로세스이다

오늘날 기업들이 겪는 가장 어려우면서도 비용이 드는 문제 중에 하나가 변화관리이다. 변화관리는 프로세스 라이프사이클 관리와 밀접하게 관련된 하나의 프로세스이다. 왜냐하면 각각의 변화요청은 그 자체가 하나의 프로세스 인스턴스(instance)로 볼 수 있기 때문이다. BPM은 변화관리 프로세스의 전체 라이프사이클, 즉 설계에서 전개 그리고 실행과 지속적 개선까지 모든 단계를 관리하는 능력을 제공한다. 이 변화관리 프로세스 설계에는 구성원, 가치사슬 협력사, 시스템, 다른 프로세스까지 모든 참가자들을 일목요연하게 포함할 수 있다. 이것은 단일 환경 안에서 자동화 부분과 수작업 처리 부분을 모두 나타낼 수도 있다.

프로세스 비용 외에도 제품출시 소요시간(time-to-market)은 변화관리를 중요하게 만드는 핵심 요소이다. 많은 제조 기업들이 갖고 있는 불만은 주문변경이나 변경통보 또는 변화요청을 처리하는 데 장시간이 소요된다는 점이다. 실제 처리완료에 필요한 시간은 몇 일에서 짧으면 몇 시간인데도 불구하고 소요되는 시간은 몇 주가 걸린다. 어떤 예측에 따르면 종이에 의존하는 (paper-based) 변화요청의 평균 처리비용이 2,500달러에 이른다고 한다. 변화하는 시장수요에 제품과 서비스를 신속히 적응시키는 데 실패하는 기업들은 상당한 기회비용을 지출하게 되고 이것은 성공과 실패를 결정적으로 가를 수 있다. 변화관리는 이러한 적응력의 중심에 있다. 더욱이 제품설계 사이클에서 초기의 변화가 그 후의 변화, 즉 제품변화가 전체 가치사슬에 넓게 영향을 미치는 다음단계의 변화보다 훨씬 적은 비용이 소요된다. BPM을 이용하면 가치사슬 전체에 걸쳐서 디지털화된 변화관리 프로세스가 구축되어, 문제점들을 조기에 관리하고 제품출시 소요기간도 상당히 단축된다.

변화관리 프로세스가 효과적이기 위해서는 내부의 여러 사업 기능들, 즉 엔지니어링, 재무, 지원, 마케팅, 제조와 같은 기능들이 모두 연관되어, 기업 방화벽 밖의 공급자, 하부 협력업체, 물류 협력사들에게까지 확장되어서 그들을 포괄하여야 한다. 변화관리 프로세스가 이 모든 프로세스 참가자들에게 확장되기 위해서는 다양한 정보시스템들이 통합되고 조율되어야 한다. 이 변화관리 프로세스에 대한 책임을 맡은 관리자는 변화의 진행을 추적 및 조회할 수 있고, 항상 그 시점의 책임소재가 어디인지를 알 수 있어야 한다. 그는 프로세스 내부 공급망의 모든 구성원들과 변화요청에 근거한 활동들을 완벽하게 감사 추적(audit trail)할 수 있어야 한다. 이런 감사 추적은 특히 변화관리가 법적 가이드라인과 요구준수를 보장해야 하는 제약, 항공, 재무 서비스와 같은 산업에서 그 중요성이 크다.

현재는 대다수 기업들이 변화관리 프로세스를 수작업에 의존하고 있다. 전자문서관리(electronic document management)가 사용되는 곳에서도 변화관리와 관계된 모든 시스템들과 절차들이 연계되어 있는 경우를 발견하기가 어렵다. 수작업에 의한 변화 요청 프로세스는 보통 다음과 같이 시작한다.

- 수기로 변화 요청서가 작성된다.
- 첨부 문서들을 붙인다.
- 문서관리자에게 제출한다.
- 문서관리자는 작성된 양식이 정확하고 완벽한지를 확인한다.

그리고는 지정된 사람이나 단위조직(workgroup)에게 그 변화요청에 대한 실행 책임이 할당된다. 예를 들어 제조현장의 경우에는 책임을 맡은 이 사람들은 다음과 같은 보다 상세한 정보를 원하게 된다.

- 관련된 부품
- 부품의 사용처
- 구형부품의 재고현황
- 구형부품의 폐기
- 비용 영향분석

이런 정보를 원하는 사람들은 여러 응용시스템들에 저장되어 있는 데이터를 모으기 위해 여러 시스템들을 로그온 해야만 한다. 전형적인 예로서 자재부품구성표(BOM: the bill of materials) 정보는 전사적 자원관리(ERP) 시스템이나 제품 데이터 관리(PDM: Product Data Management) 시스템에서 얻을 수 있다. 자재 폐기처리와 영향분석을 위한 비용 데이터는 ERP의 재무시스템 안에 있을 것이다. 반면에 관계되는 부품의 재고보유수준 데이터는 가치사슬 전체에 걸쳐서 분산 저장되어 있을 것이다.

변화요청 양식의 작성이 완료되고 해당되는 모든 정보가 확보되면 보통의 경우 복잡한 승인 프로세스를 밟기 위해 변화요청이 발송된다. 승인이 끝나서 돌아오면 작업 활동들이 시작되고 그 제품의 변화내용은 모든 관련 시스템에 반영되어야만 한다. PDM 시스템과 ERP 시스템 안의 자재부품구성표가 갱신되어야 한다. 재무시스템은 새로운 비용 데이터를 필요로 한다. 제품 카탈로그, 가격구성표(quote configurators), 고객관리 응용시스템들, 그리고 판매활동 자동화(SFA : Sales-Force Automation) 시스템들이 그 변화를 반영하기 위해 갱신되어야만 한다. 그뿐만 아니라 이 변화는 공급과 수요의 사슬 위에 있는 모든 협력사들에게도 전달되어야 할 필요가 있다. 현재 대부분을 수작업에 의존하는 이 프로세스는 오류발생 가능성이 높고 반영이 지연되며 비용이 많이 소요됨에도 불구하고 많은 기업들에서 공통적으로 볼 수 있는 현상이다.

BPM을 이용하면 그와 같은 문서관리, 전사적 자원관리(ERP), 제조실행 시스템(MES : Manufacturing Execution System), 제품 데이터 관리(PDM), CAD/CAM 등의 시스템들이 통합될 수 있다. 일단 통합되면 그것들은 이후의 많은 변화관리 프로세스들에 기여할 수 있게 된다. BPM은 전체 변화관리 프로세스를 효율화 및 자동화하고 그 프로세스의 사이클타임을 단축시키며 감사와 통제 기능을 한 단계 향상시킨다. 한 프로세스를 설계할 때 구성원, 협력사, 정보시스템과 같이 관련된 모든 참가자들의 활동들이 감지되고(capture) 조율된다(orchestrate). 전체적인 가시성과 통제의 효과를 구현하기 위해 워크플로우, 프로세스 자동화, 거래관리와 같은 기술적 요소들이 BPM에 의해 결합된다.

하나의 BPM 프로세스는 기업 내부와 기업간 방화벽을 가로질러서 완전히 "종이 없는(paperless)" 변화통제 시스템을 가능하게 한다. 그 프로세스의 참가자들은 예를 들면, 온라인으로 변화요청을 작성하고 그 요청의 상세화

작업을 수행한다. 그러한 요구는 관계되는 조직의 책임자와 변화 오너 그리고 변화 통제자와 평가자에게 자동으로 전달된다. 필요한 과제들이 설계 시점에서 담당자에게 할당되고 실행 시점에서 사용자에게 부여된다. 사용자들은 자신의 과제 수행에 필요한 모든 정보에 접근할 수 있게 된다. 또한 변화관리 프로세스 오너는 어떤 변화요청의 처리방법에 기초한 추정을 통해 과제위임(task delegation), 상향조정(escalation), 사전경고(alerts)가 가능하도록 프로세스의 맞춤설계도 할 수 있다. 변화관리자가 프로세스 실행 과정의 업무방법을 고려하기 위해서는 맞춤처리가 변화관리에서 결정적인 의미를 갖는다.

BPM 시스템은 공급망의 모든 참가자들이 수행하는 모든 활동들에 대한 변화요청의 실행 내용의 완전한 감사 추적을 가능하게 한다. 즉 확장된 기업 전체에 걸쳐서 변화요청의 시작부터 완료까지 감사 추적을 할 수 있게 해 주고, 경영층에게는 가시적인 결과를 실시간으로 제공한다. 뿐만 아니라 BPM 시스템은 수 시간, 수 일, 또는 수 개월까지 시간이 오래 걸리는 변화관리 프로세스에 대해서도 실행의 신뢰성을 보장할 수 있다. 항공산업의 경우는 변화관리 프로세스가 일 년 또는 그 이상이 걸리는 경우가 보통이다. 분산 환경에서의 BPM 시스템은 모든 시스템들이 자동으로 갱신되고, 변화가 일관되게 적용되며, 장애 발생시에는 확실하게 자동복구가 이루어지도록 할 수 있다. 디지털화된 변화통제 프로세스는 후방시스템 속에 프로그램화(hard coding)되어 있지 않기 때문에 변화요청의 전체 라이프사이클에 걸쳐 변화하는 상황에 따라서 변화내용의 확대, 계약, 역추적(back-track), 그리고 적응까지도 이 프로세스가 처리할 수 있다. 간단히 말하면 변화요청이 보다 신속하고 보다 작은 업무량과 오류 가능성으로 보다 효율적으로 처리될 수 있게 된다. 사용자들은 변화요청에 대한 모든 정보가 지속적으로 BPM 시스템에 갱신되어 반영되기 때문에 항상 그들이 요청한 것이 처리되는 장소, 상태, 담당자를 파악할 수 있다.

그러므로 BPM은 변화관리를 위한 회의, 팩스, 문서발송, 추가적인 문서 전달자들(couriers), 출장, 그리고 이메일과 같은 비용을 수반하는 지원 활동들의 필요성을 크게 감소시키거나 아예 제거해 준다. 프로세스 포털의 이용은 가치사슬 전체에서 모든 담당자들이 변화요청을 제기하게 해 주며, 교육과 훈련의 필요성을 감소시킨다. 수천 번의 변화 주문들(change orders)이 이와 같은 방식으로 처리되면 비용절감 하나만으로도 상당한 금액이 된다. 더 중요한 사실은 고객서비스가 향상되고 제품의 탁월성도 개선된다는 것이다.

프로세스 투자수익

BPM 제3의 물결은 여러 프로세스 개선 이니셔티브들을 병행해서 진행할 수 있게 한다. 한 프로세스는 도출 단계에 있고 다른 하나는 설계와 전개 단계에 그리고 세 번째는 분석 단계에 있을 수 있다. 사실 수백 개의 프로세스들이 다양한 단계에서 동시에 관리될 수 있다면 프로세스 개선을 위한 프로세스-즉 메타 프로세스-가 6시그마의 폭포수 모델(waterfall model)이나 리엔지니어링의 단절된 접근방법과는 달리 문서관리처럼 단순하게 느껴지기 시작한다. 새로운 프로세스를 실행하는 것이 문서작성 후 파일저장 기능을 실행하는 것만큼이나 간단해진다. 시스템이 프로세스들 사이에 복잡하게 얽힌 종속관계를 관리하기 때문에 프로세스 엔지니어는 주의해야 할 큰 부담에서 벗어날 수 있다. 이 효율성은 더 많은 프로세스들에 대한 빠른 투자수익을 가져다 준다. 소프트웨어 엔지니어링 프로젝트들마다 지루한 "비즈니스 케이스" 작성으로 시작하는 전통적인 프로세스-이런 프로젝트 결과의 80%가 적신호로 끝났다고 분석가들이 말하는 프로세스-는 지속적 개발 방법에게 길을 내주어야 한다.

기업은 언제나 모든 투자에 대한 기대 투자수익을 알기 원하며, 프로세스에 대한 투자수익도 예외일 수 없다. BPM 제3의 물결의 출현에서 투자수익은 이중의 의미를 갖는다. 첫째, BPM 제3의 물결 방법과 기술이 현재의 방법과 비교하여 예상되는 투자수익은 무엇인가? 또는 그것을 도입하지 않을 경우 손실은 무엇인가? 이 질문에 대한 답은 그 프로세스들이 사업의 손익에 미치는 결과보다는 "프로세스 소유 총비용(total cost of process ownership)"에 의해 측정된다. 둘째, 새롭거나 또는 개선된 비즈니스 프로세스 자체―즉 프로세스 경영 활동의 결과―에서 예상되는 투자수익은 무엇인가? 이 두 가지 기준은 새 프로세스를 도입하는 비용이 그 효과보다 크다면, 도입을 해야 할 타당성이 없기 때문에 서로 연관된다. 반면에 새 프로세스를 도입하는 비용이 낮아진다면 새로운 가능성의 세계가 열린다.

성과측정은 연계된 측정지표를 묻는 질문과 그 대답이 사업에 주는 측정 가능한 영향을 표현하는 질문을 통해서 이루어질 수 있다. 올바르게 측정하는 일도 중요하지만 올바른 대상을 측정하는 일도 중요하기 때문에 균형성과 관리(BSC) 방법이 유용하게 이용될 수 있다. 적절한 질문의 예를 든다면 다음과 같다. 이 프로세스가 특정 기간 내에 전개될 수 있다면 어떤 효과가 있을까? 이 프로세스가 일정한 예산 내에서 전개될 수 있다면 어떤 효과가 있을까? 이 새로운 비즈니스 프로세스의 설계 및 도입 비용이 현재의 변화관리 방법을 사용할 때와 BPM 제3의 물결 방법을 사용할 때를 비교하면 어떠하겠는가? 이 프로세스가 완전히 자동화된다면 어떤 효과가 있을까? 이 프로세스가 개별 고객의 니즈에 대하여 맞춤 서비스를 제공한다면 어떤 효과가 있을까? 이 프로세스가 현재처럼 3일이 아닌 하루 만에 완료된다면 어떤 효과가 있을까? 이 프로세스가 매일 갱신될 수 있다면 어떤 효과가 있을까? 이 프로세스에 오류발생 가능성이 10배 감소한다면 어떤 효과가 있을까? 이 프로세스에 이들 사업 협력사들을 참여시킬 수 있다면 어떤 효과가 있을까? 총 비용/효과 결과는 다음 요소들의 총합이다.

- 프로세스 설계에서 실행까지의 시간과 비용 : 새로운 비즈니스 프로세스의 설계 또는 재설계에서 그 프로세스의 전개에 이르기까지 필요한 시간과 자원의 합계 값이다. 여기에서 중요한 항목은 실제 비즈니스 프로세스에서 요구하는 모든 자원들을 자연스럽게 포착하고 표현할 수 있는 프로세스의 디지털화 수준이다.
- 프로세스 설계 자동화 범위 : 프로세스 모델링의 범위와 프로세스 참가자들 즉 사람, 시스템, 기계와 같은 모든 프로세스 참가자들을 포함할 수 있는 범위를 말한다.
- 프로세스 맞춤화 수준 : 수많은 프로세스 변형들의 생성과 유지관리를 쉽게 할 수 있도록 해 주는 프로세스 관리 환경의 수준을 말한다.
- 프로세스 라이프사이클의 연속성 : 새 요구를 만족시키기 위한 프로세스 수정이 "순수한" 프로세스 패러다임 안에서의 관리로부터 이탈하지 않는 정도, 즉 추가 소프트웨어 작성, 기술적 인터페이스 구축, 패키지 파라미터 정의와 같은 작업을 필요로 하지 않는 정도를 말한다.
- 프로세스 거래처리 능력 수준 : 프로세스가 비즈니스 수준에서 복수 참가자들 간의 기능교차적(cross-functional)인 거래처리를 관리하고 장애발생시의 자동 복구처리를 관리할 수 있는 정도를 말하며, 이 처리에 참가하는 응용시스템들의 기술적 처리단위들(transactions)의 독립적 운영 수준을 말한다.
- 프로세스 가치사슬 범위 : 프로세스가 가치사슬의 모든 참가자들을 포함할 수 있는 정도를 말한다.

이들 측정에 대한 총합은 혼란 없는 변화관리의 비용 대비 효과와 프로세스 소유 총비용을 보여 준다. 이 하나의 측정 분석을 통해, 관리와 측정이 이루어지지 않고 있는 프로세스 관리방법의 숨겨진 비용(hidden cost)과 프로세스 소유 총비용이 비교된다. 이 측정방법은 손익에 대한 기여자로서 비즈니스 프로세스 자체의 투자수익 평가에도 적용된다. 프로세스 소유에 대한 이러한 이중 분석은 프로세스 소유의 비용 대비 효과와 새 비즈니스 프로세스의 투자수익 모두를 포함하기 때문에 효과적인 의사결정에 필요한 새로운 균형성과관리(BSC)를 가능하게 한다.

미래의 경영이론

경영이론은 기업이 영위하는 보다 넓은 세계의 중요한 변화에 대응하기 위해 출현한다. 예를 들면 프로데릭 테일러의 이론들은 초기 산업혁명에 대응하기 위해 탄생했다. 캐이오딕 커몬즈(The Chaordic Commons)는 카오스 이론과 복잡계 이론을 조직설계 응용에 시도해 보려는 연구자들과 실무자들의 네트워크로서, 비자 인터내셔날(Visa International)의 창립자이며 명예 CEO인 디 호크(Dee Hock)의 영감을 기초로 하고 있다. 일부에서는 그가 디지털화된 (경제)가치를 교환하기 위한 글로벌 시스템을 최초로 착상한 사람이라고도 한다. 비자 인터내셔날의 현재의 성공, 즉 220개 나라의 2만 여 금융기관들과 1,400만 가입 매장들과 6억의 소비자 회원들을 연결하고 있는 성공의 배경을 이들은 캐이오딕 형태의 조직설계에서 찾고 있다.

호크(Hock)의 주장에 따르면 비즈니스의 성공은 기계적 방법보다는 합리적 대응에, 소수의 권위보다는 다수의 판단에, 강제성보다는 동기유발에, 개인에 대한 제3자의 통제보다는 개인의 자기통제에 보다 의존한다고 한다. 그는 컴퓨터 시뮬레이션의 필요성을 말하면서, 그 이유로서는 그것을 통해 목적의 명확성과 캐이오딕 원칙이 조직의 자체 구성력, 조직의 장기간에 걸친 진화, 지속성 있는 건설적 사회를 위한 새로운 패턴을 어떻게 조직에 연결할 수 있게 하는지를 개인들이 신속하게 이해하도록 하는 점을 들고 있다. 비자 인터내셔날의 성공에서 판단하건 데 그의 주장이 틀리지 않은 것으로 보인다. 캐이오드(chaord)는 질서(정확하며 예측 가능한 프로세스)와 무질서(무작위의 예측 불가능한 행위)의 불연속 위에 정확히 위치한다. 캐이오드의 옹호자들은 유연성, 혁신성, 적응성, 그리고 내포성이 캐이오드 원칙을 채택한 조직의 특징이라고 주장한다.

이런 복잡계(complex system) 이론이 경영자들의 주목을 받고 있다. 미건 샌토서스(Megan Santosus)는 CIO 매거진에 기고한 글에서 더 많은 컨설턴트들과 학자들이 조직을 통솔하는 방법을 경영자들에게 조언하기 위해서 한때 생물학이나 물리학의 영역이었던 복잡성 이론(complexity theory)을 탐구하고 있다고 한다. 그 사람들의 말을 빌리면 비즈니스는 세 가지 방법으로 기능하는 대응적 복잡계라고 한다. 하나는 안정 영역(stable zone)인데, 이때 기업은 관성 상태에 있고 기회요소에 대응하지도 않으며 변화에 적응하지도 않는다. 이 안정 영역은 비대응적 시스템을 지향하기 때문에 바람직하지 않은 영역이다. 다음에는 혼돈 영역(chaotic zone)이 있는데, 여기에서는 조직간 충돌을 쉽게 볼 수 있고 우연에 의존하며 선택보다는 행사적인 활동이 주가 되고 필요 이상의 반응이 일어난다. 그리고 이 두 가지 사이에 있는 영역이 창조 영역(creative zone)이며, 연구자들의 주장에 따르면 위 두 가지 극단적 영역 사이의 모호함을 극복함으로써 이 영역에는 창조성과 융통성, 그리고 적응성이 존재한다고 한다.

기업들은 이제 성공적인 비즈니스 모델을 찾고 있으며 프로세스 모델링을 통해 더 완전한 성공의 토대를 이해하려고 한다. 그들은 제3의 물결의 "프로세스 지식(process knowledge)"을 만들어 가고 있으며 자신의 기업에서의 활용을 시도하고 있다. 이러한 노력은 향후 수년간 더욱 확대될 것이다. IT 시스템은 자신이 지원하는 비즈니스의 시뮬레이션이며, 그것의 실제 상황에 대한 정합성의 정도는 IT 도구들이 실제 세계를 반영하는 능력 수준에 달려 있다. 한 예를 LINE.net의 나이젤 그린(Nigel Green)이 지적한 대로 물류 분야에서 찾을 수 있다. 그는 "컴퓨터 사이의 메시지 흐름은 트럭과 비행기로 유형의 화물이 물리적으로 운반되는 과정을 표현한다. 말 그대로 메시지의 이동과 화물의 이동은 하나이며 동일하다"고 말한다.

싼타페연구소의 브라이언 아서(Brian Arthur)에 따르면 그는 개인 참가자들의 결과적인 궤적을 조사하는 문제를 지적하고, 또한 조직의 상이한 수준을 가로지르는 구조가 출현하는 프로세스와 그 구조의 발견을 강조하고 있다. 그러한 분산된 다수 참가자를 가진 프로세스, 그리드 유형 시스템들(grid-like systems), 출현, 혼돈 그리고 자체 구성력(self-organization)에 대한 연구가 향후 10년 동안 프로세스 경영 제3의 물결의 과학적 응용을 실증할 이론적 작업의 사전 준비가 될 것이다. 현업 담당자들은 "응용시스템"을 바꾸어야 하며, 그것을 다시 배포하기를 원하지 않지만, 현업 사용자이든 IT 담당자이든 관계없이 누군가는 이와 관련된 작업을 해야 한다. 궁극적으로 기술의 최종 사용자들은 단지 비즈니스 프로세스가 변화할 수 있기를 원한다. BPM 제3의 물결에서 비즈니스 프로세스는 자체 구성력을 가진 응용시스템이다! 세계 최초의 경영 컨설턴트이면서 시간동작 연구의 실천가로 평가되는 프레드릭 테일러가 이 모든 것을 변경할 수 있겠는가? 어떤 새로운 "혁신적 경영이론"을 상상할 수 있는가? 그들의 투자수익(ROI)을 어떻게 계산할 수 있을까?

물론 단기적으로는 프로세스 경영 시스템이 보다 정성적인 이유 즉 민첩성, 통제성, 효율성, 가시성, 그리고 책임성 때문에 보급될 것이다. 이것이 일어나기 위해서는 기업은 반드시 오늘의 그들의 가치를 이해해야 하고 비즈니스 프로세스 경영에 대한 투자로부터 예상되는 회수를 계산해야 한다.

- 참고 : 프로세스 경영의 배경 이론을 더 이해하기를 원하는 독자에게는 부록 C의 일독을 추천한다.

제8장
비즈니스 프로세스 경영 구현

말로 듣는 도(道)는 도(道)가 아니다.
- 노자의 도덕경

가령 두 기업의 고위경영층 간의 회동 결과로 체결된 새로운 제휴 관계가 수일 내에 실행될 수 있다면 어떨까? 또한 "그것을 실행하는 데 18개월 걸릴 것이라는 IT부서의 의견"과 같이 이 세상에서 가장 흔한 변명을 이제 더 이상 듣지 않아도 된다면 어떨까? 기업의 민첩성은 상당한 기간 전부터 기업의 중심 의제가 되었다. 그러나 비즈니스 프로세스를 관리하는 능력의 부족과 유연성 없는 기술은 기업의 민첩성을 달성하려는 노력을 방해했다. 그러나 이제는 오래된 속담을 생각할 때이다: "당신이 무엇을 소원할 것인지 조심하라. 소원한대로 갖게 될 지 모르니까." BPM 제3의 물결 전까지는, 변화를 실행하지 못한 것에 대해 비즈니스와 IT의 분리라는 핑계를 댈 수 있었다. BPM 제3의 물결로 인해 기업들은 비로소 비즈니스 프로세스를 관리할 수 있게 되었다. BPM 제3의 물결이 기술과 비즈니스 프로세스를 조직의 통제 속에 확고하게 하였기 때문에, 조직은 비즈니스 변화와 혁신 사이에 완전히 노출되게 되었다.

3개 중 2개는 나쁘지 않다

프로세스, 조직, 기술은 비즈니스 변화의 3요소이다. 이것들의 균형이 깨지면 반드시 혼란과 낭비가 생긴다. 예를 들면, 기업들은 기술을 이용해서 그들의 비즈니스를 다시 새롭게 하고 소생시키기 위해 최근 많은 자금을 기술에 투자했다. 포레스터 리서치(Forrester Research)에 의하면 1998년부터 2000년까지 대기업들이 전례 없는 기술 놀음에 빠져 있었기 때문에, 그 기간 동안 미국에서만 650억 달러 이상의 금액을 기술에 투자했다고 한다. 포레스터의 CEO인 조지 콜로니(George Colony)는 다음과 같이 그 결과를 설명하였다. "IT에 대한 신뢰가 없어지고, 벤더들에 대한 지위는 놓치고, 10분의 1의 가격으로 하드웨어를 이베이(e-bay)에서 매각하고, 운영 마진에 압박을 받고, 많은 돈을 잃고 속이 탄 CEO들과 CFO들은 당황하였고(지금은 자금을 조금씩 줄여서 지출하고 있다), 그 결과 이제 와서 우리는 유해한 기술 후퇴기를 맞이하고 있다."

그러나 지금 BPM 제3의 물결은 기업들이 기술과 프로세스 경영을 습득할 수 있게 하고 있으며, 조직 요소를 성공적 변화와 경쟁우위의 주요 결정인자로 남게 만들었다. 비즈니스 변화를 가능하게 하는 3 요소 중에서 2 요소(프로세스, 기술)는 임계경로(critical path)를 벗어났기 때문에, 비즈니스를 수행하는 업무 구조화에 대한 선택이 경영의 최우선 과제가 되었다. 콜로니는 다음과 같이 설명하고 있다.

그것이 말 안장의 등자가 되건 PC가 되건 또는 전기가 되건, 기술은 무엇이건 간에 항상 인간의 일하는 방식에 변화를 요구했다. 쟁기를 사용할 때와 괭이를 사용할 때는 경작하는 방법이 다르다. GM은 로봇 공정에 의한 새턴 생산라인에 롤스로이스의 수작업 조립라인 프로세스 방식을 적용하지 않았다.

새로운 업무수행 방법을 배운다는 것은 엄청난 도전이다. 그러나 이러한 도전은 개별 기업에만 국한되지 않고, 조직 이론가들이 소위 "조직 생태학"이라 부르는 전체 산업의 가치사슬을 통해 변화의 효과가 확산된다. 조직 생태학 개념은 사회학자인 마이클 한난(Michael Hannan)과 존 프리만(John Freeman)의 1977년 공동 논문에 기원을 두고 있다. 우리는 이러한 조직이론 전문가에 대한 우리의 관심을 잠시 제쳐 두고, 비즈니스 프로세스 경영의 통합과 관련된 이 분야의 저작물을 중심으로 요약 정리하고자 한다. 조직 생태학과 함께 핵심성공요인에는 시스템 사고(system thinking), 학습조직(learning organization) 체계, BPM과의 융합(assimilation)을 위한 실행지침 개발 등이 있다.

핵심 용어는 융합(assimilation)이다. 왜냐하면 시간이 지남에 따라서 BPM이 모든 기업에 확산될 것이기 때문이다. BPM의 단번의 "빅뱅" 이벤트는 아니다. BPM은 기업 발전을 위한 기본 틀이다. BPM이 안내하는 지침을 따르면, "옛 것"을 없애고 "새 것"을 구현할 때 "아무런 해가 없다"는 것이다. 이것은 지속력 있는 접근을 추구하는데, 그 예로서 GE의 "디지타이제이션 이니셔티브(Digitization Initiative)"가 했던 것처럼 "새 것"을 쫓아 "옛 것"을 점진적으로 옆으로 치우면서 현재의 기업 운영상의 변화에 대한 충격을 최소화하는 접근방법이다.

비즈니스 프로세스는 포트폴리오에 의해 가장 잘 관리되며, 의심할 바 없이 가치가 높은 프로세스가 훨씬 많은 투자수익(ROI)을 산출할 것이다. 성공하는 기업은 자기자본이익률(ROE: Return on Equity) 분석을 통해 프로세스 포트폴리오의 우선순위를 정하고 이를 관리할 것이다. 초기 프로젝트와 이니셔티브는 비즈니스 프로세스 경영 시스템의 가능한 모든 기능 중에서 일부분만을 필요로 할 것이다. 그리고 나서 BPM 하부구조는 프로세스 경영 구조 안에 점점 더 복잡하고 많은 프로세스들이 만들어지고 그것에 따라서 단계적으로 성장해 나가야 한다. 기업들은 조금씩 연구하고 조금씩 실행해 가면서, 그들의 프로세스 포트폴리오가 성장해 가는 것을 확인해야 한다. 왜냐하면 BPM은 점진적 발전이기 때문이다. BPM 성능의 향상과 영향은 매우 크다. 하지만 그 실행방법은 점진적이며 혼란스럽지 않다.

프로세스 개선과 프로세스 경영은 이제 기업의 모든 프로세스에 적용된다. 프로세스 전체보다 프로세스 구성요소에 포인트를 두는 해결 방안은 피할 수 있으며 또 피해야만 한다. 이전의 리엔지니어링이나 개선 활동에서는 보통 개별 프로세스 하나를 별개로 처리하거나 단편적인 증상에 따라 처리하였다.

일반적으로 각각의 개선 노력은 그 자체의 변화 프로그램과 그 자체를 위한 IT 시스템 구축 프로젝트에 의해 구성된다. 이러한 접근방법으로 인해 각 프로세스를 보유하는 전체 비용이 증가하였으며, 많은 잠재 개선추진 사항들이 주목을 받지 못한 채 사장되었다. 이 접근방법에 대한 비판적 분석을 통해서 알 수 있는 것은 비즈니스를 구성하는 모든 프로세스 관리에 대한 전체적 관점의 접근방법(holistic approach)이 지닌 많은 이점들이다. 왜냐하면 프로세스는 비즈니스가 하는 것 바로 그것이기 때문이다. 프로세스가 비즈니스 그 자체이다.

일단 BPM 하부구조에서는 프로세스들 간의 중요 정도가 다르지 않고 모두가 중요하다. 프로세스 경영은 모든 사람의 업무가 된다. 우리는 각 프로세스를 도출하고, 지속적으로 모니터하며, 최적화하고, 분석할 수 있다. 프로세스 경영 제3의 물결로 인해 기업들은 컴퓨터 시스템에 프로세스를 구현하고 그 다음에 프로세스를 관리한다는 점에서 모든 프로세스를 동일하게 취급할 수 있게 되었다. 이러한 새로운 개념을 근간으로 기업들은 모든 비즈니스 프로세스를 관리하는 프로세스 시스템을 지속적으로 구현할 수 있게 되었다. BPM을 구현함으로써 기업들은 개별 프로세스 또는 하위 프로세스들의 부분적인 아픔만을 즉시 해결하는 포인트 중심의 해결방안의 실행을 피할 수 있게 되었다. 프로세스 경영은 정보시스템, 구성원, 그리고 비즈니스 프로세스—또한 공급자 또는 거래처—까지 조직 전체에 대해 단일화된 기반을 제공한다.

경쟁 정도가 좀 낮은 비즈니스 환경에서는 프로세스 경영 제3의 물결을 일찍 착수한 기업들의 실행 결과를 기다리고 관찰할 필요가 있었다. 그 다음에 이들이 수행한 결과를 얻고 추정함으로써 비즈니스 케이스(business case)와 실행계획을 개발할 수 있었다. 이러한 전략은 ERP 추진과 같은 중요한 이니셔티브가 변화와 관련 있을 때 매우 추천할만 했다. 그러나 오늘날 경제환경은 더욱 선행적인 접근을 요구하고 있다. 다행히도 BPM은 점진적인 변화를 장려하며 과거의 기술투자를 활용하는 것이다. 지금 있는 응용시스템들은 가치가 있으며, 지금 있는 프로세스도 가치가 있다. 즉 지금 있는 모든 자산들은 재사용될 수 있으며 개조될 수 있다.

BPM이 구현될 때, 기업은 당면한 비즈니스 이슈에 더욱 신속하고 선행적인 접근을 취할 수 있다. 그리고 BPM이 세상을 변화시킬 것이라는 사실은 의심할 여지가 없지만, 아직은 BPM에 관한 새로운 것은 아무 것도 없는 상황이다. 그러나 이런 상황에서 몇몇 비도덕적인 컨설턴트들은 모든 진보와 도약 과정에서 볼 수 있는 것처럼 심리적인 공포와 불확실성과 의심(FUD: Fear, Uncertainty, and Doubt)을 이용하여 돈을 벌기 위해 필시 혈안일 것이다. BPM은 단지 의도하는 경영활동의 실행을 가로막는 수많은 장애물들을 제거하는 비즈니스 베스트 프랙티스와 프로세스 협업 기술의 합성이라고 보면 된다. 그래서 프로세스 경영 기업으로 옮겨 가기 위해서 기업은 이미 그들이 알고 있는 것을 신뢰해야 하며, IT 산업의 과대 선전에 속지 말아야 한다. BPM은 단순히 기업이 그 동안 내내 하고자 했던 것, 즉 비즈니스 프로세스를 매우 민첩하게 관리하는 것을 가능하게 한다. 변화의 3 요소 중 2가지 요소를 BPM이 손 안에 꽉 잡게 됨으로써 기업들은 이제 기업 혁신에서 조직 영역에 분명히 집중할 수 있게 되었다.

시스템 사고 : "핵심" 핵심 역량

품질 운동의 아버지인 에드워즈 데밍(W. Edwards Deming)이 지적한 바와 같이 문제는 바로 "시스템"이다. 전체 종단간(end-to-end) 프로세스는 동적 시스템이다. 그러나 오늘날 비즈니스 전문가들은 대부분 종합적인 시스템 사고에 대한 훈련을 받지 못하고 있다. 뿌리 깊은 비즈니스 관행, 엄격한 규약과 구조화된 입출력 업무가 주는 제한된 시각에 너무 얽매여 있어, 전체 종단간(end-to-end) 비즈니스 프로세스에 대한 넓은 시각을 가졌거나 이를 다뤄본 경험이 있는 전문가가 거의 없다.

그러나 비즈니스와 기술의 세계는 점점 더 복잡해지고 있다. 이러한 복잡성을 관리하는 것이 시스템 사고의 목표이다. 시스템 사고는 복잡한 시스템의 일부가 아닌 전체에 초점을 둔다. 또한 구성요소 간의 인터페이스와 경계 그리고 연결과 순서에 집중하며, 전체가 부분의 합보다 더 많은 성과를 달성하리라는 전체적 시스템(holistic system)의 가능성에 모든 노력을 집중한다. 시스템 사고를 터득하는 것은 프로세스 경영 기업이 되기 위한 주요 장애를 극복하는 것을 의미한다 - 그 이유는 모든 비즈니스 프로세스는 하나의 온전한 시스템이기 때문이다.

시스템 사고는 비즈니스 프로세스 분석과 재설계에 새로운 관점을 제공한다. 우주 비행사들이 우주에서 바라 보는 지구와 지상에서 우리가 바라 보는 지구는 완전히 다르다. 우리는 뻗은 두 손으로 지구를 가릴 수 없지만 우주 비행사들은 할 수 있다. 우주 비행사들은 온전한 지구를 바라 보는 것이다. 지상의 우리처럼 일반 직원들은 매일의 일과 속에서 그들의 기업과 사업의 일부 단편적인 것만을 바라볼 뿐이다. 개인의 전문성 안에 갇혀서 구성원들은 포괄적인 비즈니스 시각을 잃고 있다. 그들은 각자 행위에 대한 결과를 알 권리를 빼앗겼다. 그들은 업무 결과에 대한 원인과 결과의 상호 관계를 알 수 없으며, 그러므로 배울 수도 없다. 만일 업무 담당자가 매일의 일상업무 경험에서 무언가를 배우려면 피드백이 필요하다. 보다 명확히 말하면 자기 행동의 효과에 대한 지식이 반드시 필요한 것이다. 오늘날 업무 담당자들에게는 우주 비행사와 같은 전체 종단간(end-to-end) 비즈니스 프로세스 시각이 필요하다. 시스템 사고는 전체 시스템과 그 시스템 각 부분의 상호 연결과 상호 작용을 다루는 경영과학의 공식적인 학문 분야이다. 그러나 오늘날의 비즈니스는 자동화에 크게 의존하고 있기 때문에, 지속성 있고 성장하며 수익성 있는 비즈니스를 구축하고자 하는 사람들에게는 전체 시스템 사고 체계를 갖도록 하는 유용한 도구가 필요하다. 우리가 이 책에서 설명하고 있는 BPM이 그러한 도구를 제공한다.

프로세스 엔지니어링에서 어려운 부분은 비즈니스 프로세스들과 서브 프로세스들의 상호 연결과 상호작용, 그리고 프로세스에 영향을 주는 변수들과 프로세스 설계자의 의사결정이 주는 전반적인 영향을 이해하는 것이다. 시스템 사고는 연구대상인 환경을 이해하는 단서를 제공하고, 모델을 시뮬레이션함으로써 장기적인 효과를 알 수 있게 한다. 이러한 비즈니스 시뮬레이션을 "매니지먼트 비행 시뮬레이터와 매니지먼트 연습장"이라고 한다. 설계 실수와 오류 가정(Mistakes and erroneous design assumption)은 실제 운영 상황에서보다는 실험실에서 발견될 가능성이 높다. 만일 리엔지니어링된 비즈니스 프로세스를 실제 상황에서 테스트한다면, 실제 결과로 인한 피해가 클 수 있다. 어떤 항공전자공학 엔지니어가 신형 비행기를 실제 상황이나 또는 디지털 바람 터널에서 테스트도 하지 않고 도입하겠는가? 시뮬레이션은 비즈니스 프로세스 경영 시스템 기반 중의 하나이다. 실제 프로세스 시뮬레이션은 시스템 사고를 강화시키는 학습도구를 제공한다. 프로세스 설계자들은 개선된 비즈니스 프로세스에 대한 가정을 하고 그 가정을 테스트할 수 있다. 피드백은 반복순환을 만들어 주고 학습을 활성화한다.

프로세스 경영 기업이 되기 위한 학습

"제5경영(The Fifth Discipline)"의 저자이자 MIT 행동정책과학 교수인 피터 셍게(Peter Senge)는 학습조직이라는 개념을 선두에서 주창한 사람이다. 셍게는 조직 구축을 위해서는 시스템 사고 외에 자아완성(personal mastery), 사고 모델에 의한 작업(working with mental models), 공유비전 형성(building shared vision), 그리고 팀 학습(team learning)이라는 또 다른 4 가지 핵심 수련법이 요구된다고 하였다. 그러나 이러한 분야는 오늘날 기업들에 있어 아직은 시스템으로 완전히 운영되지 않고 있다.

팀과 조직도 개인처럼 학습을 할 수 있으나, 학습과정은 개인보다 더 복잡하다. 팀 학습이 조직학습에 필수 조건이듯이, 자아 완성은 팀 학습에 필수 조건이다. 그러나 학습장애는 개인, 팀, 조직이라는 3개 영역 모두에 다 있다.

성인 개인의 학습과정에는 더욱 복잡한 어려움이 있다. 왜냐하면 새로운 업무수행 방법을 익히기 위해서는 이미 내재화되어 깊이 뿌리 박힌 사고와 작업 패턴을 다시 고쳐 배워야 하기 때문이다. 학습은 종종 고통스러운 경험이다. 그 이유는 학습은 우리의 일상생활이나 업무수행 시에 이미 우리에게 내재화되어 뿌리 깊이 박힌 개인의 가정, 신념, 사고방식(사고 모델)들과 충돌할 수 있기 때문이다. 이런 상황에 대한 고통이 너무 커서 성인들도 자신들의 가정, 신념, 사고방식(사고 모델)을 위협하는 학습상황에서는 방어적일 수 있다.

21세기의 성공적인 기업은 이러한 사고 모델을 시스템적으로 관리할 수 있어야 한다. 사고 모델에 의한 작업이라는 수련법은 기업변혁에 필요한 변화에 중요한 역할을 한다. 개개인들은 자신의 현재 지식을 단순히 갱신하거나 추가하지 않는다. 대신, 그들은 문제를 생각하는 방법과 세상을 바라보는 관점을 근본적으로 변환시킨다. 기업들은 개개인이 현재의 "고정된 사고의 틀"에서 벗어나도록 하는 구체적인 조치를 취할 필요가 있을 것이다. 그 첫 번째 조치는 창조적 사고 분야를 도입하는 것이다. 로저 반 오치(Roger von Oech)의 "생각의 혁명(A Whack on the side of the head)"은 창조적 사고에 관한 고전이다. 이 책은 창조적인 사고를 방해하는 10가지의 사고장애에 극복방법을 제시하고 있다.

팀 학습은 개인학습과 달리 특별한 주의를 기울여야 한다. 팀은 대체적으로 팀원들의 개별 행동의 결과로 인해 내재화된 학습장애를 갖는다. 셍게는 다음과 같은 질문을 던졌다. "개개인으로서는 IQ 120 이상의 관리자들이 모인 팀이 어떻게 전체적으로는 IQ 63의 팀밖에 안 되는가?" 반면에 성공적인 팀은 팀 학습을 제대로 하는 방법을 알고 있다. 그래서 팀의 전체 지능이 개개인의 평균 IQ를 능가한다.

스포츠는 팀 학습의 좋은 사례이다. 전체 팀의 성과는 개개인의 성과의 합보다 크다. 그렇기 때문에 시즌 동안 팀이 굳게 뭉쳐 승리를 일구어 낸다. 그러나 시즌 종반에 구성된 올스타 팀은 최적화되어 있는 팀보다 성과가 떨어진다. 올스타 팀은 서로 손발이 맞지 않고, 팀 학습을 위한 시간도 너무 짧다. 기업들은 성공적인 "전체 종단간(end-to-end)" 비즈니스 프로세스 구축을 위해서 기업의 올스타 팀을 구성할 때 팀 학습개념을 고려해야 한다.

마지막으로 셍게는 기업이 어디로 가고 있으며 무엇이 되고자 하는 바에 대한 미래의 비전이 있어야 한다고 했다. 그러나 기업의 비전 개념을 정의하는 것은 매우 어렵다. 공유하고 있는 비전은 현명한 CEO 혼자 제정한 지혜의 소산이 아니고, 각 개개인의 지혜의 산물이다. 협업적 학습환경이 아닌 상황에서 어떻게 개개인으로부터 이런 통찰력을 이끌어 낼 수 있겠는가? 프로세스 도출이 프로세스 경영의 일부분인 것처럼 공유 비전을 찾는 것은 학습과정의 일부분이 아닐까? 사실 이것이 조직의 전계층을 학습시키는 최종 결과와 목적이 아닐까? 공유된 비전은 조직에 공통의 방향과 초점을 제시한다. 그리고 개인학습, 팀 학습 및 조직학습에 동기를 부여한다. 애매모호한 비전 선언문과 달리, 참된 비전 선언문의 공유는 기업의 구성원들이 그 비전에 시선을 맞추고, 가치사슬에 있는 모든 참가자들이 기업의 공통 목표를 향하여 매진하게 한다.

1990년대에 개별 기업들이 기업 경영에 있어서 명령과 통제 이슈의 틀에 갇혀서 내부적 리엔지니어링과 씨름을 하던 상황에서, 이 책에서 지금까지 설명한 학습이론을 사용했다는 사실은 놀랄만한 것이다. 그 당시에 기업들은 단지 조직도의 "여백(white space)"을 관리하려고 했다. 오늘날의 기업들은 전체 가치사슬 상의 여백을 관리해야 한다. 모든 참가자들이 비전을 공유해야 가치사슬 리더십이 가능하다. 가치사슬에 참여하는 다수의 사람들은 가치를 전달하기 위해서 협업하지 않으면 안되기 때문에, 프로세스 설계와 분석에 모두 참여해서 팀 학습을 이루어야 한다. 프로세스 경영에 의한 가시성을 통해서만 우리는 전체 종단간 프로세스(end-to-end process)를 이해할 수 있고, 예외를 분간할 수 있으며, 중복성을 근절할 수 있고, 비효율성을 제거할 수 있다. 프로세스 경영은 모든 사람과 모든 것을 한 번에 통합하고, 그 결과로 프로세스 설계, 변환, 경험이 조금씩 자연스럽게 지속적으로 일어난다. 새 프로세스를 설계할 때마다 나타나는 지루하고 단편적이며 혼란스러운 일련의 "통합 프로젝트들"은 사라진다. 이와 같은 방법으로 가치사슬 참가자들은 프로세스를 제대로 학습하게 되고 비즈니스의 변화라는 부가적인 효과에 대해서도 배우게 된다.

기업간의 협력이나 동맹관계 형성에 기초한 글로벌 경쟁의 위협에 대응하고 그에 따라 프로세스를 변환할 때, 학습조직의 5가지 수련법을 마스터하지 않은 기업은 실패가 예상된다. 초기 리엔지니어링 운동의 실패율이 70~80%였다는 사실을 통해 우리는 프로세스 혁신과 개선이 쉽지 않다는 것을 알 수 있다. 만일 기업의 문화적, 학습적 전환이 충분히 이루어지지 않는다면, 프로세스 리엔지니어링은 시간 낭비일 뿐이다. 게다가 기업들은 프로세스 경영을 위한 기술을 소중히 여기는 것만큼 학습을 진지하게 다루어야 한다. 만일 그렇게 하지 않으면 학습을 진지하게 다루는 기업들에게 경쟁우위를 상실하게 될 것이다.

비즈니스 프로세스 경영을 마스터한다

비즈니스 프로세스 경영을 구현하여 바로 가치를 얻을 수 있지만 BPM 기술만으로는 부족하다. 어떤 사람이 차를 구입한다고 해서 운전방법까지 안다고 할 수 없는 것처럼, BPM 기술에 의해 비즈니스가 "프로세스 역량"을 갖추는 것은 아니다. ERP 구축시 동일한 기술을 적용하거나 심지어 동일한 컨설턴트의 지원을 받은 기업들 사이에도, 기술획득보다는 기술의 장점을 활용하는 방법과 기술의 단점을 극복하는 방법을 터득한 경험에 따라서 구축 결과가 다르게 나타난다. 그래서 기업들은 BPM을 효과적으로 이용하기 위해 프로세스 경영 역량을 개발하고 갖추어야 한다.

BPM 역량을 양성하기 위해서는 3가지 요소가 필요하다. 첫째는 경영층의 BPM 전략의 중요성에 대한 이해, 둘째는 전략 전문가들의 BPM 활용방안에 대한 상세한 정의 및 분명한 목표 설정, 셋째는 업무담당자의 효과적이며 효율적인 업무수행에 필요한 적절한 스킬 보유, 이러한 3가지 역량은 상호 보완 관계에 있기 때문에 함께 개발되어야 한다.

기업은 위의 3가지 역량(BPM 전략 이해, 목표설정, 스킬 보유)을 상호 보완하며 비즈니스에 실제 가치를 부여함으로써 BPM 이니셔티브를 강력히 지원하는 선순환을 만들 필요가 있다. 기업은 비즈니스와 비즈니스의 고객, 그리고 공급자와 거래처가 프로세스 경영의 힘을 완전히 이해하고 활용하도록 확실히 할 필요가 있다. 기업은 방법과 기술을 사용하고 평가해서 획득한 역량을 계속 의식적으로 성숙시켜 나가야 한다.

조직이 새로운 도구를 도입할 때, 공통적인 가정에 따르면 교육훈련을 2분법적으로 – 교육훈련을 받은 사람과 받지 않은 사람 – 구분한다. 이런 가정이 잘못되었다는 것을 경험에 의해 알 수 있다. 웨이랜드 시스템(Wayland System)사의 사장이자 산업 전문가인 메일러 페이지존스(Meilir Page-Jones)는 사람들이 새로운 패러다임과 관련된 스킬을 배우고 개발할 때 실제로 거치는 과정을 설명하는 7단계 전문화 모델을 개발했다. 사람들이 이러한 7단계를 거치도록 하는 환경과 프로세스를 개발하는 것이 CEO와 CIO의 중요한 역할이다. BPM 구현을 위해 페이지존스(Page-Jones)의 7단계를 어떻게 적용할 수 있는지를 다음의 논의를 통해 밝히고자 한다.

1단계 : 백지 상태의 사람들 – 이들은 BPM에 대해서 들어 본 적이 없다.

이들 중에 어떤 사람은 BPM에 대해 전혀 들어 보지 못했고, 또 다른 사람은 관련 잡지에서 비즈니스 프로세스 경영에 관한 자료를 본 적이 있다. 이들은 BPM의 존재에 대해 조금은 알고 있지만, 자신들의 현재 상황과 BPM이 어떤 연관이 있는지는 잘 모른다. 만일 BPM에 대해 충분히 배우지 못했기 때문에 BPM과 관련된 교환관계(trade-offs), 비용, 수익, 또는 BPM을 적절히 적용할 수 있는 대상과 시기에 대해 모르는 사람은 백지 상태라고 할 수 있다.

비즈니스 프로세스는 점점 더 복잡해지고 있지만, 아직 급격한 변화는 없다. 이와 같은 비즈니스 프로세스의 복잡성은 현재의 프로세스 기술로 해결할 수 없다. 페이지존스(Page-Jones)는 프로세스 복잡성이 실제로 "팬 속의 개구리" 수를 증가시켰다고 한다. 개구리는 뜨거운 물이 있는 팬에서는 바로 튀어나오지만, 차가운 물이 있는 팬에서 서서히 열을 가하면 튀어나오지 않고 결국 끓는 물 속에서 죽게 되기 때문이다. 온도가 아주 서서히 변하기 때문에 개구리가 "여기는 너무 뜨거워! 밖으로 나가고 싶어"라고 소리치는 상황이 일어나지 않는다. 많은 백지 상태의 사람들은 "팬 안의 개구리"를 경험하고 있는 것이다. 그러면서 그들이 직면한 문제를 해결하기 위해 BPM 제3의 물결이 있다는 사실을 깨닫지 못하고 과거의 접근방식으로 21세기의 문제를 해결하려 하고 있다.

누군가를 1단계 백지상태의 단계에서 다음 단계로 옮기기 위해서는 관련 자료, 설명회, 세미나, 전문협회의 회의를 통해 해당 기술을 가볍게 소개하는 과정이 필요하다. 즉 백지상태의 단계에 있는 사람들에게 관련정보와 교육을 제공하는 것이다. 경영층을 대상으로 BPM 설명회를 개최함으로써 BPM의 전체적 이슈에 대한 조망을 가능하게 할 수 있다.

2단계 : 인식 상태의 사람들 - 이들은 BPM에 관한 글을 읽어 보았다. 2단계의 사람들은 물이 아주 뜨겁지는 않지만 물의 온도가 결정적인 상태에 이르고 있다는 사실을 알고 있다. 그래서 이들은 자신들이 팬 밖으로 나오거나,

적어도 열을 식히기 위한 BPM 방법론과 기술을 적극적으로 찾고 있다. 이들의 BPM에 대한 관심수준은 높지만 지식수준은 낮다. 이들은 몇몇 어휘와 정의를 제한적으로 알고 있고, 아직은 실질적으로 BPM을 경험해 본 적이 없는 사람들이다.

2단계에서 사람들은 기술의 수익과 비용뿐만 아니라 그 기술이 성공적으로 적용될 장소와 시기 등을 알게 된다. 이러한 인식 단계에서 사람들은 BPM과 관련된 것을 개략적으로 설명할 수 있고, 좀더 수준이 높은 사람은 과거의 접근방법과 BPM을 비교할 수 있다. 이 단계의 사람들은 대화 주제에 대한 지식이 있는 사람들이다. 2단계 인식 수준에 있는 IT 전문가들은 현재 운영 중에 있는 EAI, 워크플로우, 포털 및 기업간(B2B) e-비즈니스 실행 전략과 BPM과의 관련성을 면밀히 검토하고 분석할 가능성도 있다. 또한 이런 인식 단계에 있는 비즈니스 설계자는 BPM이 프로세스를 모델링하고 프로세스를 개선하는 방법에 어떤 변화를 가져올 것인지를 이해하기 위해 노력할 것이다.

이 단계에 있는 사람들은 아직은 패러다임이 바뀌지 않았다. 인식단계 사람들의 BPM을 위한 지식 기반은 여전히 과거의 업무수행 방법에서 유추해 내는 방식에 기초한다. 그래서 이런 사람들은 BPM 제3의 물결에 관해 생각하거나 의사결정을 할 때 여전히 잘못된 추론을 할 수 있다. 이런 사람들을 2단계에서 다음 3단계로 향상시키기 위해 BPM 운영 기반에 관한 워크숍, 독서, 세미나 등 기본 교육 프로그램을 수립하고 실행해야 한다.

3단계 : 견습 상태의 사람들 - 이들은 BPM에 대한 학습을 마쳤다. 이 단계에 있는 사람들은 BPM의 높은 수준의 개념을 잘 인식하고 있다. 그러나 이 사람들은 패러다임 변화를 경험해 본 적이 있거나 없을 수도 있다. 이 사람들은 효과적으로 기술을 적용할 수는 없지만, 방법과 기법의 사용을 시작할 수 있다. 3단계에 있는 사람이 BPM 관련 세미나에 참석하여 세미나 내용을 모두 소화한다면, 이 사람은 기업의 실질적이며 전체 규모의 프로젝트를 다룰 최소한의 기본은 갖추게 된다. 그러나 대개 이 단계에 있는 사람은 모든 것을 다 파악하지는 못하며, 사례 연구에서부터 실제 프로젝트까지 모든 기법을 평가하는 데는 어려움이 있다. 3단계 사람들은 위험이 무엇인지에 대해 이해하는 수준에 있다.

사람들을 3단계에서 다음 단계로 향상시키기 위해 BPM의 세부적인 내용에 중점을 두는 교육훈련 프로그램을 계획하고 실행해야 한다. 이제는 BPM 교육 도구들을 선택적으로 도입하는 것이 필요하다. 이 단계와 다음 단계로 전환하는 시점에서는 실습이 매우 중요하다. 이를 위해 견습생은 멘토(자동적으로 자연스럽게 기술을 이용하며, BPM 기술과 관련된 내부 프로세스를 설명할 수 있는 사람)와 함께 한 팀이 되어야 한다.

견습생은 3단계라는 수영장에서 물속으로 가라 앉기도 하고 수영하기도 하면서 허우적댄다. 바로 이 때가 견습생들을 새로운 방법과 기술을 사용하는 프로젝트에 투입할 시기이다. 멘토는 견습생들이 조금은 물을 삼키고 가끔은 숨을 헐떡이게 되는 것을 예상한다. 다행히 수상안전요원 역할을 하는 멘토가 있다. 멘토는 진행 상황을 확인하고, 실수에서 배운 교훈을 활용하게 하고, 개발 프로세스의 상세 목표를 조정하기 위해 견습생을 면밀히 모니터해야 한다.

4단계 : 실행 단계의 사람들 – 이들은 BPM을 사용할 준비가 되어 있다. 4단계를 통과하기 위해서는 적어도 하나의 중요 프로젝트에 BPM 방법과 기법을 사용해 본다. 3단계에서 4단계로 올라가는 단계가 6개의 각 단계별 전환 중에서 가장 힘이 든다. 미숙한 4단계에서는 새롭게 배운 기법을 선택하여 기업 내부의 정치적인 측면, 프로젝트 종료 시한, 자주 변경되는 요구사항 및 여러 가지 방해물이 복합적으로 내재된 프로젝트에 적용해 보아야 한다. 동시에, 실행 단계의 사람들은 학습시간에 배운 것을 다시 기억해 내어 10배 또는 100배까지 이를 확대 적용하려고 시도한다.

이 단계에 있는 사람들은 자신이 직접 프로세스 엔지니어링에 대한 의사결정을 할 준비를 갖추고 있다. 이 단계의 실수는 학습과정에 크게 공헌하며, 또한 이 실수는 용납되어야 한다. 실수는 괜찮다. 왜냐하면 제3의 물결에서 변경 전 프로세스로 되돌아 가는 것은 스위치를 켜고 끄는 것만큼 간단하며, 대규모의 프로세스 변경 시에는 그것을 실제로 적용하기 전에 시뮬레이션함으로써 그 결과를 평가할 수 있기 때문이다. 이 단계는 일반적으로 자기 스스로 관리하는 과정이지만, 여전히 과업을 할당하고 그 결과를 관찰하는 멘토가 필요하다. 실행 단계의 사람들은 맡은 과업에 대한 모든 책임을 지고, 프로젝트 검토활동 시에도 적극적으로 참여한다. 실행 단계의 사람들은 다음과 같은 관련된 이슈들을 고려하기 시작할 것이다.

- BPM의 조직과 관계
- 6시그마와 같은 기존 방법론과 BPM의 완전한 통합에 대한 요구
- 교육훈련과 도구 지원의 필요
- 산업자료와 산업 내 협업 표준화 노력에 대한 연관성
- 가치사슬 통합과 적용에 대한 이익의 조사

다음 단계로 나아가는 것은 시간, 실습, 지식향상, 구체적인 멘토링과 함수관계에 있다.

5단계 : 장인 자격의 사람들 - 이들은 BPM을 자동적으로 자연스럽게 사용한다. 이 단계에서 참가자들은 기술을 정상적인 상황에서 적용할 수 있으며, 업무의 질을 향상시키기 위해 멘토의 도움을 필요로 하지 않는다. 또한 이 단계는 BPM에 대한 이해도를 증진시키기 위해 자기 스스로 관리하는 학습 프로그램이 필요하다. 장인도 새롭거나 특별히 복잡한 문제가 나타나면 여전히 멘토의 도움을 필요로 한다. 그러나 장인은 자족 능력이 있기 때문에 외부로부터 BPM의 조언을 받기보다는 주는 입장에 있다. 오늘날 복잡한 재무계획 수립 스프레드시트를 개발할 수 있는 사람들 같이, 장인은 새로운 모

델을 만들 수 있는 스킬과 지식을 모두 가지고 있기 때문에 사람들로부터 인정을 받는다. 장인은 비즈니스에 BPM을 적용하는 기회를 찾기 위해 계속 노력한다.

다음 단계로 나아가기 위해서는 경험, 지식의 깊이, 그리고 총체적인 문제해결 틀의 개발과 함수 관계에 있다. 이러한 문제해결 틀은 새롭거나 복잡한 상황 하에서 명장 자격의 사람들과의 접촉을 통해 개발된다. 이 단계에서는 해결 과정이 해결 상세내역보다 더 중요하다.

6단계 : 명장 자격의 사람들 – 이들은 BPM을 자기 것으로 완전히 내재화 하였고, BPM의 원칙을 언제 깨뜨려야 하는지도 대해서도 알고 있다. 명장은 BPM 기법과 기술에 정통할 뿐만 아니라 심오한 방법론적 기반도 보유하고 있다. 이 6단계에서는 BPM이 무엇이고 그것을 어떻게 해야 하는지를 넘어, BPM을 해야 하는 "근본이유"를 알고 있다. 이 정도 경지에 오른 명장은 겉으로 드러난 원칙은 가끔 무시하고, 더욱 근본적인 방법론 원칙에 보다 힘을 쏟는다.

명장은 비즈니스 전략과 BPM의 상호관계에 대해 주의 깊게 고려할 것이다 – 즉 비즈니스 프로세스를 추출, 증명, 공유, 설치, 분석, 전개하는 기업환경에서 기업이 어떻게 경쟁해야 하는지를 고려해야 한다. 명장은 BPM 관련 지적자산과 같은 복잡한 이슈에 관해서도 생각할 수 있다. 명장은 이론적이며 실질적인 지식을 통해, 상위 수준으로 올라가려는 낮은 단계에 있는 사람들의 어려운 질문에 충분히 답을 줄 수 있기 때문에 훌륭한 스승이 된다. 명장에게 있어 지속적 학습이란 BPM 방법론과 기술의 발전에 계속 맞추어 나가는 것을 말한다. 모든 조직구성원이 명장과 접촉할 필요가 있다. 명장은 BPM의 새롭고 복잡한 응용을 다룰 수 있고, 장인의 업무를 분석 검토할 수 있으며, 문제해결을 위해 대체 해결안이나 창의적인 해결안을 제시할 수 있고, 프로세스 엔지니어링을 위한 의사결정에 있어 세부 사항까지 의견을 제시할 수 있으며, 조직이 계속 새롭게 유지되도록 도움을 줄 수 있다.

다음 단계로 나아가는 것은 전적으로 각 개인에게 달려 있다. 그것은 각 개인의 사고 프로세스와 경험에 달려 있다. 전문가 수준으로 올라가려면 각 개인은 새롭거나 비정상적인 상황에서 광범위한 BPM 응용관련 업무를 적극적으로 수행하고 경험을 쌓아야 한다.

7단계 : 전문가 자격의 사람들 - 이들은 BPM 모델링과 방법론에 관한 글을 쓰고, 논문을 제출하며, 강의도 하고, BPM 기법과 기술을 널리 전파할 수 있는 방법을 개발한다. 전문가는 BPM 방법과 기술 분야에 있어서 최정상에 위치하고 있다. 일반적으로 전문가들은 산업체에 기여한 공로로 인정을 받으며, 종종 국제회의 석상에서 강연을 하기도 한다. 간단히 말하면, 지식 전달자인 이들 전문가들이 기업 전체에 성공적인 비즈니스 프로세스 경영을 구축하는 핵심이다. 앞서 말한 바와 같이 BPM은 "빅뱅"전환이 아니다. 씨앗을 뿌려야 하고, 초기 단계의 BPM 하부구조를 구축해야 하며, BPM 역량을 키우기 위해 파일로트 프로젝트를 추진해야 한다. 기업은 이와 같이 7단계 BPM 성장과정에 근거하여 기업 역량을 기르기 위한 기반을 조성한 후에, 강력한 프로세스 경영 기업으로 성장할 수 있다.

기업은 BPM 명장을 육성하기 위한 기반을 갖추어야 할 뿐만 아니라, 기업의 미래를 이끌어 갈 적절히 훈련된 고급 인력을 필요로 한다. 2002년 8월호 인터넷 월드 매거진(Internet World magazine)의 한 컬럼으로 게재된 - "새 MBA 교과과정"에서 이를 잘 설명하고 있다. - 부록 E 참조.

백지 상태의 사람에서 명장에 이르는 긴 여정 동안 다음과 같은 생각이 가끔 떠오를 것이다. "이것은 전에 늘 있었던 것과 같다." 그러나 BPM도 다른 경우와 마찬가지로 어떤 방법론이나 기술도 만능 해결책은 아니다. BPM은 비즈니스와 기술 아키텍쳐의 첫 번째 원칙에 기초하여 설계자가 상호 교환관계(trade-off)를 선택하기 때문에 정교하면 할수록 강력해진다. BPM이 오늘날 기업 컴퓨팅의 선두에 서 있다고 생각할 수 있지만, 그 바탕에 깔린 개념인 설계 주도형(design-driven) - 이 경우는 비즈니스 프로세스 주도형 -

아키텍쳐는 결코 새로운 것이 아니다. BPM은 소프트웨어 개발을 위한 만병통치약이 아니다. 프로세스 계산학(process calculus)에 기초한 프로세스 데이터 추상화와 프로세스 가상장치는 어떤 프로세스나 업무절차 또는 알고리즘을 개발하느냐에 제한을 두지 않지만, 초기의 프로세스 경영 시스템은 모든 응용시스템 개발에 이용되지는 않을 것이다. 이론적으로는 (프로세스 계산학(process calculus)에 의해) 기업의 프로세스와 응용시스템 구축에 제한이 없지만, 기업이 6단계 수준이 될 때 가장 적합하고 독창적이며 창의적인 BPM 사용처를 찾게 될 것이다. 기업이 보다 많은 것을 배우고 경험을 쌓으면, 그 다음에 기업은 BPM 시스템과 도구 측면에서 더 많은 것을 요구할 것이다. 스프레드시트와 관계형 데이터 관리시스템의 기능이 그 초기에는 지금보다 훨씬 제한적이었다. 마찬가지로 BPM 또한 BPM을 마스터하는 사람들의 지식의 성장과 공유를 통해 단계적으로 발전할 것이다.

시작하기

컴퓨터 기반 프로세스와 프로세스 경영을 20년 경험한 지금, 기업에 새로운 이론과 새로운 시스템을 어떻게 도입해야 할 것인지 그 방법에 대해 새로이 말할 만한 것이 없다. 새로운 것이라고는 BPM 제3의 물결로 기술적인 문제들이 해결되고 있으며, 모든 비즈니스 프로세스 업무를 쉽게 처리할 수 있는 새로운 도구들이 등장하고 있다는 사실이다. 상향식(bottom-up) BPM 추진이건 또는 하향식(top-down) BPM 추진이건 상관없이, 기업은 BPM을 이용하여 프로세스 능력을 신속하게 구현할 수 있다.

데이터 관리도구가 데이터-인지형 응용시스템의 성장을 촉진시켰듯이, 이제는 프로세스 경영 시스템이 프로세스-인지형 정보시스템의 성장을 촉진시킬 수 있게 되었다. 기업이 조직적으로 관계형 데이터베이스 관리를 도입한 것처럼 BPM도 도입할 것이다. 기업은 프로세스 관리를 통하여, 문제가 있는 비즈니스 영역을 식별하고 새로운 도구들을 자연스럽고 쉽게 적용할 것이다. 기업이 계층형(hierarchical) 데이터베이스 관리에서 관계형(relational) 데이터베이스 관리로 전환한 근본 이유는 이전 세대 응용시스템에 내장된 데이터의 심각성을 인식하였기 때문이다. 데이터 양이 증가하고 데이터 간의 관계가 분명해짐에 따라서, 기업은 여러 응용시스템의 데이터를 공유할 수 있는 표준 기반의 데이터베이스 관리시스템(DBMS)을 서둘러 구축했다. 이런 단계를 거쳐 기업은 모든 비즈니스 데이터의 관리에 있어 일관성 있고 믿을 수 있으며 관리능력이 있는 위치에 자리잡게 되었다. 기업들은 프로세스 경영 시스템에 대해서도 이와 같은 방식을 취할 것이다. 기업이 비즈니스에 변화의 바람을 불러 일으키기 위해 프로세스에 대한 확고한 의지를 가지고 프로세스 역량으로 무장한다면, 이런 기업은 프로세스 경영 기업이 되기 위해 극복해야 하는 매우 힘든 문화적이며 조직적인 문제에 편한 마음으로 집중할 수 있다.

어떤 기업이 처음 BPM을 구축할 때, 먼저 경영층을 즐겁게 하고, 이들에게 새로운 기회에 대한 영감을 불러 일으키며, BPM 구축에 참여하는 사람들에게는 유용한 새로운 도구와 스킬을 갖추게 하면서 BPM을 추진해야 한다. 이상적인 첫 프로젝트는 매우 구체적이며 가시성이 있어야 할 것이며, 비즈니스의 현실적인 중요 문제를 해결하는 것이어야 하고, 비즈니스의 문화적 측면의 위험수준을 정확히 파악해야 할 것이며, BPM 이외의 다른 기술이 달성할 수 없는 것을 BPM이 완수할 수 있다는 확고한 근거를 제공해야 할 것이다.

이와 같은 프로젝트를 개발하는 데 필요한 2가지 주요 조건은 수행될 프로세스 관리 단계와 관리될 프로세스 범위이다. 기업은 프로세스를 관리하기 전에 먼저 프로세스를 도출하고 설계할 것인지, 또는 프로세스 구현, 실행, 재정비를 위해 응용시스템들을 통합할 것인지를 결정해야 한다. 기업은 관리

범위 내에 있는 내부 프로세스에 중점을 둘 수 있고, 또 기업의 미래에 중요한 역할을 하게 될 "기업간 프로세스(cross-business process)"를 일부러 선택할 수도 있다. 여기에 정답은 없다. 이 선택은 비즈니스의 맥락과 자원의 가용성에 전적으로 달려 있다.

아마도 비전만으로는 BPM 구축에 대한 지지와 자금 지원을 얻어내지 못할 수 있다. BPM 구현을 위한 총 소요자금은 과거의 가장 큰 리엔지니어링 프로젝트 규모와 크기에 비하면 적은 편이지만, BPM 옹호자들은 ERP에서 e-비즈니스까지 많은 프로그램에 투자를 하고도 바람직한 결과를 얻는 데 실패한 경험이 있는 경영층이 갖고 있는 여전히 부정적인 시각을 극복해야 한다.

기업은 프로세스 별로 지원을 얻어야 한다. 그리고 7장에서 설명한 바와 같이 각 "프로젝트"는 의미 있는 프로세스 투자수익(Return on process investment)을 거두어야 한다. 그러면 다음 두 번째 프로세스는 첫 번째 프로세스보다 훨씬 용이하게 정당화될 것이며, 성공사례를 계속 만들어 갈 수 있을 것이다. 기업은 BPM 구축을 하나의 부서, 부문, 또는 작업그룹부터 시작할 수 있다. 다른 기업의 사례 또는 산업 내 벤치마킹에 근거한 정당성을 경영층으로부터 인정받지 못하는 경우도 있기 때문에 비즈니스 케이스 설계 시에 상향식(bottom-up) 접근방법을 적용하는 것이다. 과거의 수많은 리엔지니어링 투자 결정은 이제 더 이상 믿을 수 없는 허황된 평가를 토대로 이루어졌다. 특히 e-비즈니스와 ERP와 관련해서 많은 벤치마킹 데이터를 제공했던 바로 그 기업들의 회계처리에서 의심스러운 점이 밝혀진 것을 보면 더욱 그렇다.

기업은 기업 성공에 중요한 역할을 해온 전략계획 수립에 여전히 관심을 두고 집중하고 있지만, 다음 지침은 BPM 방법론과 기술을 조직에 처음 융합할 때 고려해야 할 사항들이다(기업들은 각 사의 특성에 적합한 지침을 마련할 수 있다).

- 프로세스 경영과 함께 학습조직을 구축한다 : 정보제공, 교육 및 훈련
- 프로세스를 도출하고 설계한다.
- BPM 플랫폼을 도입하고 여러 가지 도구들을 현재 진행하고 있는 프로젝트와 통합한다.
- BPM역량을 확산시키기 위해 BPM 프로그램 관리 체계를 구축한다.
- 고객과 고객의 고객으로부터 시작하는, 즉 아웃사이드인(outside in)으로 새로운 비즈니스 프로세스를 설계한다.
- 현재의 지지 부진한 프로젝트에 대해 BPM을 이용해서 이를 가속화시킬 수 있는 기회를 찾고, 위험관리를 위해 현재 프로젝트와 병행하여 초기 BPM 프로젝트를 시작한다.
- 대규모의 중요한 전략적 투자수익을 가져 올 수 있는 소규모의 중요한 전략적 프로젝트를 찾는다. 대안으로는 총체적 가치사슬 경영과 같은 큰 문제를 해결하기 위해 노력한다. 다른 접근방법은 이미 문제를 해결하는 데 실패하였고 전통적인 구축 방법론에 근거하여 이전에 시도한 프로젝트의 투자수익(ROI)이 불분명한 프로젝트를 선택한다.
- 보다 폭 넓은 경험을 쌓기 위해 응용시스템 통합, 워크플로우, 서비스지향 아키텍쳐, 응용시스템 컴포넌트 오케스트레이션, 웹 서비스 및 가치사슬 통합과 같은 요소가 있는 프로젝트를 시작한다.
- BPM을 이용하여 확실한 수익을 낳을 수 있는 시험기회를 찾는다. 예를 들면, 프로세스 맞춤, "전체 종단간 프로세스(end-to-end process)" 설계, 프로세스 소유비용 절감, 기존 시스템의 완전한 활용, 스스로 인식하고 측정하는 프로세스, 비즈니스 수준 트랜잭션, 지속적 프로세스 변화, 통합 전사 프로세스 모델링, 협업 프로세스 설계와 같은 기업의 주요 목표를 달성하기 위한 프로세스 설계에 집중한다.
- BPM과 기존의 품질관리 개념 또는 전통적 리엔지니어링과의 차이점을 찾을 수 있도록 실험한다.

- 기업은 이미 하고 있는 것을 활성화시키기 위해 BPM을 활용한다. BPM은 가장 최신의 새로운 이니셔티브이며, 또 각종 응용시스템들을 무용지물로 만드는 것이라고 생각해서는 절대 안 된다. 사람들이 "왜 나의 XYZ 프로그램을 BPM으로 대체해야 하나요?"라고 물으면, 'XYZ 프로그램을 계속 진행하세요. BPM은 당신의 프로그램에 도움을 줄 수 있을 겁니다."라고 대답한다.
- 일반적인 프로세스는 아웃소싱하고, 아웃소싱된 프로세스의 공급자의 성과를 측정한다. 고객에게 판매하고 싶지만 판매로 연결하기에는 실질적인 수단이 부족한 비즈니스 서비스를 파악한다.
- 프로세스 경영을 하기 위한 전사 표준과 프로세스 중앙저장소를 마련한다.
- 비즈니스 프로세스 수준에서 협업이 가능하도록 산업 공통 표준을 사용한다. 이런 산업 공통 표준은 개별 프로세스 경영 시스템을 구현하는 데 힘을 실어 준다.

일단 BPM이 실질적임이 입증되면, 기업은 기존의 "프로세스 포인트 프로젝트" 중심의 업무를 점진적으로 중단하는 방법을 고려해야 한다. 기업은 하나의 비즈니스 단위에서 시작하여 우수 사례를 만들어야 한다. BPM을 이용하여 기존의 프로세스 관련 활동에 시너지를 만들어 내고 체계적으로 지원해야 한다. 거래처 또한 BPM 역량을 배우게 될 것이다. 그리고 가치사슬 상의 주요 마디(node)들을 연결하는 BPM 시스템 네트워크로 발전할 것이다.

기업은 구성원들이 BPM에 관심을 가지고 자신들의 이니셔티브를 추진하게 되기를 기대할 수 있다. 이것은 가능하다. BPM의 장점은 서로 다른 부서, 서로 다른 사람, 서로 다른 관점, 상향식(bottom-up)이거나 하향식(top-down)이냐에 따라서 프로세스 설계가 달라지지만 프로세스는 쉽게 연결이 가능하다는 점이다. 프로세스 설명 언어는 다수 프로세스들을 결합하고 협업을 가능하게 한다. 프로세스 간에 데이터를 주고 받을 수 있다. 어떤 프로세스는 또 다른 프로세스의 서브 프로세스가 될 수 있다. 어떤 프로세스는 또 다른 프로세스의 라이프사이클을 통제할 수 있다. 어떤 프로세스는 다른 프로세스로부터 새로운 성능을 부여받을 수 있다. 어떤 프로세스는 다른 프로세스를 모니터링 할 수 있다. 이것이 가능한 것은 기술적 시스템 통합이 아닌 프로세스 데이터의 고유 속성 때문이다.

"불이 켜지면" 기업은 뒤돌아가지 않을 것이다. 기업은 새로운 응용시스템과 새로운 프로세스를 구축할 것이고, 프로세스에 의해 새로운 프로세스를 구축하게 될 것이다. 프로세스에 의해 생성된 프로세스 데이터는 기업이 새로운 프로세스 인지형 정보시스템을 구축하는 데 귀중한 자산이 될 것이다. 기업들이 BPM의 가능성을 발견함에 따라서, 기업은 기업의 민첩성, 협업, 연계성, 가시성, 책임과 통제를 위해 프로세스 경영이라는 새롭고도 혁신적인 방법을 조직에 도입하려는 열린 사고를 하게 될 것이다. 안정적이며 확장 가능한 BPM환경을 구축함으로써, 많은 프로세스 개선 이니셔티브는 속도가 느린 전통적인 통합과 소프트웨어 개발 대신에 비즈니스 사고의 속도로 추진될 수 있다.

초기 프로젝트들을 넓은 영역에서 시작함으로써, 기업은 프로세스 경영 기업이 되기 위한 토대로 작용하게 될 폭 넓은 BPM 지식 기반을 구축할 수 있다. 이것의 목표는 두 배의 효과를 달성하는 것이다. 하나는 BPM에 의한 이익을 조기에 회수하는 것이고, 다른 하나는 프로세스 경영의 성장과 지속적인 변화와 혁신의 토대를 구축하는 것이다.

프로세스 포트폴리오

BPM 구축할 때 다음 사항을 잊어서는 안 된다. 프로세스 경영의 주요 목표는 고객이 인식하고 측정하는 핵심 가치를 전달하는 것이다. 기업의 성공을 위해 비용절감은 필요조건이지만 충분조건은 아니다. 만일 기업이 간결성, 편의성, 품질, 고객만족 - 또는 고객에게 가치를 제공하는 다른 것들 - 을 달성하지 못하면, 기업은 무의식적으로 고객가치보다 저가의 가격경쟁 전략만을 고수할지 모른다. 프로세스 개선은 단순히 비용절감 노력이 아니다. 프로세스 경영 기업은 저부가가치 업무는 제거하고, 시간을 단축하기 위해 업무를 자동화한다. 이를 위해 직원들은 사업 협력사들과 함께 고객가치를 창조하는 새로운 방법을 찾기 위해 노력한다. 피터 드러커 교수에 따르면, "기업의 목적은 고객창출이기 때문에, 기업은 단지 2가지 기본 기능을 가지고 있다. 마케팅과 혁신이 그것이다. 마케팅과 혁신은 결과물을 산출한다. 그 외 나머지는 모두가 비용이다."

비슷하게, 전략 컨설팅 업체인 맥킨지(McKinsey & Company)에 의하면 기업의 경쟁우위는 경쟁사들이 혼란과 복잡성과 불확실성으로 인해 기능이 마비되어 방관자로 있는 동안, 기업이 이룩한 개선된 모습이라고 한다. 맥킨지에 따르면, 성공의 요체는 투자에 따른 위험과 보상을 합리적이며 정확하게 평가할 수 있고, 이를 최대한 신속하게 처리할 수 있는 준비를 프로세스 내에 갖추는 것이다. 프로세스 경영에 있어서, 경쟁우위는 단순히 최초로 실행한다고 되는 것이 아니고, 일단 프로세스 분석을 통해 구현 모습이 드러나면 대규모 투자에 따른 미래수익을 예측할 수 있고, 그에 따라서 프로세스 개선과 프로세스 혁신을 확장할 수 있는 최초의 실행에 달려 있다.

CEO들은 전사적 관점에서 원하는 결과를 얻는 것에 기업 전략의 목표를 두고, 각종 이니셔티브 포트폴리오 관점에서 접근한다. CEO들은 이러한 접근방법을 상위 수준의 프로세스 포트폴리오 경영으로까지 확대할 수 있다 - 이와 관련한 도전 과제는 이러한 가공하지 않은 프로세스를 새로운 수익원으로 전환시키는 것이다. 이러한 원하는 결과를 달성하기 위해서는 벤처캐피털 업체가 투자 포트폴리오를 관리하듯이 기업은 프로세스 포트폴리오를 매우 엄격히 관리해야 한다. 기업은 기업 내외부에서 최고의 프로세스를 찾는 일을 잘 훈련된 체계로 추진해야 한다. 즉 가능성 있는 프로세스를 다듬고 성능을 높이며, 협업, 구매, 협력을 통해 제3자의 프로세스를 선택적으로 도입하는 방안도 고려해야 한다. 프로세스 포트폴리오 경영은 다른 것과 마찬가지로 하나의 비즈니스 프로세스이다. 우리는 이런 프로세스 포트폴리오 경영 역시 "프로세스 경영"의 하위 개념으로 두고자 한다.

핵심성공요인(CFS)

프로세스 경영의 궁극적인 목표는 어떻게 하면 고객에게 더욱 많은 가치를 전달할 수 있는지 그 방법을 배우는 것이다. 10년 전 하버드 비즈니스 리뷰에서 로열 더치 셸(Royal Dutch/Shell)의 아리 드지(Arie DeGeus)는 이 목표에 도달하기 위한 핵심성공요소에 대해 다음과 같이 설명했다. "미래의 기업이 소유하게 될 유일한 경쟁우위는 경쟁자들보다 더 빨리 학습하는 기업의 능력이다." 자 이제 학습을 시작하자.

제9장
미래의 잡지 BPM 3.0과 가상 인터뷰

시스템은 목표가 있어야 한다. 목표 없이는 시스템도
존재하지 않는다. ... 시스템은 반드시 관리되어야 한다.
... 조직의 목표를 향한 구성요소 모두 간의 협력이
해결의 열쇠이다.

– 에드워즈 데밍(W. Edwards Deming),
  신 경제(The New Economics)

이 책은 우리가 일상의 대화 속에서 결합되기를 바라는 많은 주제들에 대해 설명하고 있다. 비즈니스 프로세스 경영(BPM)이 어떻게 기업을 도울 수 있는지에 대한 이해를 돕기 위해 우리는 "BPM 3.0 매거진"이라는 가상의 잡지사의 가상 인터뷰를 통해 미래를 비추어 보고자 한다. 이 인터뷰에서는 많은 회사가 그렇듯이 애크미 익스프레스(ACME Express)라는 회사가 비즈니스와 IT 사이의 갈림길에서 고민하고 있다. 그러나 이 회사는 잘 대응해 나갔고, 그 과정들을 이 잡지의 편집장인 폴 홀랜더(Paul Hollander)에게 들려준다.

애크미 익스프레스(ACME Express), 산업 혁신상 수상하다

어제, 물류산업 회의에서 애크미 익스프레스(ACME Express)가 올해의 산업혁신과 베스트 프랙티스 상을 수상하였다. BPM 3.0은 애크미 익스프레스(ACME Express)의 임원진인 힐러리 로젠(Hilary Rosen)(사장/CEO)과 배리 제이(Barry Jay)(CIO)가 그들의 관점에서 보는 BPMS이 어떻게 기존의 시스템 장벽을 넘어 자신들의 미래 사업 방향으로의 조정 능력을 다시 얻게 했는지에 대한 독점 인터뷰를 했다.

BPM 3.0 : 먼저, 바쁜 와중에도 이렇게 저희와 자리를 함께 해 주셔서 감사합니다. 저희 구독자들은 물류산업 회의에서 있었던 혁신상 수여를 통해, 기업들이 미래를 대비하면서 생각해 보았던 점들과 해야 할 점들에 대해 아주 적절한 통찰력을 얻을 수 있었기에 무척이나 깊은 관심을 가지고 보았습니다. 힐러리, 귀사가 이런 훌륭한 상을 수상하기까지 지금 이 자리에 어떻게 오게 되었는지 저희들에게 좀 들려주시겠습니까?

힐러리 : 애크미 익스프레스(ACME Express)는 1970년에 설립되었습니다. 저희의 소포 배달 사업은 초기 10년간 전세계 각 지역으로 확대되면서 빠르게 성장했습니다. IT에 어떻게 주요 투자를 해야 가장 잘 경영할 수 있는지에 대한 논쟁에도 불구하고 아직도 모든 여건들이 그런대로 좋아 보였고, 1990년대 말쯤의 저조한 사업성장에도 불구하고 우리에겐 사업이 절대 실패할 것처럼 보이지 않았습니다. IT에 의해 어떻게 비즈니스를 강화시킬 수 있는가에 많은 시간과 노력을 투자하였고, 비즈니스의 미래가 기술과 불가분의 관계에 있다는 사실을 깨닫게 되었습니다. 우리에게 직면한 문제는 더 나은 경쟁우위를 얻기 위해 어떻게 기술을 활용할 것인가에 있었습니다.

초기에는 모든 것을 약속하는 듯 하지만 결국에는 처음 계획보다 일정이 지연되고 훨씬 더 많은 비용을 발생시키는 새로운 "혁신"들의 과잉현상을 우리는 항상 지켜 봐 왔습니다. 우리는 지속적으로 증가하는 IT 비용, 일정 지연, 일이 잘못되었을 때의 따가운 시선 등으로 좌절감을 느꼈습니다. 이사회에서는 IT 기능을 조직 측면에서 재구성해 보기도 하였습니다. 우리는 10여년 넘게, 분산화에서 다시 집중화로 아웃소싱에서 인소싱으로 사이클이 반복되는 것을 경험하였습니다.

이렇게 매번 조직구조를 변경할 때마다 새 CIO가 임명되었습니다. 각기 다른 CIO가 자리할 때마다 인하우스 개발, 컨설팅 중심의 개발, 패키지 구매, 온라인 구매 서비스와 같이 비즈니스 응용시스템 구현에 각기 다른 접근방법이 채택되었습니다. 그러나 각각의 접근방법은 각기 다른 이슈들을 야기시켰습니다. 1990년대 말에 이르러, 전세계적인 서비스 경영의 복잡성, 좀 더 많은 것을 요구하는 소비자들, 그리고 점점 더 경쟁이 심화되는 시장환경 속에서 우리의 사업은 견디기 어려운 상황이 되었습니다.

마치 회사가 내부적으로 파열되는 듯 했습니다. 우리의 나아갈 방향을 바꾸어 보거나 실행된 IT 혁신과 여러 경영기법을 적용해 보거나 또는 새로운 비즈니스 모델을 적용해 보다도, 이런 어려운 상황을 해결해 나갈 방법이 없는 것 같았습니다. 모든 이들이 피해를 입고 있었습니다. 소비자들은 그들의 니즈(needs)에 바로 대응해 주지 않는다며 불평을 했고, 각 업무 책임자들은 IT 운영에 끊임없이 불평하며 언쟁을 했고, 각 지역들은 지역별 현실에 맞는 정책이 부족함에 항의를 했으며, 공급자들은 예정된 출하일정을 맞추지 못하였고, 주주들은 감소되는 배당이익에 적지 않은 관심을 표명하였습니다. 통제력을 되찾고 다시 전진을 시작해야만 하는 때였습니다.

BPM 3.0 : 당신들은 독자들이 직면한 것과 같은 많은 도전을 앞두고 있었겠군요. 이런 거대한 도전과 마주 대하며 어떻게 시작을 하셨나요?

힐러리 : 우리는 고객의 니즈(needs)에 최우선적으로 초점을 맞추고, 비즈니스의 모든 관점을 고찰하는 전략적 프로그램인 "애크미 2020 비전(ACME 2020 Vision)" 프로그램에 착수하였습니다. 우리는 그런 의지를 고수하면서, 우리의 정보자산과 기술을 활용할 수 있는 기회들과 우리 비즈니스의 핵심적인 강점을 내부적으로 분석하는 데 주력하였습니다. 이러한 과정이 전개되면서 조직의 비능률적이고 비논리적인 많은 습성들이 드러났습니다. 우리의 전략적인 미래상과 IT가 제공하는 서비스 사이에 명백한 단절이 발생했습니다. 쓸모없고 비효율적인 많은 프로세스가 우리의 IT 시스템 안에 깊이 배어 있었습니다. IT 시스템은 비즈니스 프로세스의 이행을 좌우하고 있었고, 결국 회사 내의 크고 작은 모든 불상사에 대해 비난의 대상이 되고 있었습니다.

과거 IT 부문의 조직 재정립도 이러한 문제들을 해결할 수 없었습니다. 사실 IT 임직원의 재편성과 그에 따른 각기 다른 접근 방법들은 혼란을 증가시킬 뿐이었습니다. 증가되는 업무수행 데이터는 개인의 PC에 파묻히고, 사용자들의 니즈(needs)에 대한 대응 부족의 결과로 사용부서에서 형식적인 비즈니스 프로세스들을 만들어 냈습니다. 우리의 글로벌한 비즈니스 요구를 전달하는 프로세스는 실수 투성이였고 시간 낭비일 뿐이었으며, 실행도 되기 전에 이미 시대에 뒤떨어진 낡은 응용시스템이 되고 마는 거추장스러운 것이 되었습니다.

BPM 3.0 : 또 어떠한 문제들이 자체 진단에서 드러났습니까?

힐러리 : 여러 가지 중요한 사실들이 명확해졌습니다. 모든 비즈니스 측면에 배어 있는 IT는 Y2K 버그라는 리스크를 조직 내부에 환기시켜 주었습니다. IT 혁신은 좀처럼 혁신적인 사업성과와 연결되기가 어려웠고, 오히려 복잡성을 증대시킬 뿐이었습니다. 기업의 세계화는 글로벌 표준화와 지역별 자율적 운영 간의 탄력적인 조화를 필요로 했습니다. 고객들은 이제 더 이상 일반적인 서비스에 만족하지 않고 그들에게 특화된 서비스를 원했습니다. 인수합병을 통한 성장은 우리의 커져 가는 비즈니스 프로세스를 더욱 복잡하게 만들었고 IT의 다양성과 결합되었습니다. 회사는 초기 성공의 근간이 되었던 민첩성, 업무진행의 탁월성, 우수한 서비스마저도 잃고 있었습니다. 전자적으로 통합된 고객들과 공급자들은 우리가 상상했던 것보다 훨씬 더 까다로웠고, 개발된 해법은 거의 재사용될 수 없었습니다. 우리의 서비스 공급자들과의 계약 약정과 서비스 단계의 협의서는 부실하게 관리되어 결국 혼돈의 결과를 낳았습니다. 우리의 공급망 통합 시도는 협력사들과의 신뢰 부족과 각자의 비즈니스 프로세스의 가시성에 대한 우려로 인해 부분적으로 실패하였습니다. 비즈니스의 핵심 지적자산은 전후 맥락의 행위들과 우리가 사용하던 시스템에서 식별하기가 매우 어려웠고 명확히 하기가 불가능하였습니다.

BPM 3.0 : 그러한 상황들은 특히 기술계열 경험이 있는 CEO가 아닌 경우에 더욱 힘들었을 것입니다. 당신은 이런 수수께끼 같은 상황에 대한 해답을 어떻게 찾을 수 있었습니까?

힐러리 : 저는 제 자신을 기술 분야에 어느 정도 밝은 사람으로 생각하고 있습니다만, 나의 사업이 IT에 의해 지배를 받는 듯한 느낌을 실질적으로 처음 느낀 것은 그때였다는 것을 인정합니다. 진정으로 내가 놀랐던 것은 IT 산업에서 태동한 진정한 도약에 공을 돌리고 싶은 2020 비전 프로그램의 성공

이었습니다.

  우리의 비즈니스 속에서 IT는 언제나 그래 왔듯이 "마법"과 같은 존재였습니다. 나는 IT가 우리의 미래와 불가결한 요소임을 알고 있었지만 그것에 대한 효율적인 관리가 불가능하다는 것을 알고 있었습니다. 그러나 현재는 우리가 IT를 비즈니스 프로세스 생태 시스템의 기반으로 사용할 수 있고, 이것은 나로 하여금 비즈니스의 모든 관점을 완전히 새로이 바라보도록 만들었습니다. 우리 회사의 CIO가 회사 전반에 걸친 BPM 시스템이 제공하는 계기반(dashboard)을 제게 만들어 주었고, 그것은 우리의 핵심성과지표에 대한 가장 최근의 정보를 알려 줍니다. 더 나아가서는, 비즈니스 전문가들이 비즈니스 프로세스를 변경하여 시뮬레이션을 할 수 있게 되었고, 필요하다면 그 유용성을 실제로 실시되기 하루 전에 이사회에서 확인해 보일 수도 있게 되었습니다.

  그러나 우리의 비즈니스 프로세스 접근방법은 기술의 범위를 넘어섰고, 비즈니스 전반에 걸쳐 확산되어 이제는 일상 업무화가 되었습니다. 프로세스 저장소는 가장 많이 공유되고 있고, 회사 내부 조직에서 재활용되는 자산이 되었습니다. 저희 회사의 영업부서는 계약을 협상할 때 비즈니스 프로세스 접근방법을 사용하고 있습니다. 운영 담당들은 보다 나은 효율성을 위해 이것을 이용하고 있습니다. 마케팅 부서에서는 모의실험(simulation)과 가정분석(what-if analysis)에 활용합니다. 비즈니스 프로세스 접근법은 IT 부서에서 서비스 공급자와 계약협상을 하거나, 법률행정 부서에서 ISO 표준 품질이나 지적자산 소유권을 보호하기 위해 사용됩니다. 사실 모든 구성원들이 활기차게 기획에서부터 디자인, 운영 문제들을 다루게 하는 새로운 방법인 비즈니스 인텔리젼스(BI)의 새로운 형태로 조직 전체가 채워지고 있는 것과 다를 바가 없습니다.

  BPM 3.0 : 기존의 전형적인 해법인 비즈니스 응용시스템이나 지식경영 또는 워크플로우와 비교했을 때 이 BPM 접근법이 다른 점은 무엇입니까?

힐러리 : 그 대답은 지금의 질문 속에 부분적으로 존재합니다. 비즈니스 행위들과 IT 응용시스템들을 결합하기 위한 과거의 시도들은 원래 특정문제를 해결하기 위한 독립된 해법이었습니다. 바로 이러한 응용시스템들의 명칭들이 그 점을 설명하고 있습니다. 전사적 자원관리(ERP: enterprise resource planning), 고객관계 관리(CRM: customer relationship management), 공급망 관리(SCM: supply chain management), 전사 마케팅 관리(enterprise marketing management), 제품배송 관리(product delivery management), 거래정산 관리(trade settlement management), 수요관리(demand management), 창고/물류 관리(warehouse and logistics management), 구매관리(procurement management) 등이 그것입니다. 각각의 해법은 그 나름대로 강점이 있지만 자신을 힘의 중심에 두고 원래의 목적을 넘어서려는 경향이 있습니다. 그런 과정에서 우리 비즈니스 프로세스 원래의 성격을 그것들 각각의 고유한 가치 시스템(value system)과 행동 모델(behavioral model)에 맞추려 하게 되었습니다. 저는 이것을 "성배 효과(Holy-Grail Effect)"라고 부릅니다. BPM 접근방법의 가장 큰 장점으로는 이러한 응용시스템들을 대체하기보다는 좀 더 조직화하고 우리가 비즈니스를 수행하고자 하는 방향으로 연결시키는 것입니다. 그러므로 기존에 구축되어 있는 IT 응용시스템들과 관계없이 비즈니스 프로세스 방법론은 비즈니스 규칙, 행동, 이벤트들을 관리할 수 있게 하는 비즈니스 하부구조의 수평계층이나 접착제로 보여질 수 있습니다. 비즈니스 프로세스 방법론은 우리가 응용시스템 자체를 개발하는 방법도 바꿔 놓았습니다. 사실, 지금은 응용시스템에 대해 거의 생각하지 않고, 우리는 비즈니스 프로세스를 설계하고 전개해 나갈 뿐입니다.

BPM 3.0 : 많은 CEO들이 아직도 지난 "혁신적 응용(killer app)"의 악몽에서 깨어나지 못했기 때문에, 쉽사리 이 사실들을 믿으려 하지 않을 것입니다. 여담으로 말하자면 이것을 단지 변형된 ERP라고 말할 수 있지 않을까요?

힐러리 : 아닙니다. 바로 그것이 요점이기도 하지요. ERP는 그 자체만의 강점이 있습니다. 그러나 ERP의 폐쇄형 구조 때문에 경영팀에서 비즈니스를 관리할 수 있도록 하는 기초적 접근방법을 처리하는 데 실패하였습니다. ERP는 엉성한 IT에 대한 해법이었고, 이로 인해 우리는 깊숙이 파묻힌 비즈니스 규칙의 "엉키고 혼란스러운 자체 개발 해법"을 여전히 파묻혀 있는 비즈니스 규칙의 "잘 정렬된 폐쇄형 시스템"으로 변경하였을 뿐입니다. 이것은 일부 표준화 이슈들을 해결해 주었으나 막대한 비용 문제를 야기하였으며, 우리의 핵심역량으로 우리 자신을 차별화하는 능력조차 잃게 하였습니다.

BPM 3.0 : 비즈니스 프로세스 경영(BPM)과 당신이 1990년대 초에 시도했던 비즈니스 프로세스 리엔지니어링(BPR)이 다른 점은 무엇입니까?

힐러리 : 비즈니스 프로세스 경영은 리엔지니어링을 위한 수단이지만 과거의 기술들보다 훨씬 더 효과적입니다. 우리는 프로세스에 실시간으로나 점진적으로 변경 사항들을 적용할 수 있게 되었습니다. 우리의 컨설턴트들은 전문화된 프로세스 설계 스킬을 제공하고, 업무영역 별로 우리 자체의 비즈니스 리더들에 대한 보완 역할을 하며 함께 일합니다. 우리는 프로그램에 큰 변경을 할 필요가 있다고 생각하지 않습니다. 비즈니스 프로세스 경영 시스템(BPMS)은 회사 전체적으로 자연스럽고 조심스럽게 변화를 확산하고 적용시킬 것입니다. 우리의 프로세스 포털 — 우리 인트라넷의 일부분이기도 함 — 은 모든 구성원에게 우리의 전반적인 목표에 맞추어 나가면서 그들의 각각 다른 기능과 관점에서 바라본 사업에 대한 통찰력을 제공합니다. 애크미 익스프레스(ACME Express)에서 있었던 과거 리엔지니어링 프로젝트들은 단지 일회성의 이벤트였을 뿐입니다. 아무도 그 후의 변경에 대해 별 관심을 보이지 않았습니다. 그 때의 융통성 없는 컴퓨터 시스템은 우리가 큰 고통 없이 변화를 시도하거나 새로운 비즈니스 모델을 구현하지 못하게 하였습니다.

우리 회사의 CIO는 우리의 프로세스가 응용시스템 속에 너무 깊숙이 묻혀 있어서 프로세스들을 관리하거나 변경시킬 수 없었다고 말합니다. 우리의 기존 응용시스템들은 전반적으로 전체 종단간(end-to-end) 프로세스의 부분만을 실행하기 때문에 상황을 더욱 악화시켰습니다. 비즈니스 프로세스 수준에서는 응용시스템들 간의 연결고리가 없었습니다. 회사 내의 이러한 프로세스의 부분들을 세분화해도 우리 협력사들로 접근을 확장시킬 수 없었습니다. 결국 응용시스템들이 아니라 바로 프로세스들에 중점을 둘 때만이 우리가 진정한 진보를 할 수 있다는 사실을 깨닫게 되었습니다. 이것은 우리 회사 전체에 대한 하나의 논리적 관점을 제공하였습니다.

BPM 3.0 : BPM 접근방법이 귀사의 고객들이나 공급사들과의 통합 문제를 해결하는 데 어떤 도움을 주었습니까?

힐러리 : 다른 사람들이 BPM 접근방법을 도입함에 따라서 우리는 어떻게 함께 일할 수 있을 것인지에 좀 더 신속하게 의견이 일치되는 것을 알게 되었습니다. 설계, 출하 프로세스, 그리고 협력사들과의 협력에 대한 합리적인 접근법이기 때문에, 채택되고 있는 BPM을 이용함으로써 사실 우리는 가치사슬 내에서 선도자 역할을 하고 있습니다. 지금은 애크미(ACME)와 우리의 협력사들 모두가 공유하고 싶은 프로세스와 경쟁우위를 위해 각자 내부적으로만 보유하고자 하는 비공개 프로세스들에 대한 명확한 정의가 준비되어 있습니다.

사실 저는 공급자들이 우리와 사업하기를 원한다면 필수적으로 BPM을 도입할 것을 요구하는 때가 곧 오리라고 생각합니다. 그렇지 않으면 마치 우리가 공급자들의 프로세스 용역자로서 BPM의 기능을 그들에게까지 확장시킬 수도 있을 것입니다. 어떻든 처음에는 우리의 많은 고객들이 BPM을 도입하지 않았습니다. 그럼에도 불구하고 우리 자체 내의 프로세스에 대한 이해증진과 우리 자신과 고객들의 필요성을 충족시키는 맞춤 프로세스의 신속한 구현으로 프로세스 통합이 빠르게 진전되었습니다. 우리는 협력사들만을 위한 프로세스를 그들의 응용시스템 전혀 변경시키기 않으면서 만들 수 있었습니다.

BPM 3.0 : 애크미(ACME)는 글로벌 기업으로 확장을 계속해 왔습니다. 이때 BPM이 어떻게 도움이 되었습니까?

힐러리 : 우리는 글로벌 표준과 지역별 실행 간의 조화를 보다 쉽게 할 수 있는 우리의 가장 가치 있는 프로세스들을 명확히 이해하게 되었습니다. 결과적으로 우리의 연방체제 조직 안의 여러 당사자들이 이것을 납득하게 되었고, 지역화된 버전의 비즈니스 프로세스를 실행할 수 있게 되었습니다. 국가별 사업본부들은 최대한의 자유를 누리게 되었으며 각자의 해당 시장에서 한층 높은 대응력을 갖게 되었습니다. 추가해서 말씀 드리면, 최근 우리는 다수의 지역 출하 운영자들을 인수하여 사업을 확장하고 있습니다. 또한 세계화된 프로세스와 국가별 프로세스에 대해 명확히 정의된 지식은 우리 네트워크에 이런 추가 활용성을 보다 잘 평가할 수 있게 해 주었으며 기존의 레거시 IT 시스템과 관계없이 더 신속하게 통합하는 능력을 주었습니다. 그렇다고 BPM이 비즈니스의 통합과 관련한 모든 문제들을 해결했다고 말하려는 것은 아니며, 좀 더 관리 가능한 프로세스가 되었다는 사실을 말하려는 것입니다.

BPM 3.0 : 최근 발간된 한 자료에서 귀사는 제4 물류공급사(Fourth Party Logistics Provider) 역할로서 공급망을 위해 BPM 시스템을 어떻게 만들었는지를 소개한 바 있습니다. 좀 더 상세한 설명을 부탁 드려도 될까요?

힐러리 : 우리 조직은 검증된 BPM 생태시스템 개념을 보유하게 되었고, 우리 비즈니스의 근간은 신속한 배달 서비스였기 때문에, 우리는 BPM 개념을 4자 물류공급사 (4PL, 또한 선도 물류공급사로도 알려짐) 기능의 발사대로 사용하기로 결정했습니다. 4PL이 된다는 것은 신뢰와 정확한 정보를 기반으로 한 협상이 그 모든 것입니다. 목적은 공급망 내의 모든 참가자들에게 부가 가치를 제공하기 위한 것입니다. 물론 전체 공급망을 감독하고 추적하기 위해서는 모두 일관성 있게 일할 수 있는 비즈니스 프로세스가 요구됩니다. 우리는 각각의 공급망에 각 참가자들마다 약간의 차이가 있는 가치기준들이 존재한다는 것을 발견할 수 있었고, 따라서 우리는 이 사업 모델로 우리의 경험과

BPM 플랫폼을 사용하기로 결정하였습니다. 우리는 중재인(intermediary)의 역할을 담당하면서 공급망 프로세스를 관리하고 조직화하고 분석하였습니다. 우리는 협력 기업들에게 공정성을 보여 주고, IT 관련 기업들에게 애크미(ACME) 사업의 글로벌화된 조직관리와 유지보수에 관점을 맞춰 주기 위해 제 3의 호스팅 공급사에게 부분적인 실행을 의뢰했습니다.

BPM 3.0 : 배리(Barry), 애크미(ACME)의 CIO로서 당신의 새로운 프로세스 경영 시스템의 가장 중요한 기술적인 기능에는 어떤 것들이 있습니까?

배리 : 기능적으로 우리 비즈니스 프로세스 생태시스템은 여러 개의 산출물들로 구성되어 있습니다. 우리는 애크미(ACME)의 모든 활동과 시스템들의 반응을 정의 내리기 위해 Business Process Modeling Language(BPML)라는 언어를 사용합니다. 이 언어는 비즈니스 프로세스를 나타내기 위해 설계된 XML 스키마를 기반으로 짜여 있습니다. 우리는 이러한 지식 자산들을 Business Process Management System(BPMS) 안에서 관리하고 있습니다. 이것은 프로세스를 위한 실행과 관리 환경이고, 모델 저장소 부분과 거래처리 모니터 부분으로 구성되어 있습니다. 이 시스템은 프로세스 설계, 시뮬레이션, 분석 도구들과 연결되어 있습니다. 자동으로 접근하기 위해서 그 목적에 맞게 설계된 언어를 사용합니다. 우리가 데이터베이스 환경에서 SQL을 사용하듯이 이 언어는 프로세스와 상대 시스템 안의 설계를 조작할 수 있게 하고 질의 방식의 조회를 가능하게 합니다. 이것은 비즈니스 프로세스 질의어(BPQL: Business Process Query Language)라고 불립니다. BPML과 마찬가지로 이것도 역시 XML에 기반을 두고 있습니다.

BPM 3.0 : BPM을 워크플로우 해법 또는 어떤 점에서는 협업 도구(collaboration tool)들과 어떻게 구별할 수 있겠습니까?

배리 : 과거에는 과제관리와 협업도구 모두가 사람들의 활동 중심에 위치하려는 경향이 있었으며, 대부분 우리의 중요한 실제 업무 응용시스템과 잘 통합되지 않는 부가물처럼 보였습니다. 또한 우리 전체 비즈니스에 존재하는

실제 프로세스와 부합하는 연속성을 제공하지 못하였습니다. BPM 환경은 모든 비즈니스 활동의 관점을 함축하고 있는 중요한 관리시스템이기 때문에, 이러한 환경을 설명하기 위해 우리는 가끔 "생태시스템"이라는 용어를 사용하기도 합니다. BPM 환경은 사람의 활동, 응용시스템 프로세스, 하부구조 서비스, 비즈니스 기회 발견, 비즈니스 시뮬레이션, 그리고 우리의 새로운 비즈니스 개념의 구현 부분을 포함하고 있습니다.

BPM 3.0 : 모델, 저장소, 실행 코드, 이 모든 것들은 통합 CASE 도구처럼 들립니다. 무엇이 다른 점입니까?

배리 : 네, 그렇습니다. 통합 CASE(I-CASE)처럼 들릴 수도 있지만, 거기에는 확연한 차이점이 있습니다. BPML과 BPMS는 상호보완적으로 하나는 비즈니스의 모든 관점들을 정의하는 언어이고, 다른 하나는 진행되는 비즈니스 차원의 거래처리가 실행될 수 있는 수단을 제공합니다. 실행 엔진은 기존의 전형적인 실행 응용시스템 프로그램보다는 거래처리 모니터에 더 가깝습니다. 이 엔진은 기반 응용시스템 코드와 사람의 활동에 의해 매우 다양하게 실행되는 비즈니스 프로세스 거래처리 상태를 유지하고 관리합니다. 기억해야 할 것은 애크미 익스프레스(ACME Express)사의 프로세스 경영 시스템의 첫 번째 역할은 응용시스템을 대체하는 것이 아니라 통합하는 것을 목적으로 하며, 오케스트레이션(orchestration)에 의해 보다 높은 수준의 비즈니스 목표 달성을 지원하는 것입니다. 반면에 BPML은 비즈니스가 설계되고 시뮬레이션으로 증명되면, BPMS 엔진을 이용하여 실행시키는 수단입니다. 명백하게 다른 점은 우리가 프로세스에 즉시 변화를 줄 수 있는 직접적인 방법입니다. 여기에는 요건 정의, 응용시스템 설계, 구현, 테스트와 적용으로 이어지는 전형적인 라이프사이클의 개념이 없으며, "살아 있는" 변화를 시스템 상에 줄 수 있습니다. 테스트를 하는 대신 우리는 적용 전에 변화에 대한 결과를 시뮬레이션합니다. BPM은 전체 종단간(end-to-end) 프로세스의 가시성을 확보해 주기 때문에, 새로운 응용시스템을 개발하는 데 필요한 플랫

폼으로서의 역할도 제공하므로, 따라서 비즈니스의 가치를 극대화하는 데 보다 중요한 역할을 할 수 있습니다.

BPML은 CASE 언어가 아닙니다. 이것은 수학적 뿌리와 상호교차 모델의 응용성 때문에 메타 언어로서 다양한 모델링 기법과 비즈니스 거래 실행 간의 번역기 역할을 할 수 있습니다. 예를 들면, 우리는 공통어로서 BPML을 사용하여 UML(Unified Modeling Language), SCOR(supply chain operations reference model), 활동기준 원가법(ABC: Activity-Based Costing), 그리고 균형성과관리(BSC: Balanced Scorecard) 모델들을 통합하였습니다. BPML은 IT 응용시스템들 간이나 응용시스템 내부의 비즈니스 거래를 조정하는 프로세스 서버 안에서 실행 가능한 규칙 세트를 검색하고 포착할 수 있게 하는 매체입니다. 다른 말로 표현하면, 사용된 모델링 기술과 기반 IT 실행환경 두 가지 모두에 대해서 중립적입니다.

BPM 3.0 : 비즈니스 프로세스 경영(BPM)으로의 이행을 어떻게 관리하였습니까?

배리 : 우리의 프로세스 경영 시스템의 가장 탁월한 점 중의 하나는 데이터 이전(migration)을 지원하는 능력입니다. 응용시스템들은 다른 프로세스 내의 참가자들이 될 수 있습니다. "프로세스 투영법(Process Projection)"이라고 불리는 것에 의해 응용시스템의 형태를 설계할 수 있습니다. 하나의 응용시스템은 전체 종단간(end-to-end)을 조정하기 위해 요구되는 메시지를 교환하면서 다른 프로세스 내의 참가자가 될 수 있습니다. BPMS는 얽혀 있는 기업조직 속으로 맞게 배열될 수 있었고, 그로 인해 우리는 글자 그대로 처음 1주 동안에 프로세스를 전개할 수 있다는 것을 발견하였습니다. 우리는 최근에도 비즈니스의 한 분야에서 기존의 응용시스템들을 연결하는 프로세스를 구현한 바 있습니다. 시간이 흐르면서 우리는 프로세스들을 비즈니스의 모든 분야로까지 확대시키기 위한 도구로서 새로운 시스템을 이해하기 시작했습니다. BPM은 우리가 비즈니스 성장을 위해 IT를 활용하는 데 핵심적인

요소가 되었습니다.

BPM 3.0 : 프로세스 모델링 언어를 지원하는 도구들과 패키지는 매우 결정적인 것으로 생각됩니다. 소프트웨어 판매자들에게 휘둘리지는 않았는지요?

배리 : 설득력 있는 질문이군요. 우리는 BPMS가 BPMI(Business Process Management Initiative)에 의해 힘을 모으기 시작한 2000년도에 처음으로 BPM 접근방법을 발견하였습니다. 우리는 BPMI.org에게 조언이나 충고를 구하는 첫 번째 최종사용자 중 하나였습니다. 그 목적은 이 개념이 실용화가 될 것인지, 또한 표준언어의 개발에 한창이던 IT 도구 및 패키지 판매자들의 수가 임계 규모(critical mass)에 이르는지를 우리 스스로가 확인하는 것이었습니다. 초기 단계에서는 BPM을 본질적으로 지원하는 소프트웨어를 찾는 데 어려움이 있었던 것이 사실입니다. 그러나 BPM이 XML을 기반으로 한 응용이기 때문에, BPM 공급업체들과 함께 업무를 진행하면서 일련의 BPM 어댑터들을 쉽게 개발할 수 있었습니다. 하여튼 우리는 지금 BPM을 지원하는 서비스 제공자들과 독립 서비스 제공자(ISV)들 모두를 포함하여 다양한 공급자들을 접하고 있습니다.

BPM 3.0 : 애크미(ACME)사의 IT 기능적 측면에 끼친 BPM의 영향으로는 어떤 것들이 있습니까?

배리 : IT 조직에 대한 영향은 상당합니다. 우리는 이제 광범위하고 깊이 있는 하부구조 서비스 제공에 더욱 더 중점을 두고 있습니다. 비즈니스는 이제 더욱 더 수평적으로 전개되고, 비즈니스 요구사항들은 전반적인 비즈니스 프로세스 맥락에서 나타나고 있기 때문에, 우리가 기능적 지리적 경계에 있는 응용시스템 구성요소와 기회를 좀더 충분히 확인할 수 있다는 것을 알게 되었습니다. IT 관련부서 내에 있었던 업무분석활동 능력은 이제 최고지식경영자(CKO: Chief Knowledge Officer)의 가장 중요한 책임이 되었습니다. 그렇게 되면서 일들이 잘 진행되어 간다는 것을 알게 되었지만, 처음에는

놀라기도 했습니다. 이는 기업 지식의 관리와 발달과정에 대한 전체론적인 접근법을 가져오게 하였습니다. 이전에는 우리의 지식 프로그램이 단지 사람 간의 상호 이해 수단에 지나지 않고, 우리의 핵심 프로세스와는 별개로 협업을 향상시키기 위한 기술을 실행하는 기구로 이해되었습니다. 그러나 이제는 회사 전체가 지식 프로그램이 비즈니스의 모든 행동적 관점을 분석하는 수단으로서 비즈니스의 모든 관점과 직접적인 관련이 있는 것으로 인식하고 있습니다. 저 자신도 CIO로서 기술혁신과 서비스 수준 관리에 다시 초점을 맞추게 되었습니다.

제3자 서비스 관점에서 보면, 우리는 전후관계의 프로세스와 핵심 프로세스 간의 명쾌함으로 인해 우리가 아웃소싱하고자 하는 서비스를 즉시 발주하기도 하고, BPM을 이용하여 협상과 이러한 서비스들의 관리를 훨씬 잘 조정할 수 있게 되었습니다. 서비스 제공자들도 우리의 요구를 명백하게 이해하는 되었기 때문에 이것은 우리만의 일방적인 승리가 아닙니다.

기술혁신의 관점으로 볼 때, 지식경영(KM) 기능에 대한 업무분석 활동의 변화에도 불구하고 우리 임직원들은 그들이 어느 곳에 가장 중요한 가치를 추가해야 하는지 알게 되고, 실패에 따른 비난의 대상이 되지 않아도 되기 때문에 강한 흥미를 느끼게 되었습니다. 이에 반하여 우리는 비즈니스 프로세스와의 관련성을 높이 평가한 다수의 혁신들을 전달할 수 있게 되었습니다. 이제 IT 프로세스와 IT 시스템은 동일한 것입니다—IT 기능성과 IT 시스템은 작동인자(enabler)인 동시에 참가자이기도 합니다. 저는 비즈니스 상에서 우리의 위치를 마침내 찾은 것으로 생각됩니다. 모든 사람들의 IT에 대한 견해가 같지는 않겠지만, 그들 모두는 비즈니스를 프로세스 설계와 관련되어야만 하는 필요성을 느끼게 될 것입니다. 도구들은 사용하기에 매우 현실적이며 프로세스 설계에서 실행에까지 일년씩 걸리는 것이 아니라 설계가 끝나면 프로세스는 바로 실행됩니다.

BPM 3.0 : 힐러리, 앞으로의 일들은 어떻게 생각하는지요? BPM이 귀사의 재무성과에 어떠한 영향을 주었는지요?

힐러리 : 혁신과 변화는 우리의 슬로건입니다. 실시간으로 프로세스 적용을 자동화하는 실험에 들어갔습니다. 저희 고객의 요구에 대응하는 "스마트(smart)" 프로세스라고 불리는 이런 프로세스를 실행하는 능력이 필요한 상황들이 발생합니다. 출하물이나 소포가 분실되었을 경우 애크미(ACME)의 응대가 바로 그 예입니다. 우리의 프로세스가 이제 명확하기 때문에 어떤 소프트웨어로도 읽고 쓸 수 있고, 현실 세계의 어떠한 인식 시스템들과도 통합될 수 있습니다. 우리는 "Process Smarts" 영역에 초점을 두고 있는 몇몇의 공급자들과 함께 작업하고 있습니다. BPM은 XML 기반이기 때문에 협력사들과 함께 개발을 원하는 새로운 프로세스들을 지원하기 위해 확장시킬 수 있습니다 — 아시다시피 현재 우리는 다수의 아웃소싱과 제휴활동을 하고 있습니다. 우리는 이미 시간과 비용측정 지표들을 프로세스 설계에 반영하였기 때문에, 그 결과 실시간으로 관리할 수 있는 축적된 정보들을 보유하고 있습니다. 그러나 이것은 단지 시작에 불과합니다. 경쟁적인 이유에서 우리가 정확히 무엇을 하고 있는지 말할 수는 없지만, 우리는 할 수 있는 한 법적으로 이러한 혁신들을 보호할 예정이라는 것을 확실히 말씀드립니다. 그 중에는 우리가 특허를 출원하고자 하는 프로세스들도 있고, 적절한 저작권 보호를 받고자 하는 프로세스들도 있습니다. 우리는 분명하고 명백한 정의를 제공하기 위해 BPM을 사용할 것입니다. BPMS와 명확한 프로세스 청사진과의 결합은 이러한 고유의 프로세스들을 시행하기 위한 우리의 능력을 명백히 증명해 줄 것입니다.

BPM 3.0 : 대단히 훌륭하군요. 말씀 감사합니다.

마치면서

실험은 결코 실패하지 않는다.
- 데일 도튼(Dale Dauten), 최고의 전략(The Max Strategy)

일반 사용자들에게 기술은 계속해서 더욱 복잡해지는 것으로 보인다. 기술 분야에 있는 사람들에게도 그것은 마찬가지이다. 응용업무 시스템 구축은 지난 5년 동안 새로운 하부구조에 대한 요구와 새로운 기능의 추가로 인해 계층 위에 또 다른 계층이 얹어지면서 점점 더 복잡해졌다. IT 산업 입장에서는 추가 계층을 위한 신제품 시장이 형성되기 때문에 즐거운 현상일 수 있겠지만 그것을 비즈니스 도구로 사용하는 기업의 입장에서는 결코 반가운 일만은 아니다. 그로 인해 복잡성이 누적되고 결국 관리가 불가능한 상태에 이른다면 이에 대한 조치가 필요하게 된다. 한 때 월트 디즈니가 그의 작품 중 하나인 "세 마리 작은 돼지(Three Little Pigs)"의 속편에 관한 제안에 대하여 거절하면서 "돼지 위에 돼지를 올려 놓을 수 없다"고 한 말을 생각할 필요가 있다. 비즈니스의 세계에서 보면 수천 개의 강아지 집들을 쌓아서 고층 건물을 만드는 일이 강아지 집을 판매하는 사람들에게는 훌륭한 아이디어이겠지만 그 집에서 살아야 할 강아지들에게는 결코 그렇지 못하다. 고층 건물은 강아지 집 패러다임의 연장선이 아닌 고층건물 자체의 구조를 필요로 한다.

스프레드시트는 의미 있는 패러다임 변화의 단순성과 설득력을 보여 주는 한 예이다. 이 사고의 전환이 편리성과 경제성 측면에서 획기적인 차이를 보여 줌으로 인해 비즈니스 세계에서 PC 혁명이 일어나게 된 것이다. 만일 사회 다른 곳에서 표준 기반의 일상용품으로서 개인용 컴퓨터가 삽시간에 퍼지지 않았다면 스프레드시트는 성공하지 못했을 수도 있다. 기업에게 스프레드시트 기능이 탑재된 PC는 정형적 계산 처리를 매우 단순하게 하여, 과거 전문적 프로그래밍 능력을 필요로 하던 기능을 일상 업무 담당자들도 할 수 있게 해주었다.

   기업 활동 개발의 후속 단계는 편협한 프로세스 개선 대신에 가치사슬에 대한 시스템적 통제가 필요하다는 경영분야 선각자들의 예측에 비추어 보면, 비즈니스 프로세스 개발과 최적화를 추구하는 사람들은 이와 유사한 단순화와 기능 이동을 필요로 한다. 마이클 해머(Michael Hammer)가 인정한 것처럼 전면적 변화(wholesale change)를 관리하는 일은 조직을 마비시킬 정도로 복잡한 일이다. 사실상 컴퓨터의 도움이 없이는 더 이상 불가능한 일이 되었다. 글로벌 5000 기업들의 기술계획 전망의 한 가운데에 이제 소프트웨어 엔지니어링과 프로세스 엔지니어링의 통합이 있다. 응용 프로그램 서버, 컴포넌트 기반 개발, 그리고 웹 서비스가 폭 넓게 수용되면서 프로세스 경영이 짧은 시간에 퍼져나갈 분위기가 성숙되고 있다.

   IT 산업에서 만들어진 일부 패러다임 변화들은 너무 "급진적"이고 파괴적이며 고비용으로 인해 호소력을 갖지 못했었다. BPM은 다르다. BPM 제3의 물결의 설계자들은 하나의 세 글자 약어를 다른 세 글자 약어로 변경하라고 설득하는 일이 의미가 없음을 확인하였다. 그들은 기업이 갖고 있는 미래의 기회와 성장의 구현과 또 기존 투자의 보존, 확장, 활용이라는 절박한 요구에 주목하였다. 모든 기업들 안에 이미 존재하는 것을 인정하고 그 위에 BPM 제3의 물결을 구축함으로써 이 혁신가들은 새로운 수준의 편리성 즉 본래의 프로세스 경영에 대한 열린 전망을 제시하였다. 프로세스가 관리되는 기업 구축에 적합한 비즈니스 구조와 기술 구조를 찾으려는 사람들은 강아지 집을 쌓기 전에 다시 생각하게 될 것이며, 결론은 "미래의 기업(The Company of the Future)"이라는 사실에 이를 것이다.

우리 메시지는 소프트웨어 업체나 기업 내부의 IT 조직이나 기술 분야의 사람들에게 대해서도 똑같이 명확하다. CxO 팀이 기대하는 것은 다른 어느 것보다도 프로세스 기초 위에 새로운 응용시스템을 구축하는 것이다.

해머와 챔피가 리엔지니어링에 대한 그들의 저서에서 말한 결론을 부연함으로써 우리의 결론을 가름할 수 있을지 모르겠다. "비즈니스 프로세스 경영은 기업의 성공과 실패를 좌우하는 유일한 요소이다." 그러나 그것보다 우리는 다음과 같이 단순하고 직설적으로 조언하고 싶다. 기업들이 수십 년 전 응용시스템의 종속적 관리, 분석, 그리고 공유된 통제 효과를 목적으로 데이터를 분리하기 위해 데이터베이스 관리시스템을 채택했던 것과 동일하게 프로세스 경영을 받아들이라는 것이다. 그 당시 기업들은 데이터의 문제를 이해하였으며 그래서 관계형 데이터베이스 관리시스템의 가치를 인식하고 그 문제에 대응하였다. 우리의 믿음은 비유한다면 이제 기업들이 프로세스 문제를 인식하고 있다는 것이다. 비즈니스와 IT 사이에 힘의 균형이 이동해야 한다. 이것은 IT 산업의 사전 정의된 패키지 방식 때문에 비즈니스 프로세스를 패키지 안에 옭아매야만 하는 환경으로부터 BPM이 제공하는 비즈니스 프로세스의 설계, 개선, 그리고 변화의 능력으로 이동하는 것을 말한다.

BPM은 프로세스 설계를 지원하는 그 이상을 제공한다. 그것은 비전에서 실행까지의 직접적 통로를 제공한다. 이 책의 앞 부분에서 말한 것처럼 그것은 "조기 응용시스템 개발(RAD: Rapid Application Development)"의 문제라기보다는 비즈니스 사이클에서 "응용시스템 개발 제거"라는 문제이다. 어떤 계층의 어느 경영자든 BPM의 가능성을 보여 주면 그들은 5분 이내에 IT의 정체 문제를 해결할 수 있는 방법을 이해할 것이다. 일부 사람들은 비즈니스 프로세스를 정의하는 일은 너무 복잡하기 때문에 전문가의 몫이라며 경영층이 직접 그러한 일을 하는 것에 대해 반대할 것이다. 당장은 그 말이 맞을 수가 있다. 그러나 곧 그렇지 않게 될 것이다.

결론적으로 피터 드러커의 예측에 대한 언급을 인용한다.

미래를 예측하는 일은 그렇게 어려운 일이 아니다. 단지 의미가 없을 뿐이다. 그러나 그와 함께 중요한 사실은 미래에 대한 의사결정은 불가능하다는 사실이다. 의사결정은 행동을 위한 결심(commitment)이다. 그리고 행동은 항상 현재에 이루어지며 현재만이 가능하다. 그러나 현재의 행동은 또한 미래를 만드는 하나의 방법이며 유일한 방법이기도 하다.

승리하는 기업은 자신의 미래를 창조하며 예측하지는 않는다. BPM은 리엔지니어링의 비용이 없이도 또한 이미 복잡할 대로 복잡해진 기술구조 계층에 추가 계층을 얹지 않으면서도 프로세스에 의한 혁신을 통해 미래를 창조할 수 있는 능력을 제공한다.

실패하는 비즈니스 실험은 실험하지 않은 비즈니스이다. (실험의 결과는 결코 실패하지 않는다.) BPM 제3의 물결은 새로운 시도이며 바로 지금 이루어져야 할 필요가 있다.

부록 A
프로세스 언어

우주를 가만히 들여 다 보고 있을 때 내 마음에 떠오르는 하나의 이미지는, 아무리 복잡하다 하더라도 우주는 모든 현상으로 보여질 하나의 간단한 질서를 기반으로 구축되었다는 것이다.
-요나스 설크(Jonas Salk)

인간 활동의 한 영역인 목수의 일과 관계된 단어들을 생각해 보자. 도구인 "망치", "톱", "못", "나사", "드라이버", "아교 총", "수준기", "줄자", "목수 연필" 같은 단어들과 그것을 이용하는 작업을 표현하는 "망치질", "톱질", "나사 조이기", "측정" 같은 단어들을 생각할 수 있다. 이 단어들은 이 분야의 일을 하기 위한 도구들과 작업들을 표현하는 단어들의 집합, 즉 단어집을 구성한다. 이제, 인간 활동의 한 영역으로서 비즈니스 프로세스를 생각해 보라. 프로세스, 프로세스 데이터, 업무활동, 메시지, 규칙, 계산, 프로세스 분기, 보완활동, 예외, 순서, 결합, 분리, 운용, 할당, 전이, 일정, 규정과 시간제약과 같은 단어들이 연상될 것이다. 마찬가지로 이것들은 비즈니스 프로세스에서 수행되는 작업들을 표현하는 단어 집합의 부분을 형성한다. 이 작업들을 실현하는 도구가 프로세스 모델링 언어이다. 청사진이 건축가와 목수의 공통 언어로서 함께 일할 수 있게 하듯이, 이 언어는 비즈니스 프로세스를 위한 의미론(semantics)을 제공하고 프로세스 개발, 시스템 통합, 워크플로우, 인적 상호작용, 거래처리관리 간의 서로 다른 단어들을 통합한다.

공개 프로세스 모델링 언어 표준이 가능하게 한다

오늘날 전세계의 전화 시스템은 표준이 없었다면 존재할 수 없었다. 네트워크의 네트워크인 인터넷도 표준 통신 규약(protocol)이 없었다면 존재할 수 없었다. 만일 각 컴퓨터 회사가 네트워크 통신 규약(protocol)이나 하이퍼텍스트 생성 언어(HTML: Hypertext Markup Language)의 독자적 버전들을 내 놓았다면, 인터넷은 결국 그들이 하는 일을 각기 다른 언어로 표현하였을 것이며, 플랫폼과 지리적 공간의 한계를 뛰어 넘어 기계와 프로세스를 연결하는 역할인 "인터(inter)"가 이루어지지 않았을 것이다. 과거에 전용 네트워크 통신 규약(protocol)과 사설 네트워크가 시장에 넘쳐 났으나, 공개된 세계적 표준이 나타남으로써 모든 것을 바꾸어 놓았다. 인터넷은 어디에나 존재함으로써 접근과 사용에 소요되는 비용이 급감하고 있지만, 아직도 기업들이 모든 종류의 상용 제품을 인터넷 위에서 개발하도록 허용하고 있다. 넷스케이프(Netscape)는 새롭게 나타난 네트워크들의 네트워크 위에 만들어진 최초의 상용 제품이었다. 많은 유사한 상용화 프로젝트들이 등장했으며, 많은 프로젝트들이 사라졌다. 그들의 성공 또는 실패는 시장에 의해 결정된 것이지 인터넷 기술 자체에 의한 것은 아니었다.

만일 컴퓨터 회사에서 비즈니스 프로세스 모델링을 위해 각기 배타적인 모델링 언어 버전을 내 놓는다면, 혼돈이 지배하게 되고 프로세스 해법 시장이 작은 규모로 머무르리라는 것은 쉽게 추측할 수 있다. 비즈니스 프로세스를 설명하기 위한 공개된 단일 언어는, 컴퓨터 회사들이 새로운 가치를 그 위에 올려놓을 수 있는, 어디서나 존재하는 비즈니스 프로세스 경영 플랫폼을 제공할 것이다.

본질적으로 프로세스 계산학(process calculus)이 갖고 있는 아주 매력적인 수학적 기반과는 관계없이, 시장에서 주목 받기 위해 경쟁하는 모델링 언어의 성공은 시장 역동성의 복잡한 혼합이 좌우할 것이다. 일부 컴퓨터 회사가 자신의 경쟁우위를 지키고 그들의 고객을 묶어두기 위해, 현재의 자신의 시장 경쟁력을 사용할 수 있다는 믿음을 가지고, 그들의 전용(proprietary) 프로세스 언어를 만들어 프로세스를 중심으로 하는 전쟁터에서 자기 의도를 강요하는 것은 자연스러운 현상이다. 그러나 항상 결국에는 시장이 이긴다. 어떤 하나의 기업이나 그룹이 인터넷을 인터넷으로 만드는 표준을 통제할 수 없었으며, 인터넷 자체가 그 진실을 증명했다. 이들 표준은 모두 공개된다. 그러나 더욱 중요한 것은, 인터넷 패킷(packets)의 정확한 전달(routing)은 누구도 반대할 수 없는 알고리즘에 의존한다는 사실이다. 떠오르는 프로세스 자동화 산업이 그 잠재능력을 꽃피우고 가능성을 구현하기 위해서는, 프로세스 표준 정의에도 유사한 원칙이 적용되어야 한다고 믿는다. 수학에 반항할 수는 없다!

다수의 관련된 웹 서비스 표준과 함께 몇 개의 프로세스 모델링 언어가 개발되었거나 개발 중에 있지만, 이 책에서는 BPM 제3의 물결을 가능하게 하기 위해 바닥에서부터 올라와 만들어지고, 개발되고, 비 전용(nonproprietary)으로 모두에게 공개되고, 로열티 없는 공개사양에 기초한 비즈니스 프로세스 언어에 초점을 둔다.

다른 프로세스 지향 언어의 사양은 생산, 과제관리, 응용시스템 통합, 웹 서비스 오케스트레이션(web services orchestration)과 같은 개별적인 패러다임을 기반으로 만들어졌다. 더욱이, 학계에는 프로세스 표현의 온톨로지(ontology)로 알려진 많은 연구가 있었다. 그 목적은, 예를 들면 계획과 일정관리 같은 특정 응용영역의 문제를 해결하는 데 있었다. 5장에서 설명했듯이 "... 비즈니스 프로세스도 자체의 독특한 기술과 조직원리 및 패러다임을 필요로 한다는 점을 간과하였다. 전체적 관점인 BPM 패러다임을 기존 기술들의 잡동사니로 조각조각 내는 것은 말 그대로 난도질(hacking) 행위 자체이다"라는 면에서 학계의 기초 연구는 매우 중요하다. 마찬가지로 과제관리, 통합, 또는 초기 상태인 웹 서비스 같은 기술로 비즈니스에 이미 사용되고 있는 제품에 좀 더 많은 기능과 새로운 계층을 추가하여 그 기술들의 한계를 넘어 밀어붙이는 것은 제3의 물결이 제시하는 BPM 경영 기능 — 풍부한 프로세스 실체를 그 핵심으로 하면서 밑바닥에서 시작하여 만들어지는 환경 — 을 제공하지 못한다. 'BPM 기술 공급자'들이 새로운 제품과 서비스를 만들 수 있는 통일되고 단순화된 디딤대가 필요하다.

이런 시스템이 시장에서 성공하려면, 관계형 데이터베이스 시스템(RDBMS)이 과거에 그랬던 것처럼, 그것들은 탄탄한 수학의 기초 위에 세워져야 한다. 현재까지 RDBMS는 기업 전산 환경의 하부구조로 가장 성공한 제품일 것이다. 최종 사용자인 고객 기업들이 지금 요구하고 있는 핵심(mission-critical) 업무의 BPMS는 프로세스 계산학(process calculus), 워크플로우 관리, 프로세스 표현 온톨로지(ontology), 병행 프로그래밍(concurrent programming), 유한 상태 오토머터(finite state automata), 그리고 다른 기술 영역의 거인들 어깨 위에 달려 있다. 그러나 표준 약어들은 그것을 선택한 집단의 회원들에게만 잘 이해되기 때문에, 성공 여부는 하나의 표준이나 또 다른 표준을 구현한 자체에 그리 의존하지 않으며, 비즈니스에 제공되는 기능－BPMS의 기능, 성능, 신뢰성－에 의존한다. 그리고 이것은 다시 개별 표준의 상세 내역에 의존하는 것이 아니라 프로세스 경영이 현실적으로 작동하기 위해 요구되는 수학적인 기초와 얼마나 밀접한지에 달려 있다.

따라서 우리가 다른 표준 후보 언어를 무시하려는 것이 아니라, 프로세스 공통 언어의 포괄적인 접근방법을 전달하기를 원하기 때문에, 토론의 초점을 비영리 기관인 BPMI.org(Business Process Management Initiative)에서 발표한 BPML(Business Process Modeling Language)에 맞추었다. BPML은 프로세스 계산학(process calculus)을 기반으로 프로세스 경영 기업을 만들고자 하는 기업에게 필요한 사항들을 세심하게 고려하였다. 우리는 다른 접근방식이 폐기되어야 한다거나 의미가 없다고 주장하는 것은 결코 아니다. 또한 추후에 프로세스 경영을 위한 언어가 적절한 시기에 새로 나올 수 있다는 것도 분명히 부정하지 않는다. 여러 개의 프로세스 모델링 언어가 공존하면서 그 언어들 간의 상호운영성 (interoperability)이 필요한 상태가 될 수 있다.

다행스럽게 프로세스 패러다임은 상호운영성에 대한 해답을 제공한다. 한 언어로 표현된 프로세스는 다른 언어로 표현된 프로세스의 참가자가 될 수 있다. 이것을 프로세스 인터페이스라고 한다. 그리고 이것도 역시 프로세스이다. 그러므로 BPMI.org는 전체 종단간(end-to-end) 프로세스와 프로세스 인터페이스 모델링을 위해 요구되는 의미론(semantics)의 모 집합으로

BPML을 계속 개발해 나갈 것으로 예상된다. 산업은 상호운영성과 선택가능성의 혜택을 얻을 것이다. 비록 가까운 장래에 어떤 소프트웨어 공급자들은 여러 개의 언어 지원 기능을 제공해야 하겠지만, 프로세스 계산학(process calculus) 기반의 중요성을 이해하고 요구하는 최종 사용자들과 공급자들은 하나 또는 여러 공급자들이 고객들에게 부여하는 프로세스 표준의 변화를 잘 견뎌 낼 수 있을 것이다.

비즈니스 프로세스 모델링 언어

BPML은 프로세스 경영 시스템의 구축과 비즈니스 프로세스 모델링 모두를 위한 사양이다. BPML은 비즈니스 프로세스를 표현하고 다루는 데 있어 표준 XML의 개요(schema)와 구문(syntax)을 사용하며, 모든 프로세스를 위한 추상화된 모델을 제공한다. XML이 비즈니스 데이터를 위한 언어이고, HTML이 하이퍼링크로 연결된 웹 페이지를 위한 언어이듯이, BPML은 프로세스 관리를 위한 언어이다.

비록 업무분석가 또는 기술자가 BPML을 직접 사용하여 프로세스를 모델링하고 실행시킬 수는 있으나, 기술을 모르는 일반 사용자들에게는 BPML을 기반으로 만들어진 프로세스 관리 도구들이 기술적 세부내용을 가려준다. 이 구성은 HTML이 사용되는 방식과 같다. 기술지향적인 사람은 직접 사용하지만, 일반 사용자들은 그 위에 개발된 고 수준의 도구를 사용한다. 비록 대부분의 사용자들은 프로세스 경영 시스템의 뿌리가 프로세스 계산학(process calculus)에 깊이 잠겨 있다는 것을 전혀 알 수 없지만, 이 수학적 기반은 일관성을 제공하고 모든 것이 "작동"될 수 있도록 보장해 준다. 과거, 데이터 관리가 똑같은 보장을 얻을 수 있었던 것은 관계형 데이터 모델의 엄격한 유지와 관계 대수학(relational algebra)으로부터 나온 데이터 질의어에 의해서였다.

　BPML의 핵심 특성은 IT 하부구조에서 바로 실행될 수 있다는 점이다. 따라서 그것은 실행 환경의 존재에 의존한다. 이것은 모델로부터 실행 코드가 만들어지는 조기 응용시스템 개발(RAD : Rapid Application Development)과는 다르다. BPML이 실행 코드이다. BPML은 프로세스 경영 시스템 내부의 "프로세스 가상 머신"에 의해 실행된다. 이것은 컴퓨터 운영체계(OS: Operating System)에서 제공되는 "자바 가상 머신"에 의해 실행되는 자바 프로그램과 유사한 형식이다.

　BPML은 비즈니스 프로세스를 표현하는 데 꼭 필요한 것만을 정의하고, 그 실행을 위해 개발될 시스템에 대한 자세한 사항은 표현하지 않는다. 따라서 소프트웨어 공급자들은 다른 제품이나 해법과 비교하여 성능, 확장성, 안정성 또는 비즈니스가 찾고 있는 제품의 다른 측면을 자유롭게 혁신해 나갈 수 있다. 관계형 모델이 데이터 표준을 확립하기 위해 필요한 것만 정의한 것과 같이, BPML도 프로세스 표준을 확립하기 위해 필요한 것만을 정의한다. 이 의미는 BPML이 다양한 복잡성, 비즈니스 거래 처리와 보완, 프로세스 데이터 관리, 동시성(concurrency), 예외 처리, 운영 의미론(operational semantics)과 같은 업무 활동들을 지원한다는 것이다. BPMI.org는 BPMS 내부의 구성을 위해 공급자들이 적용하는 접근방식까지 표준화하려는 목적은 결코 갖고 있지 않다. 그보다는 BPMS가 반드시 지원해야 하고, 프로세스 질의어와 프로세스 설계도구를 사용하여 비즈니스에 보여 주어야 하는 형식화된 프로세스 모델 표준을 제공한다.

　BPML 프로세스들은 명확하다. BPML은 표현의 의미와 실행시에 그 표현이 무엇을 의미하는 것인지가 전혀 애매하지 않은 선언형 사양이다. 데이터베이스 간의 데이터 교환에 있어서 데이터의 의미가 데이터가 생성되어 나온 비즈니스로부터 아무런 영향을 받지 않는 것과 같이, 한 공급자의 환경에서 다른 공급자의 환경으로 이동하는 BPML 프로세스는 정확하게 똑같은 의미를 갖고 똑같이 실행된다.

서로 다른 기종의 시스템과 모델링 도구들을 가로질러 프로세스의 정의가 지속성을 갖고 상호 교환되도록 하기 위해, BPML은 필요한 단어집을 제공한다. 이것은 비즈니스와 프로세스 산업에 모두 결정적으로 중요한 점이다. 기업은 베스트 어브 브리드 컴포넌트를 사용하여 프로세스 경영 하부구조를 만들기를 원한다. 기업이 데이터베이스와 응용시스템을 서로 다른 공급자로부터 구매하듯이, 기업은 프로세스 구매도 똑같이 되기를 원한다. 또한 과거에 개발했던 프로세스 모델들도 함께 편입하기를 원한다.

BPML은 모든 비즈니스 프로세스, 웹 서비스 커리어그래피(choreography) 혹은 다자 협업을 표현하기 위한 추상화된 모델과 문법을 제공한다. BPML은 SCM, ERP, CRM의 내용과 같이 적용 영역 특유의 의미는 정의하지 않는다. 또한 특별한 산업군에 대한 어떤 것도 정의하지 않는다.

BPML은 협업을 위한 비즈니스 인터페이스의 표현과 실행을 형식화하기 위해 선택할 수 있는 언어이다. 이것은 데이터 교환 접근방법과 데이터가 교환되는 프로세스 인터페이스 모두를 포함한다. BPML은 XML 스키마를 사용하여 프로세스 데이터를 정의함으로써 산업 데이터 표준이 프로세스 정의와 함께 사용되도록 한다. BPML은 산업 표준 데이터 정의를 포함하도록 표현할 수 있다. 그 한 가지 예가 구매주문 처리에 대한 해당산업의 표준절차를 통해 구매주문 내용을 두 개의 프로세스 활동들이 주고 받는 것을 들 수 있다.

산업계는 비즈니스 담당자가 이해할 수 있도록 협업적 프로세스나 트랜잭션 프로세스 모두를 설명하는 데 사용할 수 있는 가시적이며 고수준의 BPML 모델링 도구를 개발해 왔다. BPML은 프로세스 엔지니어, 업무분석가, 시스템 설계자 등의 모든 집단에 공개되어 있으며, 기업 내외부의 프로세스 개발을 기업이 조정하고 매끄럽게 할 수 있도록 도와준다.

BPML의 사용자들은 자기들 회사의 상세한 기술적 구현내용을 외부에 드러내지 않으면서도 프로세스 설명을 공유할 수 있다. 그에 따라서 프로그래밍 전체 사이클에서 외부 개발자들은 손댈 수 없고 내부 사용자들은 읽고 이해할 수 없는 기업 내부 e-비즈니스 해법을 만들어 냈던, 전용(proprietary) 개념이 이러한 접근방식에 의해 깨지게 된다. BPML은 협업 상거래에서 필요한 거래에 대한 신뢰를 제공하는 것이다.

비즈니스 담당자들은 그들이 편한 대로 의사교환을 할 필요가 있다. 모든 표준언어의 잠재 능력은 비즈니스 담당자들이 그것을 사용하여 의사교환을 할 때 비로소 실현된다. XML이나 HTML의 복잡한 구문(syntax)과 마찬가지로, BPML도 대부분의 비즈니스 담당자들이 읽기에는 어렵게 설계되어 있다. 따라서 BPML은 자기와 대응하는 그래픽 표현 기호법인 BPMN(Business Process Modeling Notation)을 가지고 있다. BPMN은 BPML 요소(element)들을 표현하는 그림 기호들의 간단한 집합을 사용한다. 사용자는 이 기호들 — 여러 가지 기하학적 형태, 화살표 등 — 을 다루고 프로세스 흐름을 그림 기호들로 연결한다. 이 "그래픽 피부" 아래에는, 좀 더 기술적인 작업자가 사용하는 BPML 모델이 표현된다. BPMN은 고등학교에서 배우는 누구나 알 수 있는 플로우 차트와 유사하다.

도표 A-1과 같이 BPML과 BPMN은 일대일 관계를 가진다. 왼쪽의 기호는 오른쪽의 코드에, 역으로 오른쪽의 코드는 왼쪽의 기호에 대응한다. 이 둘 사이를 오고 갈 때 정보가 빠지는 경우는 없다. 명백한 장점은 비즈니스 사용자가 이해하고 실행하는 방법대로 프로세스를 설명할 수 있다는 것이다.

비록 BPMN이 일차적으로 프로세스 의사소통의 긴급한 필요성을 충족시키더라도, BPMN이 확립해 놓은 기초 위에 새로운 여러 혁신적 BPML 기호법(notation)들이 개발될 것이다. 프로젝트 계획을 예로 들면, 프로젝트 계획도 비즈니스 프로세스의 한 가지 형태이며, 또한 계획은 시간, 자원, 제약조건 속성을 사용하여 BPML로 표현될 수 있으나, 그 표현된 프로젝트 계획을 BPMN으로 보는 것이 최선의 방법은 아니다. 오히려 간트(Gantt) 차트가

도표 A-1 | BPMN과 BPML (BPML version .4, 2001년 3월)

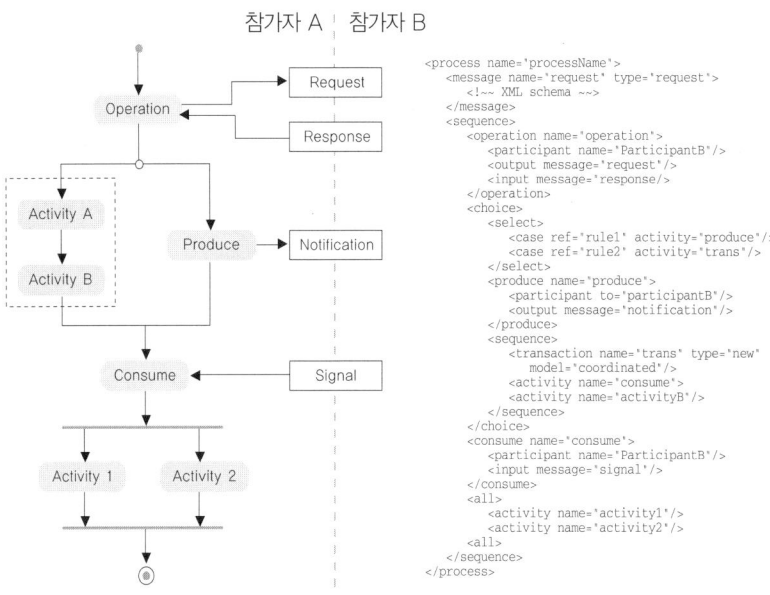

그러한 목적에 맞는다. 따라서 프로세스 모델링 언어에 기반을 둔 프로젝트 계획용 소프트웨어와 같은 비즈니스 도구들이 점점 더 일반화되어 사용될 것으로 예상된다. 이것은 계획 프로세스—실제로는 모든 비즈니스 정보—가 직접 실행되도록 해 준다. 만일, 선택한 데스크톱 도구에 의해 작성된 계획이 BPML에 기반을 둔 경우라면, 그것은 비즈니스 전체뿐만 아니라 사업 협력사들에 걸쳐서도 직접 실행될 수 있다. 그러한 "살아있는" 계획은 살아 있는 시스템으로 연결되고, 구성원들에게 과제를 알려주고, 관리자들과 감독자들 사이에 자동적인 반복 점검이 이루어지고, 모든 사람에게 살아있는 프로젝트 상태를 보여준다.

BPML의 형식화된 기반은 사용자가 확신을 가지고 프로세스를 다룰 수 있도록 신뢰성, 일관성, 단순성을 제공한다. 과거에는 새로운 프로세스(즉 응용시스템)를 전개하는 데 위험이 따랐기 때문에 온갖 방식의 점검, 평가, 테스트를 받아야 했다. 신뢰성이 떨어지는 새로운 응용시스템을 내보낼 경우에 있어서의 위험이 너무 커서 개발이 완료되었다고 여겨지기 전까지 몇 주 혹은 몇 달의 준비기간을 거치게 된다. 이제는 전개하는 행위가 설계 파일을 저장하는 정도로 간단해진다. 좋지 않은 프로세스를 제거하는 것도 마찬가지로 간단하다. 그러나 이것이 모든 프로세스 설계가 비즈니스에 원하는 효과를 준다는 것을 의미하지는 않는다. 복잡하고 영향이 큰 프로세스들은 미리 시뮬레이션을 통해 검증할 필요가 있다. 항공기 회사가 점보 제트기에 대해 확실한 검사를 하는 것처럼 기업은 큰 충격이 예상되는 프로세스에 대해 최종 전개 전에 충분한 점검을 해야 한다.

프로세스 관리의 초점이 때때로 부서간 또는 기업간의 협업에 있기 때문에, BPML은 분산되고, 동시 발생하고, 실행 가능한 프로세스를 완벽하게 지원한다. BPML은 다수 프로세스 참가자들을 지원하고, 메시지의 생성과 소비, 동적 프로세스 분기, 프로세스 지속성 보장(transparent persistence), 내장된(embedded) 비즈니스 규칙, 상하 프로세스 연결(nested processes), 분산거래 처리와 예외 처리를 가능하게 한다.

BPML에서 협업 프로세스 모델은, 프로세스 설계자가 협력사 간이나 사업부서 간에 실행 상세 내역을 공유할 필요가 있다고 생각하는 만큼 포함할 수 있다. BPML은 또한 실행 상세 내용이 드러나지 않는 고 수준의 추상화를 지원한다. 이런 접근방식은 비즈니스 협력사 간의 협업을 촉진시킨다. 심지어 어느 정도의 구현 상세 내역을 각자에게 남겨둔 상태에서 프로세스 모델이 공유될 수 있다. 이것이야말로 참된 상호운영성을 위한 매우 중요한 큰 발전으로서, 통합을 한 단계 끌어 올려 진정한 프로세스 협업을 가능하게 한다.

BPML은 불특정한 많은 수의 참가자들이 복합성(nesting)과 동시성(concurrency)의 어떤 수준에서나 전체 종단간(end-to-end) 프로세스에서의 역할을 담당할 수 있게 함으로써 비즈니스 협력사 간의 협업의 복잡성을 처리한다. 참가자들은 가치사슬을 관통하며 자유롭게 다른 참가자들과 의사소통을 할 수 있다. BPML이 이렇게 할 수 있는 것은 통제 흐름, 데이터 흐름, 이벤트 흐름을 분리하여 상호 배치(interleaving)하기 때문이며, 한편 비즈니스 규칙, 보안, 거래처리를 위한 상호보완적이며 교차적인 설계 능력이 부가되었기 때문이다. 참가자 간에 교환되는 메시지에는 프로세스 협업을 위한 프로세스 데이터가 포함된다.

사용자의 행동으로부터 BPML 프로세스를 만들어 내는 도구는 혁신적인 IT 시스템의 새로운 가능성을 열어 줄 것이다. 예를 들면, "업무 할당" 개념이 BPML 내에 정의될 수 있다. 비즈니스 관리자는 과제에 대한 업무설명을 포함하는, 역시 BPML로 표현된 메시지를 구성원들에게 보낼 수 있다. 구성원들은 자신이 그 과제를 수행할 수 있는지 여부를 메시지로 응답한다. 관리자로부터 최종 업무 수행자로 선정된 구성원에게 마지막 메시지가 전달된다. 관리자는 이러한 상호작용을 통해 참가자들 사이에 교환된 프로세스 데이터를 기반으로 어떤 결정을 내릴 수 있을 것이다. 예를 들면, 구성원들로부터 오는 메시지 안에는 각자의 과제 완료 예상 기간을 포함할 수 있다. 관리자는 최단의 완료 예상 시간을 제시한 구성원에게 과제를 맡길 수도 있고, 또는 과거의 성과평가 기록을 검토하여 과제를 맡길 수도 있을 것이다. 이 프로세스의 전체 과정과 논리가 BPML로 정의될 수도 있고 비즈니스를 가로질러 공유될 수 있다.

유사하게, 한 통신회사의 콜센터에서 고객서비스 담당 직원은 프로세스를 생각하지 않지만, 이것이 프로세스 경영을 일상 업무 활동의 기반이 되도록 하는 것을 가로막지 않는다. 서비스담당 직원이 고객으로부터 새로운 회선을 요구 받았을 때, "어떤 프로세스가 필요하지?"라고 말하지는 않을 것이다. 대신, 서비스담당 직원은 네트워크 관리 시스템과 접촉하여 고객을 위해 모든 것을 할 수 있는 프로세스를 – "프로세스"라는 단어는 전혀 사용되지 않으나, 그럼에도 불구하고 새로운 프로세스가 발생한다—작동시킬 것이다. 이것은 그 자체가 고객요구 충족에 필요한 네트워크 서비스 구성이 되도록 확신하기 위한 모든 것을 포함하는, 특별히 개별 고객을 위해 설계한 범용 "고객 패턴"의 복잡하고 독특한 변형일 수 있다.

비즈니스 프로세스 경영 시스템 세계에서는 점점 더 많은 IT 시스템 연산(operation)들이 프로세스 내부의 시작이나 종료 또는 상호작용을 위한 명령어(instruction)들에 의해 이루어질 것이다. 프로세스 경영 시스템은 모든 프로세스의 상태와 구조에 대하여 완벽한 지식을 가지고 있으므로, 프로세스를 수정하기 위한 질의와 갱신 요구가 실시간으로 만들어질 수 있다. 데이터베이스가 데이터 처리를 쉽게 만들듯이, 프로세스 경영 시스템은 장시간 지속되는 프로세스에 대해 강력한 조작 능력과 갱신 능력을 제공한다.

이 기능을 좀 더 확대시키면, BPM 시스템의 사용자 활동이 실행에 바로 옮겨질 수 있는 동적인 프로세스를 "실시간"으로 만들어 낼 수 있다. BPML의 출현으로 인해, 이 같은 능력이 기술적으로 쉽게 가능하게 되었다고 하는 주장은 절대 과장된 것이 아니다. 시스템 개발자들이 BPML을 읽고, 쓰고, 만들어 내고, 처리하고 다루는 데 있어서 창조성과 독창성이 저평가되어서는 안 된다. BPML은 이미 세계 모든 기업들과 소프트웨어 개발 업체들에서 널리 사용되고 있는 강력한 XML 기반 기술에 기초하고 있다. XML에 익숙한 사람들은 BPML을 쉽게 사용할 수 있다.

BPM의 동기와 설계 목적

1990년대 중/후반 인터넷을 기반으로 새로운 비즈니스 모델과 기업 간(business-to-business) 통합을 가지고 수많은 실험이 폭발적으로 수행되었다. 비즈니스 협력사 간의 메시지와 문서교환 문제를 다루기 위해 다양한 표준 규약(protocol)들이 나왔다. 커머스네트(CommerceNet)의 eCo 프레임웍 프로젝트는 e-비즈니스를 위한 XML 사용에서 최초로 가장 깊이 있는 실험이었다. 그러나 이와 같은 어떤 시도도 완벽한 e-비즈니스 시나리오를 다룰 수 있는 방법을 제시하지 못했다. 어떤 글로벌 기업이, 사용에 대한 완벽한 검토와 통제구조에 대한 명확한 설명 없이 자신들의 후방 오피스 시스템을 공개하려고 하겠는가? 무언가 빠져 있다는 것을 모든 사람들이 알고 있었다. 어떤 이들은 심지어, 예를 들면 "오케스트레이션(orchestration)"과 같은 단어를 사용하여 빠진 요소에 대해 이름까지 붙였지만, 프로세스 경영이 문제 해결의 부분적인 방안이라는 것은 많은 실제적인 실험을 거친 후에서야 비로소 명확해졌다.

복잡한 전체 종단간(end-to-end) 프로세스의 표현을 위한 공통 언어의 부재 — 서비스의 상호운영뿐만 아니라 — 는 e-비즈니스를 개발하고 받아들이는 것을 가로막고 있었다. 따라서 BPML은 "BPMS"의 초기 개념인, 기업의 핵심업무 하부구조의 새로운 계층을 위한 기반을 제공하기 위해 2000년 봄 BPMI에 의해 개발되었다. 이 하부구조는 내부, 외부 통합을 구분하지 않는다. 그것은 단순히 사업 협력사 간에 공개된 인터페이스 부분뿐만 아니라, 완벽한 비즈니스 프로세스를 관리한다. 기업 내외부에 따라서 각기 별도의 도구 — 내부적으로는 EAI, 외부적으로는 B2Bi — 를 사용하는 대신에, 이제 기업들은 가치사슬에 존재하는 모든 프로세스를 하나의 형식(formalism)으로 표현함으로써 이 같은 프로세스를 직접 실행시킬 수 있는 시스템 개발을 위한 길을 닦았다.

BPML은 정말 급진적인 기술혁신이었다. 실제 세계의 아이디어 — CEO, 공급망 관리자, 전략가의 의도 — 가 직접 현실로 운영되도록 전환하는 방식으로 비즈니스 프로세스를 모델링하는, 그래서 비즈니스 사용자의 권한을 증가시키는 언어라는 점에서 그렇다. 이 언어는 소위 말하는 "설계 구동형 구조(DDA: design-driven architecture)" 개념에 기반을 두었다. 이 구조에서

"실행" 요소는 소프트웨어가 아닌, 외부 "엔진"에 의해 해석되는 "데이터"로 표현된다. "데이터" 스키마(즉 데이터 설계)는 "엔진"의 의도된 목적들 — 이 경우 비즈니스 프로세스의 표현, 실행, 관리 — 과 완벽하게 일치되는 것으로 선택된다. 스프레드시트는 이 프로그램이 실행하는 공식을 표현하는 열과 행을 통해서 이 DDA 구조를 이용하였다. 사용자는 간단히 원하는 것을 모델링하고 모델은 실행된다.

주문관리, 고객관리, 수요예측, 주문생산, 제품개발, 전략 구매와 같은 프로세스들이 BPML 개발 그룹이 표현하고자 했던 전체 종단간(end-to-end) 프로세스의 형태들이다. 이것을 얻기 위해서는 설계 구동형 원칙의 분산된 병행 컴퓨터 처리(concurrent computation)로까지 확장이 필요하다고 그들은 인식하였다. 그들의 비전은 "e-비즈니스"를 가능하게 하는 것뿐만 아니라, 모든 비즈니스 시스템을 위한 영구적인 새 기반을 수립하는 것이었다. 그들은 이러한 접근방식이 모든 기업에서 근본적으로 가지고 있는 실제의 현실적이고 복잡한 비즈니스 프로세스에 좀 더 대응할 수 있는 적합한 IT 하부구조를 만들 수 있다고 생각하였다. 그 방식은 계속되는 변화를 좀더 쉽게 관리할 수 있는 도구의 개발로 이어질 수 있었다. 이 방식은 분산 객체지향 환경의 발전을 보완하면서, IT 산업 자체를 한 단계 끌어올리는 것이었다.

BPML 개발자들은 이와 같은 언어가 성공하기 위해서, 또 그 위에 만들어지는 시스템이 과거 데이터베이스나 ERP처럼 핵심 임무를 담당했던 모든 시스템들만큼 활력이 있도록 하기 위해서, 새로운 "프로세스 데이터"를 위한 견고한 수학적 기반이 필요하다고 인식했다. 그들은 프로세스 계산학(process calculus)과 병행처리 모델에 기초한 선언형 의미론(declarative semantics)을 채택하여, 프로세스 경영 시스템이 전체 참가자들을 가로질러 종단 간(end-to-end) 프로세스에 대한 분석, 예측, 시뮬레이션, 측정, 가시화를 제공할 수 있게 했다. 비록 데이터베이스의 관계 대수학(relational algebra)과 마찬가지로 수학적 이론을 이해하기가 어렵더라도, 그 효과를 느끼는 것은 어렵지 않다.

BPMI는 표현과 시스템에 대한 이 제안을 위해, 견고한 설계 목적과 선언서를 개발하였다.

내부와 외부의 통합을 연결하고 통일한다.

내외부 통합을 통일하기 위해 BPMI는 인터페이스 프로세스 설계 개념과 전체 종단간(end-to-end) 프로세스 설계 개념의 명확한 구분을 모색하였다. 이러한 기능적인 구분은 각각의 설계 프로세스가 독립적으로 관리될 수 있도록 하며, 프로세스 업무가 협력사, 시스템, 그리고 그들의 보안 방화벽 사이를 매끄럽게 이동할 수 있도록 지원한다. 협력사 간에 허용되고 조정되는 상호작용 규칙 - 비즈니스 정보의 흐름과 합의된 비즈니스 협업 적용의 강화를 지배하는 논리 - 이 기술적인 시스템 인터페이스에 있기보다는 프로세스 자체에 있으므로, BPML의 창시자들은 이런 구분이 e-비즈니스의 보안을 약화시키기보다는 강화시킨다는 것을 발견했다.

사람 업무 중심의 워크플로우와 기계가 처리하는 프로세스를 합병한다.

기존의 프로세스 지향 접근방식은 인간에 의한 업무와 컴퓨터에 의한 업무를 명확하게 구분했다. 그러나 BPML의 개발자들은 프로세스 지향 접근 기술들이 만일 "갈라진 틈을 메우며" IT 구조의 핵심이 되려고 한다면 이 구분은 반드시 없애야 한다고 인식하였다. 이 분야의 전문가들인 워크플로우 커뮤니티가 이러한 주장을 반영하기 위해 열성적으로 참여하였다.

호스트 서비스(hosted service)의 성장을 촉진한다.

웹 서비스 기술은 "서비스로서의 소프트웨어"를 표방하는 기술이며, 컴퓨터 네트워크를 통해 응용시스템과 비즈니스 서비스를 원거리에서 제공하는 가능성에 대해 큰 관심을 불러 일으켰고, 응용시스템 제공자(ASP) - 비즈니스 서비스 제공자(BSP)라고도 한다―를 출현시켰다. BPML 개발자들은 네트워크를 통한 서비스 전달의 잠재 가능성을 인식하였으며 따라서 BPML은 프로세스 정의 안에 호스티 서비스를 포함하도록 설계되었고, 또한 그와 같은 서비스의 움직임, 인식, 그리고 표출에 대해 기술하도록 설계되었다. 개발자들은 비즈니스가 제3자로부터의 비즈니스 서비스를 만들고, 찾고, 그것과 상호작용을 하는 데 있어서, 느슨하게 엮긴(loosely-coupled) 호스트 방식의 네트워크 상주 서비스가 점점 더 중요한 역할을 하리라고 예상하였다.

핵심 후방 오피스 시스템을 포함한다.

레거시 시스템이 잠재적으로 재사용될 수 있는 수 천만 행의 프로그램 코드를 가지고 있다는 것을 잘 알기 때문에, BPML은 기존의 소프트웨어와 절차들을 정확하게 표현할 수 있도록 설계되었다. 이런 식으로 새로운 프로세스를 설계할 때 기존 절차가 재사용될 수 있도록 함으로써 과거의 소프트웨어 개발 투자가 보호되고 증폭되어 사용될 수 있다. 가장 크고 복잡한 레거시 시스템의 기능이 재사용을 위해 연결될 수 있었고, 가장 작고 아주 세밀한 응용시스템 컴포넌트도 비즈니스 프로세스에 참여할 수 있게 되었다. 이 기능에 대한 향후의 보완을 통해 introspection 또는 process projection 기법이라고 알려진, 표준 패키지 응용시스템을 비즈니스 프로세스로 표현하는 기법이 자동화되리라고 예상한다. 이런 기술은 이미 표준 패키지 시스템에 일부 적용되어 있다.

미들웨어를 대체하는 것이 아니라 재사용한다.

몇 년 전부터 기업들은 메시징, 트랜잭션 처리, 통합 브로커, 데이터베이스 관리 시스템, 오브젝트 리퀘스트 브로커, 규칙 관리 시스템 그리고 여러 가지 시스템 관리 도구 등을 포함한 다양한 하부구조 시스템을 도입하였다. 좀 더 최근에는 응용프로그램 서버, EAI 허브, 규칙 엔진들을 도입했다. 기존의 미들웨어 하부구조에 대한 투자가치를 인식하여, BPMI의 개발그룹은 응용프로그램 서버, 디렉토리, 메시징과 같은 표준 미들웨어 구성요소 위에 BPML이 얹어질 수 있도록 설계하였다. 기존 투자는 프로세스 경영 시스템에 일회에 한해서 한번은(once, and only once) 통합되도록 만든다는 아이디어였다. 그 이후에는 개별 프로세스를 "기술적"으로 "통합"할 필요가 없는, 안정된 IT 환경 위에서 얼마든지 많은 프로세스들을 개발하고 전개할 수 있다.

비즈니스 변화를 지원한다.

기존의 프로세스 모델링에 관한 접근방식, 도구, 방법의 분석에 기초하여, 변화하는 비즈니스 접근방법에 반응하고 적응할 수 있는 프로세스를 BPML이 실시간으로 표현할 수 있도록 하였다. BPML 설계자들은 실생활의 "비즈니스 프로세스"가 기업에게 가장 익숙한 "응용시스템"과 매우 다르다는 것을 인식했다. 실제로 비즈니스 프로세스는 라이프사이클을 통해 전혀 예상치 못한 방식으로 새 참가자와 새 능력을 보유하게 되며, 아메바와 같이 진화할 수 있다. BPML은 그와 같이 초기 프로세스 설계와는 독립적으로 "살아있는" 구조적 진화를 만든다. 이 진화 구조는 다른 컴퓨터 프로그램에 의해 분석될 수 있도록 공개되어 있다.

분산 실행을 지원한다.

BPML은 핵심 임무를 위해 설계되었으므로, 높은 수준의 분산 환경을 지원해야 한다. 관련 시스템, 부서, 사업 간은 물론 산업 차원의 가치사슬에 걸친 분산 실행(distributed execution)을 지원해야 한다. 분산 "에이전트 기반"의 구조가 설계의 핵심이었다. 전체 종단간(end-to-end) 프로세스에 있어서 각 참가자는 스스로가 완전히 자율적인 프로세스이기 때문이다. 각 프로세스는 그 프로세스의 다른 참가자들이 서로 다른 컴퓨터와 다른 프로세스 관리 소프트웨어를 사용한다고 할지라도 이상 없이 작동되어야 한다. 설계의 어려운 점은 단지 분산 실행을 가능하게 하는 것뿐만 아니라 분산된 프로세스가 하나의 관리 콘솔(console)에서 관리될 수 있도록 하는 것이었다. 두 가지의 분산 형태가 지원되어야만 했다. 하나는 다수의 프로세스 경영 시스템들 위에서의 프로세스의 분산 실행이며, 다른 하나는 프로세스 전개와 분할을 유연하게 통제하는 하나의 분산된 프로세스 경영 시스템 환경이다. 후자의 예로서 클러스터(cluster) 구조나 연합(federation) 구조가 있다.

오프라인 상태의 프로세스 교환과 재사용을 지원한다.

 BPML 창시자들은 그들이 새로운 "프로세스 산업"의 기초를 만들고 있다고 믿었으며, 새로운 프로세스와 프로세스 경영 시스템 모두에서 많은 제품 공급자들이 존재하게 되는 날을 기대하고 있었다. 당연히 프로세스 산업의 완벽한 의미를 미리 예측할 수는 없었지만, 온라인(피어 투 피어)과 오프라인 모두를 통한, 적용 가능한 패키지 프로세스의 교환을 위한 필수 요구 사항들은 고려되었다. 이를 위한 규약(convention)은 XML 표준에서 차용하였다. 이러한 접근방식은 복잡한 프로세스 데이터를 상용 또는 공개 소스 개발자들 모두가 자유롭게 교환하고 다룰 수 있도록 한다. 예를 들면, 프로세스가 CD-ROM으로 매매되거나 파일교환 웹 사이트 또는 FTP 사이트를 통해 다운로드될 수 있는 프로세스 시장(marketplace)이 출현할 수도 있는 것이다. BPML 개발자들은 기업들이 "베스트 프랙티스"를 내부적으로 또는 협력사와 공유하기 위해 조직 안에 유사한 절차를 필요로 할 것이며, 이것이 프로세스 공유 서비스의 초기 응용시스템이 될 가능성을 예상하였다.

프로세스를 재사용한다.

 BPML은 프로세스가 기존 프로세스 패턴을 최대한 활용하도록 함으로써 높은 수준의 재사용성이 보장되도록 설계되었다. 소프트웨어 재사용에 대한 기존의 접근방식이 주는 교훈에 근거하여 BPML은 전문화와 일반화의 조합보다는 합성과 적응의 조합을 강조한다. 프로세스 수준의 재사용이 지향하는 주요 목표 중 하나는 "프로세스 공장"과 프로세스 제조 산업의 기반을 닦는 일이다. 그것들은 마치 산업공학자가 기본 도형과 물체로 복잡한 3차원 제품 모델을 만들어 내듯이, 기존의 프로세스 패턴으로부터 새로운 프로세스를 빠르게 조립하고 적응시키고 포장하는 것을 가능하게 할 것이다.

베스트 오브 브리드(best-of-breed) 해법의 조합을 가능하게 한다.

하나의 소프트웨어 회사가 모든 분야에 대해서 완벽한 해법이나 베스트 오브 브리드 제품들을 공급할 수는 없다. BPML은 상용 패키지 제품(commercial off-the-shelf product)을 간단하게 통합할 수 있도록 설계되었다. BPML은 데이터 관리 영역에서 4세대 언어(4GL)가 출현했던 경향과 마찬가지로, 시각적 모델링 도구, 프로세스 엔진, 시뮬레이터 등을 결합하여 완벽한 베스트 오브 브리드 BPMS를 개발하도록 설계되었다. 이와 같은 의미에서, BPML은 소프트웨어 프로그램을 제작시에 통합하는 것과 같은 정도로 실행 중에 프로세스와 응용 프로그램을 통합하는 데 있어서도 익숙하게 대응한다.

기존 표준을 대체하는 것이 아니라 기반으로 활용한다.

BPMI 헌장은 정보와 이벤트의 교환, 비즈니스 트랜잭션, 서비스 광고와 발견, 실시간 협업, 웹 서비스 등을 포함한 기존의 표준과 기술을 사용하는 것에 대한 중요성을 인식했다. BPMI는 유용한 표준들을 "연합"한다는 철학을 받아들였고 설계방법에 이 같은 원리를 충실하게 적용하였다. BPML은 이미 존재하거나 또는 새로 등장하는 표준들을 묶어, 사람들이 당연히 갖고 있는 그들의 표준에 대한 투자가 쓸모 없어질지도 모른다는 두려움을 불식시켰다. 그러나 이 전략에는 한계가 있었다. "표준을 만드는" 프로세스에는 많은 이해가 얽혀 있기 때문에, 프로세스 표준화의 미래를 정확히 예측하기는 불가능하였다. 다행스럽게, 단순히 자신들의 비즈니스 프로세스를 다룰 좀더 좋은 도구를 찾는 최종사용자 기업들에게 이것은 그다지 큰 문제가 아니었다. 그럼에도 불구하고 표준의 불안정은 새로운 아이디어를 받아들이는 데 장애가 될 수 있다. BPML은 이에 대한 과정을 계속 공개하면서, 일을 마쳐야 하는 필요성과 결과를 얻는 것 사이의 균형을 맞추려고 노력해 왔다.

웹 서비스를 조직화한다.
2001년부터 2002년 초까지 웹 서비스는 IT 산업의 마케팅 캐치프레이즈가 되었고, 그 아래 서비스 호환을 위한 몇 개의 중요한 새로운 표준들이 IT 산업 내에서 세를 규합했다. BPMI는 프로세스 표준과 웹 서비스 표준이 호환되도록 매우 큰 노력을 쏟았다. 그러나 웹 서비스 개념은 새로운 것이 아니다. 그것은 서비스 지향 구조(Service Oriented Architecture) – 1960년 대에 시작된 객체지향의 소프트웨어 개발 경향 – 가 1970년대 발아된 인터넷 기술과 합성된 결과물이다. 웹 서비스 기술은 마이크로소프트(Microsoft)의 DCOM/COM+, OMG(Object Management Group)의 CORBA(Common Object Request Broker Architecture)와 CCM(CORBA Component Model) 등과 같이 오랫동안 전개되어 온 분산 컴퓨팅이 발전된 최근의 모습이다.

웹 서비스 기술은 응용시스템들 각각의 특화된 사양으로 인한 통합 장벽을 제거하고, 복합 응용시스템을 낮은 비용으로 만들 수 있게 하며, 또한 통일된 방법을 제공하기 때문에 중요한 기술이다. 월드 와이드 웹(World Wide Web) 자체가 기업/소비자 간(business-to-consumer)의 상호작용인 것에 반해, 웹 서비스는 기업 간(business-to-business) 상호작용에 대한 급진적이며 저비용의 단순화된 상호작용이다. 그러나 어떤 의미로도 이것이 만병통치약은 아니다.

BPM의 사용자는 웹 서비스 이용에 참여하기 위한 응용시스템을 반드시 필요로 하지는 않는다. 웹 서비스의 표준을 지나치게 강조하는 것은, BPM 제품 개발자들이 고객 기업들에게 표준 기반 능력을 제공하면서, 내부적으로는 다른 방법을 통해 해법을 개발하기 원할 수도 있다는 점을 간과하는 것이다. 웹 서비스 표준을 지나치게 밀어 붙이는 것은 "나쁜 표준"을 선택한 공급자들을 위험에 처할 수 있게 함으로써 혁신적인 제품개발 잠재력을 제한하고, 지나치게 복잡한 "표준 계층"을 만들어 내게 되며, "표준 전쟁"을 이끌어 낼 가능성이 있다. 따라서 BPMI는 웹 서비스의 사용을 BPMS 개발을 위한 표준 접근방식으로 채택하기보다는 비즈니스 프로세스 차원에서 프로세스 인터페이스 표준의 개발을 기본적으로 도와주는 것으로 설정하였다.

그러나 웹 서비스가 내세우는 급격한 비용절감과는 동떨어지게, 웹 서비스는 그들이 대체하려고 하는 EAI 해법과 동일한 문제들을 겪고 있다. EAI와 웹 서비스는 모두 비즈니스 프로세스보다는 응용시스템에 초점을 맞추고 있다. 이 두 기술은 비즈니스 대신 IT의 유산과 편견을 공유하고 있다. 그들은 비즈니스 프로세스보다는 API(Application Programming Interface)를 공유의 핵심 개념으로 가지고 있다. 웹 서비스의 밑바닥에 깔린 공통적인 생각은 기존의 분리된 컴포넌트들이 합쳐져서 큰 복합적인 서비스를 만들 수 있으며 이것들이 결과적으로 완벽한 비즈니스 프로세스의 상태를 얻어낼 수 있다는 것이다. 이것은 BPM이 아니다. BPM은 단지 복합 응용시스템을 만들기 위해 서비스를 합치는 것이 아니라, 하나의 전체로서 프로세스를 다루는 새로운 방법과 새로운 기술이다.

BPM의 하향식(top-down) "전체 시스템" 시각이 요구하는 것은 비록 웹 서비스가 프로세스의 요소로는 유용하지만, 프로세스의 설계와 관리는 명확한 비즈니스 중심의 의사결정 — 흔히 그것 자체가 프로세스이다 — 에 기초해야 한다는 것이다. BPM은 시간, 비용, 자원의 제약과 같이 비즈니스 목적에 따라서 프로세스를 제한할 수 있고, 프로세스의 정의에 내장될 수 있는 측정지표, 계산 논리, 비즈니스 규칙을 포함한다. 웹 서비스는 근본적으로 이러한 프로세스 고유의 과제를 다루는 데 적합하지 않고, 이런 종류의 기술이 어떻게 진화할 것인지가 모호하다. 소프트웨어 개발 패러다임인 웹 서비스와 BPM을 혼동해서는 안 된다.

  그러나 현실에서 소프트웨어 개발자는 선택권이 있다. 웹 서비스는 소프트웨어를 위한 구성 원칙으로서 전통적인 비즈니스 응용시스템으로부터 제3의 물결로의 전환에 있어서 중간 단계의 역할을 제공하기 때문에 응용시스템 통합을 위한 필수 도구이다. 마치 하향식(top-down), 상향식(bottom-up) 프로세스 설계가 손을 맞잡고 가듯이 BPML과 웹 서비스도 함께 갈 것이다. 웹 서비스의 관점에서 보면, 시스템 설계자의 목적은 서비스와 서비스의 조합을 사용하는 방법이 보다 유연해질 수 있도록 하는 것이다. 프로세스 관리의 관점에서 보면, 시스템 설계자의 목적은 프로세스 관리 시스템을 통해 모든 서비스가 가시화되고 프로세스에 재사용되는 공통 환경을 확립하는 것이다. 이러한 미묘한 구분은 처음에는 이해하기 힘들지만, 오랜 기간 프로세스 엔지니어와 소프트웨어 엔지니어가 같이 작업을 하고 경험을 쌓으면, 프로세스 엔지니어와 소프트웨어 엔지니어가 해야 할 역할에 대해 완전히 이해하게 될 것이다.

보편적인 프로세스 언어

  비즈니스 프로세스는 비즈니스 프로세스 내에 서로 다른 역할을 가진 사람들에 의해 다르게 받아들여지고 다르게 인식된다. 예를 들면 소프트웨어 엔지니어는 비즈니스 프로세스를 소프트웨어 구현 차원에서 이해한다. 그들은 프로세스를 소프트웨어 객체로 표현하기 위해 UML(unified modeling language)과 같은 다양한 기호와 방법을 사용한다. 그러나 비즈니스 담당자는 프로세스를 자원 흐름, 정보 흐름, 업무 의사결정 흐름의 차원으로 이해한다. 흔히 그들은 프로세스가 비즈니스 내에서 일상 절차로 정착되기 전까지는 기술의 적용에 대해 생각조차 하지 않는다.

비즈니스 담당자들은 통합과 자동화가 언제든지 요구하면 즉각적으로 지원되는 것으로 생각하며 통상 기술자들이 왜 이런 것을 쉽게 즉시 만들지 못하는지를 이해하지 못한다. 그들은 모든 차원 — 사람, 시스템, 프로세스, 비즈니스 — 의 통합이 얼마나 어려운 것인가를 모른다. 기술을 모르는 비즈니스 담당자와 소프트웨어 기술자 사이의 틈새를 채워주는 업무분석가를 살펴 보자. 그들은 비즈니스 프로세스를 표현하기 위해 재크만 프레임웍(Zackman Framework), IDS시어 아리스(IDS-Sheer ARIS), CSC의 캐털리스트(Catalyst) 등 비즈니스 구조화와 모델링의 다양한 방법과 도구들을 사용한다. 분석가들은 프로세스를 조직의 응집력(organizational coherence)과 비즈니스 결과(business outcomes)로 이해한다. 그들은 프로세스를 관리하고 개선하기 위해 6시그마, 총체적 품질관리(TQM), 활동기준 원가법(ABC), 리엔지니어링을 포함한 다양한 방법들을 사용한다. 그들은 기술자와는 매우 다른 관점을 가지고 있다. 그들은 소프트웨어 엔지니어들이 소프트웨어 산출물이라는 굴곡된 시각을 통해 간접적으로 프로세스를 다루는 것과는 달리, "프로세스"를 좀 더 직접적으로 다룬다. BPMI는 이렇게 역할에 따라서 상이한 시각이 존재하는 현상을 바꾸려고 한다. 그들의 해답은 모든 분야에서 공유되는 하나의 프로세스 모델이며 그것이 BPML이다.

업무 분석가들은 또한 특정 산업군의 프로세스에 대한 전문가들이며, 예를 들면 통신 분야의 "서비스 공급을 위한 텔레매니지먼드 포럼(Tele-management Forum for Service Provisioning)"에 의해 개발된 표준, 또는 금융분야의 연속적 업무처리(STP: Straight Through Processing) 구조와 같은 산업별 표준화 작업에 참가한다. 이 같은 방법들은 특정 산업에 있어서 협업을 쉽게 하려는 필요성에 의해 개발되기도 한다. 공급망 협의회(Supply Chain Council)의 SCOR(Supply Chain Operations Reference)

모델, 소매업자, 제조업자, 해법 공급자들에 의해 구성된 VICS 위원회의 계획/예측/보충 협업(CPFR: Collaborative Planning, Forecasting, and Replenishment) 규약, 첨단산업의 로제타넷 PIP(RosettaNet Partner Interface Processes), 제품 라이프사이클 관리를 위한 제조업의 STEP (the Standard for The Exchange of Product model data) 프레임웍, 증권거래를 위한 FpML(Financial Product Markup Language) 등이 그러한 예들이다. 표준은 비즈니스 프로세스 협업에 필수적이며, BPML은 위의 모든 것을 표현할 수 있다. 그 의미는 상상하는 범위를 넘어선다. 산업 전문가는 역할과 기술 능력에 관계 없이 이제 문서화된 사양을 실행 가능한 프로세스로 만들 수 있다.

전문적인 표준화 기구에 의해 제정된 정부의 규약과 지침 또한 프로세스 프레임웍을 정형화해야 하는 요구를 촉진한다. 기업들은 그들의 제품과 서비스에 추가 비용 부담 없이 그와 같은 비즈니스 프로세스를 구현하고 관리할 필요가 있다. 이러한 산업 프레임웍에 의해 이들 산업에 존재하는 비즈니스 프로세스의 성격과 관리에 많은 다른 관점들이 만들어진다. 프로세스 경영 시스템과 언어는 이러한 강요된 프로세스의 구현 비용과 작업의 복잡성을 감소시키는 데 중요한 역할을 한다. BPML과 같이 실행 가능한 언어는 프로세스 모델 안에 법령이나 베스트 프랙티스를 맞추는 일을 도와준다.

모든 산업에 있어서 아마 기업들은 자신들의 프로세스가 독특하다고 여길 것이다. 그들은 하나의 행동 모델을 공유하면서, 산업 표준에 맞추어 표현된다. 예를 들면, 소매 분야에서 보면, 프로세스는 많은 협력사에 걸쳐 있고 공급망을 따라서 정보 흐름의 공유를 지향한다. 재무회계 분야는 프로세스가 좀 더 중앙집중적이다. 종종 하나의 내부 프로세스가 메시지를 보내고 받는다. 전기통신 분야에서는 새로운 서비스에 대한 고객 요구에 대응하기 위해, 또한 모든 네트워크 하부구조와 운영 지원 시스템의 전체 종단간(end-to-end) 관점을 제공하기 위해, 프로세스는 일일 운용과 서비스 및 네트워크

요소들의 배치를 중요하게 여긴다.

각 산업군에 대해 특화된 해법을 제공하기보다 BPMI는 BPML이 다양한 표준을 받아들이고 확장되도록 설계했다. CPFR, STP, SCOR, HIPPA, RosettaNet, STEP, FpML, GAMP, CIDX는 모두 BPML로 표현될 수 있고, 각 분야에서 비즈니스에 사용되고 적용될 수 있다. BPML은 프로세스 정의를 위한 다양한 접근 방식들의 의미를 통일하고, 문자 그대로 어떤 프로세스든지 실행시킬 수 있는 보편적 가상 기계의 구현을 가능하게 한다.

프로세스 엔지니어링을 위한 풍부한 언어

BPML은 프로세스 언어를 위한 언어이며, BPML 패턴에 기반을 둔 프로세스 언어를 BPML을 사용하여 개발할 수 있다. BPML은 필요 용어의 동질화를 통해 다른 산업군 간에도 적용될 수 있다. 변호사가 난해한 특수 법률 문체를 사용하면서 사례법 조문과 개별 법령을 이름으로 참조하는 것과 마찬가지로, BPML은 프로세스 설계의 패턴을 참조하기 위해 특화된 언어로 사용될 수 있다. 이것은 자기 자신들의 용어를 사용하면서, 베스트 프랙티스 프로세스를 확립하려고 하는 산업 표준화 집단에게는 매우 중요하다. BPML에 있는 모든 요소와 설계 패턴은 이름을 붙일 수 있고, 그들의 특화된 용어를 사용하여 명확하게 참조할 수 있다. 따라서 하나의 산업군은 자신의 프로세스 용어를 개발할 수 있다.

BPML은 자원 흐름, 정보 흐름, 의사결정 흐름 표현에 충분하며 또한 풍부한 표현력을 가지고 있다.

- **자원 프로세스**는 사람, 기계, 컴퓨터 시스템 등의 자원을 사용하여 원자재나 컴포넌트를 조립부품 또는 완제품으로 만든다. 이것은 산업공학에

주로 근거하며, 조립, 가공, 운송, 저장, 검사를 주요 개념들로 갖고 있다.
- **정보 프로세스**는 구조화 또는 비정형화 데이터와 지식의 저장, 검색, 조작, 표현, 교환을 나타낸다. 이것들은 컴퓨터공학과 소프트웨어 엔지니어링을 기반으로 전속, 계산, 거래처리, 구동, 의사결정, 저장, 전달, 질의 등의 핵심 개념을 가진다.
- **의사결정** 관계는 고객과 협력사 간의 상호작용에 있어서의 조건들을 명확하게 하고 만족시킨다. 이것들은 모든 언어와 문화에서 발견되는 사람 사이의 의사교환과 협업구조에 기초한다. 주요 개념으로는 요구, 약속, 제의, 거절, 제안, 취소 측정이 있다.

BPML은 어떤 분야에서든 자원, 정보, 의사결정에 관계 없이 서로 상이하며, 분산되고, 거래를 처리하고, 계산과 협업을 위한 프로세스의 표현을 가속화시킨다. 언어는 참가자들(사람, 시스템, 데이터, 응용시스템, 협력사, 시장)이 협동하여 공통의 비즈니스 목적을 얻는 방식을 표현한다. 이것은 구성원과 협력사들이 같이 일할 때 업무활동, 예외 처리, 메시지 교환, 선택과 같은 특정 영역 용어의 공통적인 이해를 얻을 수 있는 것이다. 실제로 어떤 용어의 집합도 정의될 수 있고, BPML 설계 패턴과 결합될 수 있다.

BPML은 비즈니스 로직, 업무통제 흐름, 정보 흐름을 표현하는 데 풍부한 능력을 가지고 있다. 프로세스 참가자들은 후방 오피스 시스템(데이터베이스 또는 ERP 등), 소프트웨어 컴포넌트(자바 컴포넌트 또는 웹 서비스 등), 사용자(구매 담당자 등), 협력사(공급자 또는 고객) 등이 될 수 있다. 비즈니스 트랜잭션(예를 들면 구매요구서 처리)과 시스템 트랜잭션(예를 들면 데이터베이스 테이블 트랜잭션) 등도 프로세스의 일부로 표현될 수 있다. 비즈니스 트랜잭션은 보통 복수 개의 협력사(e-비즈니스)를 가지는 반면에, 시스템 트랜잭션은 다수의 후방 오피스 패키지(분산 트랜잭션)를 포함한다.

프로세스는 연속적 업무처리(straight-through processing)에서와 같이 참가자들이 밀접하게 묶이게끔 정의할 수도 있고 또는 공급망 관리에서와 같이 느슨하게 엮이게끔(loosely coupled) 정의할 수도 있다. 협력사 간에 똑같은 응용시스템과 하드웨어를 공유하기가 거의 불가능하고, 그들은 자신들의 핵심 업무를 위한 후방 오피스 시스템을 다른 사람들이 직접 통제하는 것을 허용할 수 없으므로 협업 상거래(collaborative commerce)에서는 느슨하게 묶는 것이 특히 중요하다. 그 같은 프로세스는 규칙, 역할, 절차 개정을 포함하며, 업무가 수행되는 순서와 관련하여 참가자들에게 제한조건을 거의 두지 않는다. 이렇게 느슨하게 묶이고 신뢰할 수 있는 기능을 구현하는 기술은 거의 없으며, 다른 기술의 플랫폼들과 다른 네트워크 규약(protocol)들에 걸쳐서 이런 기능을 지원하는 기술은 발견하기가 더욱 어렵다. 그러나 BPML은 이것이 가능하다. 만일 협업 상거래가 널리 확산된다면 이러한 특성들은 필수적인 요소가 된다. BPML은 그와 같은 제약 조건으로부터 기업을 해방시키고, 그들로 하여금 경쟁에 필요한 혁신적으로 새로운 비즈니스 모델을 전개할 수 있도록 해 준다. 조정과 통제의 필요성에 따라서 밀접하게 또는 느슨하게 묶을 수 있는 것이다.

이 같은 협업 기능은 프로세스 설계 모델 자체의 일부이지 고정된(hard-wired) 응용시스템의 속성이 아니다. 예를 들면, 제품 생산자는 고객이 필요로 하는 모든 제품지원 서비스—컨설팅, 구성, 배송, 설치, 교육—를 얻는 방법을 BPML을 사용하여 정의할 수 있다. 이 서비스들을 제공하는 각 협력사들은 제품 공급자에 의해 조정되어 정의된 프로세스의 맥락에서 자유롭게 운영할 수 있다. 제품 생산자는 고객에게 통합 서비스를 제공하기 위해 전체 종단간(end-to-end) 프로세스 모델에 의해 단지 협력사 간에 필요한 조정을 정의한다. 그 프로세스의 경험이 쌓여 갈수록 고객의 경험이 개선되며 사이클 소요 시간이 감소하게 된다.

BPML은 프로세스 설계에 있어서 상세 수준의 깊이, 병행성, 동시성의 정도를 제한하지 않으며, 프로세스 수준의 트랜잭션과 실행취소 트랜잭션을 모두 수용한다. 프로세스 트랜잭션은 데이터베이스 트랜잭션과 동일하게 생각하면 된다. 단 차이점은 프로세스 트랜잭션의 경우는 전체 종단간(end-to-end) 프로세스의 어떤 부분 집합을 가로질러 수행된다는 점이다. 그것은 비즈니스로서 의미를 가지며, "기술적" 트랜잭션과는 독립적이다. 더욱이 프로세스는 신뢰할 수 있고 자체 복구가 가능하도록 설계될 수 있다. 만일 비즈니스 관계에 의해 제약조건 또는 제한이 필요하다면, 참가자 간 데이터 교환, 업무처리 소요시간, 서비스 및 참가자의 존재 여부 측면에서 필요한 제한을 부과할 수 있다.

가치사슬이 항상 이질적 환경으로 바뀐다는 사실을 인식하고, BPML 개발자들은 모든 다른 프로세스 언어들 고유의 프로세스 의미론(semantics)을 포괄하도록 설계하였다. BPML은 다른 프로세스 형식론(formalism)을 적용하는 다른 시스템들에 대한 연결 고리와 프로세스 인터페이스를 만드는 데 사용될 수 있다. 극단적인 예를 들면, 주문처리와 송장처리가 서로 다른 프로세스 언어에 기초한 다른 시스템을 사용한다고 하더라도 기업은 BPML을 사용하여 주문부터 입금까지 프로세스를 정의할 수 있다. BPML은 프로세스 언어들 사이에서 만국 공통언어 역할을 할 수 있다. 어떤 다른 언어로 표현될 수 있는 프로세스는 BPML로 표현될 수 있어야 한다. 이러한 확언을 실제로 시험해 보라.

BPML은 별도 시스템에서 수행되고 비즈니스 영역을 가로지르는 프로세스 간의 상호작용을 단순화시킨다. 현실 세계의 환경이 그러하기 때문에, 이질적이며 분산된 컴퓨팅 환경에서 존재해야 한다. BPML 프로세스는 전형적인 포춘 500대 기업의 네트워크 하부구조에서 발생할 수 있는, 예를 들면 텔레프로세싱 모니터(teleprocessing monitor), 원격 절차 호출(remote procedure call), 오브젝트 리퀘스트 브로커(object request broker), 퍼브리쉬/서브스크라이브 메시징 시스템(publish/subscribe messaging systems)과 큐(queues)와 같이, 복잡한 IT 시스템이 갖는 다양한 프로세싱 패러다임을 포함하는, 모든 것들을 모델링 할 수 있다. "비즈니스" 프로세스와 "기술" 프로세스라는 이원적 개념의 통일이 BPML 설계에서 주된 역할을 담당했다.

협업 상거래의 기반

하나의 비즈니스 프로세스는 둘 이상의 비즈니스 협력자를 포함한다. 각 협력자는 보통 후방 오피스 시스템, e-비즈니스 응용시스템, 구성원 상호작용, 제3의 협력자와 같은 많은 "프로세스 참가자"들을 동반한다. 내부 또는 외부까지 확장 전개된 프로세스 시스템은 협력자가 자신의 프로세스 참가자에 대한 관리를 책임진다. 따라서 프로세스 경영 시스템은 비즈니스 협력자들의 하나 또는 복수의 프로세스 경영 시스템들과 연결되는 출입구 – 프로세스 수준의 방화벽 – 로 볼 수 있다.

협업 상거래를 위해서는 분산된 프로세스의 논리적인 표현 자체로는 충분하지 않을 것이다. 중앙집중식 비즈니스 설계에 의한 하나의 프로세스일지라도 다른 기업들의 시스템들을 포함하는 물리적으로 분산된 시스템들의 집합을 가로질러 수행될 필요가 있을 수 있다. 비즈니스 협력자들은 보통 수많은 공급자들, 고객들, 거래 협력자들 – 수백 또는 수천의 – 과 상호작용을 하기 때문에, 네트워크 수준에서 필요한 기술적인 통합을 단순화시키기 위해 기업들은 흔히 공통의 "인터페이스 프로세스"를 확립할 필요가 있다. 이러한 목적 때문에 BPML이 "공용 인터페이스"와 "사적 구현" 개념을 지원한다.

한 기업이 자신의 BPMS로 전개한 프로세스는 보통 비즈니스 협력자를 포함하는 좀더 큰 e-비즈니스 프로세스의 사적인 구현 사례가 된다. 협력자들의 참여는 보통 양자 간에 합의된 공용 인터페이스를 통한 상호작용에 의해 이루어진다. 예를 들면, 로제타넷(RosettaNet)과 UCCNet(Uniform Code Council Net)에 의해 정의된 협력자 인터페이스 프로세스(Partner Interface Processes)는 표준 데이터와 표준 인터페이스 프로세스의 조합을 포함한다. 이것은 상업적으로 묶인 비즈니스 협약 측면에서 신뢰할 수 있는 데이터 교환을 가능하게 한다. BPML 시스템은 협업이 발생하는 데 필요한 인터페이스를 만들어 낸다. 예를 들면, 협업 구매관리 프로세스에서 하나의 e-비즈니스 프로세스가 공급자의 사적인 구현은 주문처리로 기술될 수 있는 반면, 구매 기업의 사적인 구현은 조달 프로세스로 표현된다. 기업의 조달 프로세스와 공급사의 주문처리 프로세스는 동일한 전체 종단간(end-to-end) 비즈니스 프로세스에 대한 두 개의 사적인 구현이다. 이들 사적인 구현은 공통의 공용 인터페이스를 통해 서로 상호작용을 한다.

    e-비즈니스의 사적 구현과 공용 인터페이스는 상응하는 "사적 프로세스"와 "공용 프로세스" 개념을 만든다. 그러나 공용 프로세스가 실제 존재하는 것일까? BPMI는 사유(private) 프로세스 개념을 옹호하는 입장이지만, 그것은 단지 기업 자신을 제외한 다른 참가자가 없는 경우—다른 말로 하면 순전한 내부 프로세스—의 제한된 경우만을 의미한다. 더욱이 공용 프로세스의 개념은 하나의 주체가 실행을 책임질 경우에만 오직 의미가 있다. 예를 들면, 전자문서교환(EDI) 네트워크, 전자 마켓플레이스, 프로세스 서비스 제공자(e-hub)와 같은 실행 주체가 있는 경우가 그것이다. 그러나 그와 같은 경우에도 허브(hub)나 마켓플레이스는 어떤 가상의 공용 프로세스 실행을 책임지는 실제의 주체라기보다는, 오히려 현실에서 보면 자신의 내부 프로세스를 가지고 전체 종단간(end-to-end) 프로세스에 참가하는 또 다른 비즈니스 참가자다.

    e-비즈니스의 사적 구현들은, 반드시 실행되어야 되는 비즈니스 프로세스의 일부분에 불과하다. 그것의 공용 인터페이스는 참가자들에 의한 e-비즈니

스 프로세스의 협업 실행을 위한 하나의 축에 불과하다. 그와 같은 공용 인터페이스는 독립적으로 실행되기보다는 참가자당 하나씩 가지고 있는 e-비즈니스 프로세스의 다양한 사적 구현으로 구성되어 있다. 그들이 상호작용하는 관점에서 보면, 그것은 내부의 프로세스 행동을 외부에서 들여 다 보는 것과 같다.

비즈니스 인터페이스는 자주 바뀌지 않지만 — 예를 들면 산업 표준과 맞추기 위해 — 기업들은 전체 종단간(end-to-end) 프로세스의 전체 구간을 따라서 계속해서 혁신해 나갈 수 있는 자유를 가져야 한다. 비록 협업 프로세스 참가자들이 내부요소 또는 외부요소가 될 수 있지만, BPML은 이 두 가지 유형을 구분하지 않는다. 프로세스 시스템은 일관성 있는 프로세스 인터페이스를 유지하면서, 유연하고 안전한 프로세스 아웃소싱 또는 협력자들 간의 책임 구분이 가능하도록 개발될 수 있다. 실제로 비즈니스 인터페이스 자체가 프로세스로 설명될 수 있으며, 각 참가자가 자신의 속도로 진화하는 것을 가능하게 하면서 전체 종단간(end-to-end) 프로세스 설계에 있어서 하나의 패턴으로 사용될 수 있다.

어떤 경우에 있어서 인터페이스 자체가 복잡한 프로세스가 될 수 있다. 이 같은 이유로, BPMI는 프로세스 인터페이스 정의 언어(PIDL: Process Interface Definition Language)로 불리는, 전체 종단간(end-to-end) 프로세스 설계와는 독립적으로 인터페이스를 정의할 수 있도록 하는, BPML에 기초한 언어를 개발하였다. 프로세스의 두 참가자들 사이에 교환되는 메시지가 하나의 프로세스를 만들어 내며 명확하게 모델링될 수 있다. 비록 이를 위한 다른 언어들이 개발되었거나 개발될 예정이지만, BPML 자체도 그 목적을 위해 사용될 수 있다. 그러기 위해 필요한 사항들은 전체 종단간(end-to-end) 프로세스 모델링 언어의 경우보다 복잡하지 않다.

이런 것을 가시화하는 한 방법은 둘 이상의 참가자들 사이에 앉아 있는 가상의 참가자를 상상하는 것이다. 가상의 참가자는 다른 참가자들의 내부 프로세스 사이에서 중재의 책임을 진다. 캔 음료의 자동판매기를 생각해 보라. 한 쪽에는 음료 한 캔을 빼내어 마시기 위한 종단 간(end-to-end) 프로세스가 존재한다. 다른 한 쪽에는 동전 투입구와 음료 배출구—내부 프로세스를 가지고 있는 기계와 트랜잭션을 일으키는 "갈증 해소"라는 사람의 내부 프로세스 사이의 인터페이스—가 있다. BPML은 인터페이스의 행동을 포함한 전체 프로세스를 표현할 수 있다. 예를 들면, BPML은 동전을 투입구에 넣을 수 있으나 뺄 수는 없고, 또는 역으로 음료수 배출구는 음료수가 나올 수 있으나 넣을 수 없다는 사실을 정의할 수 있다. BPML은 또한 사람이 적절한 양의 동전을 투입하지 않는 한 음료를 얻을 수 없다는 것을 정의할 수 있다. 다른 한편, BPML은 사용자와 기계의 사적인 내부 프로세스를 설명할 수 있다. 사람이 팔을 들어 투입구에 동전을 투입하는 것과 음료수를 배출구로 내보내는 기계 안의 내부동작 등을 정의할 수 있다. 이와 유사하게, 기업의 조달 프로세스와 공급사의 주문처리 프로세스는 하나의 공용 인터페이스를 통해 상호작용하는, 하나의 전체 종단간(end-to-end) 프로세스—흔히 말하는 "주문에서 지불까지" 프로세스라고 말할 수 있는—에 대한 두 개의 사적 구현이다. 인터페이스는 로제타넷(RosettaNet)의 PIP와 같이 산업 표준에 맞출 수도 있다. BPML은 주문에서 지불까지 프로세스의 분리—구매요구와 주문처리—를 가능하게 한다. 또한 기업은 재사용할 수 있는 패턴이 요구되는 보다 큰 프로세스들과는 독립적으로, 구매 주문서 처리를 표현하고 또 구매자와 공급사 간에 교환되는 메시지의 흐름을 표현할 수 있다.

두 가지 예—캔음료 자동판매기와 주문에서 지불까지 프로세스—는 비즈니스 프로세스들이다. 각각은 BPML로 모델링되고 설명되고 실행될 수 있다. 전체 종단간(end-to-end) 프로세스, 내부 프로세스와 외부 프로세스, 인터페이스, 실제 참가자와 가상 참가자, 이런 요소들 사이의 구분은 아주 미묘하다. 중요한 점은, 목적에 적합한 프로세스 모델링 언어가 되기 위해서는 전체 종단간(end-to-end) 프로세스를 모델링하고 실행시킬 수 있어야 한다는 것이다. 경계 영역을 가로질러 모든 참가자들이 협업하는 데 아무런 제한을 만들지 않으며, 모든 참가자를 포함시키며, 인터페이스를 한 번에 구현하는 능력은 e-비즈니스 통합자들을 위한 장점이다. 비록 한 산업에서 특수한 인터페이스 프로세스-법규, 보안 또는 다른 이유로-를 필요로 하거나 과거에 개발된 유효한 인터페이스 프로세스가 있다고 해도, 기업들은 이것을 사용하면서 계속 앞으로 나아갈 수 있다. 이미 작동 중이고 사용한다고 하면, BPML은 거기에 적응할 수 있다.

협업 상거래를 위해 실현 가능한 프로세스가 설계되도록 하려면, 사용자들은 두 가지 중에 선택을 할 수 있는데 하나는 공통의 프로세스 저장소와 관리 시스템을 세우는 것이며, 다른 하나는 프로세스를 협력자의 도구 안으로 이동할 수 있도록 지원하여 협력자가 수정할 수 있도록 하는 것이다. 항상 복잡한 저장소가 필요한 것은 아니며, 과잉이 될 수가 있다. 프로세스는 파일 전송 규약(FTP: File Transfer Protocol), 웹, 또는 이메일을 포함한 다양한 도구를 사용하여 자유롭게 공유될 수 있다. 비즈니스 프로세스의 분산 저작 및 버전 관리에는 IETF(Internet Engineering Task Force)에 의해 발표되어 널리 수용되고 있는 웹 협업 저작 표준인 WebDav(World Wide Web Distributed Authoring and Versioning) 규약(protocol)이 프로세스 관리 제품들에 의해 지지를 받아 채택되고 있다.

WebDAV는 지역적으로 떨어져 있는 사용자들 간의 협업 저작과 파일 관리를 용이하게 해주기 위해 하이퍼텍스트 전송 규약(HTTP: Hypertext Transfer Protocol)를 확장한 것이다. WebDAV는 원거리 그룹이 새로운 방법으로 함께 일할 수 있도록 함으로써 가상 기업의 개발에 영향을 미칠 것이라고 예상된다. 예를 들면, WebDAV에 기초한 도구들은 사업계획 개발, 소프트웨어 개발, 정보 라이브러리 개발을 위한 가상 조직에서 사용할 수 있다. WebDAV와 BPML을 함께 사용함으로써 협업 프로세스 개발의 기반이 제공될 수 있다.

BPML은 프로세스를 창조하지도 않으며, 또 다른 언어를 사용하여 프로세스를 정의하는 것에 아무런 제약을 가하지 않는다. BPML은 단순히 이들 프로세스의 정의를 소프트웨어 도구들 사이에서 교환될 수 있게 하며, 공개 프로세스 시스템 개발을 위한 기반을 제공한다. EDI가 비즈니스 트랜잭션을 표현하기 위해 구현중립적(implementation-neutral) 형식을 제공하듯이, 또 HTML이 웹 페이지의 표현을 위해 역시 구현중립적 형식을 제공하듯이, BPML은 프로세스 표현을 위해 구현중립적 교환 형식을 제공한다. 그리고 HTML과 마찬가지로 비즈니스 사용자들은 BPML을 직접 다루는 경우가 거의 없을 것이며, 그 대신 HTML에 대한 깊은 지식 없이도 웹 페이지를 개발하고 관리할 수 있도록 하는 아도브(Adobe)의 Dreamweaver나 마이크로소프트(Microsoft)의 FrontPage 등과 같이, BPML을 공통 언어로 사용하는 다양한 도구를 사용할 것이다.

BPML은 소프트웨어의 가동 환경인 하부구조로부터 프로세스의 표현을 분리시켜 모든 프로세스를 명확하게 표현할 수 있도록 해 준다. 컴퓨터 역사를 보면 유사한 개발 형태가 있었다. 운영 체계(Operating System)들은 기계언어 수준의 작업을 응용시스템 개발로부터 제거함으로써 응용 프로그램 소프트웨어의 개발을 획기적으로 간단하게 만들었다. 이와 유사하게 많은 기업들이 그들의 비즈니스 규칙을 각각의 응용시스템에 집어넣기보다는 별도의 비즈니스 규칙관리 시스템(BRMS: business rules management system)을 사용한다. 데이터베이스가 데이터의 간결한 정리를 위해 응용 프로그램으로부터 데이터 관리 책임을 분리시켰듯이, BPMS와 그 기반인 BPML은 프로세스 컴포넌트로부터 프로세스 관리의 책임을 분리시킨다. 이같은 "관심의 분리(separation of concern)"를 비즈니스 프로세스에게로 확장하는 것은 정보시스템 개발자들을 주로 단순한 기계 중심 업무로부터 자유롭게 하여, 그들로 하여금 좀 더 흥미롭고 보상받을 수 있는 기업 프로세스 설계에 도전할 수 있게 한다.

미래의 프로세스 전망

지구상의 모든 CEO, CIO, CFO, 공급망 관리 임원, 경영 컨설턴트들은 비즈니스 모델 및 그와 관련된 비즈니스 프로세스가 즉시 구현되는 상태를 상상해 왔다. 왜냐하면 그들은 비즈니스를 어떻게 개선해 나갈 것인가를 그리는 새로운 방법들에서는 결핍을 느끼지 않았기 때문이다. 제3의 물결 이전에는 모든 새로운 비즈니스 프로세스는 비용, 시간, 그리고 필요한 소프트웨어 구현에 드는 기술적 노력의 이유로 인해 실제로 얻는 것이 매우 어려웠다. BPML이 이와 같은 어려움을 사라지게 하였다.

BPM 혁신 이전에는, 새로운 비즈니스 모델을 실행으로 옮기는 일은 복잡한 분산 컴퓨팅, 메시징, 통합 해법의 사용에 의존했다. BPML의 출현으로 이들 복잡하고 비싼 해법들은 좀 더 간단해지고 저렴해지며, 결국에는 정보 시스템 개발자들의 스킬 범위에서 사라질 것이다. 얼마나 많은 젊은 데이터베이스 개발자들이 논리적 물리적 입출력 통제시스템 (CILCS, PIOCS)의 자세한 내용을 알겠는가? 그것들은 아직도 거기에 있지만, DBMS와 SQL같은 고급 언어가 그것들을 납땜해 버렸다 – 안 보면 마음에서도 멀어진다. 그와 같이, 분산 시스템의 복잡한 납땜질은 좀 더 간단하고, 비용 효율적이며, 관리하기 쉬운 대안을 제공하는 새로운 프로세스 경영 기술에 의해 이루어질 수 있다.

의심할 여지없이 좀더 급진적인 단순화 단계는 프로세스 시대에 펼쳐질 것이다. BPML을 평가한 어떤 기업들은 이미 하나의 중앙집중된 컴퓨터 시스템 상에서 가치사슬 규모의 비즈니스 프로세스가 모델링되고 실행될 수 있다는 사실에 주목하고 있다. 전체 종단간(end-to-end) 프로세스 설계는 완전히 "분산"되지만, 실행은 하나의 시스템에서 처리된다. 공급망 상에 있는 모든 참가자들 – 공급자, 생산자, 판매자, 고객 – 은 존재하지만, 기술적인 구현과 그 관리는 중앙집중식이 될 수 있다. 데이터센터와 마찬가지로 프로세스

센터가 곧 일반화될 것이다. 그와 같은 집중형 환경에서도 비즈니스 차원의 참가자들은 여전히 메시지를 교환한다-그들은 아직 그들 자신의 "상태(state)"를 유지하며 그들 자신의 프로세스 데이터를 질의(query)를 통해 얻을 수 있다. 비즈니스 트랜잭션은 아직도 되돌릴 수 있다.

수없이 분산된 비즈니스 수준 프로세스 설계의 중앙집중식 실행은, 특히 가치사슬에서 "작은 거인"이 되고자 하는 많은 조직들이 탐구하려는 것과 차이가 없을 것이다. 미국에는 어떤 가치사슬이건 간에 조금이라도 관련이 있는 수 백만의 중소기업(SMEs: small and medium enterprises)들이 있다. 그들은 공급자의 공급자이며 전형적으로 50명 미만의 구성원을 가지고 있고, 아마도 기껏해야 인터넷 접속과 스프레드시트만을 비즈니스 기술로 사용할 것이다. 그러나 그들은 미국 경제의 원동력이다. 여러 기업을 포함하는 하나의 비즈니스 경영 시스템은 전체 종단간(end-to-end) 프로세스에 의해 정의되는 업무 조정(작업순서, 동시진행, 일정수립)과 프로세스 실행 관리(라이프사이클, 지속성)와 분산 트랜잭션 처리(2단계 커미트 규약(protocol)), 공개 네스티드 트랜잭션(open nested transaction), 보정 트랜잭션 (compensating transaction))의 책임을 맡을 수 있으며,-이것들은 SME들 입장에서 생각조차 못했던 것들이지만, 산업계의 고릴라(대기업)들에 의해 공급자는 물론 공급자의 공급자의 공급자에게까지 그 혜택을 늘려 갈 수 있다.

데이터베이스 관리시스템과 마찬가지로, 비즈니스 프로세스 경영 시스템은 시간이 지남에 따라서 모든 기업들이 당연한 것으로 여기는 기술 하부구조의 일부가 될 것이다. 데이터 관리를 기반으로 만들어진 혁신은 실로 상상할 수 없는 수준이었다-무한할 정도로 다양한 데이터 인지 응용시스템들을 보라. BPM을 기반으로 만들어질 응용시스템들도 그와 같이 놀라운 상태가 될 것이다-무한할 정도로 다양한 프로세스 인지 응용시스템들을 보게 될 것이다. 그러나 지금 현재, BPM이 가진 하나의 즉시적 장점은 조직 목표와 프로세스 설계를 정렬할 수 있는 능력이며, 이것은 더 넓은 의미를 이해하기 위한 첫걸음이 된다.

BPML은 고수준의 비즈니스 가치나 목적을 모델링하는 데 사용되지 않는다—이런 업무는 영원히 사람의 직관, 창조력, 지능의 영역에 남아 있을 것이다. 그러나 BPML은 목표가 달성되었는지의 확인을 도와주는 핵심 역할을 할 수 있다. 예를 들면, 실행되고 있는 프로세스들에 대한 질의(query)를 통해, 목표가 달성될 것인가에 대한 관점(과거와 현재)을 만들어 준다. 역시 질의를 통해, 어떤 참가자들(시스템, 사용자, 프로세스들)이 목표 달성에 책임이 있고, 어떤 것이 목표 달성을 어렵게 만드는지에 대한 것을 모두 알아낼 수 있다. BPML은 프로세스 차원의 비즈니스 인텔리젼스를 위한 기반이다.

모든 것을 함께 묶으면…

프로세스 중심의 기업 컴퓨팅을 향한 수렴의 매체로서 BPML은 응용시스템들, 프로세스 경영 시스템들, 그리고 다수의 새로운 프로세스 도구들 사이의 상호 운용성을 제공한다. BPML은 완벽한 비즈니스 프로세스 경영—도출, 설계, 운영, 최적화, 분석—을 위해 설계되었다. 그것은 소프트웨어 회사와 비즈니스 모두가 차세대 프로세스 인지형 시스템, 도구, 응용시스템을 개발하는 기반이다.

비즈니스의 동적이고 팽창하고 축소되고 변화하는 업무를 처리할 수 있는 표현과 실행 환경을 개발하는 것이 매우 어려웠기 때문에, 비즈니스 프로세스는 지금까지 IT 세계에서 이등 시민이었다. 그러나 프로세스 계산학(process calculus) 공학에 기반을 둔 BPML은 이들 복잡성과 동적인 요소를 관리할 수 있어서 비즈니스 프로세스는 다시 일등 시민이 될 수 있다.

BPML의 이론적 기반은 모든 다른 형식론(formalism)과 마찬가지로 복잡하다. 관계 대수학이 데이터베이스 시스템에 의해 관리되는 비즈니스 자산의 안전한 저장과 사용에 확신을 제공하지만, 믿을 수 없을 정도로 단순한 데이터 모델의 경우도 그와 마찬가지이다. 프로세스 계산학 기반 위에 만들어진 프로세스 경영 시스템도 역시 그렇다. 다행스럽게도 소프트웨어 개발자들과 비즈니스 사용자들은 이와 같은 형식론을 직접 다루지 않는다. 그들은 고수준의 단순화된 도구들을 사용하며, 많은 사람들은 그 도구들의 기반이 되는 형식적 기초를 인식하지 못한다. 비즈니스 프로세스 질의어(BPQL: Business Process Query Language) 같이 개발된 언어는 모든 산업과 기업의 프로세스에 대한 측정지표 값과 의사결정지원 정보의 수집을 가능하게 한다.

    모든 아키텍쳐 설계의 제 1의 원리를 적용하여, BPML 설계는 그 목적에 맞도록 최종 목표와 제약조건 사이의 균형을 맞추었다. 너무 복잡해서 소프트웨어 공급자들이 구현하는 데 어려움을 주지 않으면서, 구현할 기능을 충분히 수용하였다. 프로세스 경영 시스템에 바탕이 되는 제 1 원칙은 광범위한 영역의 목적에 적용되게 하는 것이다. BPML은 이러한 상향식(bottom-up) 접근방식 - 이론으로부터 구현 - 을 사용하여 설계됨으로써, 그것을 기반으로 하는 모든 고급 언어와 시스템은 이러한 튼튼한 기초로부터 얻는 효력을 상속받도록 하였다. 역사적으로, 컴퓨터 시스템의 개발과정이 이렇게 이루어졌다. 존 빈센트 아타나소프(John Vincent Atanasoff) 박사가 아이오아 주립대의 클리포드 베리(Clifford Berry)와 함께 1937년~1942년 사이에 최초의 전자 디지털 컴퓨터를 만들 때, 그는 2분법 시스템(binary numbering system)을 이론의 기초로 선택하였다. 2분법 시스템은 비록 사용자들이 잘 인식하지 못하지만, 오늘날의 컴퓨터에서도 표현의 기초로 사용되고 있다. 이제, 파이 계산학(Pi-calculus)은 새로운 "비즈니스 컴퓨터"의 기초로 선택되었다. 미래의 비즈니스 사용자들은 이에 대해 별로 신경을 쓰지 않게 될 것이다.

취할 가치가 있는 노력은 쉬운 것이 없으며, BPML도 예외는 아니다. 업무 흐름 상의 문서와 응용시스템 인터페이스로부터 벗어나 컴퓨팅 세계 중심을 프로세스 초점으로 옮기는 것은 소프트웨어 기업과 또 모든 기업에 있어서 패러다임의 변화이지만, 반드시 필요한 변화이다. 어떤 이들은 BPML이 현재 필요한 것보다 과하다고 말한다. 그러나 기존 기술로 중요한 통합 프로젝트를 수행해 본 사람들이 보면, 오래되고 사유화된 점 대 점(point-to-point) 통합 해법들은 더욱 더 가능성이 없다. 정확하게 곡선의 흐름 위에 기업이 위치하기가 어려우므로, 기업의 선택은 곡선 위에서 뒤쳐지거나 앞서가는 것 두 가지이다. 이 경우에 있어서는 앞서가는 것이 훨씬 쉽다.

부록 B

비즈니스 프로세스 경영 시스템

앞으로 기업들은 넓은 범위의 비즈니스 프로세스들을 모델링하고 수행하기 위해 프로세스 통합 서버가 필요하게 될 것이다.
― 포레스터 리서치(Forrester Research), 1999

비즈니스 프로세스 경영 시스템(BPMS)은 기업이 실제 운영 수준의 비즈니스 프로세스들 – 즉 기업의 방화벽 안과 인터넷 상에서 여러 응용시스템들과 조직 그리고 외부 협력사들을 가로질러서 운영되는 비즈니스 프로세스들 – 을 모델링하고 전개하고 관리할 수 있게 한다. 이 BPMS는 새 유형의 소프트웨어를 말하며 IT 하부구조의 새로운 시대를 열 것이다.

BPMS는 두 가지 시각에서 이해할 수 있다. 하나는 차세대 업무용 응용시스템이 만들어지는 새로운 플랫폼으로 보는 시각이고, 다른 하나는 이미 존재하는 업무용 시스템들에 내장되는 새로운 기능으로 보는 시각이다. 각각의 경우 차이점은 기존의 RDBMS는 BPMS에, 관계형 데이터는 프로세스에, 데이터의 라이프사이클 관리는 프로세스의 라이프사이클 관리에 각기 비유할 수 있다. 어느 경우이건 기업들은 오늘 BPMS를 도입함으로써 자신들의 비즈니스 프로세스에 대하여 과거에는 볼 수 없었던 통제력을 확보하고 기존 시스템들의 보완과 사업목표 달성의 가속화를 이루게 된다.

BPMS 도입을 위해 기업이 취할 수 있는 방법은 BPMS 전문업체로부터 프로세스 경영 시스템을 구매하거나 그들이 이미 사용하고 있는 하부구조 소프트웨어의 후속 버전이 제공하는 BPMS 기능을 기다리는 것이다. 어느 경우에도 그들은 이미 존재하는 IT 투자를 활용하면서도 프로세스를 경영하게 될 것이다.

프로세스 경영은 이미 친숙한 기술들과 도구들이 제공하는 많은 기능들을 가져와서 결합시키지만 프로세스에 초점을 둔다는 점이 다르다. 여러 다른 분야의 실무자들이 BPM 제3의 물결에 대해 생소하게 느끼지 않을 것이며, 프로세스 경영과 관련된 기존 제품들을 공급하는 소프트웨어 업체들은 이미 프로세스 중심이라는 방향을 향해 움직이고 있다.

BPM이 도해적인 표현과 협업에 의한 프로세스 도출 및 설계를 강조하기 때문에 컴퓨터 지원 소프트웨어 엔지니어링(CASE: Computer Aided Software Engineering)과 유사한 것처럼 느껴질 수 있다. BPM은 또 이벤트의 코드화와 과제관리에 초점을 두기 때문에 워크플로우 관리(workflow management)와도 유사성을 갖는다. 그리고 정보시스템 관리자들이 데이터와 시스템 관리에 적용하는 엄격한 통제와 장애복구 기능은 프로세스에도 확장 적용될 수 있다. 정보시스템 구조 전문가의 관점에서는 거래처리 모니터(transaction processing monitors) 또는 응용 프로그램 서버와 공통점을 느낄 것이다. ERP 전문가들에게는 BPM이 프로세스의 정의와 최적화에 초점을 둔다는 점에서 연관성을 느끼게 할 것이다. 오래 사용한 시스템들을 통합하거나 전사적 응용시스템 통합(EAI) 소프트웨어를 이용할 때, 프로세스를 통해 통합 경로를 정의하고 구축해 본 경험을 가진 개발자들은 BPM에서 유사한 아이디어를 발견할 것이다. BPM과 병행하여 사용될 새로운 프로세스 분석 도구들은 온라인 분석 처리(OLAP: Online Analytical Processing) 사용자들에게 낯설지 않은 점이 있을 것이다. 끝으로 기업간 통합(B2Bi: Business-to-Business integration) 작업의 경험자들은 익숙한 개념들, 즉 프로세스 참가자(process participants), 위치 독립성(location independence), 비침해형 통합(non-invasive integration) 개념을 BPM에서도 발견할 것이다. BPM은 만족과 놀라움을 줄 것이다. 그러면서도 기업의 기존 IT 자산들이 쉽게 적용될 수 있을 것이다. 우리의 경험에 의하면 BPM 도입에 필요한 학습 곡선은 충분히 수용이 가능한 수준이었다.

비즈니스 프로세스 경영 제품들이 여러 업체로부터 제공되고 있으며, 부서 내부 작업그룹 용도 버전에서부터 모든 기능을 갖춘 전사적 하부구조 용도 버전까지 존재한다. 개인용 BPM 도구도 현재 널리 사용되고 있는 오피스 제품군 중에 포함되어 있는 일상 용도의 데이터베이스와 유사한 방법으로 등장할 가능성이 있다. "프로세스 오피스(Process Office)" 제품군의 등장을 상상해 보라. 이것은 협업, 계산, 작업관리, 프로세스 모델링과 시뮬레이션과 같은 작업들이 통합되어 프로세스 중심의 접근을 지원할 수 있을 것이다. 이러한 비전은 전적으로 BPM 제3의 물결 개념 위에서만 현실화가 가능하다.

프로세스 경영은 소프트웨어를 공급하는 업체들에게는 그들이 제공하는 소프트웨어가 모든 산업에 공통적인 제품이든(horizontal product) 특정 산업에 국한된 제품이든(vertical product) 이 제품들에 대한 혁신적이며 새로운 접근방법을 찾아낼 수 있는 풍부한 원천이 될 것이다. 우리가 이런 주장을 하는 데는 그 배경이 있다. 제3의 물결 충격은 하나의 새로운 소프트웨어 패키지의 등장을 훨씬 뛰어 넘는 것이라는 단순한 사실 때문에, 모든 패키지에 있어서 "모든 것은 프로세스"라는 것이 관심의 초점이 되는 상당히 큰 폭의 변화가 생긴다. IT의 향후 오십 년은 더 이상 데이터, 응용시스템, 문서, 비즈니스 객체가, 서로 분리된 패러다임에 의해 지배를 받는 방식에서 벗어나서 살아 숨쉬는 전체적(holistic) 관점의 프로세스에 의해 지배될 것이다.

이러한 추세가 어떻게 현업 사용자 조직으로 흡수될 수 있을까? ERP 시스템에 대한 의존도가 큰 기업들이 BPM 도입에 있어서도 기존 공급자들을 바라보리라는 것은 의심의 여지가 없다. 그러나 독립적인 비즈니스 프로세스 경영 시스템(BPMS)의 공급에 대한 큰 수요도 존재한다. 기업들은 오늘 BPMS 기능을 필요로 한다. 우리는 다시 확신하건 데 모든 기업용 응용시스템들이 종국에는 BPMS 기초 위에 재구축될 것이다.

위와 같은 모든 이유들 때문에 전형적인 BPMS를 설명하는 것은 거의 불가능하다. 어떤 업체들은 BPM 또는 BPMS라는 용어를 사용하지 않는 경우도 있다. 제4 계층(fourth tier), 비즈니스 서비스 오케스트레이션(BSO : Business Service Orchestration), 합성 응용시스템(composite application) 과 같은 용어들 모두가 BPM 움직임의 다른 표현들이다. 차세대 워크플로우 (next-generation workflow), 스마트 미들웨어(smart middleware), 초계층(hyper-tier), 그리고 실시간 기업(real-time enterprise)과 같은 마케팅 용어들 또한 프로세스를 IT의 중심으로 이동하는 표현의 일부이다.

그러므로 이 책에서는 저자들이 이해하고 있는 BPM의 가능성에 기초하여 BPMS 기능을 스케치하는 수밖에 없다. 실제 제품은 다음에 표현하는 것과 다를 수 있으나 그 제품이 BPM 제3의 물결에 해당한다면 단순히 "프로세스 내장(process-inside)" 그 이상으로 프로세스를 최우선 존재로 취급해야 할 것이다. 그러므로 여기서는 기업 용도의 일반적인 BPMS를 설명하기로 한다. 분석가들에 따르면 "BPM"이 빠른 속도로 글로벌 5000 기업들이 선택하는 업무 플랫폼이 되고 있다고 한다. 우리는 이것이 기업들이 전사 프로세스를 통제하기 위해 찾고 있는 기본 능력이라고 믿는다.

직관적으로 볼 때, 자동차 설계자를 위한 설계 워크스테이션의 기능과 프로세스 설계자를 위한 BPMS의 기능은 동일한 성격을 갖는다. 자동차 설계자들이 사용하는 컴퓨터 지원 설계와 컴퓨터 지원 제조(CAD/CAM)와 같이 프로세스 설계자를 위한 컴퓨터 지원 모델과 컴퓨터 지원 전개(CAM/CAD : Computer-Aided Modeling/Computer-Aided Deployment)가 등장한다.

밀봉된 패키지와는 다르게, 기업의 프로세스에 BPM이 적응하는 것이며, 반대로 BPM에 기업이 적응하는 방식이 아니다. BPMS는 새로운 혼합 업무 역할(hybrid business role)을 만들려는 목표를 갖고 있다. 즉 기업의 데이터 구조 기술과 기업의 비즈니스 구조 기술을 결합한 역할이다. 프로세스 구조 전문가(process architect)라는 이름의 이 역할은 21세기 기업에서 진정한 구조 전문가(architect)가 될 것이다.

CAD/CAM 시스템에서와 마찬가지로 BPMS의 밑바탕에는 설계자의 작업 대상인 실제의 "사물"을 디지털화하여 시뮬레이션하는 기능이 존재한다. 자동차 설계자들이 타이어, 엔진, 차체, 공기역학 등과 같은 인공물(artifacts)들의 디지털화된 모델을 가지고 작업한다면 프로세스 설계자들은 주문, 공급자 서비스 이행, 제3자 청구 서비스, 자재부품구성표(bills of materials), 거래 협력사 출하 서비스 등과 같은 인공물들의 디지털화된 모델을 가지고 작업하게 된다.

자동차 엔지니어가 "제작버튼"을 누르면 컴퓨터 지원 제조 기능에 해당하는 시스템의 한 부분이 실제로 새로운 자동차의 제작을 실행한다. 비즈니스 프로세스 엔지니어가 "제작버튼"을 누르면 컴퓨터 지원 전개 기능에 해당하는 시스템의 한 부분이 실제로 핵심(mission-critical) 업무 프로세스의 전체 종단간(end-to-end)을 실행한다.

그렇다면 C++, 자바, 스크립팅, EAI 등 관계된 다른 컴퓨터 기술들은 어떻게 될 것인가? 이 모든 것들은 어떤 역할을 할 것인가? 그들은 지금과 달라지는 것 없이 그대로 사용될 것이다. 다만 이제 설계자들이나 현업 사람들은 BPMS를 바탕에 둔 비즈니스 프로세스 워크스테이션을 사용할 뿐이며, 그런 기술적인 사항들은 BPMS가 사람을 대신하여 다루게 된다.

BPMS를 이용하여 업무용 정보시스템이 개발되고 개발된 시스템이 진화하게 되는데, 그 방법은 기계 언어와 개념 대신에 업무 언어와 개념을 가지고 비즈니스 프로세스를 직접 다루는 방식이 된다. BPMS는 사람과 기계 두 세계의 중간에 위치하면서 사람들이 자연 언어로 말하면 기계는 그 말을 이해하도록 해준다. 이것은 업무자동화의 세계에서 업무구조와 작업수행 방법에 큰 영향을 미치는 패러다임 이동이 일어나는 것을 말한다. 비즈니스 변화는 이제 과거의 경직된 기계 중심의 업무 기술에 의해 방해를 받지 않으면서 진행된다.

프로세스 경영 기업

지난 10년 동안 기업들이 사용하는 업무운영 프로세스들이 점점 더 복잡해져 왔으나 이 프로세스들을 지원하는 완벽한 IT 하부구조를 찾으려는 노력은 여전히 계속되고 있다. 지나간 10년의 전사적 자원관리(ERP) 패키지가 준 최대의 효과는 — 기업이 필요로 하는 것들을 한 곳에 모으는 일 — 즉 통합을 촉진한 것이라고 생각된다. 그러나 동시에 이 통합이라는 목표 달성이 가능하지 못하다는 사실도 인식시켰다. 이제 BPMS의 출현으로 그 불가능이 가능으로 바뀔 것이다.

경쟁과 비즈니스 용도로서 인터넷의 영향 증대는 기업들이 새로운 프로세스를 만들고 기존 프로세스를 고객, 거래 협력사, 공급자들을 포함하여 확장하도록 압박하고 있다. 프로세스는 ERP나 다른 단일 대형시스템 안에 내장된 형태로 사용되는 경우가 일반적이다. 프로세스를 소프트웨어 안에 내장하는 방식이 좋은 아이디어가 아니라는 사실을 깨닫는 데 걸린 시간은 그리 길지 않았지만 그러나 더 좋은 아이디어도 없었다. 그 이유는 세 가지가 있다. 첫째, ERP처럼 패키지화된 전사적 응용시스템은 자재관리나 재무보고와 같이, 비용과는 관계없이 자동화는 해야 하는 일부 프로세스들만을 대상으로 한다. 둘째, 프로세스의 전체 종단간(end-to-end)을 IT 환경에 구현하기 위해서는 전사적 데이터의 구성이 선행되어야 한다. 그리고 이 전사적 데이터의 구성은 완성까지 이미 수십 년이 걸린 거대한 작업이다. 셋째, 대부분의 응용시스템 패키지들 안에 내장된 프로세스는 협업을 위한 통합이나 분리는 고사하고 변경이나 다른 프로세스와 결합도 용이하지 않다.

이런 이유들 때문에 ERP나 유사한 시스템들은 기업 내부 프로세스에도 매우 큰 프로세스 리엔지니어링 노력을 필요로 하며, 더욱이 패키지화된 전사적 소프트웨어로는 여러 사업 협력사들의 무수히 많은 프로세스들 간의 상호작용을 자동화하는 일은 거의 불가능하다. 여기에는 이론적으로 또 실제적으로 이유가 있다.

이론적 관점에서 보면 다수의 프로세스 통합으로 인한 복잡성은 프로세스의 수와 각 프로세스의 복잡성이 증가함에 따라서 기하급수적으로 증가한다. 주문제작(build-to-order) 프로세스 자동화를 위한 하나의 표준 응용시스템을 예로 보자. 어떻게 모든 산업의 모든 기업들에게 적용 가능한 그런 응용시스템이 가능할 수 있는가? 이것이 가능하다고 주장하는 것은 마치 "각양각색"의 프로세스들을 구현하는 하나의 일반화된 응용시스템을 만들 수 있다고 하는 것과 같은 말이다! 데이터와 절차에 기초한 패러다임에 집착하는 응용시스템 개발자들은 불확실한 미래에 봉착하고 있다. 그들의 비즈니스 모델은 모든 산업의 모든 기업과 모든 상황에 적용되는 프로세스의 완전성에 기초하고 있다. 그 모델은 합리성이 없으며 그런 개발자들은 이를 곧 포기하게 될 것이다. 구멍에 빠져 있다는 사실을 안다면 구멍 파는 일을 그만두어야 한다.

실제적 관점에서 보면 파트너 관계에 있는 사업 협력사들 각각은 다양한 업체가 제공하는 상이한 IT 하부구조를 가질 수밖에 없으며, 그 결과 모든 경우를 만족시키는 단일 해결안에 의존하는 것은 현실성이 없다. 비록 한 기업이 한 응용시스템에 대하여 표준화하려고 해도 이 표준을 다른 협력사들에게 요구해서 적용하기는 대부분 불가능한 일이다. 만일 IT 산업의 대형업체들 가운데 자신이 가치사슬 전체에 걸친 표준을 만들 수 있다고 믿는 기업이 있다면 이는 자기만의 착각에 지나지 않는다. 모든 표준 패키지들은 전개와 맞춤에 긴 시간이 소요되기 때문에 쇠퇴하고 있다. 가치사슬 통합을 추구하는 기업들은 그 대신, 프로세스 혁신을 프로세스 통합으로부터 분리하여야만 한다. 응용시스템들을 BPMS에 일단 통합하고 나면 그 후에는 통합으로부터 자유로워져서 단지 프로세스의 전체 종단간(end-to-end)을 관리하기만 하면 된다.

여러 사업 협력사들의 IT 환경을 공급업체의 독립적인 방법으로 통합하는 이슈는 기업간 협업(collaborative business-to-business) 인터페이스의 표준화를 통해 부분적으로 해결할 수 있을 것이다. 그 예가 하이테크 산업의 로제타넷(RosettaNet), 보험산업의 ACORD, 화학산업의 CIDX 같은 것들이다. 그럼에도 불구하고 여전히 남는 의문은 이것이다. 즉 이러한 인터페이스 프로세스들을 기존의 IT 환경과 어떻게 통합할 것인지의 방법이 그것이다. 더욱이 기존의 IT 환경들은 구매(procurement), 주문충족(fulfillment), 그리고 서비스망 관리(service-chain management)와 같이 새로이 늘어나는 e-비즈니스 응용시스템들을 포함하는 다수의 패키지 응용시스템들로 구성되어 있다. 그러나 이것이 전부는 아니다. 기업들은 단순히 협력사들과의 접점 경계부분에 대한 표준 인터페이스의 구축을 원하는 것은 물론, 프로세스의 전체 종단간(end-to-end)을 대상으로 신속한 변화를 구현할 수 있기를 원한다. 표준화를 주도하는 기구들은 패키지 소프트웨어 공급 업체들의 실수를 반복해서는 안 된다. 그들은 프로세스의 표준화 대신 프로세스 표현의 표준화에 초점을 두어야 한다.

기업은 단편적이며 개별적인 통합 프로젝트들을 포기하고 그 대신 모든 패키지 시스템, 부서단위 시스템, 전사적 시스템들을 포괄하는 전사적 구조 아래 응집된 IT 하부구조가 구축되는 하나의 프로세스 기반을 활용해야만 한다. 이와 같은 방식 — 우리는 이 방식을 다중 채널(multi-channel), 다중 시스템(multi-system) 그리고 다중 기업(multi-company) 통합이라고 부른다 — 을 통해서 기업 고유의 프로세스들이 사업 협력사들과 고객들에게까지 확대될 수 있다. 이것은 "통합 기반 맞춤 처리(integrate-once and customize-many)" 접근이라고 표현할 수 있다. 이 방식은 패키지 소프트웨어를 하나의 산업 전체에 배포하는 방법과는 정면으로 대치되는 방식이다. 후자의 방식은 기업의 고유 프로세스가 모방될 수 있기 때문에 경쟁우위가 훼손될 위험요소가 존재한다.

BPMS는 엄청난 고가의 소프트웨어 리엔지니어링 작업을 수반하지 않고도 기존 IT 환경 위에서 직접 비즈니스 프로세스를 구현할 수 있게 해준다. 공급업체에 따라서 상이한 용어로 표현될 수 있지만 결국 프로세스 가상 머신(process virtual machine)이 BPMS의 핵심 요소이다. 이것의 의미는 자바 가상 머신(Java virtual machine)을 연상하면 된다. 즉 자바 가상 머신이 자바 언어로 된 컴퓨터 프로그램을 실행하는 것과 마찬가지로 프로세스 가상 머신도 비즈니스 프로세스 언어를 실행하는 확장 가능한 병행처리 환경이다.

BPMS는 기존 응용시스템을 대체하지 않는다. 다만 경험이 축적됨에 따라서, 새 프로세스의 정의와 실행을 용이하게 해 주는 BPMS 기능에 확신이 생기면 일부 응용시스템의 개발을 대체할 수는 있을 것이다. 그러나 이미 존재하는 과거 방식의 시스템들은 BPMS에 의해서 새 프로세스나 개선된 프로세스 설계에서 소프트웨어 컴포넌트로서 맞추어지고 연결될 수 있기 때문에, 기업 내/외부의 프로세스 기반 개발작업에서 그 가치를 유지하며 활용된다. 프로세스 설계에 통합되기를 원하는 최신의 "베스트 어브 브리드(best-of-breed)" 응용시스템들도 버릴 필요가 없다. 이 유연성은 현업 최종사용자 관점에서도 바람직할 뿐만 아니라 자신 외의 다른 업체들이 공급하는 응용시스템 컴포넌트들도 수용하는 저장소를 구축하려는 소프트웨어 업체들의 관점에서도 바람직한 것이다. 이 저장소는 특정 산업이나 개별 고객의 요구에 맞는 맞춤화된 프로세스를 공급하는 데 이용할 수 있다. 응용시스템과 프로세스의 결합은 시간이 지나가면서 더욱 밀접해질 것이다. 그 "과정" 또는 시각 안에 그리고 명시적이며 관리 가능한 프로세스 데이터의 형태를 가진 표준 소프트웨어 안에 이미 프로세스 경영 시스템이 존재하고 있는 것이다. 이 유연성은 최종 사용자 기업들이 원하는 것이며 여기에 귀를 기울이지 않는 업체들은 결국 대가를 지불하게 될 것이다.

BPMS 효과

독립된 시스템으로 구매하든 차세대 응용시스템 패키지에 포함되든 BPMS는 우리가 잘 알고 있는 "언행일치"라는 격언을 기업들이 실천하게 해준다.

패키지 응용시스템은 비즈니스 프로세스 통합이라는 도전적 과제를 적절히 다룰 수 없기 때문에 그 대안으로서 BPMS를 제외하면 남는 유일한 대안은 전통적인 프로그래밍 작업에 의존하는 광범위한 자체 개발 방법뿐이다. 소프트웨어 개발이라는 접근방법은 의도에 따라서 융통성을 가질 수는 있으나 한 가지 중요한 결함이 있다. 소프트웨어 코드로 비즈니스 프로세스를 직접 반영할 수 없기 때문에 시간이 경과함에 따라서 프로세스 수정에 대한 필요를 반영하는, 유지관리 부담이 상상할 수 없을 정도로 증가한다는 사실이 그것이다. 비록 내부 프로세스에 대해서는 현재의 개발방법이 잘 보존된다면 유지관리가 잘 이루어질 수도 있으나 기업 외부의 협력사들과 관련된 부분은 결코 그렇지 못하다. 전통적 방법으로는 더 이상 이 과제의 복잡성을 다룰 수 없다. 이 세상의 모든 프로그래머들을 비록 한 기업이 고용할 수 있다고 해도 비즈니스 프로세스에 대한 증가하는 요구를 따라갈 수 없을 것이다.

프로세스 중심 환경에서는 비즈니스 프로세스 정의에서 IT 시스템 구현까지의 중간 단계가 생략될 수 있다(도표 B-1 참조). 이것은 다시 IT 환경에 유연성과 통제성을 부여해 준다.

유연성 : BPMS는 비즈니스의 기본적인 추진 엔진이다. 기업은 최근의 경제환경에 의해, 과거에는 볼 수 없었던 변화수준에 대응해야 하며, 사업 협력사와의 동적 관계를 형성하면서 경쟁우위를 유지해야 하는 거대한 압박을 받고 있다. 업무 분석가들은 비즈니스 규칙들을 친숙한 설계 도구들을 사용하여 일반적 언어로 표현하면서 원하는 대로 비즈니스 프로세스를 수정한다. 이렇기 때문에 새로운 비즈니스 프로세스의 전개까지 소요되는 시간이 대폭

도표 B-1 | 소프트웨어 라이프사이클과 프로세스 라이프사이클 비교

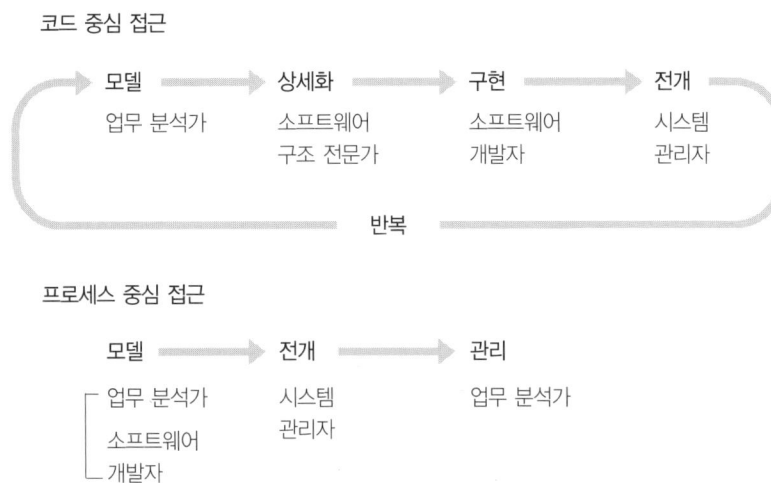

단축된다.

통제성 : BPMS는 비즈니스 프로세스 지능을 향상시킨다. 역시 최근의 경쟁환경 변화는 기업이 보다 직접적인 성과측정을 필요로 하게 만들었다. 새로운 세 글자 약어를 만들기 좋아하는 분석가들은 전사적 성과관리(EPM: Enterprise Performance Management)라고 이것을 부른다. 그러나 EPM의 "P"는 프로세스의 "P"가 되어야 한다. 일부 분석가들이 말하듯이 EPM을 기존의 ERP, CRM 그리고 SCM의 혼합체로 정의해서는 안 되며, 전사 구조의 기초인 BPMS로의 이동을 의미하는 BPM 제3의 물결로 이해하여야 한다.

전통적으로 분석가들이 "비즈니스 인텔리전스"라고 말하는 비즈니스 측정 (business measurement)은 잠재적인 비즈니스 프로세스의 지나간 운영결과에서 도출된 데이터 분석에 의존해 왔다. 반면 BPMS는 명시적으로 정의된 ― 잠재적이 아닌 ― 비즈니스 프로세스의 사업가치를 직접 측정함으로써 업무 분석가들이 실시간으로 ― 지나간 운영결과에 대해서가 아닌 ― 프로세스 분석을 할 수 있도록 한다. 이 프로세스들은 이제 소프트웨어를 추가로 개발하지 않고도 즉시 최적화할 수 있으며 이로 인해 프로세스 전체 라이프 사이클에 대한 관리를 현저히 단순화시킨다.

BPMS를 위한 접근방법

BPMS는 다음의 세 가지 필수 요건을 충족해야 한다. 즉 완전한 유연성, 신뢰성 그리고 보안성이 그것들이다. 이것은 모든 수직계열화 산업들, 모든 기업 응용시스템들, 모든 조직 내부의 부서들, 또는 모든 사업 협력사들 사이에 걸친 모든 비즈니스 프로세스들을 모델링하고, 전개하고, 관리할 수 있어야만 한다. 이를 위해서는 높은 수준의 유연성이 요구되며 이 유연성은 BPMS가 사용하는 프로세스 표현에 의해 제공된다. 이 시스템은 실제 운영업무의 하부구조 요소로 신뢰할 수 있기 위해서 무장애 기능(fault-tolerance), 서비스 품질관리 기능(quality of service), 확장 기능(scalability)을 가져야만 한다. 그리고 BPMS는 내부 IT 하부구조와 사업 협력사의 그것 사이의 경계부분을 다루기 때문에 높은 수준의 프로세스 보안능력도 제공하여야 한다. 지금까지 기업 소프트웨어들 가운데 어느 것도 이 모든 기능들을 제공하지 못하였다.

유연성 : 관계형 데이터베이스 관리시스템이 데이터 모델링, 인덱싱 그리고 조회를 위한 강력한 관계형 모델에 기초한 것처럼, 비즈니스 프로세스 경영 시스템도 반드시 전사 차원 비즈니스 프로세스의 모델링, 전개 그리고 관리를 위한 강력한 비즈니스 프로세스 모델 위에 구축되어야 한다.

따라서 가트너의 데이비드 맥코이(David McCoy)는 다음과 같이 말한다.

기업들은 명시적으로 정의된 프로세스를 활용하기 시작해야 한다. 2005년까지 대기업의 90 퍼센트가 자신들의 전사적 신경망 시스템(ENS:

도표 B-2 | 핵심(Mission-Critical) 업무 전사적 소프트웨어 하부구조[1]

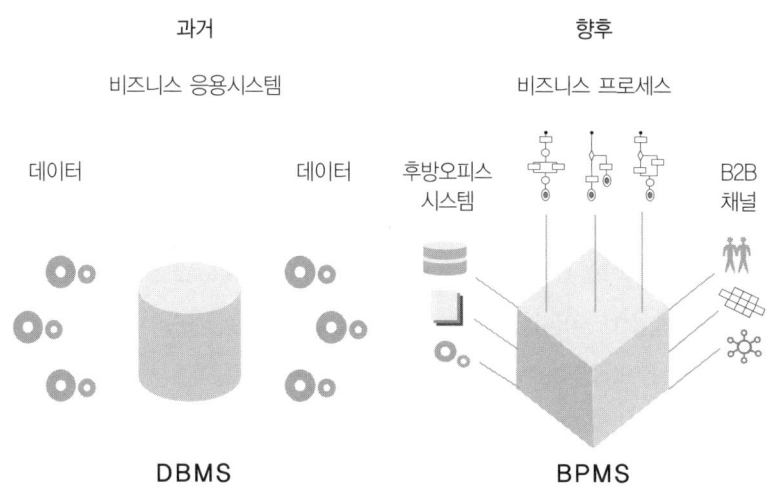

Enterprise Nervous System) 안에 BPM을 갖게 될 것이다(확률 0.9). 모든 흐름의 통제를 하드코딩하는 방식을 고수하거나 수작업 프로세스를 고집하느라고 BPM의 효과를 활용하지 못하는 기업은 BPM을 채택한 경쟁자에게 패배하고 말 것이다. 비즈니스 프로세스 경영이 프로세스 자동화를 통해 갖게 되는 업무개선 잠재력은 "전사적 신경망 시스템(ENS)"을 구축해야 하는 업무상의 절대적 배경이다. ENS 구축이 문제식별 체계로 보일 위험이 있는 반면 BPM은 논의 수준을 끌어 올려 응용시스템 통합 목적을 지원하는 개별 비즈니스 프로세스들의 관리까지 포함한다.

---

1) 오른 쪽의 육면체는 왼 쪽에 보이는 전통적으로 데이터 관리시스템을 표현하던 원통(그림의 왼쪽 도형)과 대비하기 위하여 비즈니스 프로세스 경영 이니셔티브(BPMI)가 채택한 심볼이다. 그러나 이 육면체가 BPMI나 BPMI 회원의 등록 상표는 아니다. 이 육면체의 윗면은 항상 프로세스를 표현한다. 좌우의 옆면은 내부 응용시스템들이나 외부 비즈니스 채널, 정보 원천 그리고 프로세스 참가자들을 표현하는 데 사용될 수 있다.

BPMS는 프로세스 컴포넌트들을 결합시킬 수 있어야 하며, 고급 비즈니스 프로세스 탐지기술을 이용하여 비즈니스 프로세스 성과를 정확히 측정할 수 있도록 해 주어야 한다. 또 기존의 비즈니스 프로세스를 특정시장 세그먼트나 거래 협력사 또는 고객에게 맞춤 서비스로 제공할 수 있게 해 주어야 한다. 이 시스템은 산업 표준에 기초한 공개 아키텍쳐를 제공하며, 모든 플랫폼과 운영 시스템 위의 모든 후방 시스템과 전사적 미들웨어 또는 패키지 응용시스템과의 통합을 단순화함으로써 기업의 기존 IT 투자 효과가 훼손되지 않도록 하여야 한다. 그리고 가장 중요한 요소는 이 시스템이 기업 간 협업 표준 규약(protocol)들을 지원함으로써 가치사슬 위의 사업 협력사들이 구태여 동일한 비즈니스 프로세스 경영 시스템을 사용할 필요가 없도록 해야 한다. 분산된 협업 프로세스 경영을 위해 협력사들 간에 합의한 인터페이스 프로세스가 프로세스 시스템들 사이를 연결하는 인터페이스를 구축함으로써 이 유연성은 향상될 것이다.

신뢰성 : 프로세스 중심의 비즈니스 하부구조는 기존 핵심(mission-critical) 업무 응용시스템들이 그 하부구조에 의존해서 핵심 프로세스 서비스와 연결할 수 있도록 해주어야 한다. 이것은 ERP 시스템이 일반적으로 제3자가 제공하는 데이터베이스 관리시스템에 의존하는 것과 동일한 모습이다. 뿐만 아니라 BPM은 병렬/병행 컴퓨팅(parallel/concurrent computing)에 기초해야 하며, 그 의미는 비즈니스 프로세스 경영 시스템이 클러스터링(clustering), 로드 밸런싱(load balancing) 그리고 무중단(failover)의 지원을 포함한 최대의 확장성과 신뢰성을 제공함으로써 프로세스의 지속적인 실행이 결코 차단되는 일이 없도록 해야만 한다는 것이다.

신뢰성은 보통 여러 요소들, 주로 기술적인 성격을 가진 여러 요소들의 결과이다. 확장성은 범위와 복잡성 모두에서 제공되어야 하며, 그래야만 비즈니스 프로세스 경영 시스템이 증가하는 전사 응용시스템들, 기업 조직들, 사업 협력사들에 걸치는 보다 광범위한 비즈니스 프로세스들을 지원할 수 있을 것이다. 무중단 기능(fault-tolerance)은 단일 실패점(single-points-of-failure)의 수를 최소화하고 중요 부분의 중복화에 적합한 구조로 제공되어야 한다. 서비스 품질관리(quality of service)는 사업 협력사들 간의 협상에 의한 프로세스 수준 약정대로 보장되며, 명시적 디지털 프로세스 인터페이스의 설계로 구체화되어야 한다.

다른 제품들에 적용하는 기준이 BPMS의 평가에도 동일하게 사용될 수 있다. 그러나 추가로 BPMS는 초기 데이터베이스 관리시스템 평가에 사용된 기준들과 유사한 기준들을 적용하여 평가할 필요가 있다. 관계형 데이터베이스 제품이 관계형 데이터 모델에 어느 정도 충실한지를 결정하는 기준으로서 E.F. 코드(E.F. Code)가 제안한 내용을 예로 보면 다음과 같다.

- 대규모 데이터 뱅크는 기계 내부의 데이터가 구성된 방법 — 내부 표현 — 을 알 필요가 없어야만 한다.
- 데이터의 내부 표현이 변경될 때 사용자의 행위나 대부분의 응용시스템들이 원래대로 유지되며 영향을 받지 않아야만 한다.
- 데이터 표현의 변화는 여러 가지 이유 즉 질의어, 수정, 보고서 트래픽의 변화와 저장정보 유형의 자연증가 등의 결과로 빈번하게 일어날 필요가 있을 것이다.
- n-ary 관계 기반 모델, 데이터베이스 관계성의 정규화 형태, 그리고 일반 보조언어(universal sub-language) 개념이 도입된다.
- 데이터 종속성의 세 가지 기본 유형이 기존 시스템으로부터 제거될 필요가 있다. 그 세 가지 기본 유형은 정렬 종속성, 인덱싱 종속성, 그리고 접근통로 종속성을 말한다.

위에서 "데이터"를 "프로세스"로 대체한 유사한 기준이 BPMS에 적용될 수 있으며 우리는 공급 업체들에게 이 평가단계의 적용을 추천한다. 신뢰성의 중요도는 매우 크다. BPMS가 모든 상황에서 제대로 작용할 것인가와 프로세스의 실행 결과가 예측 가능한가를 판가름하는 요소이기 때문이다.

보안성 : BPMS는 보안 기능과 감사 기능을 제공함으로써 "비즈니스 방화벽" 역할을 해야만 한다. 기업 간 또는 기업 내부의 조직 간이든, 공개된 모든 환경에서 보안은 시간이 지난 뒤 부분적인 해법을 추가하는 식의 선택적 기능이어서는 안되며, 초기부터 고려되어야 하는 필수 기능이다. IT 하부구조는 상대적으로 보안이 취약한 구조이며, 외부 협력사들을 항상 신뢰할 수만은 없으며 완전히 의지할 수도 없다. 그런데 비즈니스 프로세스 경영 시스템의 위치는 폐쇄적인 공동체 네트워크에서나 공개된 인터넷에서 그러한 IT 하부구조와 외부 협력사들의 공동체 사이의 경계 지대에 존재한다.

예를 들면 사업 협력사들 사이에는 서로가 상대방이 협력사의 구성원이라는 사실을 검증할 수 있어야 한다. 과거 전형적으로 이 문제를 해결하는 방법은 어느 한 편의 협력사에게 가상 사설망(VPN: Virtual Private Network)을 통해 상대 편 협력사의 인사시스템에 접근하는 권한을 제공하는 것이었다. 그러나 VPN을 통해 데스크톱 컴퓨터나 서버 또는 대형컴퓨터에 대한 물리적인 접근이 승인되면 보안에 있어서 잠재적인 허점이 생긴다. 진짜 필요한 것은 상대방 구성원임을 확인하는 것이 전부인데도 최소한 인사시스템 전체 정보에 대한 접근이 가능해지는 것이다. 거래 협력사들 사이에는 상대방 시스템 안의 깊은 곳까지 접근할 필요도 있기 때문에 그로 인해 기업들은 협력사와의 명확한 협의 없이는 기존 시스템을 변경할 수 없는 문제도 발생한다.

BPMS는 협력사들 간의 연결을 중재함으로써 이러한 제한을 근절시킨다. BPMS는 협력사의 요청을 받고 적합한 정보에 접근하여 약속된 방법으로 답변을 제공할 수 있으며 필요에 따라서는 이러한 처리규칙을 수정할 수도 있다. 그리고 이러한 모든 것이 프로세스 설계에서 명시적으로 표현된다. 협력

도표 B-3 | 비즈니스 방화벽으로서 BPMS

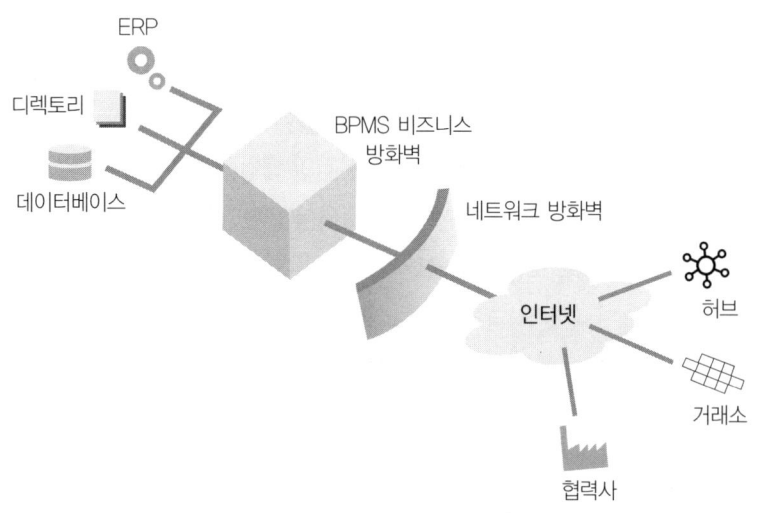

사들 간의 경계는 프로세스 인터페이스 부분이 된다. 프로세스 중 비공개 구현 부분은 특정 협력사의 보안영역 내부에 존재한다. 비공개 부분과 공개적으로 공유되는 프로세스 설계 정보와 프로세스 데이터 내용은 협력사들의 희망에 따라서 그리고 특정 사용자들에게 허락된 서로 다른 보안 역할에 따라서 동적으로 변경될 수 있다. 이처럼 BPMS는 도표 B-3에 묘사한 것처럼 비즈니스 프로세스 방화벽이 된다.

하드웨어 방화벽은 경직성이 있으나 이와는 대조적으로 (소프트웨어에 의한 이 방화벽은) 기능 정의(configuration)가 유연하며 보안의 훼손 없이 비즈니스 필요에 따라서 변경할 수 있다. 또 프로세스를 이용하여 보안정책을 정의하고 실행할 수 있다. 프로세스 참가자들은 전체 종단간(end-to-end) 보안 프로세스에서 중재자로서의 역할을 수행할 수 있다.

비즈니스 방화벽으로서 BPMS는 기업으로 하여금 스스로의 IT 하부구조에 대한 보안 감사를 할 수 있게 한다. 분산된 환경에서는 반드시 사용자에 대한 식별이 확실히 이루어져야 하기 때문에 비즈니스 프로세스 경영 시스템은 전자 인증(digital certificates)에 의한 사용자 확인 기능을 지원하여야 한다. 더욱이 보안정책은 전사적 차원에서 이루어져야 하기 때문에 기존의 디렉토리 서비스와 통합될 필요가 있다. 끝으로 사업 협력사와 송수신되는 데이터는 필요한 수준의 신뢰성을 보증하기 위해 암호화로 처리되어야 한다. 따라서 BPMS는 기존의 공개키 하부구조(PKI: Public Key Infrastructures)들을 지원하여야만 한다. 이런 방법으로 사업 협력사들 간에 거래 공동체의 구성원임을 확인하는 데 필요한 프로세스 수준의 식별이 가능한 기능이 구현된다.

비즈니스 프로세스 경영 시스템 사례

비즈니스 프로세스 경영 시스템은 복잡한 기술적 요건의 충족뿐만 아니라 연속적 업무처리(straight-through process) 통합 방법의 기초를 제공해야만 한다. 그림 B-4에서 보는 것처럼 BPMS는 과거에 이루어진 IT 투자 효과는 살리면서 프로세스 설계 영역에서 즉시 혁신할 수 있는 능력을 보유하기 위해 먼저 기존 IT 시스템과 통합하여야 한다. 뿐만 아니라 그것은 향후 10년 동안 범위와 복잡성이 현격히 증가할 미래의 기업간 협업 규약(protocol)들을 지원할 수 있도록 진화 경로를 제공하여야 한다. 기업들이 지금 찾고 있는 것은 개별 특정 규약보다는 일반적 프로세스 경영을 구현하는 제품이다. 그와 같은 프로그램화(hard-coding) 해법들은 BPMS에 의해 바람과 함께 사라질 것이다.

AMR 연구소는 비즈니스 프로세스 경영 시스템에 구현되어야 할 10가지 기본 기능들을 열거하고 있다.

① 프로세스 모델링　　⑥ 프로세스 자동화
② 협업 개발　　　　　⑦ 기업간(B2B) 협업
③ 프로세스 문서화　　⑧ 최종사용자 전개(Deployment)
④ 프로세스 시뮬레이션　⑨ 프로세스 분석
⑤ 응용시스템 통합　　⑩ 지식경영

　모델-전개-관리 : 비즈니스 프로세스 경영 시스템은 비즈니스 프로세스의 통합을 위해 3단계의 연속적 업무처리 통합 방법을 가능하게 한다. BPMS가 처음 도입되면 이 3단계별로 다른 유형의 사용자들이 참가하는데, 업무 분석가, 소프트웨어 개발자 그리고 시스템 관리자들이 그들이다. 이 중에서 업무 분석가는 3단계 어디나 참석해야 한다.

　첫 번째로 비즈니스 프로세스들이 그래픽 사용자 화면을 통해 모델링이 이루어지고 기초적 프로세스 설계 패턴들은 프로세스 저장소에 저장된다. 이 프로세스 저장소는 인터넷 기반의 네트워크 상에서 다수의 사용자들이 비즈니스 프로세스를 분산 저작(distributed authoring)할 수 있게 하는 역할을 맡는다.

　두 번째는 비즈니스 프로세스 경영 시스템이 모든 브라우저에서 사용할 수 있는 프로세스 관리 도구들을 사용하여 프로세스 저장소로부터 비즈니스 프로세스가 전개되도록 한다. 프로세스가 프로세스 서버를 중단시키는 아무런 영향도 미치지 않으며 실시간으로 전개되고 갱신될 수 있다. 사용자들을 위한 도구들을 이용하여 비즈니스 프로세스 서버 자체의 상태뿐만 아니라 모든 프로세스 인스턴스(process instance)의 상태가 동적으로 조회될 수 있다.

　세 번째로 업무 분석가들과 시스템 관리자들은 표준 비즈니스 프로세스 질의어를 이용한 시스템 관리 도구들을 가지고 비즈니스 프로세스 관리를 시작할 수 있게 된다. 예를 들면 운영자가 프로세스 실행에 대한 협력사들 사

도표 B-4 | 비즈니스 프로세스 경영시스템

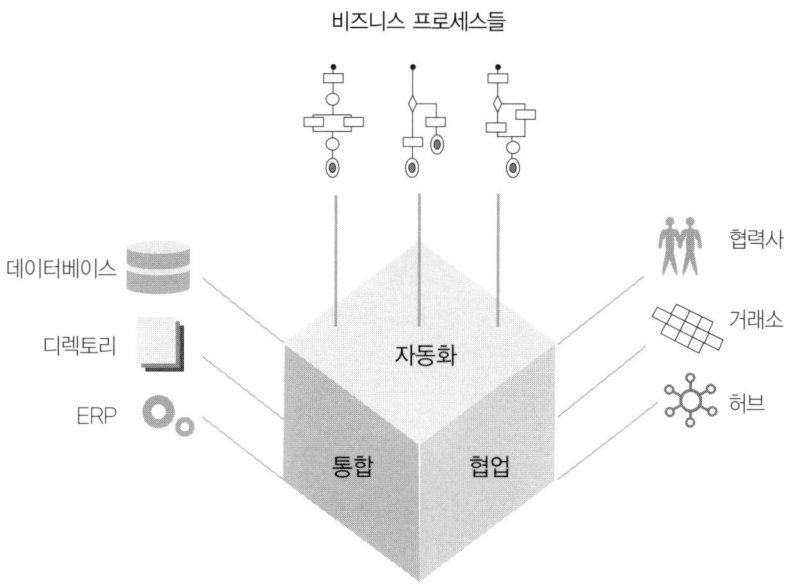

이의 분업을 관리할 수 있다. BPMS는 가치사슬 통합과 비즈니스 프로세스 아웃소싱의 매우 중요한 요소인 조직 간 경계를 가로지르는 프로세스 활동과 책임이 물 흐르는 듯이 이동할 수 있도록 해 주어야만 한다.

프로세스 경영은 프로세스 중심 기업의 하부구조를 관리할 때 현업 조직과 IT 조직 사이의 책임 소재를 명확히 할 수 있는 방법을 제공한다. "프로세스 중립적(process-neutral)" BPMS 하부구조 구성의 소유권은 기업 자체에 있으며 관리는 내부 조직이든 제3자 아웃소싱을 통하든 IT 조직에게 위탁하는 형태를 띤다. BPMS 안에서 수행되는 프로세스의 소유권은 프로세스가 어떻게 분리되고 설계되는지에 따라서 특정 비즈니스 라인이 소유하거나 또는 기능단위 조직이 소유하게 되며 결국은 그것도 그 기업의 소유물이 된다. 높은 수준의 전체 종단간(end-to-end) 프로세스들은 아마도 기업 본

도표 B-5 | 모델-전개-관리 방법론

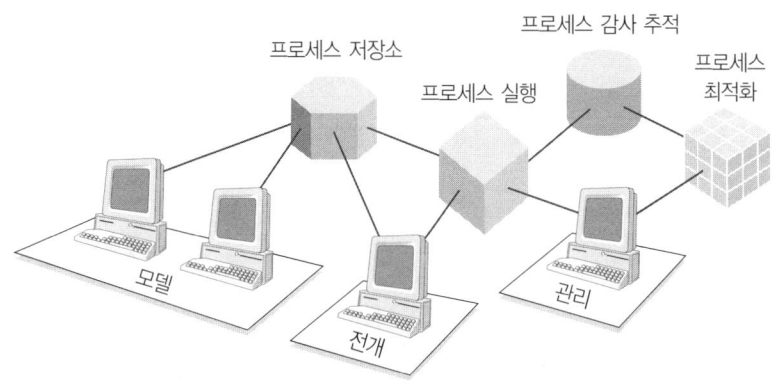

사에서 소유할 것이다. 이 프로세스들을 통제하고 조정하는 일은 지역 사업장에게 맡길 것이다. 특히 "글로벌 시각의 사고와 지역 시각의 행동(think globally, but act locally.)"이 필요한 연방체 조직의 경우에는 특히 지역 조직의 소유로 둘 것이다. BPMS는 조직학습과 베스트 프랙티스의 저장소가 될 것이다.

프로세스 설계에서 IT가 차지하는 정도는 기업들과 프로세스들에 따라 각기 다를 것이다. 이것은 부분적으로 문화의 영향을 받기도 하고, 또 부분적으로 기술 능력과 전개할 프로세스 종류에 따라서도 영향을 받을 것이다. 비록 우리가 이 책에서 비즈니스 프로세스라는 어휘를 일관되게 사용하고 있지만 데이터센터 운영이나 IT 서비스 관리와 같은 IT 프로세스는 그 자체가 비즈니스 프로세스이기 때문에 우리는 별도로 정의하지 않았다. IT는 자연스러운 현상이겠지만 인사 또는 물류와 같은 비즈니스 프로세스 관리보다는 자신들의 프로세스 관리에 더 많이 개입할 것이다.

가장 중요한 사실은 BPMS가 현업 사용자들에게 과거에 유례가 없는 강력한 힘을 제공할 것이라는 사실이다. 현업의 비즈니스 측면 초점은 주로 프로세스 도출, 설계, 최적화, 분석이며, 프로세스 전개, 실행, 운영은 IT 조직과 현업 조직이 책임을 공유할 것이다. 이 공유하는 책임 부분도 프로세스가 안정화됨에 따라서 IT 조직이 아닌 현업의 비즈니스 조직으로 책임이 옮겨가고 IT 조직의 초점은 BPMS 서비스 자체의 지속성을 보장하는 것이 될 것이다. 뿐만 아니라 소프트웨어 엔지니어는 모든 프로세스 설계의 한 부분으로서 "말단 처리(last-mile)"를 구현하기 위하여 여전히 필요할 것이다. 물론 공급업체들은 이 프로세스 경계 밖(out-of-process-bounds) 활동들을 최소화하려고 노력할 것이다.

업무 분석가들이 높은 단계의 프로세스 패턴(프로세스 골격)을 설계할 것이다. 그러면 현업 비즈니스 담당자들은 재사용 가능한 이 프로세스들을 활용하여 자신들의 실제 프로세스를 만들고 이것이 BPMS에서 운영되도록 한다. BPMS 사용방법이나 그로 인한 조직의 확장과 변화방법에 대하여 미리 정해진 규칙은 존재하지 않는다. 오히려 BPM이 기업의 작업방법에 맞추어지는 방식이 된다.

현재 기업에서 사용되고 있는 여러 가지 도구들을 통해서 기업들이 BPMS를 받아들이는 것은 불가피한 일이다. 그 도구들을 보면 도표 B-6과 같다.

이들을 이미 갖추고 있는 조직 경우에 IT 부서는 BPMS와 이들의 통합을 책임져야 할 것이다. 그렇지 않은 경우에는 어떤 BPMS 제품이 기능성에서

도표 B-6 | BPMS와 통합된 기존 IT 도구들

프로세스 도출 도구	규칙 관리 시스템	통합 개발 환경
시뮬레이션	모델링 도구	통합 브로커
거래 처리 서버	소스 코드 컨트롤	퍼블리싱 시스템
응용 프로그램 서버	디렉토리	그룹웨어
데이터베이스	시스템 관리 도구	공개키 하부구조

도표 B-7 | 추상화한 BPMS 3계층 구조 (약식)

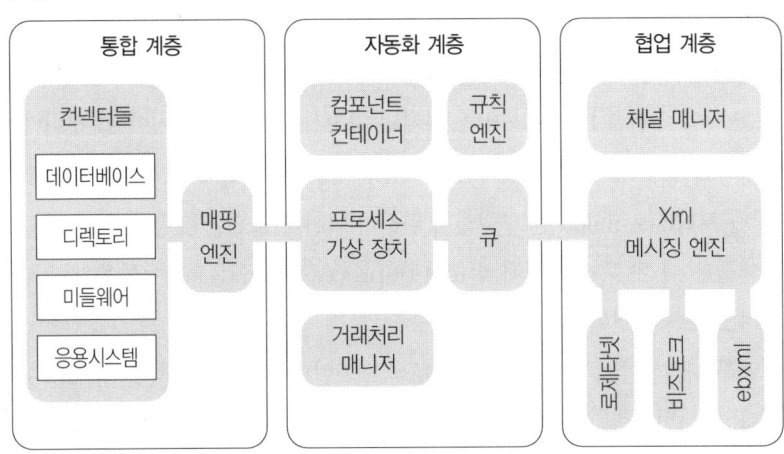

제일 풍부하며 완벽한 도구들의 집합인지를 IT 부서가 결정해야 할 것이다. 이때 표준을 가장 큰 비중으로 고려해야 할 것이다.

통합, 자동화, 협업: 앞에서 언급한 3단계 통합 방법을 지원하기 위하여 비즈니스 프로세스 경영 시스템은 스스로가 영향을 받고 영향을 주는 주변 개체들에 대한 높은 수준의 추상화를 위한 기능을 제공해야만 한다. 비즈니스 프로세스의 모델, 전개, 관리 단계는 특정 후방 시스템이나 기업간 협업 규약(protocol)으로부터 전적으로 독립적이어야 한다. 이 "선 모델링 후 전개" 철학은 그 밑바탕에 도표 B-7에서 보는 것과 같이 통합 계층, 자동화 계층, 그리고 협업 계층으로 구성된 3계층 구조가 있어서 가능한 일이다. 이것은 단순화하고 추상화한 그림이다. 이유는 실제 제품이나 서비스를 최종 사용자들이 확인할 때 구체적인 내용을 파악하는 것이 바람직하다고 생각했기 때문이다.

통합 계층은 후방 시스템, 전사적 미들웨어, 패키지 응용시스템의 통합을 책임진다. 이것은 개요 구동 매핑 프레임웍(schema-driven mapping framework)을 제공하며 주요 데이터베이스들, 디렉토리 서버들, 메시지 기반 미들웨어들(MOM: message-oriented middleware), 거래처리 모니터 프로그램들, 응용프로그램 서버들 그리고 패키지 전사 응용시스템들에 대해 시중에서 판매되고 있는 컨넥터들을 제공한다.

자동화 계층은 신뢰할 수 있는 비즈니스 프로세스와 비즈니스 규칙 처리 실행을 책임진다. 이것은 고급의 분산 및 병행 컴퓨팅(concurrent computing) 기술들에 의존하며 그 기술에는 메시지 큐(a message queue), 거래처리 매니저(a transaction manager), 컴포넌트 컨테이너(a component container), 규칙 엔진(rule engine) 그리고 프로세스 가상 머신(a process virtual machine)이 포함된다.

협업 계층은 기업 간 협업 표준 규약(protocol) 지원을 책임질 뿐만 아니라 이미 산업에 따라서 특화되어 사용되고 있는 모든 규약들과 미래의 모든 표준들에 대한 지원도 포함한다. 이것은 다기능의 XML 메시징 엔진(XML messaging engine) 위에 구축되며, 수형(樹形) 구조의 채널 매니저 기능 뿐만 아니라 주요 기업 간 협업 규약들을 수정 구현하는 가능성도 제공해 준다.

프로세스 통합 환경: 비즈니스 프로세스 경영 시스템은 비즈니스 프로세스의 단순한 실행 엔진이 아니다. 이것은 프로세스와 관계된 모든 정보를 모델링하고 전개하고 관리할 수 있는 완전한 플랫폼이며 환경이다. 이 환경은 특히 현업의 업무 분석가를 대상으로 하며 분산 방식의 협업 개발을 지원하지만 또한 기존의 통합 개발 환경(IDE: Integrated development environments)과 상호 운영되도록 설계되어 있다. BPMS는 기업의 "소프트웨어" 자산의 저장소들에 접근할 수 있어야 한다. 마지막으로 이 플랫폼의 완성은 시스템 관리자를 위한 시스템 관리 도구들이 구비됨으로써 이루어지게 된다.

프로세스 서버

오늘날, 데이터에 대한 구조화 질의어인 SQL과 그 외 연결 도구들을 이용하여 서로 다른 프로그램 언어들에서 여러 데이터 관리 시스템들에 접근할 수 있는 것과 동일한 모습이 프로세스 경영 시스템에서도 현실이 될 것이다. DBMS가 범용적인 "데이터 서버"인 것과 같이 BPMS도 범용적인 "프로세스 서버"가 될 것이다. BPML을 이용하여 모든 작업을 수행할 수 있겠지만, BPMS를 기반으로 한 그 외의 다양한 소프트웨어 엔지니어링 기법들의 등장이 예상된다. 그 가운데 가장 의미 있는 것이 프로세스의 SQL인 비즈니스 프로세스 질의어(BPQL: Business Process Query Language)일 것이다. 이것을 가지고 플랫폼이나 프로그램 언어에 의한 영향 없이 "프로세스 인지형(process aware)" 응용시스템 개발이 가능하게 될 것이다.

전체 프로세스 관점에서 응용시스템을 개발할 수 있기 때문에 BPQL과 프로세스 서버를 소프트웨어 개발자들이 쉽게 받아들일 수 있을 것이다. 전통적인 응용시스템 개발을 보면 비즈니스 프로세스의 조각들이 여기저기 흩어져서 존재한다. 한 조각은 이 응용시스템 안에 있고 다른 조각은 다른 응용시스템 안에 존재한다. 어떤 조각은 우리 시스템 안에 있고, 다른 조각은 협력사의 시스템 안에 존재한다. 이와 같은 개발 접근 방식으로 "e-비즈니스"를 구현하려는 시도는 감당할 수 없을 정도로 너무 많은 시간이 소요된다. 반대로 프로세스 인지형 응용시스템은 단지 프로세스에 대한 보안상 제약(이 자체도 하나의 프로세스로 정의된다.)에 의해서만 제한을 받을 뿐 모든 프로세스들과 모든 프로세스 데이터를 인지한다. BPQL을 통해서 소프트웨어 프로그램이 프로세스를 전체 종단간(end-to-end)에 걸쳐 모니터하고 기동시키고 대응하고 중재하는 일이 간단하게 이루어질 것이다. e-비즈니스의 "e"가 의미하는 것은 통합, 협업, 조정을 말한다. 프로세스가 일등 시민의 자리에 오르면 "e"가 모든 프로세스에 사전 장착되고 레고블록이 함께 맞물리도록 설계된 것과 같은 이유 때문에 "e"를 위한 프로그램이 특별히 필요하지 않다.

또한 BPQL은 데이터베이스의 "저장식 절차 및 트리거(stored procedures and triggers)"와 동일한 방식이 적용되어 비즈니스 프로세스를 즉시 일으키고 기동시키며 대응시킬 수 있게 된다. 개발자들은 오프라인 상태나 온라인 상태 또는 심지어 프로세스 실행 중에도 프로세스 조작이 가능하도록 모든 코드를 작성할 수 있는 길을 찾아야 하는 매우 창조적인—흔히 너무 창조적인—역할의 수행을 요구받는다. 프로세스 중심의 응용시스템 개발 환경이 전통적인 프로그래밍 환경과 본질적으로 상이하지는 않겠지만 그 위력은 상상할 수 없을 정도로 강력해질 것이다. 프로세스 인지형 코드는 프로세스를 360° 각도에서 즉 과거와 현재, 다수의 시스템들, 부서들, 그리고 기업들에 걸친 전체를 커버할 수 있을 것이다.

괄목할만한 사실은 프로세스 인지형 응용시스템이 코볼, 자바, RPG와 같은 전통적인 프로그램 언어뿐만 아니라 SQL, ODBC, XPath와 같은 데이터베이스 질의 도구들로도 작성될 수 있다는 것이다. 만일 프로세스가 새로운 "데이터"라면 많은 신 기법들이 출현함으로써 신기술 창업 기업들이 BPMS가 제공하는 프로세스 기반이라는 새로운 영역 위에—재구축이 아닌—새로운 구축을 시도하는 광범위한 기회가 제공될 것이다.

프로세스 경영 시스템의 옹호론자들은 소프트웨어 구성 원칙으로서 비즈니스 프로세스 설계만으로도 응용시스템을 대체할 수 있다는 비전을 제시하고 있지만 과거 방식의 원칙은 끈질기게 남아 있을 것이다. 기존의 프로그램 언어를 사용하는 응용시스템 개발 방법은 가까운 미래에 사라질 것으로 보이지 않는다. 그러나 추세는 분명하다. BPMS는 DBMS가 과거에 그랬던 것처럼 응용시스템 개발을 크게 단순화시킬 것이다. 프로세스 세계에서도 소프트웨어가 사라질 것이라고는 기대하지 않는다. 서로 다른 패러다임인 이 두 가지 즉 프로세스 인지형(BPQL)과 데이터 인지형(SQL)에 대한 사용 시기를 결정할 수 있는 가이드라인을 기업이 갖고 있어야 한다.

응용시스템과 프로세스의 통합

BPMS를 이용하여 프로세스를 정의하고 실행하기 시작한 기업들은 기존 응용시스템을 새로이 설계된 프로세스와 통합하는 일이 얼마나 용이한지를 발견하고 놀랄 것이다. 비록 이 시스템은 (당장은) 기존 후방 시스템들을 통합하는 일에 가장 많이 이용될 것이지만 그보다 훨씬 큰 잠재력을 갖고 있다. 예를 들면 많은 기업들이 이미 시뮬레이션이나 그 외의 비즈니스 인텔리전스 도구들을 사용하고 있다. 이제 이들이 실행 가능한 프로세스 영역으로 확장될 수 있다. 시뮬레이터가 일단 BPMS와 통합되고 나면 자유롭게 프로세스 설계에 참여할 수 있게 되며, 프로세스 설계 데스크톱 화면에서 단지 드래그 앤 드롭(drag-and-drop) 처리만 하면 된다. 사용자는 BPML을 사용하여 시뮬레이터 프로세스가 다른 참가자의 프로세스와 정보를 교환하는 방법을 정의하게 된다. 시뮬레이터는 이 시스템 안에서 새로운 에이전트가 된다. 즉 프로세스에 지능을 추가하며 전체 프로세스의 움직임을 살피고 예측할 수 있게 된다. 이 기능을 이용하는 한 가지 예로서 신제품에 대한 시장반응을 시뮬레이션 하는 기능이 제공될 수 있을 것이다.

이 방식으로 시뮬레이션을 통합하면 서비스로서의 시뮬레이션 기능이 모든 프로세스 참가자들에게 제공된다. 그러나 BPMS 공급 업체들이나 어떤 기업들은 한 단계 더 나아가 BPQL을 이용하여 시뮬레이터가 프로세스 서버에 접근할 수 있도록 할 것이다. 이와 같이 지속적으로 보관되는 모든 프로세스 데이터를 시뮬레이터가 사용할 수 있게 됨으로써 새로운 비즈니스 통찰을 얻는 거대한 기회가 열릴 것이다. 기업들은 이러한 가능성이 오늘 존재한다는 사실을 인식하고 이를 구현할 응용시스템에 대한 계획을 수립하여야 한다.

이미 존재하는 모든 IT 시스템들은 BPMS에 통합될 수 있으며 또 프로세스 설계의 한 참가자가 될 수 있다. 예를 들면 공급망 계획 도구들이나 가치 분석 도구들은 전체 가치사슬에서 필요한 프로세스 데이터 접근이 가능하다. 이 일은 필요한 프로세스의 설계보다 더 어려운 일이 아니다.

프로세스 경영과 IT 산업

프로세스 경영 시스템의 출현이 패키지 "소프트웨어"의 쇠퇴를 의미하는 것은 아니며 이와는 결코 관계가 없다. 소프트웨어 객체의 패키지화가 가능한 것과 마찬가지로 디지털 프로세스의 패키지화가 가능하다. 패키지 프로세스들은 패키지 소프트웨어의 형태를 갖는다.

기업용 패키지를 만들고 판매하는 소프트웨어 회사들은 그들의 제품을 맞춤화하는 새로운 방법을 찾고 있는데 프로세스 경영 시스템이 그에 대한 해답을 제공한다. 많은 소프트웨어 기업들은 현재 자신들의 거대한 단일구조 제품을 컴포넌트화하는 전략을 추진하고 있으며 몇몇 업체는 이것에 상당한 진전을 이룬 상태에 있다. 그 목적은 고객들이 필요한 부분만을 필요한 때에 고르고 선택할 수 있도록 하려는 것이다. 또 다른 업체들은 패키지 소프트웨어 컴포넌트를 응용시스템 서비스 제공자(ASP: Application Service Provider) 또는 비즈니스 서비스 제공자(BSP: Business Service Provider) 접근방법으로 고객에게 판매하는 가능성도 연구하고 있다.

이러한 움직임을 미래에 투영해 보면 응용시스템 패키지의 시대에서 "프로세스 제조"의 시대로 옮겨 가리라는 것을 예상할 수 있다. "전체" 해법 제공을 추구하는 업체들을 포함하여 패키지 공급 업체들이 대량 맞춤 처리의 원칙을 도입할 수 있다. 이들 공급 업체들은 처음에는 프로세스 경영을 자신들의 기존 패키지를 특정 산업의 수직 계열화 요구에—이미 이러한 프로세스가 시작되었음—대응하는 데 사용할 것이며, 다음은 틈새시장에 적용하고, 궁극에는 개별 고객에게 적용할 것이다. 중소 기업들(SMEs: Small and Mid-size Enterprises)에게 프로세스 해법을 제공하는 것은 과거의 대형 ERP 소프트웨어 패키지가 할 수 없었던 일이며 상당한 규모의 시장을 될 것이다.

패키지 소프트웨어는 두 가지 큰 변화를 겪을 것으로 보인다. 첫째, 패키지가 더욱 더 프로세스의 외형을 갖추어 갈 것이며 공급 업체들은 기업들이 그것에 적응할 수 있도록 하기 위해 프로세스 경영 도구들을 제공할 것이다. 지난 시절에 패키지 공급 업체들은 맞춤화의 유지관리 문제점을 잘 알고 있었기 때문에 고객들이 맞춤 수정을 하지 말 것을 요구해 왔다. 고객 기업이 패키지를 수정하고 나서 그것이 잘못될 경우 공급업체는 그 문제의 해결에 대해 "우리 잘못이 아닙니다"라며 손을 들었었다. 미래에 프로세스 경영 시스템을 자신의 제품 안에 내장시킨 패키지 소프트웨어 공급 업체들은 오히려 고객별 맞춤화를 장려할 것이다. 맞춤화는 사용 기업들의 경쟁우위 확보를 위한 중요한 수단이라는 사실을 알고 있으며 또 고객의 성공은 그들도 원하는 일이다. BPM 시대에는 고객이 패키지를 수정하면 공급업체는 역시 손을 들고 말할 것이다. "성공을 축하합시다."

둘째, BPMS의 기초 위에 구축되는 새로운 "프로세스 소프트웨어(process software)"의 물결이 출현할 것이다. 비록 "프로세스 소프트웨어" 개념이 BPM 제3의 물결 원칙—프로세스 개선 과정에서 소프트웨어 개발과 IT의 개입을 제거한다는 원칙—과 상충되는 것으로 들릴지 모르겠으나, 이것은 데이터 관리를 위한 지원 도구들이 출현했던 것과 아무 차이가 없다. 새로이 출현할 프로세스 소프트웨어 도구들은 다음 두 가지 일반적인 범주의 하나에 속할 것이다.

- 고급 도구들 : 이 도구들은 BPMS 공급 업체들보다 프로세스 라이프사이클의 다양한 측면 즉 도출, 설계, 운영, 최적화, 그리고 시뮬레이션의 각 부분에 전문화된 업체들로부터 공급될 것이다.
- 응용시스템들 : 응용시스템들은 BPMS 위에 구축될 것이며 BPMS의 기능 즉 프로세스의 전체 종단간(end-to-end) 상태를 유지하고 관리하는 기능을 활용하는 시스템들이 될 것이다. 예를 들면 ERP, SCM, CRM, 워크플로우 – 사실상 모든 응용시스템들이 해당된다 – 와 같은 응용시스템들이 BPMS 위에 구축되고 BPMS를 지향하며 진화될 것이다.

이러한 개발 추세는 불가피한 방향이다. 다른 패키지 시스템들이 그런 것처럼 BPMS도 어떤 기발한 비법이나 만병통치약이 아니다. 그러나 데이터에서 프로세스로 이동하는 과정이 매우 심오한 의미를 가지며 강력하기 때문에, 많은 기업들이 특수한 응용시스템의 필요를 과거처럼 많이 느끼지 않고 그 대신 범용적인 프로세스 경영 시스템에 의존하게 될 것이다. 이것은 BPM 제3의 물결의 초기 제품을 이미 도입한 기업들이 경험하는 사실이다. 그들이 발견한 사실은 대단히 강력한 "응용시스템"(프로세스) 개발 환경이다. 뿐만 아니라 그들이 개발한 "응용시스템"(프로세스)는 IT에 의한 추가 통합 작업이 없이도 통합 효과를 구현하고 있다.

단절된 프로세스의 연결

최종 사용자 조직, 소프트웨어 제공업체, 그리고 컨설턴트들이 프로세스 중심 정보시스템으로 이동함에 따라서 그것의 도입 형태는 데이터베이스 플랫폼의 변화 발전과 유사한 모습을 보일 것이다. 조기 도입자들(early adopters), 대세 도입자들(mainstream adopters), 후발 도입자들

도표 B-8 | 데이터 관리의 진화

	기존 응용 시스템	초기 혁신 시스템	성숙된 응용 시스템
데이터	내장(embedded)	부분 외부화	완전 외부화
데이터 표현	전용	전용	표준(관계형)
데이터 질의 언어	없음	전용	표준(SQL)
데이터 관리도구	필요에 따름(Ad hoc)	전용	플랫폼(RDBMS)
비즈니스 영향	응용 시스템들 간에 또는 내부의 관리가 용이하지 않음	분리된 데이터(연동 데이터)의 관리가 용이 해짐. 전사적 데이터 질의 언어가 없음	전사적(공유) 데이터 관리(데이터 인지형 응용 시스템들 포함)

(laggards)이 나타날 것이다. 도표 B-8와 B-9에 표준 기반 데이터베이스 플랫폼으로의 전이와 BPMS로의 전이에 대해 비교 요소들을 통하여 대비하였다.

현재 초기 BPM 혁신 제품들이 나와 있으며 다음 단계로 도약하기 위한 움직임이 일어나고 있다. 대부분 기업들과 소프트웨어 공급업체들이 프로세스 경영 기능을 구현하려는 급박한 경주에 참가하고 있으며, 그 노력들의 대부분이 아직은 기존 "데이터-응용시스템(data-application)" 패러다임을 확장하는 방식으로 패키지 응용시스템에 "응용시스템-인터페이스(application-interface)" 통합 브로커를 내장하는 방식의 해법을 찾는 데 시간을 쏟고 있다. 기업들이 새로운 경쟁우위 무기를 찾아야 하는 점증하는 압력을 경험하면서 비즈니스 프로세스 경영이 그러한 목표의 달성 수단으로 인식되고 BPM의 성숙을 향한 경주는 급격한 도약의 전면적인 도입을 향한 가속화를 시작할 것이다.

도표 B-9 | 프로세스 경영의 진화

	기존 응용 시스템	초기 혁신 제품들	성숙된 응용 시스템
프로세스	내포(ingrained)	부분 외부화	완전 외부화
프로세스 표현	없거나 암묵적	전용(낮은 비중 부여)	표준(BPML)
프로세스 질의언어	없음	전용	표준(BPQL)
프로세스 경영도구	없음	전용	플랫폼(BPMS)
비즈니스 영향	소프트웨어 기술의 도움이 없이 변경이 불가능	일부 개별적으로 프로세스 관리가능성 구현 (부분 해법)	전사적(공유) 프로세스 경영(프로세스 인지형 응용 시스템들 포함)

새로운 시대의 비즈니스 하부구조

비즈니스 프로세스 경영 시스템의 도입은 기업 IT 하부구조의 진화와 변화의 전파를 가져올 것이다. 첫째, 패키지화된 새로운 기업 응용시스템들이 핵심(mission-critical) 업무의 실행 도구로서 BPMS를 활용하도록 만들 것이다. 둘째, BPMS가 비즈니스 방화벽의 역할을 수행함에 따라서 전사의 여러 디렉토리 서비스들을 연합하고 미래의 전사 프로세스 저장소의 기반이 만들어질 것이다. 셋째, BPMS는 비즈니스 프로세스 지능을 위한 차세대 기술의 초석으로서 미래의 프로세스 분석 서버와 결합될 것이다.

지난 20년 동안 기업은 성공과 실패가 혼재된 수많은 비즈니스 리엔지니어링 노력을 추진해 왔다. 그 결과 그들은 프로세스를 이용한 자기 비즈니스의 발견, 이해, 모델과 관련하여 큰 경험을 쌓아왔다. 이제 다음 단계로 나아갈 수 있는 준비가 되었으며 중요 실제업무 운영 소프트웨어 하부구조로서 프로세스 혁신을 좌우하는 비즈니스 프로세스 경영을 도입할 수 있게

도표 B-10 | BPMS 중심 기업 소프트웨어 하부구조

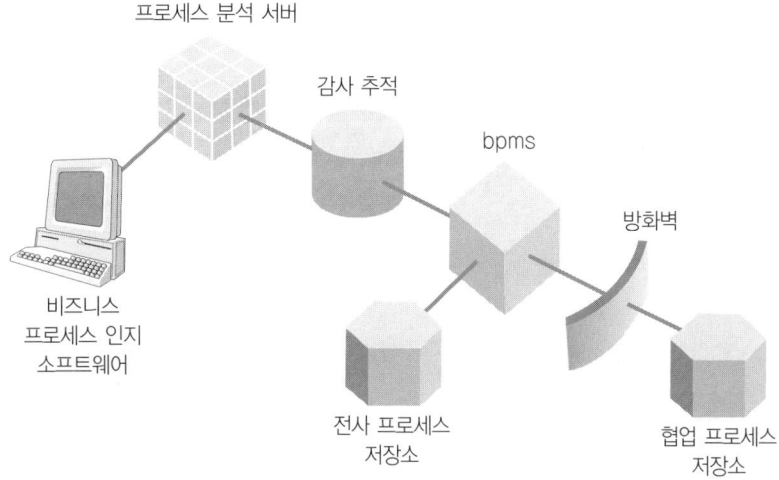

되었다. 부록 C에 보다 상세히 설명되어 있는 BPM의 설계 구동형 구조 (DDA: Design-Driven Architecture)가 주는 자유로움에 실제로 많은 기업들이 놀라게 될 것이다. 이 노력을 시도하는 기업들은 자기 자신의 혁신적 비즈니스 프로세스들을 필요에 따라서 언제나 원하는 방법으로 전개하고 관리하게 될 것이다. BPMS는 미래 기업의 초석이다.

부록 **C**

제3의 물결의
이론적 배경

두 가지 사물 A와 B의 본질적인 관계는 A와 B의 기본적인 구성의 정의에 속한 관계이며, 그러한 관계 없이는 A, B가 더 이상 같은 사물이 아니다.
– 어니 내스((Arne Naess), 얕은 생태 이동과 깊은 생태 이동
  (The Shallow and Deep Ecology Movements)

스스로 조직을 갖출 수 있는 시스템이 지닌 새로운 형태와 새로운 환경에 대한 열린 가능성은 시스템을 지나치게 유동적이고 골격이 없으며 정의하기 어려운 것으로 만드는 것으로 보이지만, 사실은 그렇지 않다. 비록 유연하지만 스스로 조직을 갖추는 구조는 외부의 동요에 단순히 수동적으로 반응하지 않는다. 그것이 더 성숙되고 안정될수록 자원 활용에서 더 효율적이 되고 환경 내에서 더 잘 살아남을 수 있게 된다. 그것은 그런 시스템의 개발을 지원하는 기본 구조를 갖추게 한다. 이 구조는 환경으로부터 쉽게 차단될 수 있게 만들고, 부단한 대응적 변화로부터 시스템을 보호한다.
 – 마거릿 휘틀리(Margaret Wheatley), 리더십과 신과학(Leadership and the New Science)

변화를 관리하는 사람들에게 변화 과정과 변화 그 자체 사이에는 명확한 차이가 있는 것처럼 보이는 경우가 있지만, 이것은 착각이다. 컨설팅 기업인 놀란 노튼 연구소(Nolan Norton Institute)의 사장이었고 현재는 Balanced Scorecard Collaborative의 이사인 데이비드 노튼(David P. Norton)은 말하기를 "전략을 실행하는 것은 조직의 모든 계층에서 변화를 실행하는 것이다. 이것은 명확해 보이지만, 이 진리를 간과하는 것이 변화가 실패하는 경우에 있어서의 가장 큰 원인이다." 우리가 무엇을 "변화 프로세스" – 리엔지니어링, 6시그마, 변화관리, 혁신 – 라고 부르던 간에, 그것이 개선하거나 또는 도입하고자 하는 프로세스에 통제를 가하는 것과 마찬가지로, 그것은 시간이 지남에 따라서 계속 변화하고 그 변화는 관리될 필요가 있다. 모든 프로세스 관리 이론이 이 점을 인식해야 하며, 변화 프로세스, 변화하는 프로세스, 그리고 그 둘 안의 변화 사이의 차이점을 명확히 구분해야 한다.

이 책에서 이미 논의되었듯이, 변화는 여러 가지 이유에서 발생한다. 예를 들면, 비즈니스 법규의 변화, 감사 접근방법, 또는 자원활용을 어떻게 활성화하고 촉진할 지에 대한 이해의 개선이 그러한 이유들이다. 변화의 여러 가지 구분되는 유형이 존재하는 것은 부적합하며, 그것은 상이하고 서로 연결되지 않은 오늘날의 프로세스 관리방법과 기술 때문이다. 제3의 물결에 있어서는 변화 프로세스(e.g. 6시그마, 프로젝트 계획)와 변화하는 프로세스(e.g. 고객서비스, 제품생산) 사이의 구분이 없다. 그것들은 하나가 될 수 있다. 그러나 물론 프로세스 관리를 적용하는 어떤 기업들은 그 같은 구분을 유지하고자 할 것이다.

제3의 물결 프로세스는 본래부터 변화에 대해 열려 있다. 이론가들은 이것을 "이동성" 행동 양식이라고 부른다. 이동성 시스템은 참가자들이 자유롭게 의사를 교환하고 그들의 구조를 바꾸는 시스템이다. 이것은 두 가지 방법에 의해 실현된다. 첫째, 참가자들 사이의 관계를 표현하는 연결고리 자체가 변화할 수 있다. 새로운 연결고리가 만들어지고 기존의 연결 고리는 끊어질 수 있다. 관찰자의 입장에서 보면, 마치 참가자나 연결 고리가 움직이는 것 같이 보인다. 두 번째 종류의 이동성은 연결된 참가자들과 그들이 존재하는 환경 사이의 상관 관계이다. 이 경우 전체 프로세스 또는 연결된 참가자들 사이의 일부분이 움직이는 것처럼 보인다. 그 같은 "이동성" 프로세스는 이제 컴퓨터시스템과 네트워크의 정보 세계뿐만 아니라 그들이 일부분을 형성하고 있는 현실 세계에 널리 퍼져 있다. 산업 공급망, 인터넷, 이동통신 네트워크, 항공 관제, 분산 컴퓨팅이 그 예가 된다.

공급망에 있어서 메시지는 상품의 물리적 이동 또는 창고의 재고수준을 표현할 수 있다. 인터넷에서는 라우터 사이의 규약(protocol)이 패킷 스위칭을 위한 선호 경로를 구성한다. 이동통신 네트워크에서는 기지국이 동일 지점에 있는 수신자들에게 회선의 가용성 여부를 통보한다. 항공 관제에 있어서는 항공기가 통제된 공간으로 드나들게 한다. 기업의 IT 구조에 있어서는 메시지를 통해 서로 다른 비즈니스 응용시스템 간의 관계를 설정하고 데이터를 공유한다. 그와 같은 시스템 내부에서는 커뮤니케이션과 상호작용이 많이 발생하고 변화도 심하다. 이와 같은 행동양식을 모델링하는 것은 어려운 일이지만, 효과적인 프로세스 관리도구의 개발을 위해서는 핵심 요소이다.

모든 계층에 있어서 변화는 발생한다. 우리가 줄곧 말하는 "비즈니스 프로세스"도 예외는 아니다. 우리는 이제, 소프트웨어 응용시스템 안에서 특정 시점에 그것에 대한 설명을 끌어 내고자 하는 노력은 쓸모 없는 일이라는 것을 이해하게 되었다. 우리는 좀더 변화가 가능한 디지털 형태를 원한다. 디지털 형태는 변화가 쉬우며, 변화 능력이 있고, 변화될 수 있다.

비즈니스 프로세스의 참가자는 구성원, 정보 원천, 사업단위, 컴퓨터시스템, 협력사, 기계, 트럭, 상품, 심지어는 프로세스 자체(예를 들면, 아웃소싱의 경우)도 포함한다. 변화는 이러한 참가자가 추가되거나 제거됨에 따라서, 또 그들 사이의 관계나 또는 환경과 그들과의 상호작용이 확대하거나 감소함에 따라서 일어난다. 비즈니스 프로세스의 변화에 따른 "이동"은 시간과 구조적 진화에 따라서 다차원으로 발생한다. 다윈의 진화론 영향 하에 있는 살아 있는 생명체처럼, 변화는 과거에도 존재했고, 현재에도 존재하며, 미래에도 존재할 것이다.

따라서 비즈니스 프로세스를 이해하는 데 있어서 상태, 능력, 설계와 같은 다른 특성들을 구분해야 한다.

- 상태는 프로세스의 실행, 수행된 계산 값, 수집되고 만들어진 정보를 통해서 이해될 수 있다.
- 능력은 특정 시점의 프로세스 내부에 특정 참가자의 존재 여부로 이해될 수 있다. 다시 말하면 그들의 역할이 무엇이고, 그들이 수행할 수 있는 활동들, 그들 사이에 정립된 관계, 그리고 그들 간의 의사소통 수단으로 이해될 수 있다.

- 설계는 실행되고 진화하고 변화하기 전 단계인 설계 과정에서, 프로세스에게 의도했던 특성과 같다. 따라서 의도적인 설계와 관찰된 행동은 구분이 된다.

이러한 프로세스의 특성을 이용하여, 어떻게 비즈니스 경영의 세계와 비즈니스 기술의 세계를 연결짓기 시작할 것인가? 아마도 프로세스 상태와 가장 관련이 있으며 매일의 비즈니스 수행을 말하는 운영을 생각할 수 있을 것이다. 비즈니스 전략은 주로 의도적인 프로세스 설계의 문제일 것이다. 이 둘 사이의 어딘가에 프로세스 능력의 관리―비즈니스, 고객, 시장점유율 등을 높이기 위한 행동―가 존재한다. 이 같은 개략적인 추론을 받아들인다면, 다음과 같이 정의할 수 있다.

- 비즈니스 인텔리전스(business intelligence)는 비즈니스 프로세스의 과거와 현재의 상태, 능력, 설계에 대한 분석을 말한다.
- 비즈니스 인사이트(business insight)는 미래의 상태, 능력, 설계에 대한 시뮬레이션을 말한다.

오늘날, 프로세스 상태의 분석과 시뮬레이션은 완벽하게 이해되고 있지만, 프로세스의 능력 성장과 설계 변화를 분석하고 시뮬레이션하는 것에 대해서는 그렇지 않다. 제3의 물결은 그 대답을 제시한다.

컴퓨팅의 새로운 일등 시민

난해한 기술의 세계에서, 비즈니스 프로세스를 자동화하는 IT 응용시스템 개발에는 수많은 방법이 있다. IT 시장은 정기적으로 신기술을 만들어 냄으로써 개발자들이 컴퓨터 소프트웨어 개발에 새로운 방법을 시도하게끔 몰아세우는 좋지 않은 습관을 가지고 있다. 새로운 컴퓨터 언어가 끊임없이 등장할 뿐만 아니라 새로운 방법론들도 끊임없이 등장하며, 여기에는 그들의 컴퓨팅 세계의 중심 역할자인 자신만의 "일등 시민"이 존재한다. 최근의 예로는 피어 투 피어(peer-to-peer), 그리드 앤 유틸리티 컴퓨팅(grid and utility computing), 자체 구성 데이터 네트워크(Self-organizing data network), 시맨틱 웹(semantic web), 분산 에이전트(distributed agents)가 있다. 컴퓨팅 하부구조, 정보유형, 응용시스템과 프로세스 접근방식에 있어서의 끊임없는 진화는 비즈니스 담당자들에게 혼란스럽기만 하다. 그들은 그들이 이해하는 대로 비즈니스를 반영할 수 있는 기술을 원한다.

과학 기술자들이 이러한 새로운 기술들의 적용 가능성을 검토하고, 그것들을 컴포넌트나 객체지향 개발방식과 같이 좀더 널리 사용되는 방법들과 비교할 때, 사실상 그들은 전통적인 변화의 여섯 가지 영역에 대한 모델링과 지원의 타당성 여부를 검토한다. 여섯 가지 영역은 프로세스, 조직, 지역, 데이터, 응용시스템, 기술을 말한다. 그러나 프로세스는 하나의 영역이라고 할 수 없다. 프로세스는 다른 다섯 가지의 변화 표현을 모두 포함한다. 따라서 프로세스 표현 언어를 개발함에 있어서, 제3의 물결 창시자들은 하나의 새로운 이론을 찾는 것이 아니라 다른 이론들을 합성할 수 있는 이론을 제공했다. 프로세스 계산학(process calculus)에서 그들은 이전에는 분리 표현되던 기업 조직구조, 운영지역, 데이터 모델, 응용시스템 로직, 기술 하부구조 요건을 한 번에 표현할 수 있는 접근방법을 발견했다. 그들은 "이것을 새로운 컴퓨팅 기반의 근거로 하면 어떻겠는가?"라고 묻는다.

기술자들이 비즈니스 프로세스 자동화를 구현하는 수많은 방법을 가지고 있는 것과 마찬가지로, 비즈니스 전략을 개발하고 실행하는 데에도 수많은 방법이 있다. 매크로스코프(The MacRoscope)에서 Joel de Rosnay는 "생물학이나 환경학이나 경제학의 모델에서 가장 흔하게 나타나는 근본적 개념들은 다음의 주요 유형으로 쉽게 분류, 구분될 수 있다. 예를 들면 에너지의 사용, 흐름, 사이클, 저장, 의사소통 네트워크, 촉매와 변환 매체, 평형상태의 재조정, 안정, 성장, 진화와 같은 개념들이 그것들이다. 그리고 그 상위에 모든 것을 다른 것들과 함께 묶는 시스템(e.g. 생명 시스템, 경제 시스템, 생태 시스템) 개념이 존재한다"고 주장한다. 이와 유사한 사고를 현존하는 경영이론들에 적용할 수 있을 것이다. 6시그마, 총체적 품질관리(TQM), 균형성과관리(BSC), 활동기준 원가법(ABC), 경제적 부가가치(EVA), 가치분석(Value Analysis) 이 각각은 소수의 핵심 개념들 — 상거래 온톨로지(ontology) — 즉 복잡성과 크기에 관계 없이 어떤 비즈니스 프로세스도 표현하도록 반복절차를 통해 결합될 수 있는, 명확히 정의된 어근 형태(primitive forms)의 단어들을 사용하여 표현될 수 있다.

그와 같은 어근들의 예로는 정체성, 관계성, 시스템에 관한 값과 지식의 교환을 들 수 있다. 우리는 이제 프로세스 결과물이란, 간단하게는 계산에 사용된 숫자에서 복잡하게는 두 법인 사이의 대규모 자산 교환까지, 모든 계층 참가자 간의 상호작용 흐름의 결과에 불과하다는 것을 이해한다. 이러한 비즈니스 단어들을 정형화하고, 이러한 요소들에 대해 정확한 정의를 제공하는 것은 앞으로 10년 동안 프로세스 경영 시스템의 탐험에 대한 대위(counterpoint) 요소로 등장할 것이다.

데이터, 컴퓨테이션, 상호작용의 단일화

프로세스 계산학(process calculus)에서 관계성은 물리적 연관성(e.g. 화물을 실은 차량이 창고에 도착)으로부터 비즈니스 관계성(e.g. 협상에 들어간 두 기업), 수학적 성질(e.g. 세금계산)까지 모든 것을 표현할 수 있다. 소수 어근들의 집합을 사용하여 이들 이론은 이동성 프로세스 시스템의 대규모

(거시적) 구조와 그 자체가 프로세스인 상세 행동을 표현하는 소규모(미시적) 구조를 일관성 있게 표현할 수 있다.

기존 컴퓨터공학 이론, 특히 람다 계산학(lambda-calculus)은 단일 실행 스레드나, 아니면 동시에 진행되지만 상호작용이 없는 다수 실행 스레드가 존재하는 훨씬 간단한 컴퓨터 시스템의 행동에 초점을 맞추고 있다. 이 때의 알고리즘들은 절차적이며, 순차적이고, 목적지향적이며, 계층적이고, 결정론적이다. 포트란, 코볼, 파스칼, 리스프, C, 자바를 포함하여 현존하는 모든 프로그램 언어들은 람다 계산학(lambda-calculus)으로 설명될 수 있다. 이와는 대조적으로, 파이 계산학(pi-calculus)과 같은 프로세스 이론들은 상호작용하고 서로 간섭하는 시스템들—이 시스템들 안에는 계층구조 형성이 가능하며 서로 독립적이지만 조정되고 상호작용하는 실행 스레드가 존재한다—에게 초점을 둔다. 비즈니스 프로세스가 한 예이다. 이 두 이론은 데이터와 값에 대한 상식적 의미를 구성하는 개념을 완전히 뒤바꿀 만큼 서로 다르기 때문에 그런 점에서 두드러진 차이를 보인다.

전통적인 컴퓨터 언어들은 "유형(type)"의 개념을 가지고 있다. 예를 들면, 숫자 "5"의 유형은 정수(integer)이고, 문장 "안녕"의 유형은 문자열(string)이다. 이 유형은 값—24, "고객 이름", "구매주문서 번호" 등—을 대표한다. 이들 값들이 모여서 레코드를 만들고, 레코드들이 데이터베이스에 저장된다. 모든 기존 언어들은 값과 레코드를 사용하는 계산에 초점을 맞추고 있다. 예를 들면, 어떤 기준에 맞는 고객의 숫자를 세거나, 그들의 신용상태를 평가하거나 하는 것이다.

반면에, 파이 계산학(pi-calculus)에 기반을 둔 언어들은 유형이 행동 패턴을 표현한다. 비즈니스 용어로 이것들은 "신규고객 확보", "계약협상", "업무수행" 같은 것들을 의미한다. 이러한 "훌륭한 신세계"에서는 컴퓨테이션을 할 일이 거의 없다. 그러기 위해, "새로운 고객 획득을 위한 비용 측정", "협상을 통해 교환되는 가치의 이해", "업무형태 분석" 등을 유추해 보라.

만일 갈색이 새로운 검정색으로 유행하게 된다면, 제3의 물결에서는 행동이 새로운 데이터가 된다.

파이 계산학(pi-calculus)은 병행시스템의 폭 넓은 다양성을 지원하는 개념을 가지고 있으므로, 프로세스 공학자와 설계자들은 파이 계산학(pi-calculus)을 높게 평가한다. 이러한 점은 다른 학문 영역에서와 똑같다. 전기 공학자들은 미분학을 높게 평가한다. 그들에게 미분학은 왜곡 없이 다양한 프레임웍, 개념, 사상들을 묶어주고, 모든 전기 시스템에 공통된 부분을 정의해 준다. 마찬가지로, 데이터베이스 공학자들은 코드(E.F.Codd) 박사에 의해 주창되었던 관계형 데이터 모델을 높게 평가한다.

그러나 프로세스 계산학이 비즈니스 프로세스 표현에는 뛰어나지만, 전통적인 컴퓨테이션 프로세스를 설명할 수 없다면 쓸모 없을지도 모른다. 다행스럽게 프로세스 계산학은 두 가지 모두를 지원한다. 예를 들면, 두 개의 목록을 하나로 묶는—거의 모든 컴퓨터 프로그램이 공통적으로 수행하는 연산—것은 두 목록 사이의 관계성이 분리된 상태에서 결합된 것으로 변화하는 것이다. 프로세스 계산학에서는 컴퓨터 프로그램 내에서 데이터가 이동하는 것을 메시지 전달이나 또는 실제로 인터넷을 통해 전체 프로그램이 전달되는 것과 똑같이 취급된다. 결정을 내리고 결과를 계산하는—사실 모든 프로그램의 공통업무—것은 "프로세스"로 표현되고 이해된다.

프로세스가 새로운 일등 객체인 프로세스 접근 방식은 두 개의 숫자를 더하는 것—하나 더하기 둘은 셋—과 같은 낮은 차원의 업무에도 적용될 수 있다. 더하기 자체가 프로세스이다. 이것은 두 가지 방법에 의해 이해될 수 있다. 첫째는 "하나"의 참가자가 "더하기" 관계성 하에 "둘"에 참여하고, "동등" 관계성 하에서 참가자 "셋"을 추가로 포함하는 것이다. 둘째는 한 참가자가 다른 참가자로부터 "하나"를 포함한 메시지를 전달받고, 또 다른 참가자로부터 "둘"을 포함한 유사한 메시지를 전달받는다. 그 후 참가자는 "더하기" 업무를 수행한 뒤, "셋"을 포함한 메시지를 다른 참가자에게 전달한다.

이 같은 개략적인 설명으로는 파이 계산학(pi-calculus)의 능력을 보여 주기가 불가능 하지만, 어떻게 계산이 프로세스로 표현될 수 있는지를 이해하는 데는 도움이 될 것이다. 이러한 관점은 전통적인 소프트웨어 언어로 작성되고 오늘날의 패키지 소프트웨어를 만들어낸 기존의 알고리즘적 절차를 단순히 통합하는 것이 아니라, 제3의 물결 프로세스 경영의 타고난 능력 – 전체 프로세스를 도출하고, 기술하고, 관리하는 – 을 보여 준다. 프로세스 표현을 위한 이러한 접근 방식은 다양한 문제들에 적용되었다. 다른 예들을 보면 다음과 같다.

- 전달되고, 만들어지고, 사라지는 하이퍼텍스트 링크
- 무선 전화기와 기지국 사이의 연결
- 생산 라인에 업무를 할당하는 업무 스케쥴러
- "비즈니스 객체"에 있는 매소드에 매개변수로 전달된 참조형 변수
- 비즈니스 프로세스 안에서 역할을 바꾸는 비즈니스 협력자들
- 비즈니스 프로세스에서 참가자들에게 전달되는 업무들
- 컴퓨터 네트워크를 통해 다른 시스템에서 실행되기 위해 보내진 코드
- 캔음료 자판기
- 전화 네트워크 상에서 새로운 기능을 습득하는 이동통신기
- 컴퓨터 시스템에서 매소드의 매개변수로 전달되는 절차
- 실행을 위해 협력사에 전달되는 비즈니스 프로세스

관계성은, 특히 그들의 이름은 기본적인 것이 될 것이다. 그것들은 컴퓨팅에 주소, 인식자, 연결자, 포인터, 참조형 변수 등의 형태로 어디든지 존재한다. 그것들은 비즈니스에 있어서도 구매주문 번호, 제품코드, 조직 역할, 협력사 인식자, 비즈니스 관계유형 그리고 품목과 업무패턴을 구성하고, 수행하고, 참조하는 무한한 형태의 방법들로 어디든지 존재한다. 프로세스 계산

학에서 관계성의 이름은 프로세스 간의 통신을 위한 채널, 객체의 이름(전통적인 프로그래밍과 마찬가지로), 물리적인 지역이나 암호화 키의 참조를 위한 대행자(proxy) 등 여러 가지 목적을 위해 사용된다. 하나의 상호작용에서 받아들인 이름은 다른 상호작용에 참여하기 위해 사용될 수 있다. 이름을 받아들여, 하나의 프로세스는 기존에 알려져 있지 않던 프로세스들과 상호작용할 수 있는 능력을 갖추게 된다. 이름은 프로세스 설계의 특정 패턴이 될 수도 있다. 그러므로 참가자들 사이의 연결 — 시스템 구조 — 은 시간이 지남에 따라서 변화하고 프로세스 설계자가 예상하지 못한 방향으로 변화할 수도 있다.

프로세스-인지형 응용시스템

비즈니스에서 공급망 관리 책임자는 물류 네트워크와 같은 복잡한 프로세스를 이해해야 할 필요가 있다. 그러나 그러한 네트워크를 관리하고 최적화하는 것은 과학보다는 예술에 훨씬 가까운 매우 어려운 작업이다. 반면, 소프트웨어 공학자는 구매주문의 교환과 같은 가장 간단한 프로세스도 구현하기가 어렵고 표현하기도 어려울 수 있다. 그 이유는 오늘날, 대부분의 소프트웨어 개발자들은 지난 시대의 일등 시민 개체들일뿐, 비즈니스 프로세스의 표현에는 적합하지 않은 레코드, 객체, 인터페이스 등을 사용하여 구성하려 하기 때문이다. 이 같은 비즈니스 현실과 전통적인 소프트웨어 산출물 사이의 불일치는 소프트웨어 개발자가 공급망 관리자에게 현실적으로 비즈니스를 관리할 수 있는 도구를 제공하는 데 많은 제약을 준다.

많은 산업군에서, 비즈니스와 시스템 설계자들은 그들의 비즈니스를 정확하게 반영하는 응용시스템을 만들어 내기 위해 힘쓰고 있다. 때때로, 완벽한 시뮬레이션이 그들의 최종 목표임을 그들은 인식하지 못한다. 다른 산업군의 설계자들은 이것이 그들의 업무임을 정확히 알고 있다. 물류산업에 있어서, 기업들은 흔히 IT 구조를 그들이 모니터링하고 통제하는 물리적인 물류 네트워크의 행동과 가깝게 모델링한다. 이것을 얻기 위해 획득해야만 하는 도구들이 계속해서 개선되고 있다. 점진적으로, 설계자들은 그들이 개발하는 비즈니스 응용시스템 내부에 복잡한 비즈니스 시스템들—서로 연결되어 있고 관련성이 있는 이동성 프로세스들—의 행동을 표현하는 방법들을 찾고 있다. 머지 않아 그들은 비즈니스 개념을 객체, 인터페이스, 절차 호출과 같은 인위적인 IT 산출물에 매핑시키던 방법을, 제3의 물결의 프로세스 계산학 모델로 대체하거나 또는 최소한 그 모델에 의해 보완되어야 한다는 것을 인식할 것이다. 이 같은 인위적인 구성은 소프트웨어의 합성을 지원하기 위한 것이지 비즈니스를 표현하기 위한 것이 아니다. 설계자들은 지금 비즈니스를 위해 의도적으로 만들어진 방법, 도구, 시스템을 찾고 있다. 점증적으로 그들은 해법으로서의 비즈니스 프로세스 모델링 언어를 찾고 있다.

병행 프로그래밍과 에이전트 기반 시스템의 개념을 적용하여, 프로세스 모델링 언어들은 프로세스 참가자들을 자율적 "에이전트"로 취급한다. 에이전트는 그들이 따라야 하는 내부 프로세스와 의사소통을 위한 외부 인터페이스를 모두 가진 상태에서 자유롭게 행동할 수 있다. 다른 에이전트들과의 상호작용을 통해, 에이전트는 결정을 내리기 위한 정보를 획득하고 결과를 계산하고 다른 에이전트에 메시지를 보낸다. 다른 참가자들에게 추가정보를 제공할 수도 있다. 프로세스 설계를 통해 부분적으로는 자율화되어 있고 부분적으로는 구속되어 있는 에이전트는 평행하게 함께 행동한다. 특정 에이전트의 행동은 상호작용하는 에이전트의 행동 예측, 또는 자신이 존재하는 시스템 프로세스의 상태와 구조 분석에 의해 결정된다. 그 같은 시스템은 "적응형 복잡 시스템"이라 불리며, 단순히 컴퓨팅뿐만 아니라 자연계에서 광범위하게 발생할 수 있다. 그 예로는 경제학자들과 경영 전문가들에 의해 같이 연구되었던 경제 네트워크와 가치사슬을 들 수 있다.

전형적인 오늘날의 비즈니스 응용시스템을 상상하고 질문해 보라. "왜 그것들은 항상 그대로 있나? 그것들이 디지털 물건인 것은 확실한가? 그러면 왜 변할 수 없는가? 왜 모든 새로운 상황에 대해 새로운 버전의 프로그램이 개발되어야 하나? 왜 그것들은 나에게 상호작용 하는가?" 그와 같은 질문을 하는 것은 이제 정당하다—IT 산업 전문가들은 이미 합의한 프로세스 패턴을 위해 스스로 작성되는 프로그램을 예측하고 있다. IT 하부구조는 그들을 사용하는 조직의 형태에 자동으로 요술처럼 따라 붙게 된다. 지금부터는 비즈니스 프로세스가 "응용시스템"이며, "응용시스템"은 단지 변화하는 데이터이다. 이것이 본 책자에 기술된 비즈니스 자산의 제3의 물결 형태이다. 이제 비즈니스의 복잡성을 충분히 표현하지 못해서 실패한 과거의 패러다임을 버리고, 제3의 물결의 새로운 "프로세스-인지형" 응용시스템을 개발하자. 이러한 전진을 바라는 기업들은 그 목적을 위해 설계되어, 핵심 임무 수행에 필요한 하부구조인 즉 그들의 "변화하는 프로세스 데이터"를 관리하는 비즈니스 프로세스 경영 시스템(BPMS)을 필요로 할 것이다.

부록 D

초기 도입자들의 교훈

이 시스템에 대해 너무 많은 토론이 있었다. 그리고 그에 대한 이해는 너무 미미하다. 이것이 쇠로 작동하는 하나의 개념 시스템인 오토바이에 대한 전부이다.
– 로버트 퍼시그(Robert Pirsig), 선과 오토바이 관리 기술
  (Zen and the Art of Motorcycle Maintenance)

> 저는 미주리에서 왔습니다. 당신에 대해서도 알려주셔야만 합니다.
> – 윌라드 밴디버(Willard Vandiver), 보여주세요 주의원, 1899

BPM 플랫폼을 도입하여 실제 업무에 적용하는 초기 도입자들은 프로세스 기반의 시스템, 도구 및 방법을 전개해 나가고 있다. 그들은 BPM을 초기에 사용하면서 다양한 산업별로 다양한 초기 사용 모습을 보여 주고 있으며, 회사 전반적으로 핵심 업무 수행을 위한 활동에 점진적으로 BPM 적용을 확대해 나가고 있다. 다음은 이러한 BPM의 적용 사례들에서 배운 교훈의 요약이다.

고객접점 시스템의 보다 탄력적 운용을 추구하는 글로벌 은행

교훈 : 복잡한 BPM 미들웨어 장치들을 BPMS 능력으로 대체하고, 이를 활용하여 새로운 응용시스템의 탄력성을 향상시켰다. 예를 들면, 영업조직으로 하여금 그들의 프로세스를 직접 관리하게 하였다. BPMS을 활용하면 탄력적인 응용시스템을 개발할 수 있도록 응용시스템 개발자들의 개발지침을 단순화할 수 있다. BPMS를 구축함으로써 프로세스 설계와 하부구조 개발을 병행해서 할 수 있다.

경쟁과 불확실한 시장상황에 대응하기 위한 글로벌 제약회사와 건강식품 회사

교훈 : 응용시스템 포트폴리오를 변경하는 것만으로는 불충분하였다. 기능 교차적(cross-functional)인 프로세스가 핵심이었다. 베스트 프랙티스가 어디에 있는지 알 수 있도록 프로세스를 파악하고 도형으로 표현하였다. BPM

을 활용하여 지역 특성을 반영한 베스트 프랙티스를 전개하도록 했다. BPM 연구소(center of excellence)를 설립하고 전사 차원의 프로세스 관리를 위한 표준을 개발하여 프로세스 개선과 라이프사이클을 관리하도록 했다. 측정 지표를 프로세스 설계에 반영하여 프로세스가 평가될 수 있도록 하였다. BPM을 다른 일련의 IT 프로젝트와는 다르게 취급하였다.

광대역(broadband)서비스에 진출하는 기존 이동통신사

교훈 : 경쟁적인 상황에서, BPM은 다수의 새로운 고객층에 대한 공격적인 확보를 촉진시킬 수 있었다. BPM은 제3자에 종속되어 운영되는 시스템의 장애로 야기되는 공급중단 등의 사태를 방지할 수 있도록 주문을 받아 저장하고 대기시킬 수 있는 기능을 가질 수 있도록 하였다. BPM은 복잡한 이동통신 환경에서의 복잡한 다 대 다 프로세스를 제어할 수 있도록 해주고 운영자로 하여금 고객지향적이 되도록 하였다. BPM은 또한 제3의 서비스 공급자로부터의 변화와 정부의 규제완화로부터 발생되는 변화들로부터 구속되지 않도록 해주었다.

고객 서비스에 실패한 전국망의 백화점

교훈 : 핵심 프로세스가 끊어지고 보완할 필요가 있을 때 맞춤형 패키지를 도입할 시간적인 여유가 없었다. 개별 프로세스를 수정 보완하기 위해 시스템 통합을 수행하기보다는 새로운 패키지를 BPM과 연계하는 편이 오히려 좋았다. 프로세스 설계는 IT 시스템을 갱신하기 전에도 할 수 있었다.

협업 체제를 구축하는 화학산업

교훈 : BPM을 활용하여 응용시스템을 가치사슬에 연계하였다. 협력사와 함께 사용하고자 하는 협업 프로세스를 작성하였다. 협력사로 하여금 프로세스 관리 능력을 확보하였다. 그와 동시에 부가적인 서비스로 프로세스 관리

를 협력사에게 제공하였다.

기존의 디지털 자산을 기반으로 새로운 시장에 진출하는 글로벌 가전 및 미디어 회사

교훈 : 조악한 시장 세그멘테이션에 근거한 채널 전략을 맞춤형 프로세스로 대체하였다. 고객으로 하여금 직접 회사의 프로세스와 접촉할 수 있도록 하고, 개별 고객의 니즈를 충족시킬 수 있는 프로세스를 개발, 적용하도록 하였다. 효과적인 광고 및 사업정보를 얻기 위해 프로세스 실행과 측정지표를 이용하고, 탄력적인 광고전략을 수행하기 위해 프로세스를 활용하였다. BPMS는 고객별로 맞춤화된 서비스 수행 부담의 일부를 감당할 수 있었다.

재무 분야에서의 연속적 업무처리(straight-through processing)

교훈 : BPM은 거래 시스템에서 지체성을 제거함으로써 결제되지 않은 거래에 묶인 거액의 자금을 무정지 프로세싱으로 처리할 수 있다. BPM은 또한 복잡한 예외사항 처리를 자동화하여 제거하고 사람이 처리해야 하는 부분을 현저히 감소시킬 수 있다. 규칙관리를 수반한 워크플로우나 BPM은 예외사항을 처리하는 데 있어서 워크플로우에만 의존하는 경우보다 더 탄력적으로 운용될 수 있다. 자동화의 예외사항에 대해 BPM은 사전에 정의된 통제를 구현할 수 있다. 진행 중인 바젤협약과 같이 새로운 규제는 IT 시스템을 새로 갱신하거나 바꾸어야 하는 부가적 압력을 야기한다. BPM은 이러한 새로운 규제를 IT 시스템으로 흡수하여 해당 프로세스를 일관성 있게 유지시킬 수 있다.

이종의 IT 시스템을 일치시키도록 시도하는 다국적 소매은행

교훈 : BPM은 중앙집중식 또는 분산형 비즈니스의 IT 비용을 절감시킬 수 있다. 예를 들어, 기능으로 분할되고 지역별로 귀속되어 있는 환경에서 BPM은 여러 개의 베스트 어브 브리드(best-of-breed) 수준의 응용시스템을 결합하여 통합된 IT 이미지로서 보다 탄력적이면서 동시에 일관성 있게 제공할

수 있다. 또한 BPM은 재사용이 가능하도록 만들어진 전국적인 규정에 적용된 베스트 프랙티스 프로세스 템플릿을 지역적인 규정에도 적용할 수 있도록 지원한다.

각각의 고객에게 제공되는 IT 해법 비용을 줄이고자 노력하는 글로벌 물류회사

교훈 : BPM은 서로 다른 고객군과 법인 고객들에 대해서 서비스를 차별화 할 수 있다. 법인고객에 대한 물류서비스가 각 고객별로 차별화되어야 한다는 것은 물류 산업에서 기본 원칙이며, BPM은 이러한 니즈를 충족시켜 줄 수 있다. BPM은 각 고객사별로 구축되어야 할 IT 해법을 하나의 BPMS로 대체될 수 있도록 해주며, 물류 산업에서 복잡한 고객사의 해법 운영비용을 줄일 수 있도록 해준다.

수동적에서 능동적인 시장전략으로 변하고 있는 이동통신 서비스 운영사

교훈 : 프로세스 민첩성을 활용하여 수동적인 전략에서 능동적인 시장전략으로 전환하여 예상하지 않은 시장상황에 대응해야 한다. 프로세스 민첩성은 기존 프로세스를 개선하거나 새로운 프로세스를 창출하기도 한다. BPM을 활용하면 새로운 상품 또는 서비스를 개발하는 시범 프로세스의 수행 비용을 줄일 수 있다. 각각의 상품 또는 서비스에 적용되는 응용시스템을 BPMS로 대체하면 탄력적인 통합 기능을 구현할 수 있고, 재사용이 가능한 프로세스와 규정을 BPMS 상에 구현할 수 있다. 다른 제품 및 서비스 라인에 프로세스를 채택하고, 재사용할 수 있는 BPMS의 이점을 활용하면 IT 분야에서 복잡성을 제거할 수 있다. 마케팅, 영업, 신상품 개발팀에게 그들 자체적으로 프로세스를 관리할 수 있도록 권한을 부여해야 한다.

미래 프로그램을 위해 공통의 시스템을 개발하고 있는 글로벌 엔지니어링 회사

교훈 : 복잡한 엔지니어링 프로젝트에서 BPM을 활용하여 부품 공급자, 부

품조립 공급자, 주계약자, 하청업체, 합작 파트너, 설계회사, 외부 컨설턴트, 감독자와 전문가를 연결해야 한다. 그리고 관련된 모든 사람들에게 그들의 구체적인 니즈에 부합되고 적기에 프로그램과 제품 데이터를 공급할 수 있는 프로세스를 구현해야 한다. BPMS는 제3자 또는 주계약자에 의해 감독을 받는 프로젝트의 감사 요건과 규정을 정의하는 프로세스를 구현한다. BPM의 형태에서 최소한의 IT 지원을 설정하면 새로운 프로그램은 이전 프로그램의 사례를 통해서 구축될 수 있다. 프로세스 구현을 통하여 프로그램 전반에 걸쳐 설계, 테스트, 기본 엔지니어링에 관련된 일련의 활동들을 통합할 수 있다.

비즈니스 프로세스 아웃소싱(BPO: Business process outsourcing) 서비스 공급자

교훈 : 비즈니스 프로세스 아웃소싱은 다른 형태의 아웃소싱과는 차이가 있다. 새로운 고객들을 서비스로 통합하기 전에 BPM을 활용하여 고객들의 프로세스를 파악하고 프로세스 자동화를 사용하여 개별적인 서비스 수준을 유지해야 한다. 모든 사람들이 프로세스에 집중할 수 있도록 고객들이 프로세스 포탈에 접속하도록 한다. 프로세스 설계시 사용자 인터페이스는 분리함으로써 프로세스 변경 시에도 사용자에게는 영향이 없도록 해야 한다. 개별 고객에 대한 프로세스가 시간이 지남에 따라서 변화하고 서로 격리되는 것이 예상된다면 프로세스 맞춤 능력을 구축해야 한다. 이 경우 표준 프로세스에 의존하기보다는 생각할 수 있는 모든 프로세스의 대표 표준을 활용해야 한다. 모든 고객을 위해 필요한 응용시스템들을 통합한 후에 서비스 차별화를 위해서는 프로세스만을 사용해야 한다.

이종의 IT 시스템을 통합하려고 시도하는 오디오와 비디오의 선두 생산업체

교훈 : 재래의 기술로는 통합이 불가능하다고 생각되던 것을 BPM을 통하여 프로세스를 통합한다. BPMS에 후방 오피스, 기업간(B2B) 시스템들을

통합한다. BPM을 사용하여 논리적인 설계와 물리적인 설계를 분리하고, 각 지역별 세부적인 프로세스 변형의 관리는 고려하지 않으며, 글로벌 시각에서 프로세스를 표준화한다.

베스트 프랙티스를 전파하는 글로벌 소비재 회사

교훈 : BPM을 사용하여 베스트 어브 브리드(best-of-bree) 패키지를 ERP에 통합하고, 비즈니스의 전체 종단간(end-to-end)을 볼 수 있는 가시성을 구축하고, 전사적인 플랫폼으로 발전시키기 위해 조직 각각의 사용현황을 모니터링한다. BPM을 활용하여 시스템, 데이터, 절차를 통합하고, 비즈니스 전략과 기술 전략을 결합한다. BPM을 다른 프로젝트와 함께 도입하여 청사진을 개발하고 각 부문별로 혁신을 유도하며 외부 기업과의 새로운 합작을 창출하도록 한다. 베스트 프랙티스를 도출하는 BPM의 특성을 잘 활용하여 위험을 줄일 수 있도록 점차적으로 BPM을 테스트하고 전개해 나가야 한다.

특정 고객에게 서비스를 확대하고 제4자 물류 시장으로 진입하고자 하는 글로벌 물류회사

교훈 : 회사에서 자체적으로 회사 실정에 맞도록 개발한 BPM을 상용화된 패키지로 대체하는 것을 고려한다. 새로운 매출을 창출하기 위해 BPM을 활용하여 서비스를 다른 곳으로 확대해야 한다. 전사적으로 프로세스를 개선하기 위해 필요한 정보를 수집하는 도구로 BPM을 활용한다. 통합 서비스를 고객접점 프로세스에 연계하여 협력사와 접하는 프로세스를 표준화하고, 각각의 고객과 접하는 전체 종단간(end-to-end) 프로세스를 맞춤 제작한다. 공개된 BPM 표준으로 구현하고, 프로세스를 가시화하여 비즈니스의 전략적 분석을 지원하고, 프로세스 설계시 주요 성과지표를 프로세스에 연계하여 프로세스 개선에 대한 인센티브를 제공하는 근간으로 활용한다. 상식적인 수준의 비즈니스 용어를 사용하여 프로세스를 설계한다. 하부 프로세스에 대한

책임을 지역 사업단위에 위임하고, 전사적인 프로세스 설계와 본사 차원에서 강제하는 미세한 관리를 균형 있게 조정해야 하며, 핵심 프로세스와 함께 하부 프로세스의 도입에 필요한 지원 간에도 균형이 필요하다. IT 자체만으로는 BPM을 활용하더라도 과거의 조직행동을 변화시키기 어렵다. 소프트웨어 엔지니어링 실행에서 프로세스 로직을 분리하고, 프로세스를 보다 정교하게 가다듬고 개선시킬 수 있도록 피트백 체제를 구축하기 위해 BPM을 사용하여 프로세스 설계, 전개, 프로세스 관리를 통합하도록 한다.

자동화가 필요한 전화 회사

교훈 : 가치창출이 미미한 노동집약적인 일을 제거하기 위해 BPM을 활용하라. 자동화된 프로세스와 사람에 의한 프로세스를 통합하면 직원들은 문제해결 과정에 집중할 수 있다. BPM을 활용하여 잡다한 잔무를 야기시키는 원천을 제거하도록 작업그룹을 지원하고, 시스템 개발 프로세스를 보다 투명하게 만들어야 한다. 인수/합병(M&A)에서 발생하는 프로세스 통합도 BPM을 통하여 구현할 수 있다.

ERP를 확장하려는 석유 및 에너지 회사

교훈 : ERP와 같은 중앙집중식 시스템을 BPM으로 보완하면 프로세스는 필요한 어느 곳에서나 적용될 수 있다. 화면 수를 대폭 줄임으로써 ERP 처리를 단순화한다. 기존의 기간 시스템에 BPM 요소를 가미하면 지식 통합을 이룰 수 있으며, BPM이 비즈니스의 한 분야에서 성공적이면 그 방법을 찾아서 다른 분야에 적용시킬 수 있다. 프로세스 설계, 비즈니스 설계, 그리고 프로젝트 관리에 있어서 주요 스킬을 확보하고 있는 BPM 팀을 구성하여, 근본적인 비즈니스 문제점을 진단하고 변화를 받아들일 수 있도록 도울 수 있는 상호 협업적인 비즈니스 설계 방법을 활용한다. BPM은 하나의 조직이 다른 조직이나 또는 고객에게 어떻게 영향을 주는지 이해할 수 있도록 지원한다.

이동통신 및 인터넷 서비스 창업회사

교훈 : BPM을 활용하면 BPM 능력, 패키지 응용시스템 통합, 그리고 프로세스 설계를 동시에 도입함으로써 새로운 시스템을 개발할 때 개발기간을 단축할 수 있다. 그리고 BPM을 활용하여 프로세스 설계에 대한 의사결정을 유보할 수도 있고, 시장이 파악되었을 때는 신속하게 프로세스가 진화되도록 지원한다. 패키지를 맞춤 제작하기보다는 프로세스 단위에서 맞춤 설계하는 것이 좋다. BPM은 보다 낮은 비용으로 다수의 프로젝트 수행을 가능하도록 해준다. 사용자 인터페이스 설계를 프로세스 설계의 일부분으로 진행하면 사용자 인터페이스 변경을 프로세스 변경만큼 쉽게 할 수 있다. 패키지화된 사용자 인터페이스에 의존하지 말고 프로세스의 전체 종단간(end-to-end) 설계에 부합하는 인터페이스를 구현해야 한다. 그리고 사용자와 프로세스 간 상호작용을 위한 포털을 구축한다. 응용시스템에 대한 인터페이스를 표준화하여 요구에 따라서 자유로이 교환할 수 있도록 해야 한다. 회사의 지적자산은 비즈니스 프로세스에 있는 것이지 벤더로부터 구입한 응용시스템에 있는 것이 아니다.

가치사슬을 통합하고 있는 글로벌 소비재 회사

교훈 : BPM 구축을 통하여 사업 협력사와 복잡한 공급망 사이의 데이터 인증을 구현할 수 있다. BPM을 글로벌 공급망 시스템의 백본으로 활용할 수 있다. 공급망에 있는 사업자들의 이종의 시스템들이 흡수되면서 수년 간에 걸쳐 혼재된 기술적인 문제들을 공급망 통합의 주된 장애요인으로 인식하고, 이렇게 야기된 다차원의 기술적인 통합 이슈를 BPM을 활용하여 해결해야 한다. 공급망에 참여하는 이해 당사자들 사이에서 흐르는 데이터로부터 비즈니스 정보를 수집하는 데 BPM을 사용함으로써 결과적으로 고객에게 이익이 되는 개선된 주문처리와 정확한 예측치를 제공한다. 기술적인 측면의 통합 해법은 프로세스 측면의 통합 해법으로는 역할을 감당할 수 없다. BPM은 시

스템과 시스템 간, 협력사와 협력사 간의 예외사항을 해결하기 위한 수작업까지도 포용할 수 있다. 프로세스 수준에서의 통합은 공급망에서 프로세스 수준의 변경을 가능하게 한다. BPM은 실시간, 일괄 처리, 또는 혼합 프로세스에 동일하게 적용될 수 있다.

거래 흐름을 합리화하고 있는 은행

교훈 : 관리자들을 위한 "연통" 시스템들은 거래흐름 상의 모두에게 확장된 BPM의 역할을 대신하지는 못한다. BPM은 BPM 프로젝트 내의 기술자들과 업무 분석가들을 포함한 은행 내부의 협업과 고객과의 협업을 향상시킬 수 있다. IT 조직에 BPMS에 대한 오너십을 부여하고 사업단위 조직에게는 프로세스에 대한 오너십을 부여해야 한다. 가시화할 수 있는 도구를 사용하여 프로세스에 대한 설명을 표현하고, 프로세스를 상식적인 수준에서 이해할 수 있도록 해야 한다. BPM은 기존의 워크플로우보다는 훨씬 탄력적이며 은행과 고객 사이에 개인적인 인간관계를 창출할 수 있도록 지원한다. 맞춤형 프로세스를 활용하여 고객에게는 아주 개인적인 수준의 정보까지 제공할 수 있다. BPM 프로젝트를 통상적인 IT 프로젝트로 보지 말고 프로세스 개선 프로젝트로 인지하고 관리해 나가야 한다. 프로세스 설계를 변화관리의 도구로서 활용하고 은행서비스를 다른 기관으로 확장해 나가기 위해 BPM의 용도를 개척해 나가야 한다.

새로운 시장으로 진입하려는 법률관련 거대 출판사

교훈 : 어떤 종류의 메시징 해법, EAI, 패키지형 응용시스템도 BPM을 대신할 수 없다. 프로세스 관점에서의 검토 없이, 다른 기능들이 즉흥적인 해결수단으로서 불필요한 유지보수 비용을 발생시키면서 사용되어 왔다. 출판사들이 새로운 시장에 진입할 수 있도록 출판 산업은 빠르게 변화하고 있으며 중소형 고객들에게도 서비스를 차별화하고 있다.

기존의 IT 아키텍처를 갱신하고 있는 일본 대기업 상사

교훈 : BPM은 신규 시스템을 개발하거나 기존 시스템을 갱신하는 데 글로벌 표준으로 활용될 수 있다. BPM은 패키지형 응용시스템보다는 투자수익(ROI: return on investment)이 월등하다. J2EE 또는 닷넷(.NET)과 같은 표준 응용시스템 기반과 BPM을 조합하면 훨씬 더 효율적일 수 있다.

공개형 표준을 구현하는 대형 출판사

교훈 : BPM은 전체 프로세스에 걸쳐 있는 모든 자원들이 가지고 있는 정보를 연결하면서 비즈니스를 전체적으로 자동화할 수 있도록 해준다.

IT 시스템 개발 방향을 변화시키고 있는 포춘지 상위 50개 재무서비스 회사

교훈 : BPM은 과거 기술적인 자바 또는 XML 개발에 좌우되던 응용시스템 설계 프로세스에 비즈니스 인력을 투입할 수 있게 한다. BPM은 응용시스템 설계비용을 감소시키고 개발기간을 단축시킬 수 있다. BPM은 전체 종단간(end-to-end) 프로세스에 걸쳐 탁월한 오류해결 능력이 있다.

6시그마 프로젝트를 추진하는 포춘지 상위 10개 대기업

교훈 : BPM은 업무 분석가들로 하여금 그들이 책임을 맡고 있는 비즈니스 프로세스의 라이프사이클을 효율적으로 관리할 수 있게 해주며, 6시그마의 핵심품질요소(CTQ: Critical To Quality)를 강화할 수 있게 한다. BPM과 하이 엔드(high-end) 워크플로우 해법은 6시그마가 요구하는 최고 수준의 품질을 충족하기 위해서 필요한 아주 정교한 수준에서 응용시스템을 운영하고 관리할 수 있게 한다.

BPR을 통해 개발된 프로세스 맵의 활용을 원하는 세계적인 전자업체

교훈 : BPM과 기존의 프로세스 매핑(mapping) 도구에 의해 작성된 프로

세스들의 조합은 BPM의 프로세스 모델로 통합되어 IT 기반에 실행될 수 있다. BPM은 프로세스 다이어그램을 수작업으로 변환해야 하는, IT 시스템 개발 프로세스의 단계를 제거할 수 있다. BPM은 기존의 소프트웨어 개발 모델의 적용 없이 설계에서 실행을 바로 구현할 수 있으며, 글로벌 기업에서 전사 차원의 개발 표준으로 적용될 수 있다.

개발 프로세스를 합리화하고 있는 대형 항공운송 회사

교훈 : 통합된 프로세스를 제공할 목적의 코드 체계는 유지비용이 많이 들고 융통성이 떨어질 수 있으며, 때때로 거래환경에서 예상치 못한 예외사항 이벤트를 처리하는 데 있어서 일관성이 떨어진다. 소프트웨어를 이용하여 설계에서 생산까지 코드를 부여하는 것은 BPM에 비하여 시간 낭비적인 측면이 많고 회사의 자원을 많이 소모한다. BPM은 전통적인 프로세스 매핑보다 높은 수준의 코드 적용 범위를 제공한다. 프로세스 맵은 보다 진보된 개발기술에 의해 대체될 수 있는 반면에, BPM은 응용시스템의 신규개발이나 갱신 없이 개발 후에 지속적으로 프로세스를 변경할 수 있도록 지원한다.

고객접점 시스템을 구축하는 주식거래 중개회사 및 재무서비스 회사

교훈 : BPM은 여러 개의 동시다발적인 응용시스템 개발을 대체할 수 있다. 특별히 각각의 응용시스템이 대형 컴퓨터와 연계되거나 웹 환경의 전단(front-end) 시스템을 필요로 하는 경우에도 마찬가지이다. BPM을 활용하여 전개된 프로세스는 시스템 참가자, 응용시스템, 그리고 후단(back-end) 시스템들을 통합하고, 고객의 요구사항에 대응하기 위해 설계될 수 있다. 통합 해법이 통합 문제를 해결할 수 있지만 BPM처럼 프로세스 개발 사이클 자체를 지원하지는 않는다.

부록 E

새로운 MBA 교과 과정

원문은 2002년 8월 Internet World Magazine에 게재되었음.

2002년 1월 로날드 알솝(Ronald Alsop)은 월스트리트 저널(Wall Street Journal)에서 다음과 같은 기사를 보도하였다. "1999년 당시 MBA 과목 "E-비즈니스"는 하이테크 기업공개(IPO)만큼이나 인기가 좋아서 강의실에 들어가기 위해 시카고대학의 MBA 학생들은 신분증을 제시해야만 했다. 그 강의를 듣기 위해 220명의 학생들이 수상신청을 했지만, 그 중 60명만 등록이 허락되었고 학교는 감시원들을 세워 무단 입장자들을 단속하였다." 알솝(Alsop)의 기사의 제목은 "강의과목의 변화"였고, 바로 최근까지 발생했던 일이다-2년 후 그 과목은 폐지되었다. 닷컴 기업들의 추락과 함께, 전자등록 이용자 수도 급격히 감소하였다-"e"라는 접두어도 전국의 비즈니스 스쿨 내의 과목과 이수과정에서 사라지게 되었다. 그러나 이제는 격한 반동에 의한 역진이 너무 멀리 진행되었다. 비록 많은 교수들이 자신이 "e-"가 붙은 과목을 개설하지 않은 점이나 e-자격증을 보유한 고가의 교수들을 채용하지 않은 점에 안도하고 있겠지만, 이 "내가 그렇다고 했지" 유형의 교수들은 과거의 비즈니스 문제들에 중점을 둔 낡은 정보시스템 과정을 계속해서 가르치고 있다. 여하튼, 해야 할 새로운 작업이 있으며, 비즈니스 세계는 생산성의 새로운 원천을 찾는 데 있어서 인터넷을 현실적인 비즈니스 용도에 맞게 적용할 수 있도록 올바르게 훈련된 졸업생들을 필요로 한다-이것이 GE가 전사에 걸쳐 추진하고 있는 디지타이제이션 이니셔티브이다.

IBM의 압둘 고열(Ambuj Goyal)은 자동화의 달성(Achieving Automation)이라는 논문에서 다음과 같이 요약하고 있다. "주변상황에 정통한 IT 회사들은 그들의 시스템 환경을 관리하기 위한 새로운 접근을 시작하고 있다. IT 시스템들을 더 이상 불연속적인 기능들로 보지 않고, 좀 더 광대한 비즈니스 프로세스의 부분들로 인식하고 있다. 그들은 좀더 높은 수준으로 초점을 옮기고 있으며, "구매처리 절차에 소요되는 시간과 노력을 어떻게 하면 감소시킬 수 있을까?"와 "어떻게 하면 고객의 요구를 비용 효율적으로 관리할 수 있을까?" 같은 질문들을 던지고 있다. 이렇게 하기 위해서는 다수의 비즈니스 시스템 간 상호작용, 비즈니스 프로세스의 하향식(top-down) 방식과 상향식(bottom-up) 방식의 관점 간 상호작용은 물론, 통합, 분석, 가공을 위한 적절한 소프트웨어 도구들이 필요하다. 이러한 노력은 결국 비즈니스 효율성의 증대를 가져 온다. 그러나 기업 내 그리고 비즈니스 협력사들과 고객들 간의 데이터 교환은 쉬운 일이 아니다. IBM에서 전세계의 33,000개 기업들을 대상으로 조사한 바에 따르면 단지 5%의 기업만이 이러한 e-비즈니스 통합 단계에 있다고 한다. 가장 주된 장애물은 이종의 컴퓨팅 플랫폼들, 응용시스템들, 그리고 운영 체계들에 걸쳐서 존재하는 공급망, 구매, 고객관계와 같은 업무 프로세스를 통합하는 일이다." 이것이 MBA 졸업생들이 현실적으로 직면하는 비즈니스 프로세스 경영이라는 도전이다.

 e-커머스와 e-비즈니스의 별칭들이 MBA의 마케팅 전략이었던 기간 동안, 실제의 "e"는 e-프로세스였다. 손쉬운 자동화 도구들과 생생한 구현 사례들이 동반된 BPM은 경영관리, 관리회계, 마케팅 및 생산관리와 함께 핵심 이수과정으로 통합되어야 한다. SAP가 구현 사례들과 소프트웨어를 비즈니스 스쿨에 제공하여 학생들이 ERP 시스템을 이용해 보는 실무경험을 전수했듯이 이제는 BPM 소프트웨어를 이용해서 동일한 방법으로 해나가야 할 때이다.

 과거 시스템에 대한 분석, 설계, 프로그래밍과 데이터베이스 과목들은 좀 더 전문화된 MIS와 CIS 프로그램 안에서 비즈니스 프로세스 경영과 웹 서비스 구성에 대한 과목으로 대체되어야 할 것이다. 이미 충분히 기업들이 더 이상 자체(in-house) 시스템을 개발하지 않고 ERP, SCM, CRM과 같은 기능별 응용시스템 패키지들을 구매하여 적용하고 있다. 그러나 자동화의 객체로서 응용시스템을 대체하는 비즈니스 프로세스와 함께 학생들은 전형적인 DBMS뿐만 아니라 BPMS에 대해서도 배울 필요가 있다. 그들은 SQL 기술이 필요했던 것만큼 BPQL에 대한 실무 경력의 경험도 필요하다. 미래는 더 이상의 시스템 개발에 있는 것이 아니라, 정보시스템의 목표가 전체 종단간(end-to-end) 비즈니스 프로세스에 존재하듯이 비즈니스 프로세스의 창출과 활용에 있다.

기업들은 시스템 분석가들과 프로그래머들이 아닌 비즈니스 프로세스 분석가들과 프로세스 엔지니어들을 필요로 한다. 이제는 비즈니스 스쿨들이 미래의 기업, 즉 프로세스가 관리되는(process-managed) 기업 내에서 필요로 하는 비즈니스 프로세스 관리 지식과 실무경험 기술들을 그들의 졸업생들에게 제공해야 하는 때이다. 미래는 그저 프로세스를 향상시키는 자들의 몫이 아닌, 방법론과 경쟁우위를 확보하기 위하여 그들의 창의력을 자동화하는 시스템을 만드는 창의적인 자들의 몫이다.

교수 여러분, 프로세스의 언어인 BPML을 사용할 수 있도록 제자들을 가르쳐 주십시오. 공급업계의 여러분, 그들이 필요로 하는 도구들을 제공해 주십시오.

역자 후기

독자들 가운데 많은 분들과 마찬가지로 역자들은 TQM, 6시그마, ISO, 변화관리, 가치경영, 정보기술과 같은 혁신 활동의 여러 분야를 경험한 경력을 갖고 있었다. 그러나 비록 역자들의 경험 분야를 경영혁신이라는 하나의 범주로 묶을 수는 있었으나, 각 개인의 경험이 모두 같지는 않았으며, 각자의 주관에 따라서 경영혁신에 대한 관점도 서로가 상이한 부분이 많이 있었다. 그런 역자들 모두에게 동일한 관심 주제가 있었는데 그것이 바로 비즈니스 프로세스였다.

역자들은 이 원서가 발간되기 전인 2002년 말, 한 인터넷 사이트(www.bpmi.org)를 통해서 부분적으로나마 처음으로 이 책의 내용을 접하게 되었다. 우리의 공통된 관심 주제였던 비즈니스 프로세스에 대해 깊이 있게 연구하는 집단이 지구 저 편에 존재하고 있음도 반가웠지만, 그 보다는 그들이 제시하는 비즈니스 프로세스와 관련된 통찰과 의미와 방향은 매우 인상적이었다. 역자들은 2003년 초 단행본이 발간된 직후 앞을 다투어 읽게 되었고, 2003년 9월 공동 번역을 결심하였다.

이 책은 저자들이 머리말에서 밝힌 것과 같이 정보기술 전문가를 위한 책이라기보다는 현업의 비즈니스 전문가들을 위한 책이다. 비즈니스 프로세스는 현업 담당자들의 전문 영역이기 때문이다. 그러나 정보기술로 업무를 처리하는 수준이 확대되어 갈수록 비즈니스 프로세스는 현업 전문가들에게 블랙박스가 되어 가고 있었다. 변화에 대한 대처가 떨어지는 것은 물론이며, 비즈니스 프로세스가 파악되지 않은 채 부분적인 기능의 효율화만을 추구하는 현상이 범람하게 되었다. 혁신활동의 효과는 제한적이었으며, 조직 내부에 불필요한 의사소통 경로가 발생하고 때때로 불협화음이 일어나곤 하였다.

이제 비즈니스 프로세스 경영을 구현함으로써 그러한 비효율과 낮은 생산성을 개선할 수 있게 되었다. 일상적인 프로세스 개선 활동이 현실에서 일어나고, 혁신 활동의 성과도 최대한 구현할 수 있게 되었다. 역자들은 이 책에 기술된 저자들의 주장에 대해 그 모두를 동의하는 것은 아니다. 그러나 비즈니스 프로세스 경영의 의미를 잘 이해하는 기업이 경쟁에서 승리하리라는 것은 모두가 의심하지 않는다. 그 기반 위에서만 정보기술의 활용이 보다 낮은 비용으로 효과를 최대화할 수 있다고 믿는다. 뿐만 아니라 책 전체에 걸쳐 반복해서 자세히 설명하는 것처럼 프로세스 경영은 많은 혁신 방법들을 하나로 통합하는 틀을 제공하고, 차세대 e-비즈니스의 기반이 되며, 경영 투명성을 담보하는 기업의 필수 인프라가 된다. 그럼에도 불구하고 비즈니스 프로세스에 관한 국내 현실은 큰 우려를 갖게 한다.

국내 기업들의 비즈니스 프로세스에 대한 이해—비즈니스 프로세스의 일반적 개념에 대한 이해와 개별 조직 고유의 비즈니스 프로세스에 대한 이해 양쪽 모두—수준은 선진 기업들과 비교할 때 상당히 부족하다고, 역자들은 그 간의 경험과 여러 자료를 통해 판단하고 있다. 프로세스 경영을 향한 여정에 놓여 있는 장애 가운데에는 서구 선진기업을 포함하여 어느 조직에서나 존재하는 정치적 이슈 즉 영역에 대한 이해관계도 큰 장애물이지만, 그보다 더 큰 장애물은 비즈니스 프로세스에 대한 왜곡된 이해 또는 불충분한 이해라고 생각한다. 비즈니스 프로세스의 의미와 가치를 정확히 이해하고 나면 영역 다툼은 충분히 극복될 수 있다고 믿기 때문이다.

이 책은 비즈니스 프로세스의 일반적 중요성과 의미 그리고 활용 방법은 제시하고 있으나, 개별 조직의 비즈니스 프로세스를 이해하는 구체적인 방법 제시에는 그다지 많은 부분을 할애하고 있지 않다. 역자들은 독자들이 먼저

이 책을 통해서 비즈니스 프로세스 경영의 의미와 중요성을 이해할 수 있기를 기대한다. 그리고는 독자들이 속한 각 조직의 비즈니스 프로세스를 이해하기 위해 프로세스를 가시화하는 기본적인 노력을 새로이 시작하기를 권하고 싶다. BPM 기술은 계속 성숙되어 가는 단계에 있다고 판단되기 때문에, BPM 기술에 서둘러 들어가기보다는 정량적 효과는 다소 부족하더라도 비즈니스 프로세스를 조직 구성원 모두의 일상적인 용어로 만드는 노력부터 시작하는 것이 올바른 접근이라고 생각한다.

기업이 프로세스를 이해하는(process-savvy) 조직이 되는 것은 기술과 관계가 없다. 그리고 그러한 조직이 될 때 비로소 정보기술의 적용이 폭발적인 효과를 나타낼 것이라고 우리는 믿는다. 정보기술과 관계없이 process-savvy 조직이 될 수 있으며, 그것이 정보기술 활용을 위한 critical path인 것이다.

끝으로, 역자들 모두 가외의 시간을 활용하여 번역 작업을 하다 보니 여러 면에서 부족한 점이 많이 있다는 점을 고백하며, 독자 여러분들의 넓은 이해를 구합니다. 아울러 개인역량 향상을 강조함으로써 이 작업의 동기를 만들어 주신 LG칼텍스정유주식회사의 허동수 회장님과 작업기간 동안 격려를 보내주신 박원표 부사장님께 감사의 말씀을 드립니다. 독자들 개인과 독자들이 속한 조직의 성장에 이 책이 다소나마 도움이 되기를 기대합니다.

2004년 3월 서울
역자 일동

참고 문헌

시작하면서

Dauten, Dale, *The Max Strategy: How a businessman got stuck at an airport and learned to make his career take off*, William Morrow and Company, New York, 1996.

Hammer, Michael, *The Agenda*, 2001, Random House Business Books.

제1장

Davenport, T. H. and Short, J. E., "The New industrial Engineering: Information Technology and Business Process Redesign," *Sloan Management Review*, Summer 1990, Vol. 31, No.4, pp. 11-27.

Drucker, Peter F., *Management Challenges of the 21st Century*, HarperBusiness, 1999.

Hammer, Michael, "Reengineering Work: Don't Automate, Obliterate," *Harvard Business Review*, July-August 1990, pp. 104-112.

Waite, Steve, "Digitization GE Style," *Canadian Hedge Watch Newsletter*, May 7, 2001.

제3장

Chairman Jack Welch's remarks at the firm's annual shareowners meeting in Atlanta, GA, April 25, 2001.

Davenport, Thomas H., *Process Innovation: Reengineering Work through Information Technology*, Harvard Business School Press, 1993.
Kelly, Kevin, *New Rules for the New Economy*, Viking Press, 1998.
McKenna, Regis, *Real Time*, Hervard Business School Press, 1997.

제5장

Balachandran, Bala and Thiagarajan, Ramu, *Reengineering Revisited*, Financial Executives Research Foundation, Inc., 1999.
Champy, James A., "X-treme Business Reengineering," *Optimize magazine*, March, 2002.
Champy, James A., *X-Engineering the Corporation*, Hodder and Stoughton, 2002.
Chapter 14-Succeeding at Reengineering, *Reengineering the Corporation*, Harper Business, 1993.
Davenport, Thomas H., "The Fad That People Forgot," *Fast Company Magazine*, November, 1995, fastcompany.com/online/01/reengin.html
Hagel, John and Seely Brown, John, "Cut Loose From Old Business Processes," *Optimize magazine*, December, 2001.
Hammer, M. and Champy J., *Reengineering the Corporation*, Harper Business,1993.
Hammer, M., "Process Makes Practice Better," *CIO Magazine*, March 1, 2000, www.cio.coom/archive/030100/reply_content.html
Hammer, Michael, "How to Sell Change," *Optimize magazine*, December 2001, optimizemag.com/issue/002/pr_marketing.htm.
Hammer, Michael, "Reengineering Work: Don't Automate, Obliterate," *Harvard Business Review*, 1990.
Seely Brown,J. and Duguid, P., *The Social Life of Information*, Harvard Business School Press, 2000.

제6장

Drucker, Peter F., *Management Challenges of the 21st Century*, HarperBusiness, 1999.

Lepeak, Stan, "Procurement's Future: Outsourcing?" *Line56.com*, August 20, 2002.

제7장

Arthur, W. Brian, "Complexity and the Economy," *Science*, 2 April 1999, 284, 107-109.

http://www.ge.com/sixsigma

"Simple, Yet Complex," *CIO Enterprise Magazine*, April 1998.

제8장

Cherian George, "Change, Easier Said than Done," *HBS Working Knowledge*, August 2002.

Colony, George F., "Naked Technology,"

http://www.forrester.com/Info/0,1503,287,FF.html

DeGeus, Arie, "Planning as Learning," *Harvard Business Review*, P.74, March-April 1988.

Finger, Peter, *The Blueprint for Business Objects*, Prentice Hall, 1995.

http://www.waysys.com/

Senge, Peter M., *The Fifth Discipline: The art and practice of the learning organization*, Doubleday/Currency. 1990.

The McKinsey Quarterly, 2002 Number 2, *Just-in-Time Strategy for a Turbulent World*.

제9장

Drucker, Peter F., *Managing in a Time of Great Change*, Truman Talley Books, 1995.

부록 A

Arkin, Assaf, *Business Process Modeling Language (BPML) Specification*, BPML.org (www.bpmi.org)

부록 B

"BPM-Are you experienced?" Gartner, November 2001, LE-14-8698.
Codd, E. F., "A Relational Model of Data for Large Shared Data Banks," *Communications of the ACM*, Vol. 13, No. 6, June 1970, pp. 377-38.
Research note, Gartner, April 2001, COM-13-3057.
Source: AMR Research, 2000.

부록 C

Codd, E. F., "A Relational Model of Data for Large Shared Data Banks," *Communications of the ACM*, Vol. 13, No.6. June 1970, pp. 377-38.
Milner, Robin, *Communicating and mobile systems*, Cambridge University Press, and Sangiorgi, Davide & Walker, David, The Pi-calculus: A theory of mobile processes, Cambridge University Press.
Norton, David P., *The Balanced Scorecard Report*, Harvard Business School Publishing and the Balanced Scorecard Collaborative, Volume 4, Number 1, January-February 2002.

Index

가치분석 174
가치사슬 분석 28, 111
경영정보시스템 41
계기반 39, 44
계층이론 35
공급망 관리 28, 209
관계 대수학 272
국부론 33
규칙 엔진 123
균형성과관리 170, 209, 216, 347
글로벌라이제이션 54, 56, 73

대시보드 39
데이븐포트 156, 165, 171
데이터웨어하우스 66
데이터베이스 관리시스템 121, 240
디지타이제이션 이니셔티브 23, 44

람다 계산학 348
로제타넷 98, 297, 299, 315
로제타넷 PIP 291

리엔지니어링 28, 33, 85, 111, 117, 131, 163, 290

마이크로소프트 77, 287, 301
마이클 포터 111
마이클 해머 32, 83, 111, 146, 152
메타 프로세스 205, 215
모델링 소프트웨어 164
목표관리 경영 28
미들웨어 283

베이커 앤 테일러 105
비자 인터내셔날 218
비즈니스 서비스 오케스트레이션 311
비즈니스 서비스 제공자 282
비즈니스 액티비티 모니터링 66
비즈니스 프로세스 36
비즈니스 프로세스 경영 39
비즈니스 프로세스 경영 시스템 49
비즈니스 프로세스 아웃소싱 188
비지캘크 53

사이클시간 단축 28
서비스 수준 협약 95
서비스 지향 구조 116, 287
설계 구동형 구조 280
세이버 191
스마트 미들웨어 311
시뮬레이션 130
시스템 통합 116
싼타페 연구소 35
씨스코 187

아담 스미스 33
아마존 104
아메리칸 항공 191
어젠더 146, 162, 163
에드워즈 데밍 111, 226
엔론 86
연속적 업무처리 290, 294
워크플로우 46, 116, 128, 131, 234
워크플로우 관리 271, 309
워크플로우 관리 연맹 84
월드컴 86
월트 디즈니 22
웹 서비스 116, 123, 173, 270, 287, 288
웹 서비스 오케스트레이션 270
웹 서비스 커리어그래피 274
응용시스템 제공자 282

인그램 105, 192
인튜이트 77

재크만 프레임웍 290
잭 웰치 44, 73
저스트인타임 87
전문가 시스템 164
전사적 응용시스템 통합 47, 85, 123, 309
전사적 자원관리 37, 46, 79, 117, 167, 212
제임스 챔피 83
제조실행 시스템 213
제품 데이터 관리 176, 212
제프 이멜트 44
조기 응용시스템 개발 123, 133, 273
조직 생태학 223
지리정보시스템 98, 102
지식경영 112

챔피 72, 193
초우량 기업 28, 111
총체적 품질관리 28, 116, 150, 163, 290, 347

카이젠 151
캐이오드 219
캐털리스트 290

Index 379

커머더타이제이션 54, 56, 73
컴퓨터 사이언스 코퍼레이션 84
퀵큰 77
크로스 엔지니어링 176

토마스 데이븐포트 32, 81, 111, 154
톰 피터즈 111

파이 계산학 49, 305, 348, 350
판매활동 자동화 213
포털 234
폴 슈트라스만 37, 40
품질관리 174
프레드릭 테일러 45, 72, 220
프로세스 가상 머신 273
프로세스 경영 36
프로세스 계산학 49, 116, 239, 271, 272, 281, 346
프로세스 인스턴스 210, 326
프로세스 혁신 28, 81
프로토타이핑 135
피터 드러커 34, 52, 112, 199
피터 셍게 228

학습조직 228, 231
합성 응용시스템 173, 311
해머 72
핵심성과지표 39, 142

활동기준 원가법 28, 43, 142, 174, 209, 290

6시그마 28, 116, 150, 170, 202, 290, 347

ABC 174, 209, 290, 347
ACORD 315
API 288
ASP 282, 335

B2Bi 47, 118, 309
BAM 66
Basel Capital Accord 98
BPMI 47, 288
BPMI.org 271
BPML 274, 285, 302
BPMN 275
BPMS 308
BPO 188
BPQL 305, 332, 333
BPR 33
BRMS 301
BSC 209, 216, 347
BSP 283, 335

CAD 130, 311
CAM 311

CASE 133, 309
CCM 287
CEO 119, 151, 302
CFO 302
CIDX 100, 292, 315
CIO 119, 302
Cisco 124, 187
complex system 219
composite application 173
concurrent programming 271
CORBA 287
CPFR 97, 126, 291, 292
CSC 117, 126

data dictionary 136
Data Warehouse 66
DBMS 121
design-driven architecture 280
digital cockpit 44
distributed agents 346
DMAIC 207, 208, 209

EAI 47, 118, 234, 309
eCo 프레임웍 280
EDI 164, 177, 297
ENS 319
ERP 128, 131, 167, 212, 309
EVA 347

finite state automata 271
FpML 291, 292
FTP 300

GAMP 98, 292
GE 22, 44, 45, 73, 191
grid and utility computing 346
grid-like systems 220

HIPAA 99
HIPPA 292
HPIAA 98
HTML 268, 275, 301
HTTP 300
hyper-tier 311

IDE 331
IDS-Sheer ARIS 290
IETF 300

MES 213
MIT 32, 83, 228
MOM 331

object request broker 295
OLAP 309
OMG 287

PDM 176, 212
peer-to-peer 346
PIDL 298
PIP 299
process calculus 281, 346
processs dictionary 137

RAD 123, 133, 273
real-time enterprise 311
relational algebra 272
remote procedure call 295
RosettaNet 292, 297, 299
rule engine 123

SCM 209
SCOR 98, 290, 292
SEC 101
semantic web 346
Service Oriented Architecture 116, 287
SFA 213
SQL 302, 332
STEP 97, 175, 291, 292
STP 97, 101, 126, 292
Systems Integration 116

TMFORUM 97
TQM 116, 150, 170, 290, 347

UCC 98
UCCNet 297
UML 135, 289

value analysis 174

web services orchestration 270
WebDav 300
what-if analysis 53, 197
workflow 46

X-Engineering 176
XML 116, 272, 275, 285

저자 |

Howard Smith

CSC(Computer Science Corporation)사의 최고기술책임자(CTO)이며, BPMI.org 의 공동 회장을 맡고 있다. IT 분야에서 24년 이상의 경력을 가진 그는 비즈니스와 기술이 교차하는 부분에서 향후 대두될 기술 형성과 예측 작업을 수행해 왔다.

Peter Fingar

디지털 전략 기업인 그레이스톤 그룹(Greystone Group)의 중역으로 재직 중이다. 30년 이상의 경력을 가진 그는 대학원과 대학에서 컴퓨터론을 강의하였고, GTE 데이터서비스, 사우디 아람코, 페롯시스템의 기술자원통합부서와 IBM 글로벌서비스에서 경영, 기술, 컨설팅 업무를 수행하였다.

역자 |

류명재 현) LG칼텍스정유(주) 부장 / MIT 석사(Management of Technology)
양철호 현) LG칼텍스정유(주) 차장 / 한국외국어대학교
전희철 현) 리얼웹 부사장 / Stanford University 박사
정태수 현) ITMEX 부사장 / University of Washington MBA

BPM: 프로세스 경영과 정보기술의 미래

초판 1쇄 발행 2004년 5월 10일
초판 4쇄 발행 2007년 7월 20일

발행자 김혜련
발행처 (주)시그마인사이트컴
　　　　서울특별시 마포구 대흥동 276-1 경총회관 3층
　　　　(우) 121-726
　　　　전화 : (02)707-3330, 팩스 : (02)707-3185
　　　　http : //www.sigmainsight.com
등　록　1998년 2월 21일 (제10-1549호)

값 **25,000원**

※ 기업·개인 직접주문 : 시그마인사이트컴(전화 : 707-3330)으로 주문 하십시오.
※ 독자 여러분의 의견을 기다립니다(e-Mail : book@sigmainsight.com).

ISBN 89-88092-31-7 03320